KB061277

셜록 홈스, 기호학자를 만나다

논리와 추리의 기호학

The Sign of Three:
Dupin, Holmes, Peirce

셜록 홈스, 기호학자를 만나다

논리와 추리의 기호학

움베르토 에코·토머스 A. 세벅 엮음

김주환·한은경 옮김

이마
YIMA

일러두기

1. 이 책은 Umberto Eco and Thomas A. Sebeok (eds.), *The Sign of Three: Dupin, Holmes, Peirce* (Bloomington and Indianapolis: Indiana University Press, 1983)를 완역한 것이다.
2. 인명과 지명 등은 국립국어원 외래어표기법을 대체로 따랐으나 옮긴이의 요청에 따른 예외적 표기가 있음을 밝힌다.
3. 원서의 주는 후주로 처리했고, 옮긴이 주 가운데 간략한 내용 설명은 본문의 해당 위치에 괄호로 묶고 상세한 부가 설명은 후주에 '(옮긴이)'로 표시하여 처리했다.
4. 서지 출처는 원서의 표시 방법을 따라 본문에 간략하게 표시했고, 그 외 서명과 출판사명 등 상세 서지는 권말에 실린 참고문헌을 참고할 것.
    (예) Eco 1976:36 → Eco, Umberto 1976 *A Theory of Semiotics*. Bloomington: Indiana University Press, 36쪽.
5. 이 책에서 인용한 문헌의 번역은 모두 옮긴이의 것이다.
6. 본문에 나오는 셜록 홈스 시리즈의 제목은 다음과 같이 축약하여 표시했다.

「공포의 계곡The Valley of Fear」	「공포」
「그리스인 통역사The Greek Interpreter」	「그리스인」
「글로리아 스콧The Gloria Scott」	「글로리아」
「금테 코안경The Golden Pince-Nez」	「금테」
「기술자의 엄지손가락The Engineer's Thumb」	「엄지손가락」
「기어 다니는 남자The Creeping Man」	「기어 다니는」
「너도밤나무 저택The Copper Beeches」	「너도밤나무」
「네 사람의 서명The Sign of Four」	「서명」
「노란 얼굴The Yellow Face」	「얼굴」
「노우드의 건축업자The Norwood Builder」	「노우드」
「녹주색 보관The Beryl Coronet」	「녹주색」
「다섯 개의 오렌지 씨The Five Orange Pips」	「오렌지」
「독신 귀족The Noble Bachelor」	「독신」
「두 번째 얼룩The Second Stain」	「두 번째」
「등나무 오두막Wisteria Lodge」	「등나무」
「등이 굽은 남자The Crooked Man」	「등이 굽은」

「라이게이트 수수께끼The Reigate Puzzle」	「라이게이트」
「마지막 문제The Final Problem」	「마지막」
「마지막 인사His Last Bow」	「인사」
「마자랭 보석The Mazarin Stone」	「마자랭」
「머스그레이브가의 의식The Musgrave Ritual」	「머스그레이브」
「바스커빌가의 사냥개The Hound of the Baskervilles」	「바스커빌」
「보스콤 계곡 미스터리The Boscombe Valley Mystery」	「보스콤」
「보헤미아 스캔들A Scandal in Bohemia」	「보헤미아」
「브루스 파팅턴호 설계도The Bruce-Partington Plans」	「설계도」
「블랙 피터Black Peter」	「피터」
「빈집The Empty House」	「빈집」
「붉은 원The Red Circle」	「붉은 원」
「붉은 머리 연맹The Red-Headed League」	「연맹」
「사자 갈기The Lion's Mane」	「사자」
「서식스의 뱀파이어The Sussex Vampire」	「서식스」
「세 명의 개리뎁The Adventure of the Three Garridebs」	「개리뎁」
「세 박공집The Three Gables」	「박공집」
「세 학생The Three Students」	「학생」
「소포 상자The Cardboard Box」	「소포」
「쇼스콤 고택Shoscombe Old Place」	「쇼스콤」
「신랑의 정체A Case of Identity」	「정체」
「실버 블레이즈Silver Blaze」	「실버」
「실종된 스리쿼터백The Adventure of the Missing Three-Quarter」	「스리쿼터백」
「악마의 발The Devil's Root」	「악마」
「애비 농장 저택The Abbey Grange」	「애비 농장」
「여섯 개의 나폴레옹 상The Six Napoleons」	「나폴레옹」
「얼룩무늬 끈The Speckled Band」	「얼룩 끈」

이 책의 공동 편집자들은 이 책이 미리 '계획되지programmed' 않았다는
데 동의한다. 이 책은 규칙과 사례로부터 필연적으로 도출된 결과가
아니다. 다시 말해서 연역법의 산물이 아니다. 퍼스Charles Sanders Peirce는
모든 사건이 "법칙에 따른 원인에 의해" 결정된다는 것이 항상 옳지는
않다고 말했다. 예컨대 "어떤 사람과 지구 반대편에 있는 또 한 사람이
동시에 재채기를 한 것은 우연에 불과"(1.406)(『퍼스 전집Collected Papers of
Charles Sanders Peirce』 1권 406쪽. 2장 주 3 참조─옮긴이)한 일이다. 다음 일
련의 특별한 '우연적인' 사건들에 주목해 보기 바란다.

(1) 1978년에 세벅Thomas Albert Sebeok은 우연히 에코Umberto Eco에게 자
신과 우미커 세벅Jean Umiker-Sebeok이 퍼스의 논리에 비추어서 셜록 홈스
의 '방법'을 연구하고 있다고 말했다. 그러자 에코는 당시에 집필 중인
강의록(같은 해 11월 컬럼비아 대학의 프랑스어·로망스어 학과가 주최한 제

2회 국제 시학 콜로키움에서 발표한 강의)에서 볼테르의 『자딕Zadig』의 가추적 방법론과 홈스의 방법론을 비교하고 있다고 대답했다. 당시 두 사람 모두 구제 불능이라 할 정도로 퍼스에게 몰입했기 때문에 이런 상황은 그다지 대단한 우연도 아니었다.

(2) 세벽은 바로 몇 년 전에 같은 주제를 다룬 논문이 출판되었다고 말했다. 바로 트루치Marcello Truzzi의 논문이었는데, 그는 사회학자이자 홈스의 열렬한 팬이었으나 기호학에 '몰두'했다고는 알려지지 않았다. 그는 퍼스 대신 주로 포퍼Karl Popper를 인용했으며 역시 가추법의 문제, 즉 가설-연역적인 방법에 관심을 가지고 있었다.

(3) 몇 주 후 세벽은 핀란드 출신의 세계적인 논리학자 힌티카Jaakko Hintikka가 셜록 홈스와 현대 논리학에 관한 두 편의 논문을 완성했으나 아직 출판하지 않았음을 알게 되었다. 힌티카가 퍼스의 가추법을 명시적으로 언급하지는 않았으나 동일한 문제를 다루고 있었다.

(4) 같은 기간에 에코는 한 편의 논문을 읽게 되었는데, 볼로냐 대학의 동료 교수가 발표한 지 1년이 지난 이 논문은 1979년에 출판되었다. 이 논문은 히포크라테스와 투키디데스로부터 19세기의 예술 전문가들에 이르기까지 추측적인conjectural 모델이 어떻게 사용되었는가를 낱낱이 열거하고 있다. 이 논문의 저자인 역사학자 긴즈부르그Carlo Ginzburg는 각주에서 『자딕』과 퍼스는 물론이고 세벽까지 인용했다. 물론 셜록 홈스는 프로이트, 모렐리Giovanni Morelli와 나란히 논문의 주인공 역할을 하고 있었다.

(5) 그 후 세벽과 우미커 세벽은 세벽이 1978년 10월 브라운 대학에서 '기호학의 방법론'을 주제로 한 학회에서 발표한 강의 내용을 출판했는데, 이 역시 퍼스와 홈스를 나란히 비교하는 것이었다. 에코도

『자딕』에 대한 강의 내용을 출판했다. 그는 1979년에 볼로냐 대학에서 퍼스와 추리소설에 대해 6개월간 세미나를 진행했다. 거의 같은 시기에 세벅은 에코가 비슷한 내용을 가르치고 있다는 사실을 전혀 모른 채 인디애나 대학의 비교문학 과정에서 '제임스 본드와 셜록 홈스에 대한 기호학적 접근'이라는 제목의 강의를 했다〔당시 세벅은 플레밍(Ian Fleming, 007 시리즈의 저자—옮긴이)의 서사 구조에 대한 에코의 1965년 연구를 활용했다〕. 에코 세미나의 영향을 받아 본판티니Massimo A. Bonfantini와 프로니Giampaolo Proni가 논문을 발표했으며 그 논문은 이 책에도 수록되었다. 한편 세벅은 강의 후에 수강생 마골리스Harriet Margolis와 함께 셜록 홈스의 창문의 기호학에 대해 분석하기도 했다(이 연구는 1982년 『현대 시론Poetics Today』에 처음 게재되었다). 이런 일들이 진행되는 동안 에코는 기호학의 역사에 대해 계속 연구하다가 아리스토텔레스의 정의definition에 대한 이론을 접하게 되었다. 이 책에 수록된 그의 논문은 이러한 일련의 연구 과정에서 얻은 수확이다.

(6) 세벅과 에코는 관련 논문들을 함께 엮어 보기로 했으며 인디애나 대학교 출판사도 적극 지원했다. 에코는 예일 대학에서 가을 학기 강의를 하던 중에 해로비츠Nancy Harrowitz에게 이 원고 묶음을 건네주었다. 그의 강의를 수강하면서 퍼스와 포Edgar Allan Poe에 대한 기말 논문을 작성하던 해로비츠에게 세벅의 논문에 나타난 홈스의 방법은 필수적인 인용 대상이 될 수밖에 없었다.

(7) 더욱 놀랍게도 에코는 토리노 대학교의 카프레티니Gian Paolo Caprettini가 이미 2년째 퍼스와 홈스에 관한 세미나를 진행한다는 점을 알아냈다. 카프레티니는 유명한 퍼스 연구가였지만, 그가 에코와 함께 홈스에 대해 이야기를 나눈 것은 그때가 처음이었다. 이 우연의 일치

로 인해 카프레티니 역시 이 책에 참여하게 되었다.

더 살펴보면 유사한 성과를 좀 더 찾아낼 수 있었을 것이다. (아마도 우리 세대의 시대정신Zeitgeist에 나타나는 동시대적 사유 패턴이 단순한 헤겔적인 망령 이상의 것이리라!) 하지만 우리는 시간에 쫓겨 탐색을 중단해야만 했다. 또한 홈스의 '방법'을 다룬 흥미로운 자료 중 상당수를 가추법abduction과 무관하다는 이유로 배제해야만 했던 점도 아쉬웠다(이 책에 정리된 참고문헌과 좀 더 포괄적인 저작으로는 드 발Ronald Burt De Waal의 1974년 명저『셜록 홈스와 왓슨 박사의 세계 출간 목록World Bibliography of Sherlock Holmes and Dr. Watson』을 참조하기 바란다). 셜록 홈스와 관련된 부수적인 문헌은 양이 어마어마하지만 우리는 가추법적 방법의 역사와 관계가 있으며 비교적 최근에 쓰인 자료들에 집중하기로 했다. 우리 둘은 연구를 진행하면서 다음과 같은 사실을 알게 되었다. 발견의 논리에 관심을 보이는 현대 학자들은 하나같이 홈스에 대해 최소한 몇 줄이나 그 이상을 언급하고 있었다. 예컨대 크립키Saul Kripke는 1980년 12월 29일에 세벅에게 보낸 편지에서 이렇게 말하고 있다. "사실 제게는 아직 출간하지 않은 몇 개의 강의와 강연 시리즈(옥스포드 대학의 존 로크 강연)가 있는데 이는 허구적인 이야기에서의 텅 빈 이름empty names에 관한 것입니다. 제가 이 강연 내용을 책으로 출간한다면, 이미 출간했던 「규범 논리학에 대한 의미론적 고찰Semantic Considerations on Modal Logic」이나 「이름과 필연Naming and Necessity」의 부록에서 홈스를 인용했던 것보다 훨씬 더 많이 홈스를 인용했을 것입니다."[1]

아직도 많은 연구들이 홈스의 방법이 연역법과 귀납법의 중간에서 방황한다는 고정관념에 사로잡혀 있다. 가설이나 가추법이라는 개념에 대해서는 언급하는 경우가 간혹 있으나 그저 가볍게 지나치는 수준이다.

　이 책의 여러 글이 모두 동일한 결론에 이르는 것은 결단코 아니다. 편저자들은 여러 접근 방법에 대한 차이를 대비시키려는 것이 아니라, 단지 독자들이 자신의 관심에 따라 평가하고 적용하기를 바랄 뿐이다.

　우리는 이 책의 제목을 통해 두 방향으로의 의미의 울림을 전달하고자 했다. 첫째, 이 제목은 『리핀코트_Lippincott_』 매거진에 처음 소개되고 1819년에 출판된 도일(Arthur Conan Doyle, 1859~1930)의 소설 「서명」을 분명하게 연상시킨다. 둘째, 이 책의 1장 세벽의 스리카드몬테 three-card monte(퀸을 포함한 카드 세 장을 보여 준 후에 잘 섞어서 엎어 놓고 퀸을 맞히게 하는 게임―옮긴이)에서 논의된 것처럼, 삼중성이 출몰하는 유령의 집으로 독자들을 밀어 넣어 보고 싶은 우리의 욕구가 표출되기도 했다.[2]

　오늘날 과학적 발견의 논리(물론 이 용어는 포퍼와 밀접한 연관을 가진 것으로 받아들여질 것이다)는 지식 이론에 대한 고찰에서 가장 뜨거운 주제가 되었다. 포퍼뿐만 아니라 고인이 된 라카토스_Imre Lakatos_, 한때 포퍼의 제자였으나 지금은 가장 맹렬한 비판가가 된 파이어아벤트_Paul Feyerabend_를 포함해서 많은 사람들이 이 문제를 계속 뒤쫓고 있다. 과학이 "추측과 반박"으로 이루어진다는 포퍼의 생각은 ―― 그의 주장에 의하면 귀납법은 신화에 불과하고, 확실성을 좇는다는 과학적 추구는 불가능한 것이며, 모든 지식은 항상 반증 가능_fallible_하다 ―― 퍼스가 이미 오래전에 예견했던 바이다. 반증_falsification_ 논리적 기법일 수 있다는 점이 심지어 중세 시대에 이미 알려졌음에도 불구하고 포퍼는 우연히도 퍼스가 "모든 시대를 통틀어 가장 뛰어난 철학자에 속한다"고 인정했다. 쿤_Thomas S. Kuhn_이나 오히어_Anthony O'Hear_ 등 포퍼의 비판자들은 이러한 몇몇 근본적인 주제에 있어서 포퍼와 이견을 보인다. 우리는 가추법에 대한 기호학적 접근이 끊임없이 반복되는 훌륭한 과학철학 논쟁에 새로운 빛을 던져 줄 것이라고 믿는다. 그리고 이 책이 수많은 셜록 홈스 팬들에게 흥미를 줄 뿐만 아니라 아리스토텔레스의 (삼단 논법에 대한) 『분석론 전서』와 (과학적 지식의 조건을 다루는) 『분석론 후서』의 지지자들에게도 읽을 만한 거리가 되기를 바란다. 또한 전 세계적으로 급속히 증가하는 퍼스 연구자들을 매료시키는 책이 되기를 기대한다. 우리는 이 수많은 퍼스 연구자들 중의 두 사람일 뿐이다. 우리는 겸허하게, 그러나 감히, 이 책이 인식론과 과학철학에도 중요한 저작이 되리라 믿는다.

움베르토 에코

토머스 세벅

하나, 둘, 셋 하면
풍 성 함 이

머리말을 대신하여

토머스 A. 세벅
Thomas A. Sebeok

퍼스의 전문가라면 아서 코넌 도일의 셜록 홈스 시리즈를 최소한 한 번은 훑어봤겠지만 수많은 홈스 팬 대부분은 퍼스의 이름조차 들어 보지 못했을 것이다. 이 책에 실린 대부분의 논문이 명시적으로나 암시적으로 다루는 핵심적인 문제란 미국의 박학다식한 학자와 영국의 저명한 탐정(이 학자에 대해 1895년 제임스William James는 "신비할 정도로 위대하다"고 했으며, 이 탐정에 대해 피들러Leslie Fiedler는 "결코 죽을 수 없는" 신화적인 존재라고 평했다)을 나란히 놓고 비교하는 것이 과연 희망적인 풍성함esperable uberty을 낳을 수 있을 것인가이다. 희망적인 풍성함이라니? 이 표현의 어원을 보자면 esperable은 현대 사전에서는 찾을 수 없는 단어로, 아마 퍼스가 만든 신조어일 텐데 어원론적 직관에 따라 해석하면 "기대되는" 혹은 "그렇게 되길 바라는"을 의미한다. 한편 uberty

는 현대 영어에서 거의 사라진 단어로, 1412년 베리의 수도승 리드게 이트John Lydgate의 잘 알려지지 않은 작품인 『두 상인Two Merchants』에서 처음 사용되었다. 이 단어는 "풍성한 성장, 풍작, 비옥함, 풍부함, 넘쳐 남" 등을 의미하며 이탈리아어의 우베르타ubertà와 거의 비슷하게 쓰인다.

　1913년 초가을에 퍼스는 MIT의 생물학 강사였던 우드Frederick Adams Wood 박사에게 보낸 장문의 편지에서 논리학자들이 추구해야 하는 두 가지 기본 목적 중 하나[1]가 세 가지 규범적인 논증 형태로부터 희망적인 풍성함, 즉 "생산성이라는 가치"를 도출해 내는 것이라고 역설했다. 여기서 세 가지 논증 형태란 연역법deduction과 귀납법induction, 가추법abduction이다. 특히 가추법은 귀환법retroduction 혹은 가정적 추론hypothetic inference이라고도 일컬어진다. 세 번째 논증 형태인 가추법에서 풍성함이 증가하는 반면 안전성과 확실성은 줄어든다. 퍼스는 (1860년대부터) '꾸준히' 세 가지 논증 형태의 차이점을 주장하며 다음과 같이 설명했다. 첫째, **연역법**은 "우리가 생각하는 장소이거나 수단인 기호의 의미를 우리가 분석할 수 있다고 믿는 확신에 근거한다." 둘째, **귀납법**은 "같은 종류의 일련의 경험들은 어떠한 징후를 보이지 않고서는 변하거나 멈추지 않는다는 우리들의 확신에 근거한다." 셋째, **가추법**은 "어떤 주어진 현상을 규정짓는 조건들에 관해 추측하다 보면 현상 그 자체가 드러날 것이라는 우리들의 희망에 근거한다"(8.384-8). 첫 번째에서 두 번째, 세 번째로 나아갈수록 확실성은 줄어들고 풍성함은 늘어난다. 다시 말해서 추측의 확실성이 떨어질수록 새로운 것을 발견해 낼 가능성은 증가한다.

　콩그리브(William Congreve, 영국의 풍속 희극 작가—옮긴이)의 구절

"마법의 숫자와 설득력 있는 소리," 특히 **3**과 3의 배수인 숫자들은 빅토리아 시대의 뛰어난 지식인들을 괴롭혔으며 오늘날까지도 우리를 따라다닌다. 20세기 전기(電氣) 문명의 기초를 세운 세르비아인 테슬라Nikola Tesla 역시 기이할 정도로 집착적인 이 괴벽을 갖고 있었다. 그는 실험실 인근 지역을 산책할 때마다 반드시 세 바퀴를 돌아야만 한다는 강박관념에 시달렸다. 또한 월도프 아스토리아 호텔에서 저녁 식사를 할 때도 반짝이는 은제 식기와 크리스털 식기에 묻어 있을지도 모르는 상상의 세균을 닦아 내기 위해 18〔(3+3)×3〕장의 깨끗한 냅킨을 사용했다. 적어도 피타고라스의 시대 이후로 수비학(數祕學)적인 사유 방식은 무언가를 분류하고 목록을 만드는 데 널리 적용되어 왔다. 봉고Pietro Bongo는 『신비한 숫자De numerorum mysteria』(1618)에서, 그보다 이전에 아그리파Cornelius Agrippa는 『신비 철학De occulta philosophia』(1510년에 쓰였고 1531년에 출판됨)에서 각각 광적인 집착으로 마법의 삼자 관계를 추구했다. 그들은 **셋(3)**이 지닌 최고의 의미, 즉 하느님의 이름을 하느님의 언어인 히브리어로 표현하면 세 글자로 이루어져 있다는 사실부터 시작하여, 성부, 성자, 성령이라는 기독교의 삼위일체론과 우리가 상상할 수 있는 이 세상의 모든 시간 체계가 셋과 관련되는 것을 발견할 수 있다고 주장했다(별점을 치기 위해 오늘날까지 사용되는 12궁도에서도 이러한 집착의 흔적을 찾아볼 수 있다 ; Butler 1970 : 68).

코넌 도일은 홈스 이야기 중 여덟 편에서 제목에 숫자를 사용했다. 그중에서 '두 번째'와 '넷,' '다섯,' '여섯'은 각기 한 번씩 등장한다. 「두 번째」, 「서명」, 「오렌지」, 「나폴레옹」. **셋**은 적어도 세 번, 만약 덜 엄격하게 센다면 네 번이나 등장한다고 할 수 있다. 「박공집」, 「개리뎁」, 「학생」 그리고 아마도 「스리쿼터백」.

더욱이 "매우 모자란 녀석"인 뒤팽Chevalier C. Auguste Dupin은 에드거 앨런 포의 네 편(「당신은 인간이다」도 포함시키면 다섯 편)의 탐정소설 중에서 세 편에서 주인공으로 등장한다. 즉 포의 3부작(「모르그가의 살인」, 「마리 로제의 수수께끼」, 「도둑맞은 편지」)의 주인공이다. 데리다(Jacques Derrida, 1975)는 이 소설들을 포의 "뒤팽 삼부작Dupin Trilogy"이라 명명했으며, 라캉(Jacques Lacan, 1966:11-61)은 반복되는 "세 시기의, 세 가지 관점으로 정리된, 세 가지 주제에 의한…" 정신분석학적 구조의 틀이라고 보고 다음 그림으로 표현했다(1966:48).

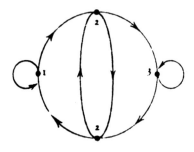

데리다의 지적대로(1975:108) 그물처럼 복잡하게 얽혀 있는 반복강박(Wiederholungszwang, 프로이드의 정신분석학에 등장하는 개념으로 강박증의 일종—옮긴이)에서 "삼중주, 삼각관계, 삼각 상호 주관성 등의 표현이 자주 등장한다." 돌이켜 보면 뒤팽은 포부르 생 제르망의 **제3구역** 뒤노가Rue Dunôt 33번지의 맨션에서 살았다(라캉과 데리다의 "Poetics"에 대해서는 Johnson, 1980 7장 참조).

버틀러의 연구(1970:94)에 의하면 서양 지성사에서 "수비학적인 사고는 철학, 우주론, 신학 등에서 폭넓게 사용되었다." 퍼스도 삼분법적인 분석과 분류를 즐겨 사용한 것으로 악명이 높았으며 1910년에 출판된 글에서 다음과 같이 그 이유를 변명하기도 했다.

저자가 셋이라는 숫자에 미신적이고 환상적인 중요성을 부여하여 마치 프로크루스테스의 침대[2]와도 같은 억지 삼분법들을 만들어 낸 것이 아닌가 하는 의심을 예견한 저자 자신의 답변.

나는 삼분법에 대한 광적인 집착이 그렇게 보기 드문 것은 아니라는 사실에 전적으로 동감한다. 정신병리학자들이 이것에 어떤 이름을 붙여 주었는지는 잘 모르겠지만, 만약 그들이 아직 이름을 붙여 주지 않았다면… 삼분광(三分狂, triadomany)이라 부를 수 있을 것이다. 내가 (이 삼분법적인 집착에) 시달리지는 않았지만 사실 삼분법을 그토록 많이 만들어 내야 했으며 독자들, 특히 이 질병이 얼마나 흔한지 아는 독자들이 나 역시 바로 삼분광 환자가 아닐까 의심하거나 그렇다고 주장할지도 모른다고 우려하는 바이다…. 나는 일반적인 삼분법에 대해 특정한 선호도가 전혀 없다(1. 568-569).

퍼스의 이러한 변명에도 불구하고, 그의 해안측지연구소 근무 내용에서 흥미로운 점이 보인다. 그는 메인 주와 멕시코 만 연안 5개 주의 해안을 **삼각 측량**하는 일을 맡았으며, 1979년에는 퍼스의 업적을 기리기 위해 아리스브 앞마당(그의 고향인 펜실베이니아 주 밀퍼드 인근)에 '퍼스 측점C.S. Peirce Station'이라 명명된 삼각 측점이 세워지기도 했다.

1857년 무렵, 퍼스는 "근대 사상의 왕, 칸트"(1.369), 정반합(正反合)의 헤겔[이와 관련해서는 웰비 여사Lady Welby에게 보낸 퍼스의 1904년 10월 12일자 편지(Hardwick 1977:22-36)를 참조할 것. 이 편지에서 퍼스는 칸트와 헤겔을 독특하게 인용하여 우주의 세 가지 범주에 대해 자세하게 논의하고 있다]. 그리고 3가지 '충동'의 삼중주를 논한 실러(Sebeok 1981, 1장) 등 선배 철학자의 뒤를 이어 일반성을 추구하고 세계를 이해하려는 진정한 철학적 목적을 갖고 이미 삼자적 분류에 깊이 빠져 있었다. 그의 가장 기본적인 존재론적 삼분법은 대명사의 체계이다. 여기에서 **그것**It은 감각적인 물질의 세계를 가리키며, 우주론의 궁극적인 대상이다. **너**Thou는 정신의 세계를 나타내며, 심리학과 신경학의 대상이다. **나**I는 추상적인 세계로 신학의 영역이다. 이러한 기본적인 구분은 퍼스의 학문 세계 안에서 아주 당연한 것으로, 나는 일차적인 것Firstness, 너는 이차적인 것Secondness, 그것은 삼차적인 것Thirdness이라 불린다. 이들은 서로 얽혀서 엄청나게 많은 삼각관계들을 낳는다. 특히 유명한 것으로는 기호-대상-해석체Sign, Object, Interpretant,[3] 형상-지표-상징Icon, Index, Symbol, 특질-반응-표현Quality, Reaction, Representation, 가추법-귀납법-연역법Abduction, Induction, Deduction 등이 있다. 이에 관한 내용은 퍼스의 범주론의 발전에 관한 에스포지토Joseph L. Esposito의 뛰어난 연구(1980, Peirce 1982:xxvii-xxx 참조)의 부록 1에 잘 나타나 있지만, 여기서도 자세히 살펴보자. 예컨대 최근에 등장한 빅뱅 이론은 "마음이 일차적인 것이고, 물질은 이차적인 것이며, 진화는 삼차적인 것이다"(6.32)라는 퍼스의 진술과 일치하며, 존재의 다양한 양식들, 즉 가능성, 실재성, 법칙성(1.23)과도 대체로 상통한다.

200억 년 전의 우주의 존재에 대해서 우리는 본질적으로 단 하나의 사실만을 이야기할 수 있다. 그것은 우주가 하나의 덩어리로서 ── 퍼스의 일차적인 것에 상응 ── 존재하기 시작했을 때, 즉 우주의 임의의 관측 가능한 두 지점이 서로 근접해 있고 물질의 밀도가 무한할 때, 우리는 지나간 가능성past possibility이었으며 또한 이미 현실성actuality의 세계 (퍼스의 이차적인 것에 해당하는 것) 안에 놓여 있었다는 것이다. 1000분의 1초라는 짧은 시간이 시작되면서, 우주는 태초의 쿼크quark로 가득 채워졌다. 이 근본적인 미립자는 모든 기본적인 입자들을 구성하는 벽돌과도 같은 것인데, 이를 일종의 기호로 파악하는 것이 가장 옳은 일일 것이다. 왜냐하면 오늘날의 물리학이 말해 주듯이, "아무도 쿼크를 본 적은 없다…. 오늘날 대부분의 물리학자들도 앞으로도 결코 쿼크를 볼 수 없으리라 믿는다…"(Pagels 1982:231). 우주의 팽창이 진전됨에 따라 온도는 12^{27}K까지 떨어진다. 신생 우주의 간단한 자연 법칙은 세 가지 상호 작용으로 전개되는데, 중력, 전자기력과 전자약력electroweak force, 그리고 강한 핵력을 일으키는 입자인 하드론Hadron의 힘이다. 대통일 이론Grand Unified Theory이 추구했던 바와 같이 하나의 수학적 틀 안에서 세 가지 힘이 발전하는 것 — 퍼스의 삼차적인 것에 해당 — 은 퍼스의 '법칙law'의 등장을 나타낸다. 이러한 법칙은 반물질antimatter에 대한 물질의 보편적인 선호를 설명할 수 있을 뿐만 아니라 소위 수평선의 문제horizon problem, 즉 우주의 동질성의 문제에 대한 해답, 그리고 질량의 밀도에 관한 평평함의 문제flatness problem에 대한 해답을 제시할 것이다.

　모든 물질의 핵심은 수많은 단순한 기호(혹은 수학적 트릭)로 가득 차 있다. 노벨상 수상자인 겔먼Murray Gellman(과 네이만Yuval Ne'eman)은 '여덟 겹의 길the eight-fold way'이라는 주제로 하나의 하드론 가족hadron family을 이루는 여덟 개의 쿼크에 대해 논의한 적이 있다. 여덟 개의 쿼크는 세 가지 각기 다른 '맛flavors'을 지닌 쿼크가 이루는 독특한 모양의 행렬 안에 배열된다. 겔먼과 네이만이 당연하다고 가정한 대칭 구조는 로츠John

Lotz가 제시했던 팅커토이(미국제 조립식 장난감으로 막대와 연결용 원판으로 구조물을 조립한다―옮긴이) 같은 정육면체 터키어 모음 체계와 대단히 흡사하다(Lotz 1962:13).

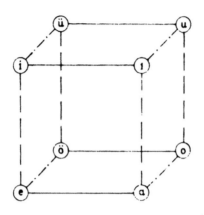

이 그림은 3쌍의 절대적 이원 대립absolute binary oppositions이라는 관점에서 8개의 음소phonemes를 나타내고 있다. 동등하게 업up, 다운down, 스트레인지strange 쿼크들은 각각 u, d, s로 표시되며(안티쿼크들은 ū, d̄, s̄로 표시), 아주 단순한 규칙을 따라 하드론을 구성한다. 이와 같은 하드론 팔각 분류법은 다음과 같은 그림으로 나타낼 수 있다.

퍼스의 종교를 잠시 살펴보자면, 그는 일찌감치 유니테리어니즘에서 삼위일체론 신봉자로 개종했으나 성공회 교도의 틀을 벗어나지는 않았다. 퍼스는 이렇게 적었다. "하나의 기호Sign는 **대상**Object과 **의미**Meaning 사이에서 매개체 역할을 하는데… 대상은 의미의 아버지, 기호는 의미의 어머니이다." 이에 더해 피슈Max H. Fisch는 재치 넘치게도 "… 해석체Interpretant라는 아들을 더할 수도 있었겠다"라고 언급한 바 있다

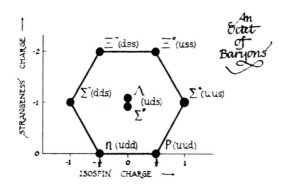

『우주의 암호: 양자물리학의 자연관The Cosmic Code: Quantum Physics as the Language of Nature』에서 인용. © Heinz R. Pagels, 1982. 사이먼앤슈스터Simon and Schuster사의 허가로 수록.

(Peirce 1982:xxxii).

최근 라슨Svend Erik Larsen이 프로이트의 근본적 삼분법을 특별히 퍼스의 삼분법과 비교한 바 있는데(Larsen 1980), 이는 역시 피슈(1982: 128)의 지적대로 다른 학자들로 하여금 두 관점의 표면적인 유사성을 심도 있게 연구하도록 자극시킨다. 프로이트가 퍼스의 나I, 그것It, 너Thou라는 분류를 전혀 몰랐겠지만, 그가 1923년에 정신을 자아Ego, 원아Id, 초자아Superego ── 정신병리학의 기본 요소 ── 로 삼분한 것은 (Freud 1961:19:19-39) 퍼스의 기호 현상의 생성적 구조와 놀랄 정도로 잘 부합한다. 예컨대 초자아라는 것은, 첫 번째와 두 번째 억압의 범주로부터 솟아 나와 가장 강력한 최후의 억압이 된다. 덧붙여 말해 두자면 프로이트와 셜록 홈스는 니콜라스 마이어Nicholas Meyer의 소설 『칠 퍼센트의 해결The Seven Percent Solution』에서 딱 한 번 만나는데, 이 소설은 로스Herbert Ross 감독에 의해 영화로 제작되기도 했다(이 영화는 1976년

국내에 〈명탐정 등장〉이라는 제목으로 소개되었다 — 옮긴이).

　많은 독자들이 이미 눈치 챘겠지만, 이 책의 머리말 격인 이 장의 제목은 가모브George Gamow의 유명한 『하나 둘 셋 하면… 무한대One Two Three… Infinity』(1947)를 패러디한 것이다. 가모브는 삼중 코드에 의한 유전 정보의 존재를 처음으로 제안한 저명한 이론가이다. 그 역시 삼행 연구tercet에 매료되어 학술지 『물리학 평론Physical Review』에 게재된 화학적 기본 요소의 기원에 대한 악명 높은 편지에서 저자 이름을 알퍼Alpher, 베테Bethe, 가모브Gamow의 순서로 제시하기도 했다.[4]

　퍼스는 명사는 대명사를 대체하지만 대명사는 명사를 대체하지 않는다는 견해를 (올바르게도) 견지하는데, 이는 통상적인 관례이자 표준 서구 문법으로 성문화된 내용과는 반대된다. 언어학에 관련된 퍼스의 기본적인 삼자 관계에 담긴 함의를 충분히 파악하기 위해서는, 이 같은 문법적 분류에 대해 말년에 구조적 분석을 시도했던 로츠의 전문적인 관심이 필요하다(Lotz 1976). 로츠는 1967년에 헝가리어로 처음 출판된 구하기 힘든 한 논문에서 다음과 같은 사실을 밝혀냈다. 논의되는 세 개의 비집합적 대명사 사이에는 논리적으로 상이한 일곱 가지 가능성이 존재하는데, 로츠가 연구한 언어에서는 일곱 가능성 중 오직 하나만이 가능하다. 그중 하나의 관계는 삼각형 구조이다.

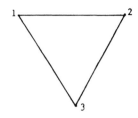

다음 세 가지 관계는 티 구조T-structure라고 불린다.

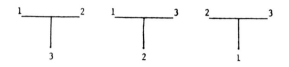

그리고 나머지 세 가지는 선형linear 구조이다.

1	2	3
1	3	2
2	1	3

후에 잉그램David Ingram은 71개의 자연적 언어를 연구해서 인칭대명사의 보편적인 성격과 유형에 대해 연구하고, 단수형과 집합명사를 한데 묶을 경우 4인칭에서부터 15인칭에 이르는 체계가 존재한다고 주장했다(Ingram 1978). 잉그램은 영어가 5인칭 체계이며 "상당히 비전형적"(1978:215)이라고 했다. 이 주장이 맞는다면 퍼스의 자연스러워 보이는, 삼각형을 기반으로 하는 세 가지 기본 개념과 철학 체계에 대해 철저히 재고할 필요가 있다. 세벅이 30여 년 전에 수행한 형태론적 연구에 의하면(Sebeok 1951), 볼리비아에서 사용되는 아이마라Aymara어의 문법적 인칭의 수는 3×3으로 결정되며, 각각의 인칭은 두 명의 대화자 사이의 상호 작용으로 꽉 차게 된다. 어느 정도 단순화해 말하자면 다음과 같은 형태가 있을 수 있다. 1인칭은 말하는 사람은 포함되

지만 듣는 사람은 제외되며, 2인칭은 듣는 사람은 포함되지만 말하는 사람은 제외되고, 3인칭은 말하는 사람과 듣는 사람 모두 포함되지 않으며, 4인칭은 말하는 사람과 듣는 사람 모두 포함된다. 이것은 다시 아홉 가지 범주의 상호 작용(1→2, 1→3, 2→1, 2→3, 3→1, 3→2, 3→3, 3→4, 4→3)을 가져온다. 퍼스가 자키Jaqi어를 모국어로 했다면(자키어는 아이마라어를 포괄하는 언어들을 통칭한다 ─ 옮긴이) 그의 형이상학은 어떤 성격을 띠었을까? 정말 상상하기 어렵지만, 이는 언어적 상대성이라는 원칙을 신봉하는 사람들에게는 기묘한 사고 실험Gedankenexperiment이자 1880년 스웨덴의 언어학자 테그너Esaias Tegnér가 언급한 "사유를 지배하는 언어의 힘språkets makt över tanken"이 될 것이다.

물론 퍼스에게 세 개의 기본 인칭은 문맥에 따라 나머지 둘 중 하나의 본질을 갖고 있다. 퍼스는 다음과 같이 설명한다. "각자가 다른 것에 의해서 표현될 수는 없지만 서로 관계를 이루는데, 너THOU는 또 다른 나I가 있는 곳에서 그것IT이기 때문이다. 나I는 안을 보고, 그것IT은 밖을 보며 너THOU는 섞여 있다"(원고 917). 언어학자들의 흥미를 끌 만한 내용을 잠시 짚어 보자. 진작 그랬어야 했지만 여기서는 간단히 언급하려 한다. 바로 야콥슨Roman Jakobson식의 이원론적 원칙(Jakobson and Waugh 1979:20)과 퍼스의 선험적인 (그리고 더 이상 분할할 수 없는) 삼자 관계를 억지로 결합시키려고 하면 볼썽사나운 결과만을 초래한다는 점이다. 퍼스의 삼자 관계는 모든 분야의 논의를 예외 없이 셋으로 나누어 가며, 상호 배타적인 삼각 분류 체계를 변함없이 생산해 내기 때문이다.

이제 퍼스의 유명한 콩 주머니(beanbag; 1878; 2.623)의 예를 살펴보면서 지금까지의 논의를 정리하고 구체화시켜 보자.

연역법

법칙   이 주머니에서 나온 콩은 모두 하얗다.

사례   이 콩들은 이 주머니에서 나왔다.

∴ 결과   이 콩들은 하얗다.

귀납법

사례   이 콩들은 이 주머니에서 나왔다.

결과   이 콩들은 하얗다.

∴ 법칙   이 주머니에서 나온 콩은 모두 하얗다.

가추법

법칙   이 주머니에서 나온 콩은 모두 하얗다.

결과   이 콩들은 하얗다.

∴ 사례   이 콩들은 이 주머니에서 나왔다.

반복해서 말하지만, 이 세 가지 형태의 논리 형식은 서로를 대체할 수 없으며, 어느 하나라도 빼놓을 수 없다. "그러므로 모든 형태는 첫 번째 원칙과 관련되어 있지만, 두 번째와 세 번째 형태는 첫 번째 원칙뿐만 아니라 다른 원칙을 포함한다는 것이 증명되었다"(2.807). 간단히 말하자면 우리는 가추법을 통해 일반적인 예측을 할 수 있으나 반드시 성공한다는 보장은 없다. 그럼에도 불구하고 예지prognostication의 방법으로서 가추법은 "우리의 미래를 이성적으로 다스릴 수 있는 유일한 희망을 제공해 준다"(2.270).

삼단 논법으로 표현되는 모든 논증Argument은 그 자체로서 하나의 기호라는 사실에 주목할 필요가 있다. "이러한 기호의 해석체는 하나의 법칙을 통해 그 대상을 또 다른 기호로 나타낸다. 여기서 법칙은 여러 가정에서 출발하여 특정한 결론, 즉 진리로 향해 가는 경향을 의미한다"(2.263). 퍼스는 모든 논증을 하나의 상징적 법칙 기호Symbolic Legisign라 불렀다. 각각의 논증은 사례, 결과, 규칙이라는 세 개의 명제로 이루어진다. 이들은 세 가지 방식으로 결합될 수 있고, 콩 주머니의 예와 같이 세 가지 논증 형태를 만들어 낸다. 그런데 이 각각의 가정은 그 자체 역시 하나의 기호이다. 이 가정들은 "일반적인 관념과의 결합을 통해서 그 자신의 대상과 연결되어 있기" 때문이다(2.262). 그러므로 일반적인 관념 역시 하나의 디슨트 상징Dicent Symbol이며, 필연적으로 하나의 법칙 기호Legisign다.[5]

어떤 기호이든 그 대상과 해석체는 반드시 또 다른 기호이므로 퍼스가 "이 우주 전체는 기호로 가득 차 있다," "비록 우주가 기호로만 이루어진 것은 아니라 할지라도"(Sebeok 1977)라고 주장할 만했다. 아버지, 어머니, 아들이라는 가족적 결합을 통해 퍼스의 삼자 관계를 암시하는 피슈와 "어린 시절은 어른의 모습을 보여 준다/ 마치 아침이 그날을 보여 주듯이"라는 밀턴John Milton의 구절이나 "어린이는 어른의 아버지"라는 워즈워스William Wordsworth의 구절 모두 통René Thom의 생명과학적 논의에 상응한다. 통은 기호의 탄생에 대해 다음과 같이 세련되게 설명한다. "기의-기표의 상호 작용 안에서 보편적 추이에 따라 산출된 기의는 방해받지 않고 뻗어 나가는 나뭇가지처럼 기표를 생산해 낸다는 것은 분명한 사실이다. 그런데 이 기표는 우리가 기호를 해석할 때마다 기의를 재생산해 낸다. 그리고 생물학적 형태의 예들이 보여 주는 것처럼, 기표(후손)가 기의(부모)가 되는 데 걸리는 시간은 한 세대면 충분하다"(1980:264; Sebeok 1979:124).

퍼스는 '인간이란 무엇인가'란 질문에 대해 인간을 하나의 상징으로 범주화시켜 대답한다(7.583). 또한 우주는 하나의 논증으로 간주한다. 1903년 봄에 퍼스는 감동적이며 기억에 남을 만한 일련의 강의를 했는데, 삼차적인 것Thirdness의 실체는 "자연 속에서 작동한다"는 점을 집중적으로 다룬(5.93) 후에 다음과 같이 결론지었다. "하나의 논증으로서 우주는 분명히 위대한 예술작품이며 시이다. 마치 모든 참된 시가 훌륭한 논증이듯이, 훌륭한 논증 역시 하나의 시이며 교향악이다…. 그 전체적인 영향력은 이루 다 헤아릴 수 없다. 그러나 우리는 일정 한도 내에서 전체의 한 부분이며 결과물로서 질적인 것Quality을 식별할 수 있다. 이 질적인 것은 전제premisses에 속하는 기본적인 질의 결합물로부터 생겨난다"(5.119). 퍼스의 이어지는 강의는 "무모하게 들릴 정도의 일련의 주장들"을 말했으며 정신이 멍해질 정도로 현란하게 계속되는 삼분론의 향연이었다. 윌리엄 제임스(1907:5)는 "키메르 족(호메로스의 『오디세이아』에 나오는, 세계의 서쪽 끝의 암흑 속에서 사는 사람들 — 옮긴이)의 어둠에서 풀려나 번쩍이는 환한 불꽃"이라고 표현했다.

아서 코넌 도일 경은 1911년 런던에서 에드거 앨런 포 100주기 기념 만찬을 주재하게 되었다. 그는 셜록 홈스에게 뒤팽의 뛰어난 재능(빈틈없는 솜씨와 매혹적인 기호학적 환상)을 전해 준 장본인이었고 이를 통해 홈스는 말로 채 옮겨지지도 않은 내면의 대화를 구어적 기호로 옮겨 냄으로써 다른 사람들의 깊은 마음속 생각을 해독하고 드러낼 수 있었다. 이 만찬에서 도일 경은 다음과 같은 질문을 던졌다. "포가 생명의 숨을 불어넣기 전까지 탐정소설은 도대체 어디에 있었는가?" (Symons 1978:170). 1908년 퍼스는 포의 「모르그가의 살인」의 한 구절("이 미스터리는 아주 쉬워 보이는 해결책 때문에 오히려 해결될 수 없는 것처럼 보이는군. 이 점이 바로 이 사건의 기이한 성격일세")에 대해 언급하면서 이렇게 말했다. "언뜻 보기에 도저히 풀릴 것 같지 않는 문제들은 바로 그러한 사정에 의해서⋯ 딱 맞게 해결해 주는 열쇠가 있게 마련이다"(6.460. 이 책의 2장을 참조할 것). 그러므로 우리는 다음과 같은 질문 또한 던질 수 있을 것이다. 풍성함이 넘치는 신조어인 삼매경의 놀이Play of Musement라고도 불리는 자유의 법칙law of liberty을 퍼스가 불어넣기 전까지 논리학과 자연과학은 도대체 어디에 있었는가?

"자네는 내 방법을 알고 있네"[1]

찰스 퍼스와 셜록 홈스를 나란히 비교하기

토머스 A. 세벅
Thomas A. Sebeok

진 우미커 세벅
Jean Umiker-Sebeok[2]

"나는 절대로 추측하지 않는다네."
—셜록 홈스,「서명」
그러나 우리는 추측을 통하지 않고서는 진리를 정복할 수 없다.
—찰스S. 퍼스, 원고 692[3]

퍼스, 자문 탐정[4][5]

　1879년 6월 20일 금요일, 찰스 퍼스는 학회에 참석하기 위해 보스턴에서 출발해 뉴욕으로 가는 폴 강의 증기선 브리스틀호에 승선했다. 다음 날 뉴욕에 도착했을 때 퍼스는 "기이하고 몽롱한" 상태가 되었다. 선실의 탁한 공기 때문이라고 생각한 퍼스는 빨리 신선한 공기를 마시기 위해 서둘러 옷을 입고 배에서 내리다가 그만 외투와 값비싼 티파니 시계를 선실에 두고 말았다. 그 시계는 해양 연구소에서 일한 공로를 치하하는 의미로 미국 정부로부터 수여받은 것이었다. 퍼스는 곧 실수를 깨닫고 배로 돌아갔지만 이미 물건은 없어진 후였다. 그 순간 퍼스는 시계를 되찾지 못한다면 "평생의 직업적 불명예"를 안게 되리라고 생각했다. 그래서 그는 "배 안에 있는 모든 유색인종 선원들을 불러 한 줄로 서게 했다…."

　나는 최대한 태연한 태도를 유지하면서 줄의 끝에서 끝까지 선원 한 명 한 명과 조금씩 이야기를 했다. 내가 바란 것은 바보처럼 보여서 그들의 경계심을 푼 뒤 도둑을 찾아내는 것이었다. 줄의 끝에 다다랐을 때 나는 스스로에게 말했다. "아무런 단서도 못 찾겠군." 그러자 또 다른 내가 (마치 서로 대화하듯이) 말했다. "그래도 너는 그 사람을 지목**해야만 한다.** 비록 뚜렷한 근거가 없더라도 누가 도둑인 것 같다고 말해야만 한다." 나는 1분이 채 안 되는 동안 이리저리 걸으며 생각에 잠겼다가 다시 선원들에게 다가갔다. 문득 모든 의혹이 사라졌다. 더 이상의 고민이나 망설임도 없어졌다. 누가 도둑인지 그냥 분명해졌다(Peirce 1929:271).

브리스틀호(폴 강 정기선)의 모습. Hilton 1969:28. 하월-노스 북스Howell-North Books사의 허가로 수록.

퍼스는 도둑이라고 확신이 든 혐의자를 따로 불러서 논리적으로 따지기도 하고, 위협도 해 보고, 50달러를 주겠다는 약속도 해 보았으나 그는 딱 잡아떼었고, 퍼스는 자신의 물건을 되찾을 수 없었다. 퍼스는 "부두로 달려가 택시를 잡아타고 최대한 빠르게 유명한 탐정 사무소인 핑커턴 사무소로 갔다." 그는 뉴욕 지점장 뱅스George H. Bangs를 만나 이렇게 이야기했다.

> "뱅스 씨, 이름이 아무개인 폴 강 정기선의 흑인 승무원이 내 시계와 시곗줄과 외투를 훔쳤습니다. 시계는 찰스 프로섬 제품이고 제품 번호는 여기 있습니다. 그는 정각 한 시에 배에서 내려 곧 시계를 저당 잡히고 50달러를 받을 것입니다. 그를 미행해서 그가 저당 전표를 받자마자 체포해 주시기 바랍니다." 이에 뱅스가 물었다. "왜 그 사람이 범인이라고 생각합니까?" "글쎄요, 논리적인 이유는 없습니다. 다만 그가 범인이라는 데에는 전혀 의심의 여지가 없습니다. 확신하건대 그는 시계를 저당 잡혀 처분하려 할 것입니다. 따라서 이 사건은 간단히 해결될 수 있을 것이며, 당신은 별다른 수고를 하지 않으셔도 될 겁니다. 여기 시계 번호와 제 명함을 드리겠습니다. 분명히 체포할 수 있을 겁니다"(1929:273).

핑커턴 사무소의 탐정 하나가 이 사건을 맡았는데, 그는 퍼스의 짐작을 따르기보다는 "스스로의 추리에 따라 행동"하라는 지시를 받았다. 그 탐정은 폴 강 선원들을 모두 뒷조사해 본 뒤 전혀 다른 사람을 용의자로 판단하고 미행했다. 결과는 실패였다.

그 탐정의 수사가 더 이상 진전이 없을 무렵, 퍼스는 다시 뱅스를 찾았다. 뱅스는 퍼스에게 폴 강, 뉴욕, 보스턴의 모든 전당포에 시계를 찾

찰스 퍼스. 1877년 퍼스가
국립과학아카데미의 단체장
으로 선출된 직후에 찍은 사
진으로 추정됨.

으면 보상해 준다는 엽서를 보내라고 조언했다. 퍼스가 6월 23일에 엽
서를 보내자 바로 다음 날 뉴욕의 한 변호사가 연락을 해 왔다. 퍼스는
변호사를 통해 보상을 받으려고 연락해 온 전당포 주인을 만나게 되었
다. 퍼스가 기록한 바에 의하면, "전당포 주인이 시계를 저당 잡힌 사
람을 하도 생생하게 설명해서 그자가 바로 '내가 처음 지목했던 자'라
는 데에는 전혀 의심의 여지가 없었다"(1929:275).

　퍼스는 사무소의 탐정과 함께 시곗줄과 외투를 되찾기 위해 혐의자
의 집으로 향했다. 하지만 탐정은 영장이 없다는 이유로 혐의자의 집
에 들어가는 것을 망설였다. 이런 미온적 태도에 화가 난 퍼스는 정확
히 12분 이내에 물건들을 찾아오겠다고 장담하고는 혼자 혐의자의 집

1865~1881년까지 핑커턴 탐정 사무
소장이었던 뱅스. Horan 1967:28. 핑
커턴 사무소의 허락으로 수록.

으로 들어갔다. 퍼스는 그 후에 일어난 일들을 다음과 같이 기술한다.

나는 계단을 세 개 올라 아파트 문을 두드렸다. 아시아계 여자 하나가
문을 열었고, 바로 뒤에는 비슷한 피부색의 또 다른 여자가 서 있었다. 뒤
에 선 여자는 모자를 쓰고 있지 않았다. 나는 안으로 들어가며 말했다. "당
신 남편이 내 시계를 훔쳤기 때문에 싱싱 교도소(미국 뉴욕 주립 교도소 ─ 옮
긴이)에 가게 생겼소. 그가 훔쳤던 시곗줄과 외투도 다 여기 있는 것을 알
고 있소." 그러자 두 여자가 소란을 떨며 당장 경찰을 부르겠다고 협박했
다. 뭐라고 말했는지는 정확히 기억나지 않지만 어쨌든 나는 평정심을 잃
지 않았고[6] 경찰을 불렀다간 남편에게 오히려 해로울 것이라고 말했다. 나

는 시곗줄과 외투가 어디 있는지 정확히 안다고 말했으므로, 경찰이 오기 전에 찾아낼 수 있어야 했다…. 그 방에는 시곗줄을 감출 만한 장소가 없었다. 다른 방으로 들어가 보았는데 가구라고는 2인용 침대와 나무 트렁크뿐이었다. "내 시곗줄이 트렁크 속 옷 아래 밑바닥에 숨겨져 있을 테니 갖고 가야겠소…"라고 말하고 무릎을 꿇고 열어 보니 다행히 트렁크는 잠겨 있지 않았다. 옷을 다 들어내고… 마침내… 시곗줄을 찾았다. 나는 즉시 시계에 시곗줄을 달았는데 문득 나의 행동에 몹시 신경을 쓰던 (모자를 안 쓴) 여자가 사라진 것을 알았다. 나는 "이제 내 외투를 찾는 일만 남았소"라고 말했다…. 혼자 남은 여자는 양손을 벌리고서는 자신 있는 말투로 "마음대로 뒤져 보세요"라고 말했다. "고맙지만 내가 처음 트렁크를 열 때와 지금의 당신 어조를 비교해 보니 외투는 여기에 없군요…". 그 아파트에서 나와 보니 같은 층에 다른 아파트가 하나 더 있었다.

자세히는 기억하지 못하지만 또 다른 여자가 사라진 것과, 외투를 마음대로 찾아보라고 그 여자가 자신 있게 이야기한 것 사이에는 뭔가 관련성이 있다고 확신했던 것 같다. 나는 사라진 여자도 근처에 살고 있을 것이라고 생각했다. 그래서 우선 바로 맞은편 아파트 문을 두드렸더니 두 명의 아시아계 소녀가 나왔다. 그들 어깨 너머로 꽤 좋은 피아노가 놓인 거실이 보였다. 바로 그 피아노 위에 내 외투만 한 크기의 꾸러미가 있었다. 나는 "여기 내 물건이 있어서 찾으러 왔어요. 아, 저기 있군요. 저걸 가져가기만 하면 됩니다"라고 말하고는 그들을 제치고 들어가 꾸러미를 열고 외투를 꺼내 입었다. 나는 다시 거리로 나왔고 약속한 12분보다 15초 더 일찍 탐정에게 돌아왔다(1929:275-277).

그다음 날인 6월 25일 퍼스는 패터슨C.P. Patterson 경찰 본부장에게 다

PAWNBROKERS!
Please Stop if Offered, or Notify if Received.
Plain Gold Hunting Case Lever Watch, No. 04555,
Charles Frodsham, maker. Stolen from State Room of Fall
River Steamboat "Bristol," Saturday, June 21st, 1879.
$150. will be paid for its recovery.
Send information to
ALLAN PINKERTON,
June 23, 1879. 66 Exchange Place, New York.

퍼스의 시계를 찾아 주면 보상하겠다는 내용의 엽서 견본. 국립문서국의 해양연구소 자료.

음과 같은 서신을 보냈다. "시계를 훔친 두 흑인이 오늘 공판에 회부되었습니다. 제가 잃은 것은 모두 다 찾았습니다. 탐정이 생각했던 것과 달리, 범인은 제가 처음에 의심했던 바로 그자였습니다."[7]

퍼스가 자신의 친구이자 제자이며 하버드 대학의 철학자이자 심리학자인 제임스William James에게 보낸 편지에서도 말했듯이, 이때의 탐정 놀이 경험은 "사람들이 종종 제대로 추측을 해내는 이유에 대한 이론"의 적절한 실제 사례다. 여기서 드러난 "추측에 대한 독특한 본능"(1929:281), 다시 말해 가정을 불러들이려는 경향, 보통 퍼스가 **가추법**abduction[8]이나 **귀환법**retroduction이라고 부르는 것은 "뚜렷한 근거는 없되, 어디에나 있고ubiquity, 믿을 만하다는 점이 주된 특징인… 특이한 샐러드"(원고 692)로 비유된다. 퍼스는 어디에나 있다는 점에 대해서 다음과 같이 말한다.

아름다운 봄날 아침에 창 너머로 활짝 핀 진달래를 본다. 아니, 아니! 나는 그것을 보지 않았다. 비록 이렇게 말하는 것이 내가 본 것을 묘사할 수 있는 유일한 방법이긴 하지만 말이다. 내가 말한 것은 명제이고 문장이며 사실이다. 그러나 내가 실제로 지각한 것은 명제도 문장도 사실도 아니며 하나의 심상image일 뿐이다. 나는 사실을 진술함으로써 나의 심상을 (다른 사람으로 하여금) 어느 정도 알 수 있게 한다. 그러한 진술은 추상적이지만, 실제로 내가 본 것은 구체적이다. 나는 가추법을 사용해서 내가 본 것을 하나의 문장으로 표현한다. 우리의 모든 지식은 하나의 순수한 가정으로 이루어져 있으며, 귀납법은 단지 (이미 만들어진 지식을) 보다 확실하고 세련되게 할 뿐이다. 그저 막연히 바라보는 단계를 넘어서서 약간의 지식이라도 발전시키기 위해서는 반드시 가추법을 사용해야만 한다(원고 692).

만일 새로운 모든 지식이 가설hypothesis을 세우는 것에 의존한다고 할지라도, "과연 그 가설이 무엇에 근거하는지에 대한 의문은 제기조차 할 수 없어 보인다. 그 가설은 하나의 현실적 사실로부터 **어떤 것(이럴 것 아니면 저럴 것)**이라는 추측만을 도출해 낼 뿐이기 때문이다. 그렇지만 대부분의 추측은 타당한 추측이다. 대부분의 추측이 타당하다는 사실은… 이 우주의 신비 중에서도 가장 경이로운 일이다"(8.238). 인간의 가추 능력은 "새가 지저귀고 하늘을 날 수 있는 능력"에 비교될 만하다. "둘 다 가장 단순하고 본능적인 능력 중에서 가장 귀중한 것이기 때문이다"(1929:282).[9] 퍼스의 지적대로, "이성적으로 추론하는 사람의 마음과 그가 바라보는 자연 사이에는 일정한 유사성이 있다. 덕분에 추측은 희망을 품는다. 관찰을 통해 추측을 확인할 수 있는 한, 귀환법은 믿을 만하다"(1.121).

사물에는 우리가 설명하고 싶어 하는 여러 특질이 기이하게 혼합되어 있다. 사실 우리가 설명해 낼 수 있다고 생각하는 것부터가 순수한 가설이다. 만약 하나의 설명이 존재한다면, 그것은 여러 특질을 설명하는 숨겨졌던 사실에 불과하며 그 외에도 (다행히 모두 거짓이 아니라면) 수백만 가지의 다른 방법이 있을 수 있다. 뉴욕의 뒷골목에서 등에 칼을 맞은 남자가 발견되었고, 경찰국장이 전화번호부를 펼쳐서 아무 이름이나 가리킨 뒤 살인범이라고 추측했다고 해 보자. 이러한 추측에는 과연 어느 정도의 가치가 있을까? 그러나 전화번호부에 실린 이름의 숫자는 케플러(원문 그대로임)가 관찰했던 행성의 움직임이나 섭동(행성의 궤도가 다른 천체의 힘에 의해 정상적인 타원을 벗어나는 현상 — 옮긴이) 현상을 전혀 다르게 설명할 수 있었던 수많은 인력 법칙의 숫자보다는 적을 것이다.[10] 뉴턴은 법칙이 단순해야 한다고 말하기는 했다. 그러나 이런 주장은 추측 위에 추측을 쌓아 올리자는 것 아닌가? 물론 자연의 많은 현상들은 단순하다기보다는 복잡하다…. (과학적 탐구의 과정에서) 우리가 하나의 추측을 통해 질문을 제기하는 것 이상을 할 수 있는지는 분명하지 않다(원고 692).

가추법(귀환법)은 (퍼스 본인도 이 이름이 '빈약한 용어'라고 인정한 바 있다) 영국 철학자 버클리George Berkeley로부터 많은 영향을 받고 퍼스가 나중에 형식화한 바에 따르면, 인간과 창조주 사이에 존재하는 수단이자 우리가 개발해야 하는 "거룩한 특권"이다(Eisele 1976, 3권:206). "확률의 법칙에 따르면 어떤 현상의 원인을 우연히 맞게 추측해 내는 것은 불가능하다"는 것이 퍼스의 주장이다. "인간의 마음은 자연의 형식을 좇아 사유한다. 따라서 정신이 자연 법칙의 영향을 받고 개발되었음에는 의심의 여지가 없다"(Peirce 1929:269). "인간에게 보다 사실에 가까운 추측을 만들어 내는 통찰력이 없었더라면… 인류는 생존 경쟁에서 도태되어 멸종했을 것이다"(원고 692).

인간의 정신이 이 세계에 대하여 올바르게 추측할 수 있게 된 것이 진화의 결과라는 원리에 덧붙여서, 퍼스는 추측 능력을 부분적으로 설명하기 위해 또 하나의 추측 원리를 제안했다. "인간은 진리를 관찰해서 모방하지만 관찰한 내용 중 어느 것 덕분에 모방을 할 수 있었는지 정확히 알지 못한다"(1929:282). 퍼스가 시계를 도둑맞았던 사건으로 돌아가 보면, 그는 의식 수준에서는 폴 강의 선원들 중에서 누가 범인인지 전혀 알 수 없었다. 그는 먼저 선원들 한 사람씩과 간단한 질문을 주고받으면서 "최대한 수동적이며 듣기만 하려는 태도"를 유지했다(1929.281). 그리고 나서 과연 누가 범인일까에 대해 추측을 해내려고 노력하기 시작하자 문득 범인이 무언가 단서를 제공했다는 사실을 "무자아-의식적unself-conscious"인 방식으로 깨닫게 되었다. 이것이 바로 "표면적인 의식 상태에서는 구분이 되지 않으며 실제적인 판단이라고 여겨지지도 않지만, 그럼에도 불구하고 진정한 판단을 가능하게 하는"(1929:280) 행위임을 깨달았다. 퍼스의 개념에 따르면, 우리가 세상만사에 대해 추측을 하게 되는 과정은 지각적인 판단perceptual judgments의 영향을 받게 마련인데, 지각적 판단에는 보편적인 명제들을 연역해 낼 수 있는 일반적인 요소들이 포함되어 있다. 퍼스는 존스홉킨스 대학에서 당시 자신의 제자(1929; 7.21-48)였던 재스트로(Joseph Jastrow, 1863-1944, 후에 저명한 심리학자가 됨)와 함께 지각에 관한 심리학 실험을 수행한 뒤 다음과 같은 주장을 했다. 지각적인 판단은 "충분히 의식적이지 않기에 통제될 수 없는 과정의 결과물이다. 좀 더 정확히 말하자면 무엇인가를 지각한다는 것은 통제될 수도 없고 따라서 완전한 의식 작용의 결과물이 아니다"(5.181).[11] 지각의 과정에서는 우리가 미처 의식하기도 전에 어떤 가설의 여러 요소들이 우리 마음속으로 들어오게 되는데, "이전에는 함께 연결 지을 수 있으리라고는 꿈에도 상상하지 못했던 것들을 함께 연결하는 새로운 제안이 생각지도 않게 문득 떠오르는 것이다"(5.181). 이처럼 하나의 가설을 만들어 내는 것은 **통찰의 행위**," 즉 "가추적 제안"인데 이는 "섬광처럼" 문득 나타난다 (5.181). 지각적 판단과 가추적 추론 사이에 유일한 차이가 있다면, 지각적 판단은 논리적 분석의 대상이 되지 않는다는 것뿐이다.

　　가추적 추론과 지각적 판단은 명확히 구분되지는 않는다. 다시 말하자면 우리의 첫 번째 전제인 지각적 판단은 가추적 추론의 한 극단적인 예로 간주될 수 있다. 다만 지각적 판단은 비판의 여지가 전혀 없다는 점에서 가추적 추론과 다르다(5.181; 6.522, 원고 316).

"과학적 추론의 첫 단계"(7.218)[12]이자 "새로운 생각을 가질 수 있게 해 주는 유일한 논증 형태"(2.97)[13]인 가추법은 인간의 본능이라 할 수 있다. 이는 세계의 여러 측면들 사이의 관계를 무의식적으로 지각unconscious perception하는 것에 의존한다. 달리 말하자면 가추법은 잠재의식에서 메시지를 교환하는 본능이다. 퍼스에 의하면 가추법은 또한 특정한 종류의 감정과 연관되어 있으며 이러한 감정을 불러일으키기도 하는데, 이것 또한 귀납법이나 연역법과 구분되는 가추법만의 특징이다.

가설은 하나의 주어와 그에 얽힌 여러 술어들predicates의 복잡한 관계를 단일 개념으로 대체해 준다. 그런데 주어에 내재되어 있는 각각의 술부 하나하나에 대해 생각하자면act of thinking[14] 독특한 느낌이 든다. 이때의 복잡한 감정은 가설적 추론의 과정을 통해서 훨씬 더 격렬한 한 덩어리의 감정으로 대체되는데, 이는 가설적 결론에 대한 생각하기act of thinking에서 비롯되는 것이다. 우리의 신경 체계가 복잡한 과정을 통해 자극을 받을 때 자극들의 기본 요소 사이에 일정한 관계가 발생하며, 조화로운 교란 harmonious disturbance이라는 결과물이 생긴다. 나는 이를 감정emotion이라고 부른다. 예컨대 우리가 오케스트라의 여러 악기들이 만들어 내는 다양한 소리를 들으면 독특한 음악적 감정이 드는데, 이는 다양한 소리 그 자체 와는 확실히 다른 것이다. 감정은 가설적 추론과 본질적으로 같으며 따라 서 모든 가설적 추론은 감정을 형성하는 데 관여한다. 가정은 사유의 감 각적sensuous 요소를, 귀납법은 사유의 **습관적**habitual 요소를 생산한다고 할 수 있다(2,643).[15]

이런 과정을 거쳐서 퍼스는 탐정 노릇을 하며 자신의 추리가 옳다고 확신할 수 있었던 것이다.

셜록 홈스, 자문 기호학자[16]

퍼스가 도둑맞은 시계를 찾는 과정은 셜록 홈스가 사건을 해결해 가 는 모습과 놀라울 만큼 유사하다.[17] 왓슨은 셜록 홈스를 종종 여우잡이 사냥개에 비유했다(「주홍색」, 「춤추는」, 「설계도」, 「악마」). 「보스콤」에서는 다음과 같이 적었다.

셜록 홈스는 사건 냄새를 맡으면 흥분해서 전혀 다른 사람처럼 변했다. 그를 베이커가의 조용한 사색가이자 논리학자로만 알고 있는 사람들은 이런 그를 못 알아봤을 것이다. 그의 얼굴은 붉고 어두워졌으며 눈썹은 마치 두 개의 딱딱하고 검은 선처럼 보였고, 두 눈동자는 마치 금속처럼 반짝였다. 그는 입을 꼭 다문 채 고개를 숙이고 어깨를 움츠렸다. 근육질의 긴 목에 정맥이 채찍처럼 불거져 나왔고, 콧구멍은 사냥감을 추적하고 싶은 동물적 욕망으로 벌름거렸다. 그는 앞에 놓인 문제에 완전히 정신이 팔려서 다른 질문이나 언급에는 대꾸조차 하지 않고 그저 짧게 그르렁댈 뿐이었다.

노든Pierre Nordon은 이 부분을 인용하며 다음과 같이 말한다. "여기에서 우리는 한 남자가 순식간에 여우잡이 사냥개로 변하는 과정을 보게 된다. 이 남자는 이제 말할 능력조차 잃어버리고 신음소리로만 자신을 나타낼 지경에 도달"(1966:217)하는데 이를 통해 본능적이고 말이 필요 없는 지각과 가추의 상태로 빠져드는 것이다.

이렇게 직관적으로 단서를 찾아 나감으로써 홈스는 비로소 그의 가설을 수립해 간다. 그는 '관찰'이라는 이름 아래 지각의 과정과 가설의 과정을 수행해 가는 것이다. 「서명」의 〈연역의 과학〉에서 홈스와 왓슨이 프랑스인 탐정 르 빌라르François le Villard에 대해 대화를 나누는 장면을 보자.[18]

홈스 : 그 사람에겐 이상적인 탐정이 되기 위해 꼭 필요한 세 가지 능력

중 두 가지, 즉 관찰력과 연역하는 능력이 있어. 그에겐 단지 지식만이 부족할 따름이라네….[19]

왓슨: …방금 관찰력과 연역하는 능력에 대해 말했나? 나는 관찰 능력이 틀림없이 연역하는 능력을 어느 정도는 함축한다고 보는데.

홈스: 글쎄, 그럴 리는 거의 없을 걸세…. 예를 들어 보자면, 나는 관찰을 통해 자네가 오늘 아침 위그모어가의 우체국에 다녀왔다는 것을 알게 되었고, 연역을 통해 자네가 전보를 발송했다는 것을 알게 되었지.

왓슨: 맞네!… 그렇지만 자네가 어떻게 그런 결론에 도달했는지는 도저히 모르겠네….

홈스: 그거야 아주 간단하지…. 실은 너무나 간단해서 설명할 필요도 없어 보이긴 하지만 관찰과 추리의 차이를 정의 내리는 데 도움이 될 것 같군. 자네 구두 발등에 붉은 흙이 조금 묻어 있다는 건 관찰에 의해서 알 수 있어. 위그모어가의 우체국 바로 건너편에는 포장도로 공사 때문에 흙이 쌓여 있어서 거기를 지나갈 때면 붉은 흙을 밟게 되지. 더군다나 이 근처에 그런 붉은 흙이 있는 곳은 내가 아는 한 거기밖에 없으니까…. 여기까지가 관찰이고 그 이상은 연역이네.

왓슨: 그러면 전보에 대해선 어떻게 연역했나?

홈스: 글쎄, 오늘 아침 내내 자네 맞은편에 앉아 있었으니까 자네가 편지를 쓰지 않았다는 건 물론 알고 있었지. 더군다나 자네 책상 위에 우표 몇 장과 엽서도 보이는데, 그렇다면 우체국에 가서 전보 보내는 것 말고 무슨 할 일이 있겠는가? 다른 모든 가능성을 제외했을 때 남아 있는 것이 진실이지.

이후 왓슨은 훨씬 더 어려운 문제를 홈스에게 맡기고 홈스가 뛰어난 솜씨로 해결하는 것을 보고는 추론 과정을 설명해 달라고 부탁했고, 홈스는 다음과 같이 대답한다. "아, 내가 운이 좋았네. 나는 기껏해야 가능성들을 비교해 보고 예측해 낼 수 있을 뿐이지, 그렇게까지 정확하리라고는 기대하지 못했네." 왓슨이 혹시 단순히 추측에 불과한 것이 아닌지 묻자 홈스는 이렇게 응수한다. "아니, 아니, 나는 절대로 추측하지 않는다네. 추측은 몹시 안 좋은 습관일 뿐만 아니라 논리 능력을 파괴하지." 홈스는 이에 덧붙여서 말한다. "자네는 내가 어떤 생각의 과정을 거쳤는지 모르고 커다란 추론을 해내는 데 필요한 작은 사실들을 제대로 관찰하지 않았기 때문에 이렇게 놀라게 된 것이네."

비록 홈스가 위와 같이 부인하기는 했지만, 왓슨이 "세세한 것에 대한 특이한 천재성"이라고 칭한 홈스의 관찰력과 연역의 능력은 대부분 퍼스가 추측이라고 부르는 연속적이며 복잡한 과정에 기반을 둔다. 앞의 예에서도 홈스는 왓슨이 단지 우체국 앞에만 갔던 것이 아니라 그 안에 들어갔다는 것을 추측만으로 알 수 있었다. 사실 왓슨은 우체국에 일을 보러 가는 대신 친구를 만나러 우체국 근처에 갔을 수도 있는 것이다.

다음 문단을 살펴보면, 홈스가 추리를 잘하기 위해서는 세세한 것이 중요하다고 굳게 믿고 있음을 알 수 있다.

"자네는 내가 볼 수 없는 많은 것을 그녀에게서 발견한 것 같네." 내가 말했다.

"자네가 볼 수 없었던 것이 아니라 자네가 주의를 기울이지 않은 것들이지. 자네는 어딜 봐야 할지 몰라서 중요한 것들을 다 놓친 걸세. 소매가 얼마나 중요한지, 엄지손톱이 무엇을 암시하는지, 또는 구두끈에 얼마나 큰 문제들이 얽혀 있을지 아무리 설명해 봐야 소용없겠지. 자, 그 여자의 겉모습을 보고 어떤 사실을 알아냈는지 자네가 한번 말해 보게."

"우선 그 여자는 챙이 넓은 회색 밀짚모자를 쓰고 있었는데, 붉은 벽돌 색 깃털도 하나 꽂혀 있었지. 검은 재킷에는 검은 구슬이 박혀 있었고 가 장자리에 짙은 검은 장식이 되어 있었지. 드레스는 커피색보다 약간 더 진한 갈색이었고 목둘레와 소매에 자주색 플러시천이 덧대 있었네. 장갑 은 회색이었지만 오른손 집게손가락 부분은 해어졌더군. 구두는 못 봤네. 달랑거리는 작고 동그란 금 귀걸이를 하고 있었고 전체적으로 보아 풍요 한 집안에서 편하고 쉽게 살아간다는 인상이더군."

셜록 홈스는 손뼉을 가볍게 치고 빙긋 웃었다.

"자네 참 대단하군. 정말 잘했네. 중요한 건 전부 다 놓치긴 했지만, 방 법은 대충 맞았고 특히 색에 민감하군. 이보게, 전체적인 인상은 전혀 믿 지 말고 세세한 것에만 온 신경을 집중해 봐. 나는 늘 여자의 소매부터 본 다네. 남자의 경우는 바지 무릎 부분을 보는 게 더 낫지만 말일세. 자네가 관찰했듯이 그 여자의 소매에는 플러시천이 덧대어져 있었는데 이거야 말로 흔적을 보여 주는 데 특히 쓸모 있는 소재이지. 손목 약간 윗부분에 생긴 두 줄은 타자수 여성들이 손목을 책상에 대어 생기는 자국이네. 수 동 재봉틀을 써도 이런 자국이 나는데 그때는 왼쪽 소매, 그것도 엄지 훨 씬 위에만 생기지, 이렇게 제일 폭이 넓은 한가운데는 안 생긴다네. 그 다 음 얼굴을 보니 코 양 끝에 코안경 자국이 보이더군. 그래서 대담하게 근 시에 타자기를 치지 않느냐고 물었더니 그 여자가 깜짝 놀라는 것 같더 군."

"나도 놀랐었지."

"그렇지만 그건 정말 당연한 것이었네. 그 후 아래까지 훑어보다가 놀라운 것을 발견했네. 그 여자가 신은 구두는 비슷해 보이지만 짝이 맞지 않았네. 한 짝 구두 콧등에만 살짝 장식이 되어 있었지. 더군다나 한 짝은 단추 다섯 개 중에서 아래 두 개만 채워져 있었고 나머지 짝은 첫째, 셋째, 다섯째만 채워져 있었네. 다른 데는 말쑥하게 차려입은 젊은 여자가 짝짝이 구두에 그나마 단추도 반만 채우고 왔다면 서둘러 집을 나왔다고 말하는 건 대단한 연역이라고 할 수 없네."

"그 밖에 또 뭐가 있나?" 나는 물었다….

"나는 그 여자가 집을 나서기 직전, 옷을 다 차려입고 난 후에 뭔가 글을 썼다는 것을 알아챘지. 자네는 그 여자 장갑 오른손 집게손가락 부분이 찢어진 것은 봤으면서도 장갑과 손이 다 보라색 잉크로 더러워진 것은 못 본 것 같더군. 그 여자는 급하게 쓰느라 잉크를 지나치게 많이 사용했네. 손가락에 그렇게 선명한 자국이 남아 있었으니, 오늘 아침에 그랬던 것이 틀림없네. 이런 추리를 한다는 것은 매우 즐거운 일이지. 사실 매우 기초적인 것이긴 하지만 말일세…"(「정체」).

셜록 홈스가 추리를 잘하는 이유는 그가 추측을 전혀 하지 않기 때문이 아니라, 오히려 추측을 너무 잘하기 때문이다. 사실 홈스는 자기도 모르는 사이에 최선의 가설을 따르라는 퍼스의 충고(7.220-320 참조)를 따르고 있었던 것이다. 퍼스의 주장에 따르면, 최선의 가설은 가장 단순하고도 자연스러운 것이며[20] 가장 검증하기 쉬우면서 모든 가능한 사실들을 광범위하게 설명해 주는 것이다. 우체국에 대한 추론에서 볼 수 있듯이 홈스가 왓슨에 관해 추측한 내용은 주어진 상황에서 가장 타당한 가정이었다.

게다가 홈스는 추측의 과정을 통해서 논리적 부담은 최소화하면서도 더 심도 있는 관찰을 할 수 있었고, 그의 가설에서 도출된 몇몇 예측들을 시험해 보면서 가능한 결론의 수를 줄여 나갈 수 있었다. 다시 말해서, 홈스는 가장 단순하면서도 자연스러운 가설을 골라냈을 뿐만 아니라 그 가설들을 "가장 간단한 논리 형태들로 쪼갠 뒤 한 번에 하나씩 시험"해 보았다. 이러한 과정에 대해서는 퍼스가 스무고개 놀이의 비밀로 설명한 적도 있다(7.220; 6.529도 참조).[21] 홈스는 왓슨이 우편 관련 업무를 위해서 우체국에 들어갔다고 가정한 후에 그에 해당하는 일은 편지 부치기, 우표나 엽서 구매 혹은 전보 보내기일 것이라고 (퍼스의 관점에서) 연역해 냈다. 홈스는 체계적으로 이러한 가능성들을 하나하나 점검해 본 뒤 재빨리 결론에 이르렀으며 모두 맞는 것으로 판명되었다. 어떤 사안에 대해서 여러 가지 설명이 가능할 때 각각의 설명을 "하나하나 점검해 나가다 보면 그중 하나가 가장 납득할 만하다고 판명된다"(「병사」).

이미 지적했던 바와 같이, 퍼스는 하나의 가정은 모름지기 하나의 문제로 간주되어야 하며, 비록 모든 새로운 지식이 어떤 전제로부터 도출되긴 하지만 만일 탐구를 통해서 검증하지 않는다면 아무 소용이 없다고 주장했다. 홈스 역시 「얼룩 끈」에서 왓슨에게 "충분하지 못한 자료를 바탕으로 추리하는 것이 얼마나 위험한 일인지" 이야기했다. 또한 홈스는 편견 때문에 어떤 가정을 귀납적으로 검증하기를 꺼려하는 것이 성공적인 추리를 가로막는 주된 방해물이라고 생각했다. 퍼스도 같은 의견이었다(2.635, 6.524, 7.202). 그래서 홈스는 "절대로 어떤 편견도 갖지 않는 것"을 습관으로 삼았다(「라이게이트」, 「애비 농장」, 「해군」을 참조하라). 퍼스가 과학사에서 케플러와 같은 위대한 인물들을 찬미했던 이유는 그들이 (마치 홈스처럼―옮긴이) 추측―시험―추측이라는 연쇄 작용을 각별히 잘 수행해 냈기 때문이었다.

이 글 첫 부분에서 퍼스가 사건의 사실을 추구하고 객관성을 유지하는 과정에서 핑커턴 탐정 사무소와 의견을 달리했듯이, 홈스도 경찰 간부들과 다른 의견을 가졌고, 이를 스스로도 잘 알고 있었다.[22] 「보스콤」에서 홈스는 런던 경시청의 형사인 레스트레이드Lestrade에게 몇 가지 중요한 단서를 지적해 주려고 한다. 하지만 이 형사는 언제나 그랬던 것처럼 홈스가 건져 낸 세세한 사실들과 현재 조사 중인 사건 사이의 관계를 파악해 내지 못한다. 레스트레이드가 "나는 아직도 의심스럽군요"라고 말하자, 홈스는 차분하게 다음과 같이 대답했다. "당신은 당신의 방식으로, 그리고 나는 내 방법대로 하지요." 나중에 홈스는 왓슨에게 이 대화에 대해 다시 말해 준다.

"땅바닥을 유심히 살펴보니 바로 범인의 성격을 알 수 있는 세세한 증거들이 있어서 바보 같은 레스트레이드에게 알려 주었지."

"대체 자네는 어떻게 그런 것들을 찾을 수 있었나?"

"자네는 내 방법을 알지 않나. 세세한 것을 관찰하는 것은 기본이지."

셜록 홈스 소설에서 경찰들이 헤매는 이유는 그들이 눈에 드러나는 사실들을 설명해 줄 수 있는 몇몇 가설만을 받아들이고, "세세한 것"은 무시해 버리기 때문이다. 경찰들은 결국 자기들이 처음에 세운 가설과 맞지 않는 자료들은 고려조차 하지 않게 된다. 「보스콤」에서 홈스는 "명백한 사실만큼 속기 쉬운 것은 없다"라고 말하기도 했다. 경찰은 또한 증거를 다 입수하지도 않고 이론을 세워 버리는 결정적 실수를 저지르기도 한다(「주홍색」). 이런 실수들 때문에 경찰은 "사실에 맞춰 이론을 세우는 대신에, 이론에 맞추기 위해 사실들을 왜곡하는 우를 범하게 된다"(「보헤미안」).[23] 이처럼 경찰과 홈스 사이에는 방법론적으로 큰 차이가 있기 때문에, 대부분의 경우 서로를 불신한다.「라이게이트」에서 왓슨은 지방 경찰 포레스터Forrester에게 "나는 홈스의 광기에는 늘 그만의 방법이 담겨 있다고 생각합니다"라고 말했다. 이에 포레스터는 "어떤 사람들은 그의 방법에 광기가 담겨 있다고도 말할 겁니다"라고 응수했다.[24]

셜록 홈스가 추리하는 과정에서 추측이 얼마나 큰 역할을 차지하는가에 대해서는 이미 여러 사람이 지적했다. 예를 들어 메사크Régis Messac는 홈스가 「소포」에서 왓슨의 마음을 읽어 내린 장면을 언급하면서(「환자」에도 유사한 장면이 나온다), 왓슨이 고든Gordon 장군이나 비처Henry Ward Beecher의 초상화를 보면서 수백만 가지의 다른 생각을 했을 수도 있으니, 결국 홈스는 추측해 낸 것에 불과하다고 주장했다(1929:599). 메사크의 올바른 지적대로, 홈스는 때때로 자신의 추리에 추측의 본능이 끼어든다고 인정했다. (예컨대 홈스는 「주홍색」에서 "본능과 관찰의 신기한 재능은 일종의 직관 때문"이라고 인정했고, 「서명」,「토르 교」에서도 비슷하게 말했다.) 그럼에도 불구하고, 홈스가 "실제로 존재한다고 인정하는 것은 '연역법'뿐이다"(1929:601). 메사크는 또한 홈스의 연역법은 절대로 진짜 연역법이 아니며, 그렇다고 귀납법도 아니라고 역설했다. 메사크는 "홈스의 연역법은 하나의 특정한 사실을 관찰하는 것에 기반을 둔 추리이며, 다소 복잡하게 머리를 굴려 또 다른 특정한 사실로 가게 한다"라고 지적했다(1929:602). 노든은 홈스가 "논리적 과정보다는 관찰에 의해 훨씬 더 많은 결과를 얻어 낸다"라고 결론지었다(1966:245).

트루치Marcello Truzzi 역시 홈스의 방법론에 관한 연구 논문(이 책의 3장)에서 홈스가 연역법이나 귀납법이라고 부르는 것들과 퍼스의 가추법 또는 추론conjecture 사이의 유사점을 지적했는데, 마치 우리가 지금 하고 있는 작업을 예견한 것 같다. 더욱이 퍼스의 논리 체계에 따르면, 홈스의 관찰은 그 자체가 이미 가추법이며(관찰은 일종의 '지각적 판단'이므로—옮긴이), 가추법은 귀납법이나 연역법과 마찬가지로 합법적인 논리 추론 형식인 것이다(Peirce 8.228). 사실 퍼스는 다음과 같이 주장하고 있다.

> 과학적 논리에 있어서 가장 심각한 혼란이나 오류는 본질적으로 서로 다른 종류의 과학적 논증 방법의 특성들을 구분해 내지 못하는 데서 온다. 이러한 혼란 중에서 가장 흔하고도 심각한 것은 가추법과 귀납법을 구분하지 못하고 (때로는 가추법과 연역법을 혼동하기도 해서) 둘을 하나로 뭉뚱그려 취급하는 것이다(8.228).[25]

퍼스는 "금세기 이전에 출판된 거의 모든 〔나의〕 글에서… 가정과 귀납법의 개념을 혼동해서 사용했다"(8.227)고 인정한다. 그는 또한 두 가지 논증 과정을 헷갈리는 원인은, 논리학자들이 이미 전제에서부터 필연적인 판단을 내리도록 요구하는 "너무나 편협하고 형식적인 논증의 개념을 가지고 있기 때문"이라고 말하고 있다(2.228, 5.590-604, 원고 475, 1146 참조).

물론 가추법과 귀납법은 "둘 다 하나의 가설을 수용하도록 한다. 왜냐하면 관찰된 사실이란 반드시, 또는 아마도, 그 가설의 결과가 되기 때문이다." 그러나 가추법은 처음에는 눈에 보이는 특정한 이론이 없더라도 일단 사실에서부터 시작하고 본다. 가추법은 그 놀라운 사실을 설명해 줄 수 있는 이론이 필요하다는 생각에 의해 촉발되는 것이다. 귀납법은 처음에 눈에 보이는 특정한 사실이 없더라도 자명해 보이는 가설이 있으면 시작된다. 그렇지만 귀납법은 그 이론을 지지해 줄 사실들이 필요하다고 느낀다. 가추법은 이론을 찾지만, 귀납법은 사실을 찾는다. 가추법에서는 사실에 대해 숙고함으로써 가설을 제시할 수 있다. 귀납법에서는 가설에 대해 연구함으로써 그 가설이 지목하고 있는 사실을 입증해 낼 수 있는 실험을 제안할 수 있다(7.218).

퍼스는 셜록 홈스 소설의 한 장면 같은 예를 들면서 두 가지 논증 형태의 차이점을 보여 주었다.

찢어진 종이 쪼가리에 누가 썼는지 알 수 없는 글이 적혀 있다. 글씨를 보니 지은이가 누구인지 대강 짐작이 갔다. 그 사람의 책상을 뒤져 보니, 한쪽 구석이 찢겨 나간 종이 한 장을 찾을 수 있었다. 찢겨진 부분과 문제의 종이 쪼가리는 정확하게 딱 들어맞았다. 우리가 짐작한 사람이 글을 썼다고 보는 것은 당연한 가설적 논증이다. 찢어진 종이 두 쪽이 우연히 딱 들어맞는 일은 거의 불가능하다는 것이 이런 논증의 분명한 근거가 된다. 그러므로 이런 종류의 수많은 논증에서 잘못된 결론에 도달하는 경우는 극히 드물 것이다. 이러한 귀납법적인 일이 비일비재하기 때문에 어떤 논리학자들은 둘을 혼동하기도 해 왔다. 가설은 특질들의 귀납법이라 불려 왔다. 어느 특정한 종류에 속하는 수많은 특질이 특정한 대상에서 발견된다면 그 계급의 다른 특질들 역시 그 대상에 속해 있을 것이라고 추론된다. 이것은 확실히 귀납법과 같은 원칙을 연루시키고 있지만 훨씬 더 개량된 형태다. 그 이유는 첫째, 특질들이란 대상처럼 하나하나 나열할 수 있는 것이 아니기 때문이다. 둘째, 특질들은 범주와 일치한다. 종이 쪼가리의 예와 같은 가설을 만들어 나갈 때, 우리는 하나 또는 기껏해야 두세 개의 특질을 조사해 볼 뿐이지 그 이외의 표본을 더 찾지 않는다. 만약 그 가정이 하나의 귀납에 불과하다면 위의 예에서 우리가 결론을 위해 입증해야 하는 바는, 찢어진 면처럼 불규칙한 특질이 딱 맞아떨어진다면, 그보다 더 소소하게 불규칙한 다른 특질들도 맞아떨어질 거라는 것이다. 종이의 모양을 보고 주인을 추론하는 것이야말로 가설과 귀납법을 구별 짓는 일이며 가설을 한층 더 대담하고 위험한 일로 만드는 것이다 (2.632).

홈스는 '상상력'(「은퇴」, 「실버」), '직관'(「서명」), '추정'(「바스커빌」) 등을 사용해야 한다고 주장하면서 가설이 위험하다고 간접적으로 인정했다. 우리는 이미 일어났던 일을 상상하고 추측에 맞게 행동해야 한다. 그러면 "가능성들을 공평하게 비교해 보고 가장 그럴듯한 것을 고를" 수 있게 된다(「바스커빌」).

홈스는 추리를 할 때 여우잡이 사냥개처럼 거의 광기에 찬 상태로 돌변하곤 하지만, 때로는 몽롱한 상태에서 몽상에 빠져들기도 한다. 이런 상반된 행태를 하나의 인물에 부여하는 것을 카웰티John G. Cawelti는 "전형적인 생명 부여"(1976:11, 58)라고 했고, 레브진I. I. Revzin은 "융합fusion"이라고 부르기도 한다. 이는 상상력을 통해 인물을 만들어 내는 전형적인 방식으로, 특히 탐정소설에서 많이 나타난다(1978:385-388). 이런 방식은 포의 양면성을 지닌 탐정 뒤팽에서 유래한다. 왓슨

은 혼수상태의 몽상 역시 홈스의 추리에서 중요한 역할을 차지한다고
했다.

내 친구는 정열적인 음악가로서, 뛰어난 연주자일 뿐만 아니라 특별한
재능을 지닌 작곡가이기도 하다. 그는 오후 내내 무대 앞 좌석에 앉아 완
벽한 평화를 누렸고, 음악에 맞추어서 가늘고 긴 손가락을 부드럽게 움직
이곤 했다. 온화한 미소를 띤 얼굴과 나른하고 졸려 보이는 눈에서는 평
상시의 경찰견 같은 모습이나 대담하고 눈치 빠르고 늘 준비된 범죄 탐정
의 모습을 전혀 연상할 수 없었다. 그의 특이한 성격 속에는 두 가지 본성
이 번갈아 등장했다. 홈스가 극도로 정확하고 빈틈없는 것은 때때로 그를
사로잡는 시적이고 관조적인 정서에 대한 반작용인 것 같다. 그는 몹시
무기력한 상태와 왕성하고 기운이 넘치는 상태 양극단을 오갔다. 그가 며
칠 내내 안락의자에 앉아 즉흥곡이나 책에 파묻혀 있을 때가 가장 무시무
시한 때이다. 추적에 대한 욕망이 갑자기 그를 엄습해 오고 총명한 추리
력이 직관의 단계로까지 상승하게 되면, 그의 방식을 알지 못하는 사람들
눈에는 홈스가 보통 사람들과는 다른 지식을 가진 약간 비뚤어진 사람으
로 보일 것이다. 그날 오후 세인트 제임스 홀에서 홈스가 음악에 심취한
것을 보면서 홈스의 추적 대상이 된 자들에게 곧 불길한 시간이 닥칠 것
이라는 예감이 들었다(『연맹』).

퍼스 또한 정신적 활동과 세속적인 활동 사이의 관계에 대하여 언급
한 적이 있다. "어떤 유쾌한 정신 상태가 존재하는데… 그때에는 심각
한 목적을 모두 제쳐 놓겠다는 목적만이 존재한다. 그리고 그러한 상
태를 조건적으로… 몽상이라고 부르고 싶을 때도 있다. 그러나 공허함

「연맹」에서 셜록 홈스가 꿈꾸듯 연주회에 빠져 있다. 패짓Sidney Paget의 그림. 『스트랜드 매거진The Strand Magazine』 1891년 8월 호.

이나 꿈과는 동떨어진 정신 구조를 가진 사람에게 몽상이라는 용어는 너무나 안 어울리고 괴로운 말일 것이다. 사실 그것은 순수한 놀이Pure Play라고 할 수 있다"(6.458). 순수한 놀이 중에는 "자유라는 규칙 이외에는 어떤 규칙도 없이, 자신의 능력을 생생하게 발휘하는 것"이 있는데, 퍼스는 이를 삼매경Musement이라고 불렀다. 그는 이 상태를 인간의 정신이 세 가지 종류의 경험의 우주들(관념의 우주, 냉혹한 현실의 우주, 기호의 우주) 가운데 둘 사이의 "연관성"을 탐색해 가며, "그것들의 원인에 관해 깊이 생각해 보는" 과정이라고 정의했다(6.458). 삼매경은

세 우주 중의 한 우주의 어떤 부분에 흠뻑 몰입되면서 수동적인 상태

로 시작된다. 이러한 몰입은 곧 주의력 깊은 관찰의 상태로 전이되며, 관찰은 골똘한 생각으로 바뀐다. 골똘한 생각은 자아와 자아가 서로 생생하게 이야기를 주고받는 나눔의 과정으로 변한다. 만약 한 사람의 관찰이나 사색이 지나치게 어느 하나로 집중된다면 이 놀이는 과학적인 연구로 전환되고 말 것이다…(6.459).

퍼스는 삼매경을 적용하는 데에 특히 범죄가 적당하다고 말했다. 퍼스는 포의 작품인 「모르그가의 살인」에서 뒤팽이 한 말을 언급하면서("이 미스터리는 아주 쉬워 보이는 해결책 때문에 오히려 해결될 수 없는 것처럼 보이는군. 이 점이 바로 이 사건의 기이한 성격일세") 이렇게 덧붙였다. "언뜻 보기에 도저히 풀릴 것 같지 않는 문제들은 바로 그러한 사정에 의해서… 딱 맞게 해결해 주는 열쇠가 있게 마련이다. 이는 특히 삼매경의 놀이에 잘 적용된다"(6.460 ; Sebeok 1981 참조).[26]

노든의 다음과 같은 의견에, 우리는 다른 이유 때문에 동의한다. "당대의 합리주의적 사고에 흠뻑 젖어 있는 한 의사가 창조해 낸[27] 홈스 이야기는 처음으로 논리와 과학적 방법을 동원하여 승리에 승리를 거듭하는 한 대단한 영웅의 이야기를 들려준다. 그의 뛰어난 솜씨는 과학의 힘만큼이나 놀라울 따름이다. 많은 사람들이 과학의 힘을 통해 인간의 삶이 물질적으로나 정신적으로 향상되기를 원하고 있었는데, 코넌 도일도 바로 그 가운데 하나였다"(Nordon 1966:247).

질병, 범죄, 기호학

기호학은 고대 의학 문헌에 뿌리를 두고 있으며(Sebeok 1976:4,125행 이하, 181행 이하; 1979:1장), "대략적으로 봤을 때 과학은 유용하거나, 유용할 것이라고 여겨지는 기술로부터 시작되었다"는 퍼스의 주장을 뒷받침해 준다. 천문학이 점성술에서, 화학이 연금술에서 시작되었듯이, "생리학은 마술에서 빠져나왔는데 그 중간 단계가 의학"이었다(1.226). 퍼스는 의학의 역사와 이론에 정통했던 것으로 보인다. 퍼스의 가족은 그가 화학을 전공할 것으로 여기고 내과 의사였던 고(故) 찰스 삼촌의 의학 서재를 마음대로 이용하게 했다(피슈와의 사적 교신에서 밝힌 바 있음). 퍼스는 적어도 한 번 이상(2.11 주 1) 의학의 역사를 공부할 때 사용한 참고 도서 목록을 기록해 두었다. 1933년 퍼스의 마지막 주치의였던 포브G. Alto Pobe는 레너드(Henry S. Leonard, 하버드 대학 철학과 대학원생으로 퍼스의 아내 줄리엣Juliette Peirce이 죽은 후 퍼스의 유고를 수집하기 위해 펜실베이니아 주 밀퍼드에 있는 퍼스의 집으로 파견됨)와의 면담에서 다음과 같이 이야기했다.

> 퍼스는 나보다 의학에 대해 훨씬 많이 알고 있었습니다. 나는 그를 방문할 때마다 30분에서 1시간 정도 대화를 나누곤 했는데 아주 즐거웠습니다. 퍼스는 자기 병세에 대해 모두 이야기하고 스스로 진단을 내렸죠. 그러고는 그 병이 역사적으로 어떻게 치료되어 왔는가에 대해 이야기하고, 자신에게 맞는 처방을 말했습니다. 그는 단 한 번도 틀린 적이 없었습니다. 퍼스는 의사 자격증이 없기 때문에 나보고 처방전을 써 달라고 부탁할 뿐이라고 말했죠(피슈의 주 참고).

퍼스는 표본 추출과 귀납법에 대한 통계학적 문제를 다루면서 다음과 같이 말했다. "의학자들의… 갈레노스 이래로 전승되어 온 논리적 전통을 주목해야 한다." "의학자들은 '이 이후에, 그러므로 이 때문에'(post hoc, ergo propter hoc, 시간적인 전후 관계를 인과 관계와 혼동하는 오류. 즉 시간적으로 앞선 일이기 때문에 원인이라고 파악하는 오류—옮긴이)라는 논리에 대항해 작업하고," "비록 분명하진 않지만," "어떤 한 표본을 검사하기 전에는 무슨 특징 때문에 그 표본을 검사하려고 하는지 이유를 정해야 한다고 하기 때문에," 퍼스는 의학자들이 귀납법의 규칙을 지킨다고 했다(1.95-97). 한편 퍼스는 의학이 "유물론적 직업"(8.58)이기 때문에, 표본이 적어서는 안 된다는 또 다른 귀납법적 원칙을 고수하는 데 어려움을 겪고 있다고 했다.

이 원칙을 위반하게 되면 숫자가 거짓말을 하게 된다. 특히 의학적 통계학은 보통 무시할 정도로 작을뿐더러 일부러 골라낸 것 같다는 의심을 받기 쉽다. 나는 지금 명망 있는 의사들의 통계학에 대해 말하고 있다. 의학에서 애매한 부분에 관련된 수많은 사실을 수집하는 것은 굉장히 어렵다. 더욱이, 각 사실이 일반적인 경우를 대변한다고 하는 것은 훨씬 더 어려운 일이다. 바로 이 때문에 그동안의 광범위한 연구에도 불구하고 의학의 진보는 상당히 더디었다. 또한 앞으로도 수세기 동안 의사들이 자주 겪게 될 거대한 오류를 설명해 준다. 모든 면에서 이렇게 어려운 과학 분야는 또 없을 것이다. 진정 위대한 정신을 가진 사람만이 의학적인 귀납을 할 수 있다는 것은 굳이 증명할 필요도 없겠다. 개인적인 특성, 여러 가지가 혼합된 처방, 우연하고도 알려지지 않은 것, 특이한 기후, 심지어는 인종이나 계절까지 여러 혼란스러운 영향이 너무나 많이 존재한다. 그렇기 때문에 최대한 많은 사실을 확보하는 것이 가장 중요하다. 마치 함정을 탐색하는 스라소니처럼 각각의 사실에 날카롭게 관심을 쏟아야 한다. 그렇지만 의학에서는 관련된 사실을 모으는 것 자체가 아주 어렵다. 한 사람의 경험이 가장 결정적으로 작용하는 경우도 있을 수 있다. 의학자들은 자신의 개인적인 지식을 뛰어넘는 문제에 대해서는 판단을 내릴 수 없기 때문에, 다른 사람들의 판단에 의존해야 할 때가 있다. 다른 과학 분야에서보다도 특히 이 분야[의학]에서 하나의 표본을 광범위하고 면밀하게 탐구해야한다. 그런데 이에 필요한 조건은 다른 과학 분야에서보다도 특히 이 분야에서 충족시키기가 어렵다.

그러므로 경험이라 부르기도 뭐한 가장 제한되고 부정확하며 편협한 경험에 기초하여 대부분의 사람들이 일반적인 근거로 어떤 약의 장점을 말하는 것처럼 그 한심한 어리숙함을 확실하게 밝혀 주는 것도 없다고 하겠다. 예컨대 비슷비슷한 열 몇 가지의 증상에 똑같은 약을 처방했을 때 상태가 호전되는 것을 본 노파가 있다고 하자. 그는 주저 않고 약이 열 몇 가지의 증상 어디에나 틀림없이 들어맞는 처방책이라고 주장할 것이다. 충격적인 일이다. 하지만 심지어는 한두 가지 경우에 잘 맞는다는 풍문만 듣고 처방책을 신뢰하는 사람도 종종 있다.

이 과정에 복합적으로 연루되어 있는 오류들에 주목할 것을 간곡히 부탁한다. 첫 번째로, 한정적인 부류에서 하나의 표본을 택한 경우에만 귀납법이 적당하게 도출될 수 있다. 그러나 환자 곁에서 시간만 오래 보내면 자신도 갈레노스 같은 의사가 되리라고 생각하는 우매한 사람들에게는 문제가 되는 질병을 정의할 능력이 전혀 없다. 예컨대 문제가 되는 질병이 디프테리아라고 가정해 보자. 인후염과 디프테리아를 어떻게 구별해 낼 것인가? 그들은 전혀 한정되지 않은 이러저러한 환자들로부터 표본을 채택하는 오류를 범하게 된다.

　두 번째로, 충분한 사례를 모으지 못해서 가장 단순한 귀납법조차 행하지 못하는 때가 많다. 세 번째로, 그저 풍문만 듣고 사례를 만들어 내는 경우가 허다하다. 풍문의 부정확성에 대해 덧붙이자면, 사람들은 평범한 일보다 기이한 일들에 대한 풍문을 더 열심히 전달한다. 그렇기 때문에 풍문으로 얻어진 예들을 고려하다 보면 현실을 제대로 반영하지 못하는 표본들을 취하게 되는 것이다. 네 번째로, 모든 예에 공통적으로 속하는 속성은 전적으로 무의미한 것이다. 다섯 번째로, 사람들은 당장 눈에 보이는 하나의 사례에 관해 연역을 행사하는 경우가 많은데, 이때 그 '사례'가 표본을 취한 바로 그 부류에 속하는 것인지를 제대로 검사해 보지 않는다. 여섯 번째로, 과거에 발견된 것보다는 현재 눈앞에 보이는 경우를 서술하는 경향이 더 많다. 지금까지 말한 모든 오류들은 사람들이 보통 일주일이 채 지나기도 전에 들어 보게 될 정도로 흔한 사례일 것이다 (원고 696).[28]

　셜록 홈스도 의학적인 방법을 사용한다는 점에서[29] 그가 추구하는 과학적 발견의 논리 속에 일종의 예술과 마술이 섞여 있다고 볼 수 있다. 바로 이 때문에 홈스가 순수하게 논리만을 사용한 포의 탐정 뒤팽과 구분되는 것 같다.

　코넌 도일은 개업의였지만 홈스 이야기로 충분히 돈을 벌자 의사를 그만두었다. 코넌 도일이 자신의 스승인 에든버러 왕립 병원의 벨Joseph Bell 박사를 모델로 셜록 홈스라는 인물을 만들어 냈다는 것은 이미 널리 알려진 사실이다. 코넌 도일이 셜록 홈스를 창작하면서 의사의 모습을 일부 차용한 것은 범인을 추적할 때 과거보다 더 엄격하고 과학적인 방법을 사용하겠다는 의도가 있었기 때문이다. 메사크의 올바른 지적대로, 도일은 벨 박사의 뒤를 이어 환자의 전 생애와 성격까지 아우르는 진단을 내렸다. 이러한 진단이 "완벽하게 정확한 적은 결코 없었고 오히려 우유부단하게 보이거나 틀린 적도 있었다." 범죄를 탐지하는 것은 의학과 마찬가지로 일종의 "유사 과학pseudoscience"(1929:617)이다.[30] 도일은 「주홍색」의 창작 과정에 대해 다음과 같이 밝혔다.

나는 가보리오Emile Gaboriau의 깔끔하면서도 딱 들어맞는 구성 방식에 푹 빠졌다. 포가 만들어 낸 탐정의 거장, 슈발리에 뒤팽은 어렸을 때부터 나의 영웅이었다. 그렇지만 나의 탐정은 어떻게 만들어야 할까? 나의 은사 벨 박사의 매 같은 얼굴, 신기한 방법들과 세세한 것들을 잡아내는 기이한 술책들을 생각해 보았다. 만약 벨 박사가 탐정이었다면 매혹적이지만 아직 조직적이지는 못한 '탐정'이란 직업을 정밀한 과학의 수준으로 끌어올릴 수 있을 것 같았다(1924:69).

도일은 벨 박사의 "환자의 질병뿐만 아니라 직업과 성격에 관해서도 진단할 수 있는 특별한 재능"에 감명을 받았다. 도일은 벨 박사의 외래 환자 담당이었는데, 그의 일은 "외래 환자들의 진료 시간을 정하고 각 환자에 대해 간단한 의견을 적은 뒤, 한 명씩 순서대로 커다란 진료실에 들여보내서 외과 조수들과 학생들에게 둘러싸인 벨 박사를 만나게 하는 것"이었다(1924:20). 덕분에 젊은 의학도였던 도일에게는 "벨 박사의 방식을 연구할 기회가 많았고, 벨 박사가 환자를 몇 번 보기만 하면 도일이 진료 이전에 환자에게 직접 물어봐서 알아낸 것보다 더 많은 것을 알아낸다는 것"에 주목하게 되었다(같은 책).

코넌 도일이 셜록 홈스의 모델로 삼은 에든버러의 벨 박사. 옆모습이 홈스와 놀라울 정도로 흡사하다. Haycraft 1941:48.

가끔 틀린 적이 있긴 해도, 대부분의 경우 아주 놀라운 결과를 낳았다. 다음은 가장 훌륭한 경우 중의 하나로, 벨 박사가 민간인 환자를 실제로 진찰했던 내용이다.

"자, 당신은 군 복무를 해 왔군요."

"예, 선생님."

"제대한 지 얼마 안 되었지요?"

"예, 선생님."

"스코틀랜드 고지대 연대 출신인가요?"

"예, 선생님."

"장교였죠?"

"예, 선생님."

"바베이도스에 주둔했었지요?"

"예, 선생님."

그는 이렇게 설명했다. "여러분, 이 사람은 예의가 바르긴 하지만 모자를 벗지 않았습니다. 군에서는 모자를 벗지 않으며, 만약 이 사람이 제대한 지 오래되었다면 민간인의 예절을 배웠을 겁니다. 이 사람에겐 권위의식이 있고 스코틀랜드 사람임이 분명합니다. 바베이도스라고 한 이유는 그가 상피병(elephantiasis, 열대와 아열대 지방에서 주로 피부에 생기는 풍토병—옮긴이)을 호소하기 때문입니다. 이는 영국이 아니라 서인도 지방에서 걸리는 병입니다."

청중들은 왓슨과 비슷한 역할을 맡은 셈이었다. 벨 박사의 문답은 처음 봤을 때는 기적처럼 여겨졌으나 막상 설명을 듣고 나면 아주 간단한 추론이 되고 말았다. 나는 당연히 벨 박사라는 인물에 대해 연구하고 그의 방법을 적용하고 확대하여 과학적인 탐정을 만들어 보려고 애썼다. 나는 범인의 우매함 때문이 아니라 자신의 능력으로 사건을 해결하는 탐정을 원했다(1924:20-21).

벨의 관찰력과 연역 능력에 대해 도일이 직접 기록한 것은 이뿐이다. 이외에도 당시 에든버러에서 도일과 의학생 동기였던 의사들과 벨 박사 부부의 친구들이 벨 박사의 뛰어난 성과에 대한 책을 남겼고, 홀 Trevor Hall이 이 책에 대한 평론을 썼다(1978:80-83). 베링 굴드William S. Baring-Gould는 가장 덜 알려진 일화 하나를 공개하기도 했다(*Lancet* 1956년 8월 1일자에서).

한 여자가 어린아이를 데리고 들어왔다. 벨이 먼저 인사를 하자 여자도 답했다.

"번티스랜드에서 오는 게 어땠소?"

"꽤 멀었지유."

"인버리스가까지 상당히 걸었소?"

"예."

"또 다른 아이는 어떻게 했소?"

"리스에 사는 여동생한테 맡겼지유."

"아직도 리놀륨 공장에서 일하시오?"

"예, 그렇지유."

"자, 보다시피 나는 이 여성분이 인사를 할 때 파이프Fife 지방 사투리를 알아챘습니다. 여기에서 제일 가까운 파이프 지역은 번티스랜드입니다. 그리고 이분의 구두 밑창 가장자리에 붉은 흙이 묻어 있었는데, 에든버러의 사방 20마일 이내에서 이런 흙은 식물원에만 존재하지요. 인버리스 거리가 식물원 바로 옆이고, 그 길이 리스에서 여기까지 오는 가장 빠른 길입니다. 여러분도 보았듯이 이분이 팔에 들고 있는 외투는 함께 데리고 온 어린아이가 입기에는 너무 큰 옷이었습니다. 따라서 집을 나올 때에는 두 아이와 함께 나왔음이 분명합니다. 마지막으로 이분 오른쪽 손가락에 피부염이 있었는데 이는 번티스랜드의 리놀륨 공장 직공들에게 있는 특별한 병입니다"(1967:1권 7).

1892년 6월의 벨 박사와 도일의 대담을 하우Harry How가 "코넌 도일 박사와의 하루"라는 제목으로 같은 해 8월 『스트랜드 매거진Strand Magazine』에 기고했고, 후에 홀이 재출판했다(1978:82-83).

(에든버러에서) 셜록 홈스를 떠올리게 하는 사람을 만났다…. 그의 직관력은 그저 놀라울 뿐이었다. 환자 1호가 들어온다고 가정해 보자. 벨 박사는 이렇게 말한다. "아아, 과음으로 고생하시는군요. 지금도 외투 안주머니에 술잔을 넣고 다니시는군요." 또 다른 환자가 온다고 해 보자. "구두 수선공이시군요." 그 후 학생들에게 고개를 돌리고는 그의 바지 무릎 안쪽이 해졌다고 말할 것이다. 이는 구두 수선공이 무릎 돌을 끼우는 곳이다.

홀(1978:78)이 지적했던 대로, 도일은 『셜록 홈스의 모험 _The Adventures of Sherlock Holmes_』(1892) 표지 바로 뒷면에 은사인 벨 박사에게 이 책을 바친다는 글로 감사를 표했다. 도일은 1892년 5월 4일자 편지에서 벨에게 이런 설명을 하기도 한다.

> 셜록 홈스에 대해서는 당연히 선생님께 가장 큰 빚을 졌습니다. 이야기 중에서 〔이 탐정이〕 온갖 종류의 극적 사건을 겪기는 했지만, 그의 분석력만큼은 제가 외래 환자실에서 보아 온 선생님의 놀라운 모습들을 그대로 보여 준다고 생각합니다. 선생님께서 늘 말씀하시던 연역과 추론 그리고 관찰을 중심으로 저는 가능한 멀리 때로는 그 이상으로 일을 추진하는 인물을 만들어 보려고 했습니다. 선생님께서 결과에 만족하신다니 정말 기쁩니다. 선생님은 (셜록 홈스에 대해—옮긴이) 누구보다도 엄격하게 비판할 권리를 갖고 계신 분이십니다(1978:78).

다음 글은 벨 박사에 관한 일화 가운데 하나를 특히 잘 반영하고 있다. 홈스는 형 마이크로프트 홈스와 함께 디오게네스 클럽의 창가에 앉아 있었다(Sebeok 1981:3장 참조). 마이크로프트가 먼저 대화를 시작했다.

"인간을 연구하고자 하는 사람에게 여긴 대단한 곳이지…. 우리 쪽으로 다가오는 저 두 사람을 봐. 굉장한 경우가 아닌가!"

"당구장 계수인과 또 한 사람 말인가?"

"바로 그렇지. 다른 또 한 사람에 대해 뭘 알아냈나?"

그 두 사람은 창 맞은편에서 걸음을 멈추었다. 내(왓슨)가 볼 수 있는 당구장에 관련된 증거는 한 사람의 양복 조끼 위에 당구장용 분필 자국이 있다는 것뿐이었다. 또 한 사람은 아주 왜소하고 얼굴빛이 검었으며, 모자를 뒤로 눌러쓰고 꾸러미 몇 개를 끼고 있었다.

"내가 본 바로는, 늙은 군인이군." 셜록이 대답했다.

이에 마이크로프트는 "그리고 아주 최근에 제대했지"라고 응수했다.

"인도에서 근무했군."

"그리고 하사관이야."

"왕립 포병대 출신인 것 같은데." 홈스가 대답했다.

"또한 홀아비로군."

"그런데 애가 있어."

"여보게, 애들이네, 애들."

"이봐요." 하고 웃으며 내(왓슨)가 말했다. "이건 좀 심한데요."

"천만에." 홈스가 대답했다. "저런 몸가짐과 권위, 그리고 햇볕에 그을린 피부를 보면 저 사람이 사병 이상의 군인이고, 인도에서 돌아온 지 얼마 안 되었다는 걸 쉽게 알 수 있지."

"제대한 지 얼마 안 되었다는 것은 저 사람이 아직도 군화를 신고 있는 걸 보면 알 수 있네." 마이크로프트가 덧붙였다.

"저 사람은 기병대 사람들처럼 걷지는 않아. 그런데 이마 한쪽만 탄 걸 보면 모자를 한쪽으로 비스듬히 썼던 것 같네. 몸집을 보면 공병도 아니지. 그러니 포병 출신이네."

"그리고 상복을 완전히 차려입고 있으니 아주 소중한 사람이 죽었다는 걸 알 수 있지. 직접 장을 본 걸 보니 아마 부인을 잃은 것 같네. 자네도 알아봤듯이 저자는 아이들 용품도 샀네. 그중에는 딸랑이가 있는데, 아주 어린 아이가 있다는 말이지. 마누라는 아마 애를 낳다가 죽은 모양이네. 그림책을 팔 밑에 끼고 있는 걸 보니 애는 하나가 아닌 것 같네"(「그리스인」).

마이크로프트 홈스의 초상화. 패짓의 그림. 「그리스인」, 『스트랜드 매거진』 1893년 9월 호.

벨 역시 범죄와 질병의 유사점에 관하여 1893년에 글을 썼는데 스타렛Vincent Starrett이 이를 인용한 바 있다(1971:25-26).

여러분이 가장 친한 친구의 생김새나 걸음걸이, 독특한 버릇을 잘 알고 있는 것만큼 질병과 상처의 특징들을 잘 알 수 있도록 노력하십시오. 당신은 가장 친한 친구가 다른 사람들 사이에 섞여 있어도 당장 알아볼 수 있을 겁니다. 심지어 당신의 친구와 다른 사람들이 모두 같은 옷을 입었고 이목구비와 신체적 조건이 모두 비슷하다 하더라도, 즉 그들이 모두 본질적으로 비슷하고 단지 사소한 점들에서만 차이가 난다 하더라도 친구를 금방 찾아낼 수 있을 겁니다. 우리는 이러한 사소한 특징들을 통해 우리의 친구를 쉽게 가려냅니다. 진단도 같은 방식으로 할 수 있어야 합니다. **정신적, 신체적, 도덕적인 병 모두 마찬가지입니다.**[31] 인종적 특징, 유전적 특성, 억양, 직업 상태, 교육, 그리고 온갖 종류의 환경이 미치는 아주 미세한 영향에 의해 인간은 점진적으로 주조되고 조각됩니다. 영향의 결과는 마치 손자국이나 끌 자국처럼 남게 되므로, 전문가라면 흔적만 보고 어떤 영향을 받았는지 알아낼 수 있는 것입니다. 풋내기 의사들은 알아보기 쉬운 심장병이나 결핵, 만성 숙취, 계속되는 혈액 감소 등의 징후 정도만을 알아챌 수 있지만, 노련한 의사는 많은 것을 말해 주는 수많은 기호를 발견해 낼 수 있습니다. 그런데 이러한 기호를 발견하기 위해서는 상당한 경험을 통해 안목을 높여야만 합니다…. **무한하게 작은 것들의 중요성은 도저히 다 헤아릴 수가 없습니다.** 만약 메카의 우물 하나가 콜레라균에 노출된다면, 순례자들이 들고 오는 한 병의 성수 때문에 대륙 전체가 전염병으로 얼룩질 수도 있을 것입니다. 또한 전염병으로 죽은 사람의 옷 한 조각은 기독교 세계의 모든 항구를 공포로 몰아갈 수도 있는 것입니다(강조는 필자).

이처럼 징후를 어떤 병을 구별해 낼 수 있는 특징으로 파악한 뒤 그 병을 구체적인 실체entity로서 다루는 방식은 퍼스가 다음과 같이 논했던 미발표 원고(316)를 연상시킨다. "우리가 알고 있는 대부분의 일반적인 개념들은 우리가 어떤 사람에 대해 알게 된 방식과 유사한 과정을 거쳐 형성된 것이다." 퍼스는 프랑스의 생리학자인 베르나르(Claude Bernard, 1813-1878)가 "병은 실체가 아니며, 단지 징후들의 집합에 불과하다"라고 단언한 것을 비판하면서, 베르나르의 주장이 생리학적 원칙을 따른 것이 아니라 논리적 오류에 의한 것이라고 보았다. "파스퇴르Louis Pasteur나 코흐Robert Koch가 이룩한 실증적인 발견의 관점에서, 바이스만August Weismann의 이론을 연계시켜 보자면, 커다란 바다가 하나의 사물이듯이 전염병도 하나의 사물이다…. 징후들의 집합은 그 자체가 하나의 실체일 뿐만 아니라 필연적으로 구체적인 사물이다…." 만약 베르나르가 이것을 이해했더라면, "그는 좀 더 효율적으로 작업을 진행시켜 전염병에 관하여 훨씬 더 많은 것을 알아낼 수 있었을 것이다"라고 퍼스는 덧붙였다.[32]

셜록 홈스는 벨 박사의 가르침을 실행에 옮겨 나간다. 그는 '진단diagnosis'을 내리는데, 이는 다시 말해 세세한 사항을 꼼꼼하게 살펴보고 가정과 연결시켜(마치 의사가 징후를 통해 병을 진단해 내듯이 ― 옮긴이) 어떤 범죄를 밝혀내는 일이다. 더 나아가 홈스는 이전에 있었던 사건을 마치 오랜 친구처럼 대하며 결론을 내리기도 한다. 홈스가 왓슨의 마음을 읽어 내려가는 유명한 장면을 보자("독심술"에 대한 것, 주 21 참조).

나는 홈스가 너무 생각에 사로잡혀 있어서 말을 걸 수 없다고 여기고, 시시한 신문을 집어 던지고 몽상에 잠겼다. 갑자기 내 친구의 목소리가 내 생각 속을 비집고 들어왔다.

"자네가 맞네. 논쟁을 그런 식으로 해결하려 한다는 것은 말도 안 되네." 그가 말했다.

"정말 말도 안 되지!"라고 무심결에 따라 외쳤던 나는 그가 내 마음속 심연의 생각을 읽었다는 것을 불현듯 깨닫고 자리에서 벌떡 일어나 그를 멍하니 쳐다보았다.

"홈스, 이건 도대체 뭔가? 이건 정말이지 내가 상상할 수 있는 한계를 뛰어넘는 걸세…. 나는 그저 자리에 가만히 앉아 있었을 뿐이네. 대체 내가 어떤 단서를 자네에게 주었던 말인가?"

"자네의 얼굴 표정을 얕보지 말게. 사람의 얼굴 표정이라고 하는 것은 감정을 드러내기 위해 있는 것이네. 자네의 얼굴 표정도 아주 충실히 역할을 수행해 내더군."

"내 얼굴 표정을 보고 무슨 생각을 하는지 읽었다는 말인가?"

"자네 표정, 특히 눈을 보고 알았지. 자네는 어떻게 몽상을 시작했는지 스스로도 잘 모르는 것 같네만…."

"그래, 잘 모르겠네."

"그러면 내가 말해 주지. 난 자네가 신문을 던지는 걸 보고 관심을 갖기 시작했지. 자네는 멍한 표정으로 30초쯤 가만히 앉아 있다가 새로 맞춘 고든 장군의 액자로 시선을 돌리더군. 자네 얼굴이 변하는 걸 보고 여러 생각이 시작되었다는 것을 알았네. 그런데 그 생각이 오래 계속되지는 않더군. 자네는 시선을 다시 비처의 초상화로 옮겼는데, 그 초상화는 아직 액자에 끼워지지도 않은 채로 책 더미 위에 놓여 있었지. 자네는 다시 벽을 바라보았는데, 이때의 자네의 생각은 너무나 명확했지. 자네는 만약 그 초상화를 액자에 끼워 벽에 건다면 빈 공간을 채워 줄 뿐만 아니라 고든의 그림과도 잘 어울릴 것이라고 생각했지."

"자네, 나를 너무 훌륭하게 따라왔었군!" 내가 외쳤다.

"여기까지는 거의 안 헤매고 잘 따라갔지. 자네의 생각은 다시 비처에게 돌아갔고 자네는 심각하게 비처의 표정을 바라보며 그의 성격을 연구하는 것처럼 보이더군. 그 뒤 자네는 더 이상 눈을 오므리면서 처다보지는 않았지만 여전히 심각한 표정이었고, 얼굴을 보니 깊은 생각에 몰두했더군. 자네는 비처의 생애에 있었던 사건들을 떠올리고 있었네. 내가 익히 알고 있듯이, 이럴 때면 자네는 남북전쟁 당시 북군을 대표해 그가 떠 맡았던 임무를 생각할 걸세. 어떻게 알았냐면, 우리 쪽의 과격파들이 비 처를 다룬 방식에 대해 자네가 격한 분노를 나타냈던 것을 내가 기억하고 있기 때문이지. 자네가 비처를 생각할 때면 꼭 그 일을 떠올린다는 것을 알고 있다네. 잠시 후에 자네의 시선은 그림에서 멀어졌고, 나는 자네가 아마도 남북전쟁에 대해 생각할 것이라고 여겼지. 자네가 입을 악물고 눈 에서 불꽃을 튀기며 주먹을 쥐는 것을 보니 치열한 전투에서 양편 군사들 이 얼마나 용감하게 싸웠는가에 대하여 생각하고 있다는 것을 알아챘네. 그러다가 자네 얼굴이 왠지 슬퍼 보이더니, 자네는 고개를 흔들더군. 자 네는 목숨을 비통하고 처참하게, 쓸데없이 낭비하는 것에 대해 곰곰이 생 각했었네. 자네가 오래된 상처를 슬며시 어루만질 때 자네 입가에 스쳐 가는 미소는, 국제적인 문제를 그런 식으로 해결해 나가야만 한다고 그동 안 믿어 왔던 것이 얼마나 우스꽝스러운지에 대한 자네의 생각을 나타내 주더군. 자네 생각이 바로 여기까지 미쳤을 때, 나는 자네에게 그러한 믿 음이 정말 말도 안 된다고 동의했던 것이네. 내 연역이 모두 맞았다는 걸 알고 상당히 기뻤다네."

"완벽하군! 자네 설명을 다 들었는데, 듣기 전과 마찬가지로 여전히 놀 랍군"(「환자」, 「소포」도 참조).

어떤 개인의 외모나 말하는 습관 등을 보고 단서를 모아서 정체에 관해 가설을 세우고 시험하는 과정에는 언제나 추측이 필요하다. 바로 이 때문에 퍼스는 이런 과정을 **가추법적 귀납법**abductory induction 또는 **추 리적 모델링**speculative modeling이라고 불렀다.

…나는 몽상에 빠졌다. 패짓이 그린「소포」의 삽화. 『스트랜드 매거진』 1893년 1월 호.

기차 여행 도중 누군가가 나에게, 옆에 앉은 사람이 천주교 신부와 관련이 있어 보이느냐고 물었다고 생각해 보자. 그러면 나는 천주교 신부의 일반적인 특징들을 떠올려 본 뒤 그에게서 그런 특징들을 찾을 수 있는지 살펴볼 것이다. 특징이란 세거나 측정할 수 없다. 단지 주어진 문제에서 특징의 상대적인 중요성만이 애매하게 추정될 수 있을 뿐이다. 사실 이런 문제에는 정확한 답이 존재할 수 없다. 그렇지만 그의 구두, 바지, 외투, 모자 등 차림새가 대부분의 미국 천주교 신부들과 유사하고 몸동작도 다른 신부들과 닮은 데가 있을 뿐만 아니라, 오랜 훈련의 결과로 생기는 얼굴 표정 역시 신부처럼 보인다고 해 보자. 그렇다면 나는 그가 석공의 기장(記章)처럼 천주교 신부와 무관한 특징을 지니고 있더라도, 그 사람은 과거에 신부였거나 아니면 신부가 거의 될 뻔했던 사람이라고 말할 수 있을 것이다. 나는 이런 종류의 모호한 귀납법을 **가추법적 귀납법**이라고 부른다(원고 692; 6.526 참조).

퍼스는 신부뿐만 아니라 수녀에 대해서도 언급한 적이 있다.

전차(電車)는 추리적 모델링에 적합한 **작업실**ateliers로 알려져 있다. 사람들은 전차에 앉아서 딱히 할 일이 없으면 맞은편에 앉은 다른 사람들을 자세히 살펴보고 그들에게 어울릴 법한 이야기를 생각해 보곤 한다. 나는 지금 나이가 40대 정도인 한 여성을 보고 있다. 그의 얼굴 표정은 천 명 중에서 한 명 있을까 말까 할 정도로 사악했는데, 거의 제정신이 아닌 것 같아 보일 지경이었다. 그러면서도 한편으로는 일말의 온화함을 보여 주느라 표정을 일그러뜨리고 있었는데, 표정 연기에 아무리 능숙한 여자라 할지라도 그 표정을 따라 지을 수는 없을 것 같았다. 게다가 좌우로 꼭 다문 보기 흉한 입술 선을 보면 그 여자가 오랜 세월 통제된 생활을 하면서 찌들 대로 찌들었다는 것을 알 수 있었다. 가정부라기에는 얼굴에 굴종과 위선의 표정이 너무 심하게 나타났다. 옷차림이 천박하거나 야하지 않은 것을 보니 비록 수준이 낮기는 해도 비천하지는 않은 교육을 받은 것 같았다. 그렇다고 하녀가 자신의 안주인과 접촉하는 것 이상으로 상류층인 사람과 친분 관계가 있는 것으로 보이지도 않았다. 처음 보아서는 이런 모든 사항들이 그다지 두드러지지 않았지만, 자세히 뜯어보면 상당히 특이하다는 것을 알 수 있다. 이제 우리 이론의 결론을 내릴 때가 되었다. 나는 그 여자가 과거에 수녀였다는 추측을 하는 데 그다지 오랜 시간이 걸리지 않았다(7.196).

앞의 예들에서 퍼스에게 주어진 문제들은 모두 가정이었다. 이는 그가 다른 논문에서 자신의 이야기를 언급한 부분과 유사하다.

터키의 항구에서 내린 적이 있었다. 방문할 집 쪽으로 걸어가던 중에 말을 타고 지나는 사람을 보게 되었는데, 옆에서 말 탄 사람 네 명이 그의 머리 위로 차양을 씌워 주고 있었다. 그런 굉장한 영예를 누릴 수 있는 사람은 지방 영주뿐이라고 생각했기 때문에, 나는 그 사람이 바로 영주일 것이라고 추론했다. 이것은 하나의 가설이다(2.265).

이 예시는 셜록 홈스의 '거꾸로 추리하기reasoning backward'(퍼스의 귀-환법retro-duction 참조)를 설명해 준다. '거꾸로 추리하기' 기술은 보통 사람이 일상생활을 하면서 생각하는 것과 여러 면에서 유사하지만, 일정 수준의 전문 훈련을 필요로 한다.

"이런 종류의 문제를 풀 때에는 거꾸로 추리하는 것이 가장 중요하지. 거꾸로 추리하기란 아주 쓸모가 많으면서도 또한 매우 쉬운 것인데, 사람들은 연습을 하지 않는다네. 매일의 일상생활 속에서는 앞으로 추리하는 것이 더욱 쓸모가 있으니까 반대 상황은 도외시되기 십상이지. 종합적으로 추리할 수 있는 사람이 50명이라면, 분석적으로 추리할 수 있는 능력을 가진 사람은 한 명뿐일 걸세."

"정말, 자네는 도저히 못 따라가겠네." 내(왓슨)가 말했다.

"자네가 따라올 것이라고는 생각도 안 했네. 내가 더 분명하게 설명해 보겠네. 만약 자네가 사건의 추이를 설명하면 대부분의 사람들은 그 결과가 어떻게 될지 말할 수 있을 걸세. 사람들은 사건을 머릿속에서 정리하

코넌 도일 경. 1886년 사우스시South-
sea의 책상 앞에서.「주홍색」을 집필하고
있다고 추정됨. Nordon 1966:36.

고 어떤 일이 일어날지에 대해 주장할 테지. 그렇지만 결과만 듣고 나서
자신의 내부 의식 작용을 통해 어떤 과정을 거쳐 그 결과에 도달하게 되
었는지에 대해 말할 수 있는 사람은 많지 않을 걸세. 내가 거꾸로, 또는
분석적으로 추리한다고 한 것은 바로 이런 능력을 뜻하지"(「주홍색」).

홈스는 자신이나 다른 사람들이나 모두 같은 것을 보기는 하지만,
자신만이 본 것의 모든 의미를 알아내는 훈련이 되어 있다고 왓슨에게
여러 번 이야기했다. 예컨대 홈스는 왓슨에게 모자를 잘 살펴보고 모
자의 주인에 관한 단서를 알아내 보라고 한 적이 있다. "아무런 단서도
안 보이는군"이라는 왓슨의 반응에 대해 그는 이렇게 답했다. "왓슨,
자네는 그 반대로 모든 것을 보았다고 할 수 있네. 단지 본 것을 가지고
추리하지 못했을 뿐이지. 자넨 너무 소극적이라 추론을 끌어내지 못했

네"(「석류석」). "이 방들에서 나보다는 자네가 더 많은 것을 본 것이 틀림없네"라는 왓슨의 말에 대한 홈스의 대답 또한 살펴보자. "그건 아닐세. 그렇지만 내가 더 많이 연역했다는 건 아마 맞을지도 모르지. 내생각에는 자네나 나나 본 건 마찬가지일 걸세"(「얼룩 끈」).

퍼스는 로지카 우텐스logica utens라는 논리 사용의 기본적인 능력과 로지카 도첸스logica docens라는 보다 세련된 논리 능력을 구분했다. 전자는 누구나 지니고 있는 논리적 감각인데, 사람들은 이를 사용한다는 것조차 깨닫지 못하고 무엇이 이를 구성하는지도 모르면서도 이를 사용해서 진리를 발견한다. 한편 후자는 논리학자와 과학자들, 그리고 몇몇 탐정과 의사가 사용하는 것으로, 의식적으로 배울 수 있으며 진리를 발견하기 위해 이론적으로 발전된 방법이다(원고 692: Ransdell 1977:165 참조). 그러나 로지카 도첸스는 과학자나 논리학자가 완전히 새로 만들어 냈다기보다는 일반 사람들이 생활하면서 이미 사용하던 자연 논리학을 연구하고 발전시켜 만들어진 것이라고 할 수 있다. 셜록 홈스가 왓슨에게 했던 말로 미루어 보면, 홈스 역시 이와 비슷한 시각을 견지한 것으로 보인다. "우리는 어떤 사물들이 단지 평범하게 존재하는 것이라고는 감히 생각하지는 않지…. 평범한 것만큼 기이한 것은 또 없지 않겠나"(「정체」). 더 나아가 홈스는 자신의 방법들이 "단지 체계화된 상식"에 불과하다고 단언한다(「병사」).

홈스는 자신이 따라가려는 모델에 대해 다음과 같이 이야기한다.

이상적인 추론자라면… 하나의 사실을 모든 방향에서 한 번씩 보게 되었을 때, 그 사실에 이르기까지의 모든 연쇄적인 사건뿐만 아니라 후에 나오게 될 모든 결과까지 연역해 낼 수 있을 것이다. 퀴비에Georges Cuvier

홈스가⋯ 화학 실험에 열중하고 있다. 패짓이 그린 「해군」의 삽화.
『스트랜드 매거진』 1893년 10월 호.

가 뼈 하나만 보고서도 어떤 동물인지를 정확하게 기술할 수 있었던 것처럼, 연속적인 사건들 안에서 하나의 고리를 완전하게 이해할 수 있는 관찰자라면 고리의 앞과 뒤 모두를 정확하게 진술할 수 있을 것이다(「오렌지」).

코넌 도일이 받은 과학적 훈련의 영향으로 셜록 홈스의 로지카 도첸스가 형성된 것은 거의 확실하다. 도일의 스승인 벨 박사는 실제로 다음과 같이 말한 적이 있다. "코넌 도일 박사는 의학 교육을 통해 관찰의 능력을 갖게 되었다. 일반 개업의 겸 전문의로 활동하는 것은 그의 뛰어난 관찰력과 기억력, 상상력을 훈련할 수 있는 좋은 기회였다"(Bell 1893, Nordon 1966:213에 재인용). 특히 홈스가 평생 화학에 열중했다는 점에서 그의 탁월한 의식 통제 능력을 예측할 수 있다.[33] 홈스의 화학 실험실이 "겉보기에는 전혀 탄탄해 보이지 않고 시간이 지날수록 관리가 소홀해져서 결국에는 완전히 사라져 버리긴 하지만," 그가 방 한 구석에 화학 실험실을 마련한 이유는 "원인과 결과, 행동과 반응이 있는 정밀과학을 실제로 접하며, 그보다는 정확도가 떨어지는 '추리 과학'의 능력으로 얻을 수 있는 것 이상의 예측 가능성을 갖기" 위해서였다(Trevor Hall 1978:36-37). 홈스는 말했다. "다른 모든 인문과학과 마찬가지로 연역과 분석의 과학은 오랫동안 인내심을 가지고 끊임없이 연구해야만 획득될 수 있다. 하지만 이런 분야에서 가장 완벽한 성취를 이룰 수 있을 정도로 우리 인생은 길지 않다"(「주홍색」).

퍼스 역시 일생 동안 화학에 힘을 쏟았다. 그는 1909년에 다음과 같이 기록했다.

> 나는 어렸을 때 유치한 방식이긴 했지만 역학과 물리학에 관심을 갖게 되었다. 삼촌이 화학자였기 때문에 열두 살 정도에 나만의 화학 실험실을 마련할 수 있었다. 나는 정성 분석qualitative analysis을 위한 수백 개의 라이비히Leibig 유리병을 갖고 건식 또는 습식의 단사(丹砂)를 만들기도 했으며 유명한 화학 실험을 반복하곤 했다(원고 619).

화학이야말로 퍼스가 특별히 전문적으로 교육받은 분야였으며, "가장 열심히 몰두했던 과학"이자 "그 추론 과정을 가장 중요시" 했다고 한다(원고 453 : Hardwick 1977:114).

이론 논리학에 대해 전혀 교육을 받지 못한 사람이 전문가의 추론

"나는 극적인 장면을 연출하고 싶은 욕망을 억누를 수 없다네." 도난 문서를 펠프스에게 돌려주면서. 「해군」의 삽화, 패짓 그림. 『스트랜드 매거진』 1893년 11월 호.

기술을 접하고, 그것이 어떤 논리적 과정을 거쳤는가에 대하여 설명을 듣지 못한다면 전문가의 추론 기술은 마치 마술처럼 보일 것이다. 노든은 "홈스가 연역을 통해 범인을 밝혀내는 과정이 마술처럼 보일 정도"(1966:222)라고 말했다. 누구나 알겠지만 왓슨은 홈스의 연역에 끊임없이 압도되고 감탄했다. 홈스는 또한 "일을 마치 연극처럼 꾸몄고 그때의 극적인 효과를 즐기는… 취미가 있어서"(Starrett 1971:29) 마술처럼 보이는 효과를 더욱 극대화하곤 했다. 퍼스도 홈스와 비슷한 경향을 보인다. 퍼스 역시 극적인 방법을 동원하여 도둑맞은 시계를 되찾은 일화가 있으며, 소년 시절부터 연극에 취미와 재능을 보였다고 한다.[34]

"그(홈스)가 범죄 전문가가 되었기 때문에 과학계는 날카로운 논증가 한 명을 잃었고, 연극계는 훌륭한 배우 하나를 놓쳤다"(「보헤미아」)라고 왓슨은 언급했다. 홈스가 논리적인 활동을 극적으로 밝혀내는 것은 의사들과도 닮은 점이 있다. 의사들은 진단을 내릴 때 그 진단에 마술적인 힘이 있는 것처럼 보이게 해서 환자들에게 깊은 감명과 확신을 주어 치료에 도움이 되도록 한다.[35]

조지프 벨은 이처럼 환자를 심리적으로 기만하는 것에 대해 이렇게 말했다.

> 병든 부위와 건강한 세포를 구분시켜 주는 미세한 차이를 정확하고 빠르게 찾아낸다면 대부분의 병을 알아볼 수 있을 것이다. 학생들은 관찰하는 방법을 배워야만 한다. 학생들이 이런 방면으로 흥미를 갖게 하기 위하여, 우리 선생들은 환자의 이전 병력, 국적, 직업과 같은 평범한 사실들을 숙달된 눈으로 보면 얼마나 많이 알아낼 수 있는가를 보여 줄 필요가 있다. **의사가 한 번 척 보고 나서 환자의 과거에 대해 많은 것을 알아낸다면, 그 환자 역시 의사가 나중에 자신을 고쳐 줄 능력이 있을 것이라 보고 감명을 받을 것이다. 그리고 이런 모든 기교는 보기보다 훨씬 쉽다**
> (Hall 1978:83; 강조는 필자).

홈스는 종종 깜짝 놀랄 정도의 '연역'을 사용하며 의뢰인이 될 사람과 대화를 시작한다. 벨이 위에서 말한 것과 똑같은 상황이다. "재치 있는 사소한 연역들은… 종종 해결해야 할 문제와는 직접적인 상관이 없지만, 독자에게 그 힘을 느끼게 해 준다. 그는 또한 다른 사건들에 관해 간접적으로 언급하면서도 같은 효과를 얻어 낸다"(1924: 101-102).[36]

우리가 의사를 만나러 갔을 때, 그 의사가 전혀 상관없어 보이는 질문들을 하다가(예컨대 "최근에 담배를 많이 피우셨군요? 밤에만 통증이 오지 않습니까? 어머니가 두통으로 고생하시지 않으셨습니까?" 등의 질문들) 갑자기 병에 대해 진단을 내린다고 하자. 앞에서 말한 것과 같은 종류인 이런 대화 기법에 위압감을 느끼지 않을 사람이 과연 몇이나 될까? 각 단서의 의미를 깨닫지 못하고 연속적인 질문이 논리적으로 어떤 관계에 있는지도 모른다면 의사가 마지막으로 내린 진단은 마치 신성한 것처럼 느껴질 것이다. 의사가 자신이 내릴 진단에 대해 환자에게는 아무 언질도 주지 않고 추측만 해 놓은 상태라고 해 보자. 의사가 자신의 가정을 시험해 보기 위해 환자에게 여러 질문을 던진다면 환자가 보기에는 의사가 마치 초감각적 감지extrasensory perception를 발휘하는 것처럼 여겨질 것이다(예를 들면, "식사 후 한 시간 반이 지나고 나서 어떤 통증이 왔고 그때 오른팔도 같이 욱신욱신 쑤시지 않았습니까?" "어, 맞습니다! 도대체 어떻게 아셨죠?" 등의 대화).

퍼스가 가르쳐 준 바와 같이, 추측은 모든 논리 작용에 있어서 아주 중요한 역할을 담당한다. 그러나 의사가 얼마나 많은 추측을 통해 의학적인 진단을 내리고 치료를 하는지 환자가 알게 된다면, 대부분의 환자는 신뢰를 잃을 것이다. 따라서 의사들은 진료를 하면서 추측에 관한 부분을 어느 정도 감추게 된다. 홈스도 의사들과 같은 방법으로 탐정의 거장이라는 자신의 명성을 지켜 나가는 것이다. 바로 앞의 예처럼 의사들은 가추법을 쓰지 않고 연역법과 귀납법만을 사용하여 진단을 내리는 것처럼 보이게 한다. 또는 환자가 무의식적으로 보여 주는 기호라는 매개체를 전혀 사용하지 않고 환자 마음속의 생각과 감정을 이해하는 것처럼 보이게도 한다. 이렇게 의사들은 자신의 추론 과정을 의도적으로 애매모호하게 만들기 때문에 환자는 미혹되고 만다.

홈스가 명성을 쌓아 나갈 때 이와 같은 기교가 얼마나 중요한 역할을 하는지는 그가 윌슨Jabez Wilson과 이야기를 시작하는 장면을 보면 잘 알 수 있다. 홈스가 윌슨의 배경과 생활에 대하여 놀라울 정도로 정확한 결론을 내리자, 윌슨은 깜짝 놀라 자리에서 벌떡 일어나 "도대체 어떻게 알아내셨습니까?"라는 질문을 던진다.

"예컨대, 제가 막노동을 했었다는 걸 어떻게 아셨지요? 실은 제가 처음으로 시작한 일이 배 목수였으니 그건 성경 말씀만큼이나 옳은 이야기지요."

"당신 손을 보고 알았지요. 오른손이 왼손보다 더 크지 않습니까? 오른손으로 일을 하셨고, 근육이 더 발달된 것이지요."

"아, 그건 그렇군요. 그러면 프리메이슨 회원이란 것은?"

"당신은 단(團)의 엄격한 규율을 위반하고 가슴에 호(弧)와 컴퍼스 모양의 핀을 달고 있습니다. 제가 그걸 보고 알았다고 말하면 당신을 모욕하는 것처럼 들릴까 걱정이 되는군요."

"아, 제가 깜빡했군요. 그렇지만 글씨 쓰는 것에 대해서는?"

"당신의 오른쪽 소매가 12센티미터 정도 닳아서 반들반들해졌고, 왼쪽 팔꿈치 근처에는 책상에 대기 위해 부드러운 천이 덧대진 걸 보면 그 밖에 뭘 생각할 수 있겠습니까?"

"그렇군요. 그러면 중국은 어떻게 아셨죠?"

"오른쪽 손목 바로 위에 있는 물고기 문신은 중국에서만 가능한 겁니다. 저는 문신에 대해 연구를 조금 했고, 그 방면으로 글을 쓴 적도 있지요. 물고기 비늘을 분홍색으로 섬세하게 칠하는 기술은 특별히 중국에서

맨 처음부터 의뢰인에게 강한 인상을 주는 것은 홈스의 특기이다. 이 장면에서 홈스는 모자 속에 새겨진 이름을 보고 의뢰인의 이름이 먼로Grant Munro라는 것을 알아낸다. 「얼굴」의 삽화, 패짓 그림, 『스트랜드 매거진』 1893년 2월 호.

만 찾을 수 있습니다. 게다가 시곗줄에 중국 동전까지 달고 계시니, 더욱 간단히 알 수 있었지요."

자베즈 윌슨 씨는 한참을 웃었다. "이것 참! 처음에는 선생님께서 뭔가 대단한 걸 해냈다고 생각했는데, 말씀을 다 듣고 보니 별것 아니군요."

"이보게 왓슨, 설명하는 건 실수라는 생각이 들기 시작했네. 자네도 알다시피, "미지의 것은 모두 훌륭해 보인다Omne ignotum pro magnifico"라고 하지 않나. 만약 내가 이렇게 솔직해진다면 나의 작은 명성은 난파선처럼 사라져 버리고 말 걸세"(「연맹」).

홈스는 또한 "나는 설명을 하고 있노라면 나 자신의 정체를 드러내는 것이 아닌가 하는 두려움마저 생기네…. 이유는 생략하고 결과만 말하는 것이 훨씬 더 인상적이지"(「직원」)라고도 말한다. 홈스는 어떤 의뢰인에게 다음과 같이 말한 적이 있는데, 사실 홈스가 솔직히 말한 건 아니었다. "제 설명이 당신을 더 헷갈리게 하는 건 아닌가 걱정도 되지만, 제 친구 왓슨이나 또는 제 일에 흥미를 가진 어떤 사람에게도 제 방법을 하나도 숨기지 않는 것이 제 버릇이지요"(「라이게이트」).[37]

실제와 허구의 마술

탐정으로서 찰스 퍼스의 방법론과 기호학자로서 셜록 홈스의 방법론을 나란히 비교해 보는 것은 일종의 기발한 생각jeu d'esprit으로부터 시작되었다. 이는 실존 인물[퍼스]과 소설 속의 인물[홈스]을 예기치 않았던 시각으로 바라보게 되는 결과를 가져왔다. 홈스의 연역법과 분석의 과학은 「생명의 책The Book of Life」(「주홍색」)에서 포괄적으로 제시되었다. 박학다식하고 위대한 논리학자인 셜록 홈스는 이 책에 다음과 같이 적었다. "한 사람의 가장 깊은 내부에 숨어 있는 생각을 가늠해 보기 위해서는 순간적으로 스치고 지나가는 얼굴 표정이나 근육의 작은 떨림, 또는 힐끗 보는 시선에까지 주의를 기울여야만 한다." 왓슨은 이를 처음 보고 나서 "쓸데없는 이야기, 군소리"라고 했는데, 이는 사실과 거리가 멀다. 홈스가 제시한 이론은 '셜록 홈스의 보스웰Boswell'[38]이 보기에는 "너무나 엉뚱하면서도 아주 실용적인 것"이었다. 또한 셜록 홈스가 여생을 바쳐 집필하기로 작정한 "추리의 모든 기술"(「애비 농장」)에 대한 한 권의 책에서 그는 사유의 역사에서 "상상력과 현실의 혼합"(「토르 교」)에 부분적으로 기초하는 문맥적 원리를 가정하고 있다. 이 원리는 또한 분별력 있는 추측을 "상상력의 과학적 이용"(「바스커빌」)이라고 가정한다.

범죄가 한 국가의 병이라고 한다면, 홈스는 그를 치료할 뛰어난 의사라 하겠다. 홈스는 자신의 사건에 관하여 "진귀한 표본을 제시하는 병리학자 같은 위엄을 갖고 있다"라고 이야기한다(「기어 다니는」). 왓슨이 연역법과 논리적 통합의 여지가 있는 사건들을 연대기적으로 기록하겠다고 결심하자 홈스는 몹시 기뻐했다. 홈스는 "모든 생명은 거대한 사슬과도 같으며, 고리 하나만 보아도 본성을 알 수 있는 것이다"(「주홍색」)라고 주장했다. 이에 따르면, 홈스가 내린 결론들은 "유클리드의 명제들만큼이나 오류가 없다. 홈스의 결론은 처음 겪어 보는 사람들에게는 너무나 놀랍기 때문에, 사람들은 홈스가 어떤 과정을 거쳐 그런 결론에 도달하게 되었는가에 대해 알게 되기 전까지는 그를 마술사로 여길 것이다."

퍼스 역시 방법론에 있어서 홈스만큼이나 위대한 마술사였다. 그래서 퍼스의 글은 물론 퍼스의 생애 세세한 부분까지도 우리를 꼼짝 못하게 사로잡는다. 모리스Charles Morris의 중요하면서도 정확한 기술에 따르면(1971:337) 퍼스는 "기호를 철학적으로 분석해 온 역사의 계승자"이다. 기호학이라는 산맥은 고대 그리스 시대부터 의학(임상) 기호학자인 히포크라테스에 의해 부상하기 시작했고, 갈레노스가 이를 보다 완전하고 분명하게 발전시켰으며(Sebeok 1979:1장), 의사인 로크 John Locke가 뒤를 이었다. 퍼스는 로크의 "기호학semiotike이 분명하게 고찰되고, 충분하게 고려되었으며, 우리가 지금까지 알아 온 것과는 다른 종류의 논리학과 비평법"을 확실하게 제공한다고 말한다(Locke 1975:721).

이러한 파노라마가 계속 이어지고 축적되어 왔다고 선언하는 것 — 우리가 지금 하고 있듯이 — 과 문서로 증명하는 것은 별개의 일이다. 이러한 파노라마는 고대의 의학적 진단과 예후(豫後)에서부터 확장되어 현대에는 퍼스 등에 의해 기호의 학설로 표현되어 발트 해의 생물학자 폰 윅스퀼(Jakob von Uexkull, 1864-1944)이나 프랑스의 수학자 통(René Thom, 1923-2002) 등 현대의 거장에게 영향을 주었다. 이를 증명하기 위해서는 미로와도 같은 기호 과학의 역사에 정통한 일단의 전문가들이 적어도 한 세대 정도의 시간을 집중적으로 투자해야 할 것이다(Pelc 1977 참조). 현재까지 알려진 대강의 개요는 퍼스의 몇 안 되는 추종자들이 퍼스가 펼쳐 놓은 단서들을 따라가며 서술한 것인데, 이들은 이 엄청난 기호학적 모험의 가장 대담한 개척자이거나 아니면 가장 어리숙한 사람들일 것이다.

셜록 홈스

응용 사회심리학자[1]

마르첼로 트루치
Marcello Truzzi

아서 코넌 도일 경이 가상의 탐정 셜록 홈스를 만들어 낸 것으로 유명하긴 하지만, 본인은 역사와 관련된 글이나 심령론spiritualism을 옹호한 사람으로 기억되기를 더 원했을지도 모른다.[2] 그는 심지어 1893년에 발표한 「마지막」에서 홈스에게 고귀한 죽음을 안겨 줌으로써 홈스의 모험을 끝내려고 시도했지만 독자들이 너무나도 간절히 영웅의 귀환을 바랐기 때문에 결국 1904년에 홈스를 다시 살려 내고 영웅담을 계속 이어 나갔다.[3] 논리와 과학적 방법론을 인간의 행위에 적용시킨다는 홈스의 이미지는 확실하게 세상 사람들의 상상력을 사로잡았다.

셜록 홈스와 현실의 관련성

머크Alma Elizabeth Murch는 추리소설의 역사를 조망하면서 다음과 같이 말했다.

> 문학 작품의 등장인물이 뚜렷한 정체성을 가진 경우, 작품을 전혀 읽
> 어 보지 않은 사람들도 등장인물의 이름이나 특성을 친근하게 받아들인
> 다. 대표적인 예가 셜록 홈스이다. 셜록 홈스는 전 세계 수많은 독자들의
> 마음속에 실존하는 인물이다. 20세기 초반 셜록 홈스는 대중에게 살아
> 있는 동시대인으로 여겨졌으며, 50여 년이 지난 후에도 여전히 어떤 탐
> 정보다도 더 설득력 있고 훌륭하며 사랑을 받는 흔들리지 않는 영광을 누
> 리고 있다(Murch 1958:617).

영문학사를 통틀어서 "보통 사람들"에게 홈스처럼 잘 알려진 인물
은 로미오와 샤일록, 로빈슨 크루소에 불과하다고들 한다(Pearson
1943:86).

홈스의 영웅적인 이야기 단 60편[4]은 아서 코넌 도일 경에 의해[5]
1887년에서 1927년 사이에 처음 등장했지만[6] 그가 대중의 상상력에
기여한 정도는 다른 어떤 소설의 주인공과도 비교할 수 없다. "수십 년
동안 수많은 사람들이 홈스가 실존 인물이라고 믿어 온 것은 문학사에
서 가장 기이한 사실 중의 하나이다"(Haycraft 1941:57-58). 이를 보면
홈스가 대중에게 얼마나 영향을 미쳤는지 볼 수 있다. 예컨대 "런던
221-B 베이커가 셜록 홈스"(물론 이런 주소는 실재하지 않는다)에 편지
를 보내 자신의 문제를 상담하려는 사람들이 허다했으며, 런던 경시청

에 편지를 보낸 경우도 상당수였다. 1904년 소설에 홈스가 은퇴하고 양봉업에 종사한다는 이야기가 나오자 그의 일꾼이 되고 싶다는 청탁이 두 건이나 있었다(가정부와 벌치기였다). 또한 도일은 홈스와의 결혼이 가능할지 심사숙고해 온 여성들로부터 편지를 받았으며(Lamond 1931:54-55) 심지어 샤프Stephen Sharp라는 신사는 자신이 홈스라고 확신하고 1905년 이후로 도일과의 면담을 서너 차례 시도하기도 했다(Nordon 1967:605의 보고).

홈스의 전설을 진짜라고 믿은 순진한 사람들은 별문제로 하고, 사회학적으로는 다음의 사실이 더욱 의미가 깊다. "열광적이지만 보다 세련된 많은 사람들은 자신들의 영웅 셜록 홈스가 비록 육신을 가진 실존 인물이 아니라는 사실을 잘 알면서도 여전히 홈스가 실존 인물인 양 굴었기 때문에 홈스가 실재 인물이라는 전설은 더욱 더 확대되었다"(Haycraft 1941:58). 홈스를 다룬 글은 다른 어떤 소설 주인공에 **관한** 글보다도 많으며, 작가 코넌 도일 경이 아니라 그의 창작물인 셜록 홈스에 집중되었다는 사실은 주목할 만하다. 많은 사람들이 홈스를 주제로 전기,[7] 백과사전,[8] 비평[9]을 썼고, 홈스의 능력을 칭송하고 연구하는 단체가 전 세계에서 결성되었다.[10] 베이커가 홈스의 집에 홈스의 동상을 세우자는 움직임도 있었다.[11] 종종 인용되는 몰리Christopher Morley의 표현대로, "그렇게 많은 사람들이 그렇게 소소한 주제에 대해 그렇게 많이 쓴 적은 전무후무했다."

셜록 홈스 연구자들의 즐거운 놀이와 장난스런 신화와는 별개로, 셜록 홈스라는 인물과 그의 업적은 더 심오한 실재성에 다다른다. 왜냐하면 "[셜록 홈스의] 전설은 문학의 경계를 넘어선 수요를 충족하기 때문이다"(Nordon 1967:205). 피어슨(Pearson 1943:86)의 말대로 홈스는 스포츠맨과 사냥꾼의 상징이며, 피의 흔적에 흥분하는 현대판 갤러해드(Galahad, 『아서 왕 이야기』에 등장하는 원탁의 기사로 성배를 찾아냈다—옮긴이)이다. 홈스는 인간의 최고 능력인 이성을 적용해서 일상생활 속에서 문제 상황을 해결하려고 노력했다. 도일은 1890년대 신문에서 찾아낸 실제 사건들에서 이야기의 구성을 따왔으며(Nordon 1967:236), 피가 낭자한 폭력이나 살인 사건은 드물다는 점에 주목할 만하다. 프랫(Pratt 1955)은 모든 이야기의 4분의 1에서 범법 행위가 전혀 일어나지 않는다는 사실을 지적했다. 그의 이야기가 대부분 평범하고 세속적인 것을 소재로 했다는 사실은 "홈스 이야기는 일상생활의 서사시이다"(Nordon 1967:247)라는 주장을 뒷받침해 준다. 홈스가 '과학'과 이성을 일상생활에 적용한다는 바로 그 점에 독자들이 감탄하고 만족하는 것이다. 홈스가 단순한 관찰을 통해 놀라운 직관과 추론을 수행하는 것도 놀랍지만, 무엇보다 그의 '방법'이야말로 대단하다. 누구라도 그의 설명을 듣고 나면 그 방법이 참으로 합리적이고 명백하다고 여기기 때문이다. 사람들은 홈스의 '방법'을 열심히 연구하다 보면 자신도 그의 새로운 응용과학을 실행할 수 있을 것이라고 믿게 된다(적어도 이야기의 마법에 끌려 있는 동안에는). 다음을 보자.

셜록 홈스가 속한 허구의 세계가 홈스에게 요구하는 바는 오늘날의 현실 세계가 과학자들에게 요구하는 바와 동일하다. 바로 더 많은 광명(밝혀냄)과 정의(정당화)이다. 당시를 지배했던 이성주의적 사고에 사로잡혀 있던 한 의사가 창조해 낸 홈스 이야기는 논리와 과학적인 방법으로 연승을 거두는 영웅의 모습을 최초로 보여 주었다(Nordon 1967:247).

인간관계로 이루어진 세속적인 세계에 과학적인 방법을 적용한다는 환상적인 발상은 평범한 독자들의 상상력만 자극한 것이 아니었다. 실제로 셜록 홈스와 비슷한 문제를 겪는 범죄학자들 역시 영향을 받았다. 마르세유 과학 경찰 실험실장은 "코넌 도일이 만들어 낸 많은 방법들이 오늘날 과학 실험실에서 이용되고 있다"(Aston-Wolfe 1932:328)라고 했다. 과학 탐정 실험실장이자 과학 범죄학 연구소장이었던 이는 "범죄를 과학적이고 분석적으로 수사하도록 동기 부여를 하는 데에는 코넌 도일의 소설만큼 강력한 게 없다"(May 1936:x)라고 언급하기도 했다. 최근 한 무기 전문가는 홈스를 "과학적 범죄 수사의 아버지"라고 불러야 한다고 주장했다(Berg 1970). 베르티용Alphonse Bertillon이나 로카르Edmond Locard 등 저명한 범죄학자들도 홈스가 자신들의 선생이자 아이디어의 원천이라고 인정했으며, 홈스의 관찰 기술과 추론은 범죄 수사관에게 유용한 모델로 여겨지고 있다(Hogan & Schwartz 1964).[12]

현대 범죄학에 셜록 홈스가 상당히 실질적인 영향을 미치고 있다는 점 외에도 그의 탄생 과정을 통해 그의 '방법'의 실재성을 잘 살펴볼 수 있다. 도일은 자서전 『추억과 모험Memories and Adventures』(1924)에서 에든버러 의과대학 재학 중 외과 교수였던 벨 박사를 본떠 홈스를 만들었다고 밝혔다. 도일에 따르면 벨 박사 역시 홈스처럼 관찰과 추론 능력이 뛰어났다고 한다. 벨 박사의 비상한 능력은 이 책 2장의 예화에서 찾아볼 수 있다. 그러나 홈스는 벨 박사를 부분적으로만 모방했으며 실상은 여러 인물의 합체라 할 만하다.[13] 궁극적으로 "홈스의 진짜 모습은 코넌 도일 그 자신이다"(Starrett 1960:102). 하드윅(Michael & Mollie Hardwick)이 『셜록 홈스였던 사람The Man Who Was Sherlock Holmes』(1964)에서 밝힌 바와 같이, 도일과 홈스의 삶에는 비슷한 부분이 많다. 홈스의 성격이나 방법 역시 홈스의 창조자인 도일에게서 찾아볼 수 있다. 예컨대 도일은 실제로 몇몇 수수께끼를 해결했으며, 살인 혐의를 뒤집어쓴 두 남자를 무죄 석방시키기도 했다. 또한 그 유명한 에달지George Edalji와 슬레이터Oscar Slater 사건을 해결해서 정의가 승리하는 데 일조하기도 했다.[14] 리옹의 치안국 범죄 연구소장 로카르 박사는 "코넌 도일은 대단히 탁월한 과학 수사관"이라고 했으며, 범죄학자 울만Albert Ullman 또한 "코넌 도일은 셜록 홈스보다 더 위대한 범죄학자"라는 입장을 천명하기도 했다(익명의 글 1959:69에서 인용).

벨 박사나 코넌 도일 경의 성공 사례에서 알 수 있듯이, 셜록 홈스가 자신의 모험 속에서 사례를 제시하며 드라마틱하게 보여 주었던 과학적인 분석 방법이 실제 세계에서도 존재할 수 있다는 사실에 주목하자. 미국의 명탐정 번스William Burns는 이렇게 말했다. "셜록 홈스 이야기에서 코넌 도일이 보여 주는 원칙들이 실제 탐정에게 적용될 수 있냐고 묻는 사람들이 종종 있다. 내 대답은 단연코 '그렇다'이다"(익명의 글 1959:68에서 인용).

셜록 홈스의 '방법'이란 과연 정확히 무엇이며, 현대의 응용 사회심리학에서 한계와 의미는 무엇일까? 이제 홈스의 과학관과 사회관, 인간관을 둘러보고 홈스의 이야기를 통해 홈스의 '방법'이 응용 사회심리학에 어떻게 적용될 수 있는지 알아보도록 하자.

셜록 홈스의 방법

셜록 홈스 특유의 방법이야말로 셜록 홈스의 성격을 형성한 결정적 요인이자 엄청난 인기의 핵심이다. 그러나 불행히도 홈스 이야기에는 홈스의 방법에 대한 체계적인 서술이 없다. 셜록 홈스 연구가들이 쓴 방대한 전기들마저도 '연역' 기법에는 별로 관심을 보이지 않았다. 대부분의 홈스 연구가들은 방법 자체를 연구한다기보다는 홈스 이야기에서 찾을 수 있는 단서들에 홈스의 기법을 적용하는 것에 관심을 기울였다. 그러므로 우리는 홈스의 모험담에서 홈스 본인이 자신의 방법에 관하여 여기저기서 언급한 내용들을 찾아내야 할 것이다.

홈스의 '연역과 분석의 과학'

과학이란 교양 있는 상식에 불과하다고 생각하는 이들이 많다. 홈스 역시 이에 동의할 것인데, 그가 자신의 접근 방법이 "간단한 기술이며, 체계화된 상식에 불과하다"(「병사」)라고 말했기 때문이다. 그러나 홈스의 관점을 단순하거나 기계적인 것만으로 여길 수는 없다. 또 다른 글에서는 "상상력과 실재가 혼합된 것이… 나의 기술의 근본이다"(「토르 교」)라고 밝혔기 때문이다. 그는 귀납법의 대가 베이컨Francis Bacon을 연상시킬 정도로 원초적인 경험주의를 강조하면서도 창조적인 상상력의 중요성 역시 늘 염두에 두고 있다. "그것이 단순한 상상력이라는 건 나도 인정하네. 그렇지만 상상력은 종종 진실의 어머니가 된다네"(「공포」). "자연을 해석하고 싶다면, 사람의 생각도 자연만큼이나 넓어져야 하는 법이지"(「주홍색」). "얼마나 폭넓은 시야를 가졌는지 여부는… 우리 직업에서 가장 필수적인 요소 중 하나이네. 생각들을 서로 연결 짓고 간접적으로 지식을 사용하는 것은 아주 흥미롭지"(「공포」).

후에 코넌 도일 경이 열성적인 심령론 옹호자가 되긴 하지만, 콩트Auguste Comte의 실증 철학positivism과 과학적 회의론scientific skepticism에 입각하여 사고하는 홈스는 초자연적 인과론의 가정을 받아들이지 않았다. 그는 "악마의 대리인이 피와 살을 가진 인간의 몸으로 나타날 수도 있다"고 인식하기는 했다. 그러나 어떤 일이 "초자연적 법칙이 개입된 일"이라는 가능성을 고려하기에 앞서 "다른 모든 가정을 검사할 의무가 있다"고 주장했다(「바스커빌」). 홈스는 자기 자신에 관해서는 "이 사람은 땅 위에 두 발을 딛고 굳건히 서 있으며, 계속 그래야만 한다. 이 세상은 우리 사람만으로도 충분하다. 유령 따위는 필요하지 않다"고 선언한다(「서식스」).

홈스가 우주에 관하여 어떤 철학적 가정을 가지고 있었는지는 분명하지 않다. 비록 그가 우주의 목적론을 분명히 믿고[15] 신의 섭리가 선한 것이기를 바라기는 했으나,[16] 왓슨과의 대화에서 냉소적인 견해를 드러내기도 한다. "그렇지만 모든 인생이 애처롭고 쓸모없는 것은 아니지 않을까?… 우리는 손을 뻗어 원하는 걸 잡지. 우리가 죽을 때 우리 손에 남는 건 과연 무엇인가? 그림자뿐이지. 어쩌면 그림자보다 더 나쁜 것일 수도 있지. 비참함 말일세"(「은퇴」). 이처럼 우울한 맥락은 배제하고서라도, 모든 지식을 '그림자'로 파악하려는 관점은 현대의 과학적이고 본질적으로는 실용주의적 인간관과 통하는 바가 있다. 이러한 현대의 인간관은 인간이 객관적인 진리와 법칙을 발견했다고 보지 않고 '인지 지도cognitive maps'와 이론적 '실체' 또는 '추측'을 창조했다고 본다.

홈스는 기본적으로 결정론적인 성향을 보이는 대부분의 현대 사회과학을 개관하여 말하기도 했다.

이상적인 추론자라면… 하나의 사실을 모든 방향에서 한 번씩 보게 되었을 때, 그 사실에 이르게 될 때까지의 모든 연쇄적인 사건들뿐만 아니라, 후에 따라 나올 모든 결과들까지 연역해 낼 수 있을 것이다. 퀴비에가 뼈 하나만 보고서도 어떤 동물인지를 정확하게 기술할 수 있었던 것처럼, 연속적인 사건들 안에서 하나의 고리를 완전하게 이해할 수 있는 관찰자라면 고리의 앞과 뒤 모두를 정확하게 진술할 수 있을 것이다(「오렌지」).

홈스가 미완성 원고인 「생명의 책」(왓슨이 깜빡 잊고 잡지명을 밝히지 않은 어느 잡지에 기고된 글)에서 언급한 바를 보자.

> 물 한 방울을 보고서도… 논리학자는 대서양이나 나이아가라 폭포에 대해 보거나 들은 적이 없어도 가능성을 추론해 낼 수 있을 것이다. 모든 생명은 거대한 사슬과도 같다. 우리는 고리 하나만 보아도 전체의 본성을 알 수 있는 것이다. 다른 모든 예술과 마찬가지로 연역과 분석의 과학은 오랫동안 인내심을 가지고 연구해야 한다. 인생이란 충분히 길지 않기 때문에 그 누구도 최고로 완벽한 성취를 이룰 수는 없다(「주홍색」).

이러한 결정론은 생명의 모든 단계에 현존하는 것으로 여겨지지만, 홈스는 많은 심리학자들과 함께 사회학에 동조하는 입장을 고수한다.

> 인간이란 각각의 개인으로는 더 이상 풀 수 없는 수수께끼이다. 그러나 인간이 집단으로 모여 있으면 수학적으로 확실한 존재가 된다. 예컨대 한 사람이 앞으로 어떤 일을 할 것인가는 결코 예견할 수 없으나, 사람이 평균적으로 무엇을 할 것인가는 정확하게 알 수 있다. 개인은 각기 다르다. 그러나 집단 전체를 구성하는 비율은 일정하게 유지된다(「서명」).[17]

법칙을 추구하는 다른 학문들과 마찬가지로, 여기서도 법칙과 반복되는 사건에 대한 추구가 강조된다. 홈스는 역사의 규칙성과 반복성에 깊은 감명을 받았으며, 친구이자 형사인 그렉슨Tobias Gregson에게 범죄에 관한 이야기를 하면서 성경의 전도서를 인용했다. "태양 아래 새것이 없나니 모든 것은 이전에 다 행해졌다"(「주홍색」). 또 다른 일화에서는 자신의 최대 적에 관해 언급한다. "모든 것은 돌고 돌며, 모리어티Moriarty 교수도 마찬가지지"(「공포」). 일반화를 추구하는 홈스는 궁극적으로 보편적인 명제를 찾아야 만족할 것이다. 홈스는 이렇게도 말했다. "나에겐 예외란 없네. 예외는 규칙을 승인하지 않기 때문이지"(「서명」).

그러나 홈스가 사용하는 방법의 핵심은 추측을 경험론적으로 입증할 때 깊은 관심을 쏟는 것이다. 홈스의 귀납법에 대한 강조(앞으로 보겠지만 그는 실제적인 행동보다 말로 더 강조한다)는 관측될 수 있는 현상인 '실제' 세계에서 개념적으로 유리되지 않을까 하는 커다란 공포에 기초한다. 홈스는 형사 맥도널드MacDonald에게 "충분하지도 않은 자료를 바탕으로 완전하지 못한 이론을 세우려는 유혹이 우리 직업의 가장 큰 적이지"라고 말하기도 했다(「공포」). 홈스는 같은 맥락의 의견을 여러 번 반복한다.

> 자료를 입수하기도 전에 이론을 세우는 것은 중대한 실수지. 사람들은 사실에 맞게 이론을 세우는 대신, 이론에 맞추어 사실들을 왜곡하는 우를 종종 범한다네(「보헤미아」).
>
> 사실facts 이전에 이론화하는 것은 중대한 실수지(「두 번째」).
>
> 증거를 전부 다 확보하기 이전에 이론화하는 것은 중대한 실수라네 (「주홍색」).

자료 앞에서 논쟁하는 것은 잘못이네. 자네는 자신의 이론에 맞추기 위해 자료를 어리석게 왜곡시키게 될 걸세(「등나무」).

충분하지 못한 자료를 바탕으로 한 추론은 정말 위험하다네(「얼룩 끈」).

홈스는 관찰 가능한 사실들이 절대적으로 필요하다고 강조한다. 그는 참지 못하고 "자료! 자료! 자료!"라고 소리치기도 했고, "흙도 없이 벽돌을 만들 수는 없네"(「너도밤나무」)라고 말하기도 했다. 그러나 홈스가 실제로 요구하는 것은 단순한 자료 이상이며, 그의 입장은 귀납적인 방법을 넘어선 탈이론적 시도를 하는 것으로 보이며 스키너Burrhus F. Skinner 박사의 몇몇 행동주의적 추종자들이 오늘날 취하는 입장을 떠올리게도 한다. 스키너주의자들과 마찬가지로 홈스 역시 적어도 세계에 대한 잠정론적 가정이나 '육감' 같은 것을 인정해야만 한다. 비록 홈스가 "아니, 아닐세. 나는 절대로 추측하지 않네. 그건 끔찍한 습관이고 논리적 능력을 파괴하는 것이지"(「서명」)라고 주장하기도 했지만, 그는 이렇게 말했다. "사람들은 잠정적인 이론을 세우고 나서는 그 이론이 맞는지 알아보기 전에 그저 시간이 지나기를, 또 더 많은 것을 알게 되기를 막연히 기다리지. 나쁜 습관이기는 하나… 인간의 천성이란 워낙 약하니까"(「서식스」). 홈스는 근본적으로 경험론적 세계를 믿고 있으며, 세계가 단호하고 궁극적인 중재자라고 생각한다. "왓슨, 나는 사실을 찾아낼 수는 있지만 바꿀 능력은 없네"(「토르 교」)라고 고백했다. 우리는 이런 사실들에 반드시 의문을 제기해야 하는데, 이는 "모든 것을 다 검사해 봐야"(「라이게이트」) 하기 때문이다.

홈스의 방법

현대 과학 공동체의 규칙 중 하나는, 과학적 지식은 정의(定義)에서부터 상호 의사소통이 가능한 **공적**public 지식이며, 따라서 모두에게 완벽하게 개방되어 있어야 한다는 것이다. 홈스는 이를 잘 준수했다. 그는 대부분의 경우 자신의 방법을 비밀로 삼지 않았다. "친구 왓슨에게든 제 일에 흥미를 가진 사람에게든 저의 방법을 하나도 숨기지 않는 것이 제 버릇이었지요"(「라이게이트」). 그렇지만 홈스는 때때로 몹시 놀란 의뢰인에게 자신의 방법을 알려주지 않기도 하는데, 특히 사건의 초기 단계에서 그러하다. "고객들에게 일종의 능력으로 감명을 주는 편이 현명하다는 사실을 깨달았다"(「병사」). 그러나 대개 홈스는 추론 과정을 우리에게 알려 주고 그의 방법이 근본적으로는 전혀 신비롭지 않다는 점을 지적한다.

> 일련의 추론을 세워 가는 것은 결코 어렵지 않네. 각각은 그 앞선 것에 의존하고 또 본질적으로 단순하니까. 그 뒤 가장 중심이 되는 추론들은 모두 빼 버리고 청중들에게 처음과 결론만을 보여 준다면, 다소 야비할지는 몰라도 놀라운 효과를 얻어 낼 수가 있지(「춤추는」).[18]

홈스는 자신의 방법을 분명하게 알리는 것에 굉장한 관심을 기울였기 때문에 왓슨이 자신의 모험을 낭만적인 소설처럼 여기는 점에 대해 불평하기도 했다. "모든 것을 과학적인 과정으로 파악하기보다 하나의 이야기로 보는 자네의 치명적으로 나쁜 습관 때문에, 교육적이고 심지어는 모범적인 사례가 될 수도 있었던 것을 다 망쳐 버리고 말았네"(「애비 농장」).[19] 심지어 홈스는 자신의 방법을 알리기 위한 계획에 대해서도 말한다. "나는 여생을 바쳐 모든 범죄 수사의 기술을 다루는 한 권의 책을 쓸 생각이라네"(「너도밤나무」).

홈스는 (1) 지식, (2) 관찰 능력, (3) 연역 능력이 "이상적인 탐정이 되는 데 필요한 자질들"이라고 설명했는데, 각각 살펴보자.

탐정에게 필요한 지식 이미 살펴본 것처럼, 홈스는 결정론적 관점에서 우주의 모든 요소들이 서로 관련되어 있다고 강조했다. 또한 그 관계가 복잡하거나 놀라울 수도 있다고 했으며, 다음과 같은 의견을 피력하기도 하였다. "기이한 결과나 특별한 조합을 찾아 간다면 결국 생명 그 자체가 될 것이다. 생명은 언제나 어떤 상상보다도 더 대담하기 때문이다"(「연맹」). 그러므로 유능한 탐정은 사건과 관련될 수 있는 방대한 정보를 잘 파악하고 있어야 한다. 홈스가 보유한 지식의 양은 놀라울 정도다. 앞에서 언급된 대로, 그는 폭넓은 지식을 특히 강조한다(「공포」). 왓슨 또한 홈스가 자신의 직업에 관련된 주제(화학, 영국 법, 해부학, 식물학, 지질학, 그리고 특별히 저속하고 자극적인 글을 포함하여)에 대해 전문가적인 지식을 갖고 있다고 말했다(「주홍색」). 그러나 왓슨은 홈스의 "무지가 그의 지식만큼이나 놀랍다"(「주홍색」)고 말한다. 왜냐하면 홈스는 문학, 철학, 천문학 또는 정치학에 관하여는 실제로 아는 바가 전혀 없기 때문이다(「주홍색」).[20] 홈스는 이런 분야에 대해 관심이 없는 이유를 다음과 같이 해명한다.

자네도 알겠지만… 나는 인간의 두뇌가 작고 텅 빈 다락방과 마찬가지라고 생각하네. 사람들은 자기가 원하는 가구를 채워 넣지. 바보는 자기가 찾을 수 있는 온갖 종류의 나무들을 다 끌어모을 테고, 유용하게 쓰일 수 있는 지식들은 모두 뒤죽박죽이 되어 버리고 말 걸세. 다른 많은 것들과 섞여 손을 대는 것조차 힘들겠지. 솜씨 좋은 일꾼이라면 아주 세심하게 자신의 두뇌라는 다락방을 채울 것이네. 자기 일에 필요한 연장만 갖춘 뒤 잘 정돈하여 완벽하게 진열할 걸세. 작은 다락방의 벽이 고무로 되어 있어서 아무렇게나 늘어날 수 있다고 믿는 것은 분명 잘못된 것이지. 사실은 새로운 지식을 습득할 때마다 이미 알던 지식을 잊어버리게 되는 법이라네. 그렇기 때문에 중요한 사실을 밀쳐 낼지도 모르는 하찮은 사실을 보관하지 않도록 하는 것이 중요하네(「주홍색」).

자신의 일과 무관한 지식들을 피하려고 했음에도 불구하고(대부분의 현대 인지과학자들은 홈스의 기억론을 분명히 반대하겠지만), 홈스는 당장 필요하지는 않은 방대한 정보들을 기억하고 있다. "내 머릿속은 온갖 종류의 상자들로 가득 찬 창고 같다. 상자들이 너무 많이 쌓여서 어디에 뭐가 있는지는 희미하게 기억할 뿐이다"(「사자」).[21] 홈스는 전문적으로 지식을 추구해야만 분석에 필요한 자원을 최대한 많이 확보할 수 있다고 주장한다. 이는 특정 지식 분야를 소홀히 한다는 의미가 아니라 제한된 능력을 이용해 가장 효과적인 목적을 달성하자는 의미이다. 홈스는 약간 다른 맥락에서 이렇게도 말한다. "우리는 어떤 사실을 통째로 무시하거나 일부만을 관찰해야 한다네"(「서명」). 모든 지식이 똑같이 유용한 것은 아니라는 이 관점은 오늘날 학문(사회심리학뿐만 아니라 여타 대부분의 분야에서도)의 중요한 사항이다.

탐정에게 필요한 관찰력 홈스는 예리한 관찰력을 강조한다. 탐정의 작업에서 "천재란 끊임없이 수고하는 능력 그 자체"(「주홍색」)[22]이기 때문이다. 자료를 대할 때 개방적이고 수용적인 자세를 가져야 한다. 홈스는 이렇게 말했다. "절대로 편견을 갖지 말고, 사실이 나를 이끄는 대로 순종하며 좇아야 한다"(「라이게이트」). 그는 의뢰인과의 관계에서도 주관적인 편견을 갖지 않도록 통제했다. "개인적인 자질을 보고 왜곡된 판단을 내리지 않도록 하는 것이… 제일 중요한 일이네. 고객은 나에게 그저 하나의 개체일 뿐이며, 문제를 구성하는 한 요인에 불과하지. 감정은 명확한 추론을 하는 데 방해가 될 뿐이라네"(「서명」).

그러나 홈스가 가장 역점을 두는 것은 다른 사람들이 그저 '보고see' 지나치는 것을 '관찰observe'하는 것이다. 왓슨과 홈스 둘 다 마루에서 방까지 수백 번 넘게 지나다니면서 홈스는 계단이 열일곱 개라는 사실을 '관찰'한 반면 왓슨은 계단을 그저 '보기'만 했다(「보헤미아」). 홈스는 다음과 같이 말한다.

이 세상은 어느 누구도 관찰해 본 적이 없는 명확한 사실들로 가득 차 있지(「바스커빌」).

명확한 사실만큼 속기 쉬운 것은 없다네(「보스콤」).

나는 무얼 봤는지 알아챌 수 있도록 나 자신을 훈련시켜 왔다(「병사」).[23]

홈스는 사실이나 사건뿐만 아니라, 사실이나 사건이 부재한 경우까지도 관찰한다. 증거가 없는 것은 종종 매우 의미심장한 것으로 간주된다. 형사 맥도널드가 홈스에게 모리어티 교수의 서류들을 조사하고 나서 뭔가 도움이 될 만한 단서를 찾아냈느냐고 물었을 때, 홈스가 대답한다. "아무것도 없었지요. 그야말로 놀라운 일이 아닙니까"(「공포」). 중요한 정부 문서가 도난된 이후에 국제적으로 아무 변화가 없자 홈스는 이런 말을 한다. "지난 삼 일 동안 중요한 일이 딱 하나 일어났는데, 그건 아무 일도 생기지 않았다는 거지"(「두 번째」). 보다 자주 인용되는 고전적인 예는 홈스가 사라진 경주마를 찾으면서 그레고리 형사와 나눴던 대화이다.

> "주목할 만한 다른 중요한 점은 또 뭐가 있습니까?"
> "지난밤엔 개에게 재미난 일이 일어났죠."
> "개는 밤에 아무 짓도 하지 않았습니다."
> "그게 바로 재미있는 점 아닙니까." 셜록 홈스가 대꾸했다(「실버」).

홈스는 훈련받지 않은 사람들이 사소하다고 지나쳐 버리는 것들이 진정 중요함을 거듭 강조하고 있다. "사소한 일처럼 중요한 것은 없으며"(「입술」), "위대한 정신의 소유자에게⋯ 쓸데없는 일이라고는 아무것도 없다"(「주홍색」).

> 사소한 것들의 중요성은 무한하다는 것이 오랫동안 나의 격언이었다네(「정체」).
> 자네는 내 방법을 알고 있지 않나. 사소한 것들을 관찰하는 것이 그 기반이지(「보스콤」).
> 절대로 대체적인 느낌에 의존하지 말게⋯. 세부 사항을 집중적으로 보게나(「정체」).

세세한 일에 관심을 갖는 것은 매우 중요하다. "범인이 두 다리를 딛고 서 있는 한 어떤 형태로든 과학적인 탐구자(탐정)가 감지해 낼 수 있는 약간의 단서나 변화, 사소한 흐트러짐 등이 있기"(「병사」) 때문이다.

탐정에게 필요한 연역 능력 홈스는 사건을 재구성하는 과정에서 과학적 분석의 역할에 대해 크나큰 신뢰를 보였다. "한 사람이 발명해 낼 수 있는 것이라면, 다른 사람이 반드시 찾아낼 수 있다"(「춤추는」). "위대한 일은 거꾸로 추리할 수 있는 능력이다"(「주홍색」). 홈스는 사건을 보고 결과를 추론해 내는 것을 "종합적synthetic" 추론이라고 불렀고, 결과를 보고 원인을 찾아 "거꾸로" 추론하는 것을 "분석적analytic" 추론이라고 불렀다.

> 종합적으로 추리할 수 있는 사람이 오십 명이라면 분석적으로 추리할 수 있는 능력을 가진 사람은 하나뿐일 걸세…. 결과만 듣고 나서 자신의 내부 의식 작용을 통해 어떤 과정을 거쳐 그 결과에 도달하게 되었는지에 대해 말할 수 있는 사람은 많지 않을 걸세(「주홍색」).

홈스의 방법 첫 번째 단계는 현존하는 정보들을 기본적으로 조사해 보고 분명한 것과 그렇지 않은 것으로 분류하는 것이다.

> 이론가와 기자들의 현란한 말솜씨에 현혹되지 않고 핵심적인, 즉 절대적이며 부인될 수 없는 사실들을 찾아내기란 참으로 어렵지. 이렇게 굳건한 기반을 세우고 난 뒤, 어떤 추론을 도출해 낼 수 있고 어떤 점이 특별히 핵심적인지 알아내는 것이 우리의 임무일세(「실버」).
> 수많은 사실을 보고 우연히 발생한 것과 핵심적인 것을 가려내는 것이 탐정 기술의 핵심이라네(「라이게이트」).

홈스는 중요도에 따라 사실을 분류하면서, 현장에서 찾아볼 수 있는 독특하고 비정상적인 세부 사항을 면밀히 검사해 보라고 한다.

어떤 사건이 기이하고 괴상할수록 더 자세히 조사해 볼 필요가 있지. 사건을 아주 복잡하게 만드는 것 같은 바로 그 부분을 과학적으로 분석해 보고 연구해 보면, 바로 그 부분 덕분에 사건의 실마리를 찾을 수 있게 된다네(「바스커빌」).

특이한 것이 거의 항상 중요한 단서가 된다네. 아무런 특징도 없고 평범해 보이는 사건일수록 해결하기는 더욱더 어렵지(「보스콤」).

평범하다는 범주에서 벗어난 것들은 방해가 되기보다는 오히려 길잡이가 되지(「주홍색」).

특징도 특별한 일도 없었던 사건이란 정말 희망이 안 보인다네(「쇼스콤」).

홈스는 눈에 띄는 일이 전혀 안 일어난다면 그 자체만으로도 중요한 단서가 된다고 했다. "완벽하게 평범한 일은 가장 부자연스러운 일이다"(「정체」).

홈스는 정황 증거를 매우 신중하게 따졌다. "정황 증거가 대단히 설득력 있는 경우도 있다네. 예컨대 우유 속에서 송어 한 마리를 찾았다고 생각해 보세"(「독신」). 또한 수사관은 잠시도 방심해서는 안 되었다. "정황 증거는 아주 속기 쉬운 것이어서… 그것이 어떤 사실을 직접 가리키는 것처럼 보일지라도 약간만 다른 관점에서 보면 전혀 다른 사실을 나타내고 있을 수 있기 때문이다"(「보스콤」).

홈스가 비록 객관적으로 정보를 수집하는 것을 가장 중시하기는 했지만, 탐정이 역할극처럼 상상력을 동원하여 사건을 재구성하는 발견적heuristic 가치 역시 강조했다.

> 항상 입장을 바꿔 놓고 나라면 어떻게 했을지 생각해 보면… 그 결과를 알아낼 수 있을 걸세. 상상력을 약간 동원해야 하긴 하지만 충분히 그럴 만한 가치가 있지(「은퇴」).
>
> 내가 이런 경우에 어떻게 하는지 알고 있지 않나… 나는 내가 그 사람이 된다고 가정한 후 그의 지능을 가늠해 본다네. 그리고 똑같은 상황에서 나라면 어떻게 행동해 나갈 것인지 상상하는 걸세(「머스그레이브」).[24]

홈스는 하나의 사실을 설명해 낼 수 있는 모든 가능성을 끝까지 추적해야 한다고 강조했다. 하나의 가정을 세운 뒤 검증을 추구하는 중이라도 언제나 다른 가정에 대해 열린 마음을 가져야 한다. 따라서 "어떠한 대안이라도 절대로 놓쳐서는 안 된다"(「피터」).

> 언제나 가능한 대안을 대비해 두는 것이, 범죄 수사의 첫 번째 법칙이지(「피터」).
>
> 두 가지 생각의 고리를 따라가다 보면… 언젠가는 서로 교차하게 마련이고 바로 그때 진실에 접근하게 될 걸세(「실종」).

사실에 들어맞는 대안적 설명을 재구성한 후에는 "개연성을 따져 보고 가장 그럴듯한 것을 골라내는 작업"을 해야 한다. 언뜻 보면 그저 추측에 불과한 것처럼 보일 수도 있겠지만, 사실은 "상상력을 과학적으로 이용하는 것이며, 추측을 시작할 수 있도록 물질적 기초를 늘 확보해 두어야만 한다"(「바스커빌」).

홈스는 여러 가지 가정들을 서로 경쟁시켜서 진리에 도달하고는 했다. 여러 대안을 견주어 볼 때에는 **개연성**probability의 견지에서 비교해 볼 수 있어야 할 뿐만 아니라 **가능성**possibility의 견지에서도 설명할 수 있어야 한다. **가능하다**possible는 것은 제시된 사건들의 타당성feasibility에 의해서 결정되는 것뿐만 아니라, 불가능하다고 인식되는 나머지 가정들을 제거하면 마지막에 남아 있는 것이기도 하다. 홈스는 오래된 격언을 자주 되뇌곤 했다. "다른 모든 우연적 사건들로 해결되지 않을 때에는 아무리 이상해 보이더라도 마지막까지 남아 있는 것이 진실이다"(「설계도」).[25]

위에 기술한 분석 과정은 경험 세계에 의존하지 않고 논리만을 사용하는 과정이었다. 이제 다음 단계로 넘어가자. 홈스는 결과로 얻어진 가정을 경험적으로 확증해야 한다고 주장했다. 이는 오늘날의 **가정-연역**hypothetico-deductive 방법과 매우 유사하다.[26]

나의 생각이 흘러간 과정을 설명해 보겠다…. 이 과정은… 불가능한 것을 제외하고 나면 아무리 이상해 보여도 남아 있는 것이 진실이라는 가정에서 출발한다. 여러 가지 설명이 가능한 경우도 충분히 있을 수 있다. 그럴 때에는 어느 하나가 납득이 갈 때까지 계속 실험을 해 보아야 한다(「병사」).[27]

원래의 독창적인 연역이 여러 독립적인 사건들에 의해 하나씩 확인될 때 주관적이던 것이 객관적이 되고 우리는 목적을 달성했다고 확신할 수 있게 된다네(「서식스」).

홈스의 접근 방식에서 논리적인 (대부분 연역적인) 고찰과 경험적인

(대부분 귀납적인) 고찰은 서로 끊임없이 관계를 맺고 있다. 홈스의 다음과 같은 말을 보면 경험적인 것이 이론적인 것을 제한한다는 사실을 알 수 있다. "내가 지금 말하는 바와 같이 그것은 불가능하다. 그러므로 어떤 점에선가 내가 잘못 말했음이 틀림없다"(「프라이어리」).

경험적 사건을 해석하기 위해서는 기존에 확립된 이론적 고찰에 기반을 두어야 한다. 그러므로 "어떤 사실이 일련의 연역 과정에 맞지 않는 것처럼 보이면, 그 사실에는 언제나 다른 해석이 가능한 것으로 판명된다"(「주홍색」). 매우 현실적이고 실제적인 의미에서, 홈스의 방법론은 현대 사회학이 이론과 조사의 관계를 강조하게 될 것임을 예견했다(Merton 1957:85-117 참조).

홈스의 방법을 적용해 보기

지금까지 우리는 사회생활의 문제에 홈스가 어떻게 접근했는지를 전체적으로 알아보았다. 이제 홈스가 자신의 방법을 실제로 적용할 때 어떤 한계에 부딪혔는지 살펴보자.

홈스의 관찰력 이용 홈스는 모든 이야기 속에서 탐정이 주어진 문제에 집중하여 친숙해져야 한다고 주장한다. 친숙함이 곧 명확함으로 이어지기 때문이다. 그는 "이상한 것strangeness과 미스터리mystery를 혼동하는 것은 실수"(「주홍색」)[28]라고 했다. 친숙함은 일반적으로 사건의 문제점을 줄이는 역할을 한다. 홈스는 하지만 "대체로… 이상하게 보이는 사건일수록 입증해야 할 미스터리는 오히려 더 줄어든다"(「연맹」)라고 했다. 또한 친숙함은 공포를 없애 주기도 하는데, 사람들이 잘 알지 못하는 것을 접할 때 흔히 상상의 나래를 펼치는 경향을 보이며 "상상력이 없는 곳에는 공포도 없기"(「주홍색」) 때문이다.

홈스는 범죄 사건을 맡았을 때 관련될 수 있는 생활 속의 모든 잡다한 것들을 관찰하고 친숙해지려고 노력했다. 친숙해지기 위한 그의 노력에는 수동적인 관찰뿐만 아니라, 미래에 쓸모 있을 세세한 것들의 의미를 능동적으로 새로이 찾아내는 것도 포함되었다. 예컨대 그는 사후에 타박상이 어떤 식으로 나타나는지 식별하기 위하여 시신을 때린 적이 있다고 했다(「주홍색」).

홈스는 인간의 모든 행위에 흔적이 남기 때문에 탐정이 정보를 연역해 낼 수 있다고 주장했다. 이렇게 물리적인 흔적을 관찰하여 간접적인 정보를 얻어 내는 방법은, 최근 **비간섭적 측정**(unobtrusive measures, Web et al. 1966:35)이라고 불리는 방법을 일찌감치 인식한 것이라 하겠다. 홈스는 조사 과정에 연루된 사소한 것들에 대하여 끊임없이 관심을 가졌다.

소매가 얼마나 중요한지, 엄지손톱이 무엇을 암시하는지, 또는 구두끈에 얼마나 큰 문제들이 얽혀 있을지 아무리 설명해 봐야 소용없겠지(「정체」).

우선 손을 보고… 커프스, 바지 무릎, 구두를 보게나(「기어 다니는」).

귀는 몹시 다양한 형태를 지닌 신체 부위라서, 상당히 특징적이네. 사람마다 귀 모양이 다 다르지(「소포」).

안경은 추론 과정의 아주 세세한 부분까지 알려 주는 물건이라네(「금테」).

파이프는 때때로 특별한 흥미를 유발시킨다네… 아마도 시계와 구두끈 다음으로 가장 개인적인 물건일 걸세(「얼굴」).

홈스는 또한 자신의 관찰을 보고 듣는 것만으로 한정시키지도 않았다. 그는 후각을 특별히 훈련했던 것으로 보인다. "세상에는 75가지 종류의 향수가 있는데, 범죄 전문가라면 각각을 식별해 낼 필요가 있지. 냄새를 즉각적으로 구별해 내는 것이 범죄 사건을 해결하는 데 큰 도움이 된 경우가 있었다네"(「바스커빌」).

홈스는 특히 발자국을 중시하고 치밀하게 조사한 것 같다. "발자국을 추적하는 기술은 몹시 중요하면서도 등한시된 범죄 수사 분야이다"(「주홍색」). 그는 자전거 타이어 자국조차도 열심히 관찰한 결과 42가지의 자전거 "타이어 자국"을 구별해 낼 수 있다고 말했다(「프라이어리」).

홈스가 관찰을 통해 차이점을 찾아내고 이용하는 것은 환상처럼 보여서, 책 밖의 '현실 세계'에서는 거의 실현 불가능한 것으로 여겨진다. 그러나 책 속의 기본적인 접근 방법은 범죄학과 법의학이라는 실제 세계와 놀랄 만큼 유사하다(Stewart-Gordon 1961 참고). 범죄학과 법의학에서 관찰과 추론을 통해 수사를 전개하는 과정은 코넌 도일의 소설 속의 세계보다 더 놀라운 경우가 종종 있다.

홈스의 추론의 특성 홈스가 사용한 기본적인 방법 등 그의 탁월한 추론에 관해 많은 사례가 제시된 반면 그의 적용 논리에 대해서는 사람들의 관심이 그다지 쏠리지 않았다(무비판적으로 칭송하는 연구는 약간 있었는데 다음과 같다. Hart 1948, Schenck 1953, Mackenzie 1956, Ball 1958, 특히 Hitchings 1946).

홈스가 등장하는 60여 편의 이야기를 자세히 조사해 보면, 그가 적어도 217건의 추론(비간섭적 측정)에 대해 분명하게 설명하고 식별하고 있다는 것을 알 수 있다. 그중 상당수는 홈스가 하나의 물건이나 사건을 보고 많은 정보를 수집하여 논리적인 고리로 연결시킨 것들이다.[29] 그 결과, 어떤 이야기에 많은 추론 방법이 등장하다가도(「주홍색」에는 30건 이상) 다른 이야기에는 전혀 등장하지 않기도 한다(「탐정」).

홈스가 **연역**deductions에 대해 자주 언급하기는 하지만, 작품 중에서 실제로 연역의 예를 찾기란 쉽지 않다. 홈스가 가장 흔하게 이용하는 추론도 엄밀히 말하면 **귀납법**inductions이라고는 할 수 없다. 정확히 말하면 홈스는 퍼스가 **가추법**abductions이라고 지칭한 방법을 끊임없이 보여주고 있다.[30] 퍼스는 연역법과 귀납법, 그리고 가추법의 차이를 다음과 같이 구별했다.

연역법

규칙	칼에 심한 상처를 입으면 언제나 피가 난다.
사례	칼에 심한 상처를 입었다.
결과	피가 난다.

귀납법

사례	칼에 심한 상처를 입었다.
결과	피가 난다.
규칙	칼에 심한 상처를 입으면 언제나 피가 난다.

가추법

규칙	칼에 심한 상처를 입으면 언제나 피가 난다.
결과	피가 난다.
사례	칼에 심한 상처를 입었다.

귀납법과 마찬가지로 가추법 역시 그 자체만으로는 완벽한 논증이될 수 없으므로 외부적으로 입증되어야 하는데, 이 점이 연역법과의결정적 차이점이다. 퍼스는 가추법을 **가정**hypotheses이라고 부르기도 했다(때때로 **추정적 추론**presumptive inferences이라 지칭하기도 했다). 현대적인의미에서 볼 때, 가추법이 대표하는 결론이란 시험을 통해 검증되어야하는 현실에 대한 추측이라 하겠다.

최소한 왓슨의 관점에서 볼 때 홈스가 추론을 적용할 때 가장 취약한 부분은 가추법을 통해 얻어 낸 가정을 시험해 보지 못한다는 점이다. 대부분의 경우 홈스는 가추법에 의한 추론이 논리적으로 이미 입증된 것처럼 여겼다(홈스를 풍자하는 사람들은 대부분 이런 약점을 공격한다). 그의 추론들이 논리적 검사를 거치지 않았다는 것은 금방 알아차릴 수 있다. 결국 작가가 허용했기 때문에 홈스가 항상 올바른 결론을내릴 수 있었던 것이다.[31] 때때로 가추법에 의한 추론이 이야기 속에서연속적으로 이어져 행해지기도 하는데, 이럴 때면 깜짝 놀란 의뢰인(또는 왓슨)이 각각의 단계에서 이를 확인하기도 한다. 어떻게 보면 이런과정에서 홈스의 가정이 어느 정도 외부적 검증을 거친다고 할 수도있겠다(대부분의 경우 홈스의 추론을 듣는 사람은 실제 사실에 대해 정확하게 알고 있다). 그럼에도 불구하고, 방대한 사례에서 청중을 놀라게 한홈스의 기본적인 추론 과정은 최종적으로 분석해 보았을 때, 비록 쓸모없지는 않더라도 논리적으로 부적당한 것으로 판단되어야 한다.

홈스의 가추법은 논리적으로 불완전하기는 하지만, 홈스는 적어도28번 이상(이것이 모두 홈스 시리즈 전체에 등장하는 217개 이상의 가추법과 직접적인 관련성을 갖는 것은 아니지만) 실제로 자신의 가설을 검증해보았다(즉 경험적으로 테스트해 보려고 시도했다). 몇몇 이야기에는 이런 시험의 사례가 한 번 이상 등장하지만(「실버」, 「주홍색」에서는 각각 3개의 사례를 찾을 수 있다), 대부분의 경우에는 홈스가 외부적으로 검증할 방법을 찾는 모습은 보이지 않는다. 이 중 가장 모범적인 예는 실종된 경주마 '실버 블레이즈'를 찾아내는 사건이다. 홈스는 범인인 수의사가 말의 다리를 일부러 잘못 수술해서 망쳐 놓았을 것이라고 단정하고 범인이 기술을 습득하고 성공을 확신하기 위해 미리 수술을 연습해 보았으리라고 추측해 낸다. 근처에 양이 많은 것을 보고 홈스는 범인이 양을 실습 대상으로 삼았을 것이라고 추측한다. 그는 양을 조사해 본 뒤 최근 몇 마리가 갑자기 다리를 절게 된 것을 알아낸다. 양이 다리를 절 것이라는 예측이 홈스의 추측을 확인시키는 역할을 한 것이다(「실버」).

홈스의 방법을 재구성하고 기본적인 생각의 개념들을 꺼내 보는 일은 필연적으로 불완전할 수밖에 없다. 그는 왓슨과의 대화를 통해 아주 조금씩 우리에게 보여 줄 따름이며, 이조차 그다지 빈번하지 않다. 왓슨은 홈스에 대해 "혼자서 음모를 꾸미는 게 가장 안전하다는 격언을 끝까지 밀고 나간 사람이다"라고 말했다(「의뢰인」). 다음은 홈스가 했던 말이다.

> 어떤 사건에 대해 고민하고 있을 때 나는 생각을 드러내거나 쓸데없는 말을 하지 않는다(「병사」).
> 나는 내 방식대로 일하고 내가 원할 때 ── 단계별로가 아니라 한꺼번에 완벽하게 ── 결과를 발표할 수 있는 권리를 원한다네(「공포」).

이런 어려움이 있긴 해도 일반적인 재구성이 가능하고, 체계적이고 일관적인 방향 역시 찾아 볼 수 있다.

홈스와 사회심리학

홈스의 기본적인 방법과 마찬가지로, 그의 이야기에서도 많은 진술과 직관이 등장하는데 그중 대다수가 사회적 현실과 심리적 현실의 여러 측면에 대해 거의 명제적이거나 실험 가능한 형태이다. 몇 가지를 살펴보자.

성격과 인성에 관한 홈스의 견해

홈스는 특유의 회의론 때문에 범죄 탐정이 되었고 회의론적 시각으로 사회를 바라본다. 자칭 상징적 상호작용주의자symbolic interactionist인 대부분의 사회심리학자들의 경우와 마찬가지로, 홈스는 사람들이 자신의 행동을 결정할 때 자신이 처한 상황에 대해 내리는 정의나 세계에 대한 현상학적 인식이 물리적인 현실보다 훨씬 더 중요하다고 생각했다(Stone & Farberman 1970 참조). "자네가 이 세상에서 무엇을 하는가는 중요한 문제가 아닐세… 문제는 사람들로 하여금 자네가 해낸 것을 믿도록 하는 능력이지"(「주홍색」). 표면적인 것에 대한 그의 회의론은 특히 여성과 관련되면 거의 편집증 수준이 된다. 그는 여성과의 관계에서 신중을 기했으며, 여성이 어떤 일을 행하는 동기를 올바르게 파악하기란 거의 불가능하다고 여겼다.

여자를 완전히 믿는 짓은 결코 하지 말아야 하네. 아무리 괜찮은 여자라도 말일세(「서명」).
여성의 동기를 헤아리기란 몹시 어렵지…. 가장 단순하게 보이는 행동의 밑바닥에 수많은 동기가 숨어 있을 수도 있네. 또 한편으로는 가장 기이하게 여겨지는 행위가 실은 머리핀이나 머리에 컬을 넣는 기구 때문에 생긴 경우도 있지(「두 번째」).

홈스는 사회적으로 격리된 여성에게 특별한 관심을 가졌다.

이 세상에서 가장 위험한 족속 중 하나는… 친구도 없이 홀로 표류하는 여성이지. 이런 여성은 누구보다 악의가 없고 때로는 가장 쓸모 있는 사람이기도 하지만, 다른 사람들로 하여금 범죄를 저지르도록 유도하는 경우가 불가피하게 있다네. 이들은 무기력하고 이리저리 떠돌지. 이 나라에서 저 나라로, 이 호텔에서 저 호텔로 돌아다닐 만한 재산이 충분히 있는 경우도 있네. 그렇지만 종종 이름도 알 수 없는 여인숙이나 하숙집이라는 미궁 속으로 사라져 버리기도 하지. 이런 여성은 여우들의 세상 속에 버려진 길 잃은 병아리나 마찬가질세. (여우같은) 사람에게 먹히고 나면 이런 여성을 기억하는 사람은 거의 없게 된다네(「실종」).

그렇다고 홈스가 여성 혐오주의자였던 것은 아니다(「보헤미아」에서 홈스가 자신을 이긴 아이린 애들러Irene Adler를 얼마나 칭찬했는지를 보라). 그는 또한 여성의 직관을 대단히 중요시했다. "한 여성의 직관이 분석적 추론가의 결론보다 훨씬 더 가치가 있는 경우를 나는 너무나 많이 목격해 왔네"(「입술」).

홈스가 여성에 대해 내린 몇 가지 일반론들이 사건을 해결할 때 도움이 된 적도 있었다. 그러나 이런 일반론들은 지나칠 정도로 각각의 상황에만 한정되어 있으며, 만약 다른 정황에서 엄격한 조사를 거쳤다면 충분한 효과를 발휘하지 못했을 것이다.[32]

홈스는 관찰 대상의 성격과 동기를 알아내기 위해 다양하고 미묘한 잣대들을 사용한다. 예컨대 상대방의 눈이나 몸 움직임을 열심히 관찰한다(이렇게 '신체 언어'를 연구하는 것을 오늘날 동작학kinesics이라고 부른다). "나는 사람의 눈을 보면 그 사람이 언제 자신의 몸을 두려워하는지 알 수 있다네"(「환자」). 또 한번은 여성 고객이 홈스의 집을 찾아오면서 길거리에서 취한 행동을 보고 이런 말을 했다. "보도에 울리는 진동은 항상 정사(情事)를 예고한다네"(「정체」).

그는 피의자나 고객, 관련 인물은 물론이고 아이와 동물까지도 살펴본다.

아이들을 관찰해 보면 부모의 구체적인 성격에 대해 종종 알아차릴 수 있게 된다네(「너도밤나무」).

나는 탐정의 일에 개가 얼마나 도움이 되는지에 대한 작은 논문 하나를 써 볼 생각을 하고 있다네…. 개를 보면 그 가족을 알 수 있지. 침울한 집에 까불대는 개가 있다든지, 아니면 화목한 집안에 우울한 개가 있는 경우를 본 적이 있는가? 으르렁대는 사람들에게는 똑같이 으르렁대는 개가 있게 마련이고, 위험한 사람들에겐 위험한 개가 있는 법일세. 개들이 그때그때 느끼는 기분은 다른 사람들이 그때그때 느끼는 기분을 반영한다네(「기어 다니는」).[33]

홈스는 사람의 성격에 관한 흥미로운 견해를 갖고 있었다. 그래서 배우자를 찾을 때 보완이라는 개념이 크게 작용한다고 확인했다. "극단적으로 차이가 있는 두 사람이 서로에게 끌리는 경우를 많이 봤을 걸세. 영적인 사람이 동물적인 사람에게 끌리고, 동굴에 사는 사람이 천사에게 매혹당하는 경우가 많지 않은가"(「의뢰인」).[34] 그의 주장에 따르면 체스를 잘 두는 것은 "계획적인 마음을 가지고 있음을 의미"한다(「은퇴」). 홈스는 구두쇠들이란 모두 질투심이 강하다고 주장하면서 (「은퇴」), "질투에 사로잡힌 사람은 아주 다른 성격으로 변한다"(「독신」)라는 말도 남긴다. 또한 인간의 약점이 중요하다면서 "팔, 다리 중하나가 약하면 종종 나머지 것들이 예외적으로 강해지는 식으로 보상을 받는다"(「입술」)라고도 했다. 전문적 기술을 가진 사람들의 미묘한 변화를 감상하는 것에 관해서는 다음과 같이 말했다. "예술을 그 자체로 사랑하는 사람들에게 있어서… 가장 사소하고 저급한 것이 나타날 때 가장 강렬한 희열을 얻는 경우가 종종 있다"(「너도밤나무」). 그리고 어떤 남자가 깊은 심리적 무기력 상태에 빠진 것을 보고 다음과 같은 일반화를 시도했다. "남자는 자신이 어떤 여성에게 아무리 심하게 대했다 하더라도 결국은 그녀가 자신을 버릴 수 있다는 사실을 인정하기 힘들어한다"(「머스그레이브」). 이런 모든 일반화는 경험적으로 실험해 보기 전까지는 의심의 여지가 남아 있긴 하지만, 이런 격언들이 미래의 연구를 재미있으면서도 성과를 가져다 줄 방향으로 이끌어 주는 듯하다.

범죄학자로서의 홈스

지금까지 우리는 홈스의 일반적인 수사 방향 및 실제 사회생활에 대한 인식을 위주로 살펴보았다. 하지만 전문 탐정으로서 홈스는 법적, 도덕적 범죄에 주로 관심을 가졌다. 지금부터는 전문화된 영역에 관한 홈스의 통찰력과 관찰력을 조사해 보도록 하자.

정의와 사기에 관한 홈스의 견해 홈스는 자신의 개인적인 고난이 "사건을 조사하는 데 방해를 해서는 안 되는 사소한 일들"(「바스커빌」)이라고 여겼다. 하지만 그는 용감무쌍한 영웅이라는 고정관념과는 거리가 멀었다. 홈스가 용감하기는 했어도 역경을 무시하지는 않는다. 그는 "위험이 가까이 왔을 때 인정하지 않는 것은 용감한 것이 아니라 우매한 것이다"(「마지막」)라고 했다. 홈스가 때때로 법에 어긋나는 행동을 서슴지 않는 것만 봐도, 일반적인 영웅과는 거리가 멀다. 그는 공공 탐정이 아니기 때문에 경찰의 관행에서 자유롭다. 그는 런던 경찰국의 능력을 거의 믿지 않으며, 대체로 "형편없는 놈들"이라고 생각한다(그래도 런던 경찰국의 그렉슨의 능력에는 상당한 경의를 표했다). 그 외 경찰에 대해서 대체로 무시하는 경향을 보이며 이렇게까지 말했다. "지방 경찰의 도움은 전혀 쓸모없거나 편견에 가득 찬 것이기 십상이다"(「보스콤」). 홈스는 법 집행의 부적합성을 깨닫고 있었고, "많은 사람들이 교수형에 잘못 처해졌다"(같은 책)라고 논평했다.

홈스는 정의가 궁극적으로 승리하리라는 믿음을 어느 정도 가지고 있었다. "폭력을 저지르면 폭력으로 되돌아오고, 다른 사람을 향해 파놓은 함정에 자기가 빠지고 만다"(「얼룩 끈」). 그러나 때로는 법의 테두리를 벗어나야 정의를 공고히 할 수 있다는 것 역시 알고 있었다. 그래서 가끔 불법 침입, 빈집털이, 또는 불법 감금 행위를 저지르기도 하는 것이다. 그중 가장 심각한 빈집털이에 대한 홈스의 견해는 다음과 같다. "우리의 목적이 불법적인 용도에 쓰인 물건 외에는 아무것도 가지고 나오지 않는 것이라면 도덕적으로 정당한 일이다"(「밀버턴」). 그는 이처럼 근본적으로 자경단과 같은 입장을 고수했다. "법이 건드릴 수 없는 범죄들이 틀림없이 있으며, 이로 인해 개인적인 복수는 어느 정도 정당화될 수 있다는 게 내 의견이다"(같은 책).

홈스는 감옥이 범죄를 처벌하기에 항상 적당한 곳은 아니며, 오히려 범죄자의 구제를 방해할 수도 있다고 생각했다. 14개 이상의 사건에서 홈스는 중죄자로 알려진 사람들을 풀어 주었으며(Leavitt 1949:27), 이런 말도 했다. "저 작자를 지금 감옥으로 보냈다가는 평생 상습범이 되고 말 걸세"(「석류석」).

홈스는 정의를 위해 사기를 치기도 했다. 극단적인 예로 런던 최고의 악당을 잡아들이기 위해 배관공으로 가장하고 정보를 얻으려고 악당의 하녀와 약혼까지 감행했다(「밀버턴」).[35] 그는 정보원들에게 완전한 확신을 안겨 주어야 할 필요가 있다고 느꼈고, 때때로 그들과 같은 부류인 척했다. 어떤 사건에서는 정보가 필요하자 마부로 가장하고 왓슨에게 이렇게 해명했다. "마부들 사이에는 동료 의식이라는 공감대가 아주 훌륭하게 자리 잡고 있기 때문에, 무리에 섞여 들어가면 필요한 모든 것을 알 수 있다네"(「보헤미아」).

홈스는 병, 사고, 정보, 심지어는 자신의 죽음까지도 조작했다. 그는 종종 신문을 교묘하게 이용했다.[36] "언론은… 이용하는 방법만 확실히 안다면 아주 쓸모 있는 제도라네"(「나폴레옹」).

범죄에 관한 홈스의 견해 셜록 홈스는 범죄율이 대개는 **신고된** 위법 행위만을 나타낸다는 사실을 잘 알고 있었다. 그래서 왓슨과 함께 기차 여행 도중 평화로운 시골 풍경을 바라보다가 다음과 같이 말한다.

자네는 저기 드문드문 보이는 집들을 보면서 아름다움에 도취되어 있군. 그러나 나는 저렇게 고립된 집들을 보면 처벌되지 않고 넘어가는 범죄가 얼마나 많을지에 대한 생각만 든다네. 나는 이런 생각 때문에 늘 공포에 사로잡힌다네. 이건 내 경험에 기초한 믿음인데…. 런던의 가장 비루하고 악의에 찬 뒷골목이나 즐겁고 아름답게만 보이는 시골의 범죄 기록이나 끔찍하기는 모두 마찬가지라는 걸세…. 〔그리고〕 그 이유는 아주 분명하지. 도시에서 여론의 압력은 법이 할 수 없는 일도 해낼 수 있다네. 학대받는 아이의 비명이나 술주정꾼의 때리는 소리는 어느 거리에서나 이웃 사이에 동정과 분노를 낳게 마련이지. 그러면서 불평이 생기고 범죄와 피고석은 자연스럽게 그다음 단계가 되지. 그렇지만 각자의 사유지로 둘러싸인 저 외딴 집들을 보게나. 저기에는 법에 대해선 거의 아는 게 없는 무식한 사람들이 가득하다네. 저런 곳에서 몇 년 동안이고 벌어질 끔찍하게 잔혹한 행위나 숨겨진 사악함에 대해 생각해 보게나(「너도밤나무」).

홈스는 인간의 성격에 대한 많은 격언을 남긴 것처럼, 범죄와 범죄 사건 수사에 관해서도 수많은 격언을 남겼다. 이는 현대 범죄학자들이 고려해 봄직한 것들이다. 그는 기이한 것과 범죄 사이에 잠재적 가능성이 있다고 주장한다. "그로테스크함은 한 단계만 나가면 공포를 불러일으키며, 심화되면 범죄가 된다"(「등나무」). 그러나 이런 관계를 기계적으로 받아들여서는 안 된다고 경고한다. "가장 이상하고 독특한 것들이 큰 범죄보다는 작은 범죄와 연결된 경우가 종종 있으며, 그런 경우 과연 범죄가 저질러졌는지가 의심스러울 때도 있기"(「연맹」) 때문이다. 홈스는 "의미가 없거나" 동기가 없는 범죄가 가장 풀기 어려움을 알고 있었다. "목적 없는 범죄를 추적하는 것이 가장 어렵다네"(「해군」). 한편 동기를 식별할 만한 경우라 해도 계획된 범죄 역시 수사하기 까다롭다. "범죄가 냉철하게 계획된 경우, 은폐하는 방법 역시 냉철하게 계획되기 때문이다"(「토르 교」). 복잡하게 계획된 범죄의 가능성을 파악하면 홈스는 알리바이가 분명한 용의자들을 더욱 의심하게 된다. "범죄적 모험심이 있는 사람만이 알리바이를 갖고 싶어한다"(「등나무」). 그는 이런 두 가지 범죄를 가장 가증스러운 것으로 보는 한편 의학 박사학위를 지닌 범죄자를 만나는 사건이 특히 어렵다고 여겼다. "의사가 한번 잘못되기 시작하면 담력과 지식을 겸비한 최고의 범죄자가 되고 만다네"(「얼룩 끈」).

전형적인 실수와 예측 홈스는 때때로 과학적으로 틀린 생각을 말하기도 했는데, 대개는 당시의 대중적 생각을 반영한 것이다. 예컨대 유전이 범죄자를 만드는 데 굉장한 영향을 발휘한다고 강조하고 있다. 그는 대악당 모리어티 교수가 유전적으로 범죄적인 혈통을 이어받았다고 말하면서(「마지막」) 다음과 같은 견해를 밝혔다.

> 어느 정도까지 자라다가 갑자기 보기 흉하고 별나게 변해 버리는… 나무가 있지. 사람들도 종종 이런 경우가 있지. 나는 한 사람이 성장하면서 조상의 모든 혈통을 다 드러낸다는 이론을 가지고 있다네. 갑자기 선이나 악으로 변하는 건 그의 계보에서 이상한 영향을 받기 때문이지. 말하자면 한 개인은 자신의 가계를 하나로 요약해 놓은 것과 마찬가지라고 할 수 있다네(「빈집」).

또한 홈스는 빅토리아 시대가 몇몇 소수 계층에 대해 품고 있던 고정관념이나 편견을 갖고 있었다. 그래서 흑인과 유대인에 대해 어느 정도 편견을 보이기도 했다.[37]

홈스는 사고 과정에 대해서도 몇 가지 이상하고 잘못된 생각을 가지고 있었다. 그가 뇌의 기억 용량을 다락방에 비유한 것은 이미 언급한 바 있다(「주홍색」). 다음 글을 보면 홈스가 인지 과정에 대해서도 어느 정도 오해하고 있음을 알 수 있다.

충분한 자료도 없이 두뇌에 일을 시키는 것은 엔진을 헛돌게 하는 것과 마찬가지일세. 잘못하면 곧 산산조각이 나고 말지(「악마」).

정신적인 능력은 굶길수록 세련되어진다네(「마자랭」).

정신을 극도로 집중시키면 신기하게도 자기 앞을 지나가는 것들을 못 보게 되지(「바스커빌」).

홈스가 당시를 풍미했던 그릇된 지식에 가끔 빠져들기는 했어도 그는 과학 범죄 수사의 영역에서 혁신을 추구한 선구자이다. 1909년이 되어서야 경찰이 탄도학을 도입한 반면(Baring-Gould 1967, II:349, 각주 51 참조), 홈스는 이미 1903년 처음 발간된 이야기에서 어떤 악당에 대해 기술하면서 탄도학의 선구자 역할을 해냈다. "총알만으로도 그 작자의 머리를 올가미에 걸리게 할 수 있지"(「빈집」). 그는 지문(「노우드」)과 베르티용식 인체 측정법[38](「해군」)의 중요성도 일찌감치 간파했다.

홈스의 예측 중 특히 흥미로운 것은 그가 여러 종류의 커뮤니케이션 형태를 구분하고 확인할 필요가 있다고 깨달은 점이다. 그에게는 신문이나 잡지의 다양한 활자체를 구별해 내는 능력이 있었다. "활자체를 구별하는 일은 특별한 범죄 전문가에게 가장 기본적인 지식 중 하나이다"(「바스커빌」). 이보다 더 중요한 것은, 타자기의 활자체도 구별해 낼 수 있었다는 점이다. "신기하게도… 타자기에는 손글씨만큼이나 개성이 드러난다네. 아주 신제품만 아니라면 어느 타자기 두 개도 똑같을 수가 없네. 어떤 활자는 더 닳아 버리고 또 어떤 것은 한쪽으로만 닳는다네"(「정체」). 무엇보다도 홈스는 손으로 쓴 글씨를 면밀하게 조사하여 많은 것을 알아낼 수 있다고 확신했다(Christie 1955와 Swanson 1962 참조). 홈스는 이 분야에서 선구자적 역할을 했을 뿐만 아니라, 대부분의 필적학자들의 수준을 훌쩍 뛰어넘고 있다. "필체를 보고 글쓴 이의 나이를 알아내는 것은 전문가들이 상당히 정확하게 할 수 있게 된 일이지"(「라이게이트」), "한 가계의 독특한 습성은… 두 가지 글씨체만 있으면 추적해 볼 수 있다네"(같은 책).

마지막으로 홈스가 후에 정신분석학이라고 불리게 된 몇몇 개념을 예견했음에 주목하자. 예컨대 그는 서로 아무런 관계나 의미도 없어 보이는 말로 가득 찬 암호 문장을 해독하면서 자유 연상free-association 실험의 기초를 내다보았다. "이 글을 쓴 사람은 자기 마음에 떠오르는 첫 단어들을 자연스럽게 쓰고 있고, 무엇보다도 짐승에 대한 내용이 많은 걸 보니 열렬한 사냥꾼이거나 사육에 관심이 많은 모양이네"(「글로리아」), "그건 그 사람의 양심에 관한 문제일세. 자기가 배신자라는 걸 알고 있으니까, 다른 사람들 눈을 보고 비난을 읽어 냈을 수도 있지"(「공포」)라고 말하는 것을 보면 홈스는 범죄자의 자기 방어기제도 잘 파악했던 것 같다. 홈스는 음악의 미묘한 영향력에 관해 언급하면서 원형archetypes이라는 개념이 후에 융Carl G. Jung이 발전시킨 집단 무의식과 밀접한 평행 관계에 있다고 파악한 것으로 보인다. "우리 영혼 속에는 이 세계가 아직 유아기였던 희미한 옛날에 대한 기억이 아직도 남아 있다네"(「주홍색」).

홈스는 당대의 많은 잘못된 생각을 공유하긴 했어도 우리의 인간관을 확장하는 데 기여했다. 그의 방법이 지닌 우수성을 깨달은 많은 범죄학자들이 아서 코넌 도일 경이 천재적인 솜씨로 창조해 낸 셜록 홈스 이야기를 특별히 좋아하는 점을 감안해 보면, 홈스가 실존 인물이었다 하더라도 인간의 과학에 더 큰 영향을 끼치기는 힘들었을 것 같다.

단서

– 모렐리, 프로이트, 셜록홈스[1]

카를로 긴즈부르그
Carlo Ginzburg

신은 세부적인 것들 사이에 숨어 있다.
— 플로베르G. Flaubert와 바르부르크A. Warburg

19세기 말에 하나의 인식론적인 모델(또는 하나의 패러다임^2)이 사회 과학 분야에서 조용히 부상하게 된 과정을 조망해 보고자 한다. 지금 까지 사람들의 관심을 제대로 받지 못하고 이론으로 받아들여진 적도 없는 이 패러다임을 살펴봄으로써 '합리주의'와 '비합리주의' 간의 무 미건조한 대비 이상을 바라볼 수 있을 것이다.

I

1. 1874년부터 1876년까지 독일 미술사 잡지 『조형 미술지Zeitschrift für bildende Kunst』에 이탈리아 회화에 대한 일련의 논문이 연재되었다. 레르 몰리에프Ivan Lermolieff라는 무명의 러시아 학자가 저술하고 역시 무명의

슈바르체Johannes Schwarze라는 인물이 독일어로 번역한 글이었다. 연재된 논문들은 옛 거장들의 작품을 올바로 감정하기 위한 새로운 방법을 제시하면서 미술사 학계에 일대 파장을 일으켰다. 몇 년 후에 저자가 자신의 정체를 밝혔는데, 바로 모렐리Giovanni Morelli라는 이름의 이탈리아인이었다(두 개의 가명 모두 자신의 이름에서 따온 것이었다). '모렐리 방법'은 지금도 미술사가들 사이에서 거론되고 있다.[3]

이제 그 방법을 살펴보자. 모렐리는 박물관에 잘못 감정된 그림이 아주 많다고 했는데, 실제로 그림에 서명이 없거나 덧칠되었거나 손질을 잘못해서 누구의 그림인지 정확하게 알아내기 힘든 경우가 허다하기 때문에 진품과 모사품을 구별하기가 매우 어렵다. 모렐리는 그림을 제대로 감정하려면 그림의 가장 두드러진 특징에 주목해서는 안 된다고 한다. 그런 특징들이야말로 가장 쉽게 모방되기 때문이다. 예컨대 페루지노가 그렸던 하늘로 시선을 향한 인물들이라든가 레오나르도 다 빈치가 그린 여인의 미소 등이다. 대신 사소한 것들에 주목할 필요가 있다. 특히 화가가 속한 화단의 주류 스타일에서 가장 하찮게 여기는 것들이 중요하다. 예를 들면 귓불, 손톱, 손가락과 발가락 등이다. 그래서 모렐리는 보티첼리, 코스메 투라 등 거장들의 작품에서만 발견되는 특징적인 귀 (또는 다른 어떤 것)의 모양을 확인해 놓았다. 이런 특징들은 진품에서만 발견되며 모조품에서는 볼 수 없는 것이다. 모렐리는 유럽의 주요 화랑들에서 새롭게 진품 감정을 하고 몇몇 놀라운 결과를 얻었다. 드레스덴의 어느 화랑이 소장하던 가로로 누운 비너스의 그림은 분실된 티치아노의 원본을 사소페라토가 모사한 것이라고 알려져 있었다. 그러나 모렐리는 그 그림이 조르조네의 희귀한 그림이 분명하다고 밝혀냈다.

이러한 성과에도 불구하고 모렐리의 방법은 많은 비판을 받았다. 물론 모렐리가 오만한 태도로 자신의 결론을 주장한 탓도 있겠지만, 결국은 기계적이며 조잡한 실증주의라는 이유로 그는 많은 냉대를 받았다.[4] (하지만 모렐리의 방법을 깔본 사람들 중 다수가 미술 감정을 하면서 모렐리의 방법을 몰래 사용했던 것 같다). 최근 미술사 학자인 윈드Edgar Wind 덕분에 모렐리의 작업에 대한 관심이 다시 일기 시작했다. 윈드는 모렐리의 방법이 미술 작품에 대한 현대적인 접근의 본보기라고 한다. 이는 전체보다는 세부 묘사를 감상하는 경향을 두고 말한 것이다. 윈드(1963:42-44)는 모렐리의 방법 같은 감상 태도가 천재의 자연적인 충동성을 숭배한 낭만파 시대의 유행과 관련이 있다고 본다.[5] 하지만 설득력 있는 주장은 아니다. 모렐리는 미학의 수준에서 문제에 매달린 것이 아니라(하긴 이 점이 모렐리의 약점이다), 더 기본적인 수준, 즉 문헌학의 수준에서 문제에 다가갔던 것이다.[6] 모렐리의 방법이 가지고 있는 더욱 풍부하고 함축적인 의미는 다른 곳에 있었고, 윈드는 이를 거의 이해하고 있었다.

2. 모렐리가 쓴 책들은 미술에 관한 다른 어떤 책과도 다르다. 그의 책에는 손가락과 귀에 대한 그림들이 가득하고, 화가들의 특징이 될 만한 (그림의) 세부 묘사들이 상세히 기록되어 있다. 마치 지문을 통해 범죄자를 밝혀내듯이, 세부 묘사를 통해서 화가의 정체를 밝혀내는 것이다. 어떤 화랑이든 모렐리의 연구를 거치고 나면 용의자의 사진 진열실로 보이기 시작한다(Wind 1963:40-41).

보티첼리의 귀와 손, 모렐리의『이탈리아의 화가들*Morelli's Italian Painters*』(1892)에서.

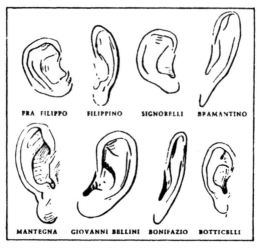

PRA FILIPPO   FILIPPINO   SIGNORELLI   BRAMANTINO

MANTEGNA   GIOVANNI BELLINI   BONIFAZIO   BOTTICELLI

전형적인 귀들, 『이탈리아의 화가들』에서.

이탈리아의 미술사 학자 카스텔누오보Enrico Castelnuovo는 이러한 비교를 눈부시게 발전시켰다(Castelnuovo 1968:782). 그는 모렐리의 분류 방법과 바로 몇 년 후 도일이 셜록 홈스에게 부여한 방법 사이의 유사성을 이끌어 냈다.[7] 미술 감정가와 탐정은, 비록 분야는 다르지만 보통 사람들의 주의를 끌지 않는 작은 단서로부터 무언가를 발견해 낸다는 공통점이 있다. 셜록 홈스는 발자국이나 담뱃재 등등을 해석하는 유명한 기술을 보유하고 있다. 카스텔누오보가 가장 핵심적으로 주장한 내용을 「소포」에서 찾아보자. 홈스는 마치 모렐리처럼morellizing 행동한다. 어떤 순진한 노부인에게 두 개의 잘린 귀가 소포로 배달되면서 사건은 시작되었다.

[홈스는] 마음을 하나로 집중하여 부인의 옆얼굴을 뚫어지게 바라보았다. 열의에 찬 홈스의 얼굴에 순간적으로 놀라움과 만족스러움이 스쳐 갔다. 홈스가 갑자기 조용해지자 부인이 의아해하며 홈스를 쳐다봤는데, 홈스는 어느새 평소의 침착함을 되찾은 상태였다. 나[왓슨] 역시 그녀의 수수한 반백의 머리와 깔끔한 모자, 금빛의 조그만 귀걸이, 평범한 얼굴 등을 열심히 바라보았다. 하지만 나의 동료를 그토록 흥분시킨 것이 무엇인지는 도통 알 수 없었다(「소포」).

홈스는 왓슨(과 독자들)에게 섬광처럼 스쳐 간 생각을 다음처럼 설명해 준다.

자네는 의사니까 귀처럼 가지각색인 신체 분야는 없다는 사실을 잘 알고 있을 걸세. 귀는 사람마다 아주 독특하고, 다른 누구의 것과도 다르지. 작년에 출간된 『인류학지Anthropological Journal』를 보면 이에 관한 두 개의 짤막한 나의 논문이 실려 있다네. 어쨌거나 나는 상자에 들어 있던 귀를 전문가의 눈으로 살펴보며 해부학적 특징들을 조심스레 관찰했지. 그러다 쿠싱 여사를 보면서 그녀의 귀가 내가 방금 관찰한 귀와 정확히 일치한다는 것을 알았을 때 내가 얼마나 놀랐을지 상상해 보게나. 절대로 우연이라고는 할 수 없었네. 귓불이 좁아지는 모양이라든가 윗부분의 넓은 곡선, 그리고 안쪽 연골의 구불구불한 모양까지 완전히 똑같았네. 본질적으로 같은 귀였던 거야.

물론, 나는 관찰 결과의 중요성을 즉시 알았지. 그건 희생자가 그녀와 혈연관계이며 아마도 매우 가까운 사람이리라는 사실이었지… (「소포」).[8]

3. 이러한 유사점의 함축적 의미를 살펴보자.[9] 윈드의 또 다른 견해에서 도움을 얻을 수 있다.

모렐리를 비판한 사람들은 "개인의 노력이 가장 적게 들어간 부분에서 개인의 특성personality을 찾아야 한다"라는 사실을 받아들이기 힘들었을 것이다. 그러나 현대 심리학은 모렐리의 이런 주장을 잘 뒷받침해 준다. 즉 부주의하고 사소한 몸짓이, 우리가 세심하게 취하는 형식적인 자세보다 훨씬 더 확실하게 우리의 성격을 드러낸다는 것이다(1963:40).

"부주의하고 사소한 몸짓"이라는 말을 보면 우리는 곧바로 "현대 심리학"이라는 일반적인 용어를 프로이트Sigmund Freud라는 이름으로 대체할 수 있다. 윈드가 모렐리를 언급한 덕택에 학자들은 프로이트의 유명한 에세이 「미켈란젤로의 모세」(1914)에 등장했지만 그동안 주목받지 못한 부분에 관심을 갖게 되었다(Hauser 1959; Spector 1969; Damish 1970, 1977; Wollheim 1973). 프로이트가 쓴 에세이의 두 번째 부분은 다음과 같이 시작한다.

정신분석학에 대한 이야기를 들어 보기 훨씬 전에, 이반 레르몰리에프라는 러시아인 미술 감정사가 유럽의 화랑가에 혁명을 일으켰다는 사실을 알게 되었다. 그는 많은 그림의 진위에 의심을 품고 진품과 가품을 확실히 구별하는 방법을 제시했으며, 원작자가 의심되는 경우에는 누구의 작품인가에 대한 가설을 제시했다. 그는 그림의 일반적인 인상이나 중심 인물 대신 사소한 부분 묘사, 즉 손톱이나 귓바퀴나 후광의 모양처럼 쉽게 지나치는 하찮은 것들에 주목해야 한다고 했다. 왜냐하면 모사가는 그런 것들을 모방할 때 소홀히 여기고 지나치지만, 진짜 화가들은 자신만의 고유한 방식으로 그리기 때문이다. 나는 러시아식 가명 뒤에, 1891년에 사망한 모렐리라는 이탈리아인 의사가 숨어 있었다는 것을 알고 매우 흥미를 느꼈다. 내가 보기에 그의 탐구 방법은 정신분석학의 기법과 밀접한 관련이 있다. 그의 방법 역시 하찮아 보이고 주의를 끌지 않는 특징들에서, 즉 우리의 관찰에서 보자면 쓰레기 더미인 것에서 은밀하고 감추어진 것들을 알아내는 것이기 때문이다(n.d.:222).

「미켈란젤로의 모세」는 익명으로 출판되었다가 프로이트가 자신의 전집에 포함시킨 뒤에야 그의 글로 인정되었다. 어떤 이들은 가명으로 자신이 저자임을 감추는 모렐리의 취미가 프로이트에게도 어느 정도 영향을 미쳤을 것이라고 추측했다. 이 밖에 모렐리와 프로이트의 공통점을 설명하려는 몇 가지 시도가 있었다(Kofman 1975:19, 27; Damisch 1917:70 이하; Wollheim 1973:210 참조). 어떤 경우든 익명의 가면 뒤에서 프로이트는 명백하게, 그러면서도 은밀하게, 자신이 정신분석학을 발견하기 훨씬 전에 이미 모렐리가 자신에게 커다란 영향을 주었음을 선언했던 것이다. 이런 영향을 「미켈란젤로의 모세」나 미술사[10]에 관한 프로이트의 글에만 국한시켰다가는 프로이트의 다음 주장의 중요성을 부당하게 축소시키는 꼴이 될 것이다. "내가 보기에 모렐리의 탐구 방법은 정신분석학의 기법과 밀접한 관련이 있다." 앞에서 인용한 부분을 보면 모렐리는 분명히 정신분석학사에서 특별한 위치를 차지하고 있다. 우리는 지금 추측을 통해 프로이트의 '선구자'나 '조상'을 운운하는 것이 아니라, 문헌들 간의 관계를 다루고 있다. 다시 한 번 강조하건대 프로이트는 정신분석학에 대한 연구 이전에 모렐리의 글들을 접했다. 즉 우리는 정신분석학의 핵심에 직접적인 영향을 미친 기본 요소를 살펴보고 있는 중이다. 프로이트가 정신분석학을 발견한 이후에 우연히 나중에 삽입된 요소와는 차원이 다른 이야기다. (후자의 예로는 『꿈의 해석』[11]의 나중 판에 삽입된 포퍼J. Popper의 린케우스Lynkeus의 꿈에 대한 대목이 있다.)

4. 프로이트가 모렐리를 읽고서 무엇을 얻었는지 알아보기 전에 우선 그 우연한 만남 — 프로이트는 모렐리의 글을 두 번 만났다고 한다 — 의 정확한 시기를 밝혀야겠다. "정신분석학에 대한 이야기를 들어 보기 훨씬 전에, 이반 레르몰리에프라는 러시아인 미술 감정사가 유럽의 화랑가에 혁명을 일으켰다는 사실을 알게 되었다…. 나는 러시아식 가명 뒤에, 1891년에 사망한 모렐리라는 이탈리아인 의사가 숨어 있었다는 것을 알고 매우 흥미를 느꼈다."

첫 번째 만남의 날짜는 아주 대충 추정할 수밖에 없다. 그것은 1895년(프로이트와 브로이어Josef Breuer가 『히스테리 연구』를 출판한 때) 이전이거나 혹은 1896년(프로이트가 정신분석학이라는 용어를 처음 사용한 때, Robert 1966 참조)일 것이다. 그리고 1883년 12월 프로이트가 드레스덴 화랑을 방문하면서 약혼녀에게 '미술의 발견'에 관해 긴 편지를 보낸 이후일 것이다. 이때까지만 해도 프로이트는 그림에 별로 관심이 없었기 때문이다. 당시 프로이트는 "나의 무교양을 벗어던지고 이를 숭배하기 시작했소"[12]라고 적었다. 따라서 이렇게 쓰기 전에 프로이트가 어떤 무명 미술사 학자의 글에 끌렸으리라고 상상하기는 어렵다. 그렇지만 이 편지를 쓴 후에 그 글을 읽기 시작했을 수는 있다. 특히 모렐리의 첫 에세이들(Lermolieff 1880)이 뮌헨, 드레스덴, 베를린의 여러 화랑에 소장된 이탈리아 옛 거장들에 대해 기술하고 있기 때문에 더욱 그러하다.

프로이트가 모렐리의 글을 두 번째로 접한 것은, 여전히 추측이지만 좀 더 확실하게 짚어 볼 수 있다. 레르몰리에프의 본명은 1883년 출간된 영어 번역판의 표지에 실리면서 최초로 알려졌다. 1891년부터 모렐리가 죽을 때까지의 여러 판과 번역본에 그의 실명과 가명이 모두 실렸다(Morelli 1883). 이 무렵의 책을 프로이트가 보았을 수 있다. 아마도 프로이트가 레르몰리에프의 진짜 정체를 알게 된 것은 1898년 9월 밀라노의 서점가를 돌아다닐 때였을 것이다. 현재 런던에 보관되어 있는 프로이트의 장서 중에는 1897년 밀라노에서 간행된 모렐리(레르몰리에프)의 책의 복사본인 『이탈리아 회화에 대한 역사 비평적 연구—로마의 보르게세와 도리아 팜필리 화랑 *Della pittura italiana. Studii storico critici — Le gallerie Borghese e Doria Pamphili in Roma*』이 있다. 앞부분에는 책을 처음 손에 넣은 장소와 시간이 "9월 14일 밀라노에서"라고 기록되어 있다(Trosman and Simmons 1973). 프로이트는 1898년 가을에 딱 한 번 밀라노를 방문했다(Jones 1953). 게다가 모렐리의 책은 그때의 프로이트에게 특별히 더욱 흥미로웠을 것이다. 그 무렵 프로이트는 몇 달째 기억의 실수에 대해 연구하고 있었다. 그리고 바로 얼마 전에는 달마티아에서 오르비에토 프레스코화 Orvieto frescoes의 화가가 누구인지를 기억해 낼 수 없는 경험(이는 후에 『일상생활의 정신 병리학』에서 다루어짐)을 했던 것이다. 모렐리의 책은 프로이트가 기억해 내지 못했던 화가뿐만 아니라 시뇨렐리, 보티첼리, 볼트라피오 등을 다루고 있다(Robert 1966: Morelli 1897:88-89, 159).

하지만 아직 젊은 청년이며 정신분석학과는 거리가 멀던 프로이트에게 모렐리의 글은 어떤 의미를 지녔을까? 프로이트는 다음과 같이 말한다. 모렐리가 제안한 해석 방법은 주변적이며 서로 상관없어 보이는 세부적인 것들을 무언가를 드러내는 단서로 파악했다는 것이다. 여기서의 세부적인 것들details은 일반적으로는 하찮으며 중요하지 않다고 여겨지고, "주목받지 못하는" 것들이다. 하지만 동시에 천재적 인간의 가장 고귀한 성과를 푸는 열쇠를 제공한다. 모렐리가 썼던 다음 구절의 아이러니는 아마도 프로이트를 즐겁게 했을 것이다.

> 나를 비판하는 사람들은 내가 예술 작품의 정신적인 내용은 전혀 이해하지 못하니까 손이라든지 귀의 형태 같은 외적인 세부 묘사, 얼마나 놀라운 이야기인가, 하다못해 손톱 같이 조잡한 것에 특별히 관심을 두는 사람이라고 단정 짓고는 기뻐한다(Morelli 1897:4).

프로이트가 『꿈의 해석』의 앞부분 제사epigraph로 썼던 베르길리우스의 다음 시구는 모렐리도 적절히 사용했을 만한 것이다. "내가 천상을 꺾을 수 없다면, 나는 지옥을 해방시킬 것이다Flectere si nequeo Superos, Acheronta movebo."[13] 모렐리에게 주변적인 세부 묘사들이란 무언가를 드러내는 단서였다. 예술가가 세부 묘사들 속에서 자신이 속한 문화적 전통에 구속되지 않고 자신의 순수하고 개성적인 경향을 살려 내기 때문이다. 그런 세부 묘사들은 "습관에 의해서 거의 무의식적으로" 반복

된다(Morelli 1897:71). 그런데 여기에서 무의식 —— 그때는 아직 특별한 의미는 아니었지만[14] —— 을 언급했다는 것보다 더 놀라운 사실은, 예술가의 가장 핵심이 되는 개성individuality이 의식의 통제를 초월하는 요소와 관련을 맺는 방식이다.

5. 지금까지 모렐리와 홈스, 그리고 프로이트의 방법 사이에서 유사점을 대략 살펴보았다. 그리고 모렐리와 홈스, 모렐리와 프로이트 간의 관계에 대해서도 이야기했다. 마커스(Steven Marcus 1976:x-xi) 역시 홈스와 프로이트의 활동 사이의 특별한 유사점에 대해 논의한 바있다.[15] 프로이트는 어떤 환자('늑대 인간')에게 자신이 셜록 홈스의 이야기에 아주 흥미를 가지고 있다고 말하기도 했다. 그러나 1913년 봄, 동료인 라이크T. Reik가 정신분석학적인 방법과 홈스의 방법 사이의 비교를 논하자 프로이트는 감정가로서의 모렐리에 대해 칭찬함으로써 그 대답을 대신했다고 한다. 위의 세 가지 경우 모두 작고 사소한 것들이 심연의 사실을 향한 유일한 열쇠가 된다는 공통점이 있다. 프로이트에게는 증상, 홈스에게는 단서, 모렐리에게는 그림의 특징이 바로 그 사소한 것들이다(Gardiner 1971:146; Reik 1949:24).[16]

이와 같은 삼중의 유사성을 어떻게 설명할 수 있을까? 명백한 해답은, 프로이트가 의사였고, 모렐리는 의학에서 학위를 받았으며, 코넌 도일 역시 작가로 정착하기 전까지는 의사였다는 사실이다. 세 경우모두 우리에게 의학 기호학, 즉 징후학symptomatology의 모델을 연상시킨다. 징후학에서는 질병을 직접 관찰할 수 없기 때문에 보통 사람, 심지어 의사인 왓슨이 보기에도 관련이 없을 것 같은 표면적인 징후나 기호를 근거로 진단을 내린다. (덧붙이자면, 날카로운 눈을 가진 탐정 홈스와 둔한 의사 왓슨이라는 짝은 코넌 도일의 젊은 시절 스승의 두 가지 성격을 드러내는 것이다. 코넌 도일은 진단 능력이 뛰어나기로 유명한 의사로부터 가르침을 받았다[17][18]). 그러나 그것은 개인사적인 우연의 문제가 아니다. 19세기가 끝날 무렵(더 자세히는 1870~1880년의 10여 년간)에는 이러한 기호학적인 접근법, 즉 단서 해석에 기초하는 패러다임이나 모델이 인문과학 분야에서 점차 큰 영향을 미치게 되었다. 그러나 그 뿌리는 고대부터 시작된 것이었다.

II

1. 수천 년 동안 인류는 사냥으로 먹고살았다. 사냥꾼들은 사냥감을 끝없이 추적하면서 흔적만을 보고 모양새나 움직임을 재구성해 내는 법을 터득했다. 부드러운 땅에 찍힌 발자국이나 부러진 나뭇가지, 배설물, 나무에 걸린 털과 깃털, 냄새, 웅덩이, 질질 흘린 침 등이 단서가 되었다. 사냥꾼들은 냄새를 맡고 관찰했으며, 아무리 사소한 흔적을 보더라도 의미를 알려고 애쓰게 되었다. 또한 그들은 그늘진 숲속이나 위험한 장소에서 순간적으로 복잡한 계산을 하는 법도 알게 되었다.

뒤를 이은 사냥꾼들은 지식의 유산을 더욱 풍부하게 하여 다음 세대에게 물려주게 되었다. 우리에게는 암벽화나 유적 외에 언어로 된 증거는 남아 있지 않다. 그러나 그 옛날의 사냥꾼들이 알았던 것들에 대한 — 희미하고 변형된 — 메아리는 민담 등에 남아 있다. (다음의 이야기는 키르기스족, 타타르족, 유대족, 투르크족 등 중동 지방에 전해 오는 이야기이다. Vesselofsky 1886:308-309). 세 형제가 낙타(혹은 말) 한 마리를 잃어버린 사람을 만나게 된다. 그들은 즉시 그 낙타가 흰색이며 한쪽 눈이 멀었고, 가죽 부대 두 개를 안장 밑에 얹고 있는데 각 부대에는 기름과 포도주가 들어 있었다고 말한다. 그들은 낙타를 보았던 것일까? 아니다. 그들은 전혀 본 적이 없었다. 하지만 그들은 도둑으로 몰려 재판을 받게 된다. 결국엔 형제들이 이기게 되는데 단지 흔적만을 가지고서 눈으로 본 일이 없는 동물의 모습을 구성해 낼 수 있음을 보여 주었던 것이다.

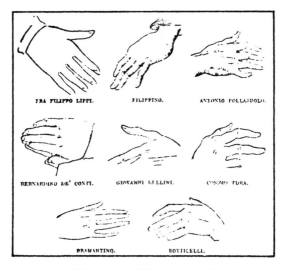

전형적인 손 모양, 『이탈리아 화가들』에서.

이 세 형제가 사냥꾼으로 묘사되지는 않지만 이들은 분명 사냥꾼의 지식을 가지고 있다. 사냥꾼의 지식은 관찰할 수 있는 사소한 사실을 뛰어넘어 직접 볼 수 없는 복잡한 실재로 들어가게 한다는 특징이 있다. 관찰자는 사실들에 순서를 매기고 "누가 이 길을 지나갔다"라는 식으로 이야기를 끌어 나갈 수도 있는 것이다. 주문이나 주술 등과 달리, 이야기narrative는 수렵 사회에서 자취를 해석하는 과정에서 생겨났다 (Seppilli 1962). 이는 하나의 추측에 불과하긴 하지만, 다음과 같은 사실이 이를 뒷받침해 준다. 지금까지도 흔적을 해독하는 언어는 비유적 표현에 기초하며 (전체 대신 부분을, 결과 대신 원인을) 환유metonymy의 이야기 부분에 대해 언급하고 (Jakobson and Halle 1956:55-87의 유명한 에세이에서 정의된 대로) 은유라는 대안은 엄격하게 배제한다. 사냥꾼들이야말로 "이야기를 해 준" 최초의 사람일 것이다. 왜냐하면 사냥꾼들만이 사냥감이 남긴 (감지할 수조차 없는) 기호들로부터 앞뒤가 맞는 일련의 사건들을 읽어 내는 법을 알고 있었기 때문이다.

동물의 자취를 '해독'하거나 '읽는다'는 것은 은유적인 표현이다. 하지만 문자 그대로 받아들여 볼 여지도 있다. 이는 오랜 시간이 걸리긴 하지만 글writing의 발명으로 이어지는 역사적 과정의 언어적 증류distillation 현상으로 받아들여질 수 있기 때문이다. 어떤 고위 관리가 강둑 모래에 찍힌 새의 발자국을 보고 글자를 만들었다는 중국의 전설에서 비슷한 관계를 살펴볼 수 있다(Cazade and Thomas 1977).[19] 글자의 기원에 대하여 역사에 기록된 신화 및 가설이 아니더라도, 앞서 언급한 사냥꾼 모델과 기원전 3000년경 이전으로 추정되는 메소포타미아의 예언 기록에 암시된 모델은 놀라울 정도로 유사하다(Bottéro 1974). 두 사례 모두에서 관찰자는 직접 경험할 수 없는 사건들의 흔적을 밝혀내기 위해서 사소한 사실들을 세심하게 관찰해야만 한다. 첫 번째 모델에서는 배설물, 발자국, 털, 깃털 등이, 두 번째 모델에서는 동물의 내장이나 물 위에 뜬 기름방울, 별, 무의식적인 행동involuntary movements 등이 이에 해당한다. 두 번째 사례는 첫 번째와 달리 얼마든지 확장될 수 있다. 실제로도 메소포타미아의 예언자들은 어떤 것에서든 미래를 읽어 낼 수 있었다. 하지만 우리들은 이보다 다른 차이에 더 주목하게 된다. 즉, 예언은 미래를 향한 것이었지만 사냥꾼들의 판독은 — 비록 얼마 전에 일어난 것이긴 해도 — 실제적인 과거를 향한 것이라는 사실이다. 하지만 이해의 측면에 있어서 양자의 접근은 매우 비슷했다. 다시 말해서 분석하고 비교, 분류한다는 지적 과정은 적어도 이론적으로는 동일한 것이었다. 물론 이론상으로만 동일했을 뿐 사회적인 맥락에 있어서는 서로 큰 차이가 있었다. 특히 글의 발명이 메소포타미아의 예언에 아주 큰 영향을 미쳤던 것으로 보인다(Bottéro 1974:154 이하). 메소포타미아의 신들은 지배의 특권뿐만 아니라 — 별이나 사람의 몸 등 어디든 — 메시지를 써서 백성들과 소통하는 능력도 가지고 있었다. 예언자들은 신의 메시지를 해독해야 했다. (이러한 개념은 수천 년 뒤에 '자연의 책the book of nature'이라는 이미지로 이어진다.) 또한 신이 새겨 놓은 문자들을 해독하고 확인하며 예언하는 것은 초기 글자인 설형문자의 상형문자적 특징 때문에 현실에서 더욱 강화되었다. 설형문자 역시 예언과 마찬가지로 어떤 것을 통해서 다른 것을 전달하는 것이었다(Bottéro 1974:157).[20]

발자국은 그 길을 지나간 과거의 동물을 나타낸다. 발자국의 경우와 비교해 본다면 상형문자는 이미 지적 추상화라는 대단한 진보의 결과라 할 수 있다. 그러나 상형문자의 도입에 함축되어 있는 추상적 사고 능력은 후에 표음문자로 전환되면서 요구되던 사고 능력에 비하면 아주 미미한 것이다. 사실 설형문자에는 상형문자적인 요소와 표음문자적인 요소가 모두 존재한다고 볼 수 있다. 메소포타미아의 예언 기록을 보면 기본적인 사실들을 일반화하려는 경향이 점차 강해짐에도 불구하고, 결과를 보고 원인을 추론해 내고자 하는 경향이 사라지지 않은 것 같다.[21] 이것은 메소포타미아의 예언 언어에 법전의 전문 용어가 스며들게 되고, 또한 관상학이나 의학 기호학 연구에 관한 단편적인 기록들이 등장하게 된 이유를 설명해 준다(Bottéro 1974:191-192).

먼 길을 돌아서 의학 기호학 이야기로 다시 돌아오자. (시대에 뒤떨어진 말이지만) 우리는 온갖 학문 속에서 공통되는 특징을 통해 의학 기호학을 발견했다. 예언이나 관상학 같은 '유사 과학pseudosciences'과 법학이나 의학과 같은 '과학'을 구별하고, 우리가 논의해 온 사회와는 시간상으로나 거리상으로 멀리 떨어졌다는 근거로 이 기묘한 유사성을 설명하고 싶은 마음도 든다. 하지만 이런 설명은 너무 피상적이다. 메소포타미아적 형태의 지식들에는 (무아지경의 영감으로 예언하는 경우를 제외하면) 실제로 공통된 근거가 있었다(Bottéro 1974:89). 즉 자취나 증상, 암시 등만으로 구성된 특수한 예들을 분석한다는 접근법이 공통적인 근거이다. 게다가 메소포타미아의 법률 기록에는 법이나 종교 의식만 기재되어 있는 것이 아니라 실제 사례에 대한 논의도 들어 있었다(Bottéro 1974:172). 간단히 말해서, 우리는 요구되는 지식의 형태에 따라 과거나 현재, 미래를 지향하는 징후적 또는 예언적 패러다임에 대해 논할 수 있다. 진정한 의미의 예언은 미래 지향적이다. 한편 징후의학은 과거, 현재, 미래 모두를 지향하며 과거와 현재를 설명해 주는 진단diagnosis이라는 특성과 앞으로 어떨지를 제시해 주는 예후prognosis라는 특성이 존재한다. 한편 법률 지식은 과거 지향적이라 할 수 있다. 이처럼 증상에 관한, 혹은 예언에 관한 모델의 뒤편에는 인류의 지성사에 있어 아마도 가장 오래되었을 몸짓이 숨어 있다. 바로 사냥꾼이 진흙 위에 쭈그리고 앉아 사냥감의 자취를 살피는 몸짓이다.

2. 지금까지 우리가 살펴본 바에 따르면, 메소포타미아의 예언 기록에 양측 사시bilateral squint를 보고 머리 부상의 초기 단계를 진단하는 방법이 등장하는 이유를 알 수 있다(Bottéro 1974:192). 좀 더 일반적으로는 징후에서 글자에 이르기까지 다양한 종류의 기호를 판독하는 것에 기반을 두고 있는 학문이 역사적으로 등장하게 된 과정을 설명할 수 있다. 고대 그리스 문명 이래로, 이와 같은 학문 분야는 비약적으로 발전했다. 역사학이나 문헌학처럼 새로운 연구 방법이 등장한 경우도 있고, 의학처럼 (사회적 맥락에 있어서나 이론적 접근 방법에 있어서나) 시작은 오래되었으나 최근에야 독립성을 얻게 된 경우도 있다. 처음부터 신의 개입을 배제했던 신체, 언어, 역사 등등이 객관적인 연구 대상으로 부상하게 되었다. 이 결정적인 변화가 그리스 도시 국가 문명의 특징이 되었으며, 우리는 그 뒤를 이어받았다. 징후나 단서에 기초한 것으로 보이는 모델이 이 변화 과정에서 중요한 역할을 했는지는 분명하지 않다.[22] 징후sēmeíon라는 중심 개념을 분석하며 방법을 명료화하는 히포크라테스 의학의 사례는 분명한 편이다. 히포크라테스의 추종자들은 모든 징후를 관찰하고 기록해 두기만 하면, 전체로서의 질병을 이해하지 못하더라도 각각의 질병의 정확한 '역사'는 알 수 있게 된다고 주장했다. 이처럼 의학에서 부수적인 면을 강조하는 까닭은, 신이 가진 지식이 직접적이고 확실한 데 비해 인간의 지식은 잠정적이고 추측적이기 때문이다(피타고라스 학파의 의사인 알크메온의 설명). 실재를 직접 알 수 없는 경우, 지금까지 논의해 온 추측의 패러다임을 암시적으로 사용하는 것이 이치에 맞는 일이다. 그리스인들은 다양한 인간 행위가 이에 바탕을 둔 것으로 보았다. 특히 의사, 역사학자, 정치가, 도공, 소목장이, 선원, 사냥꾼, 어부, 여성들이 광대한 추측적 지식의

분야에서 두드러지는 활동을 해 왔다.[23] 이 영역(제우스의 첫 번째 부인이자 물로 예언했던 메티스의 영역)에서는 '추측conjecture, tekmor,' '기호에 의한 판단judge by the signs, tekmaîresthai' 등의 용어를 사용한다. 이와 같은 기호학적 패러다임은 암시적으로만 전통을 이어 갔을 뿐이다. 이후 플라톤의 지식 이론이 등장하여 훨씬 더 큰 영향력을 발휘하며 권위를 누리자, 기호학적 패러다임은 완전히 빛을 잃고 말았다.[24]

3. 히포크라테스가 남긴 일부 글은 대체로 방어적이어서 심지어 기원전 5세기에도 의사의 과오에 대한 공격이 있었음을 암시한다(Vegetti 1965:143-144). 의사와 환자의 관계(특히 환자가 의사의 기술을 통제하거나 확인하지 못하는 것)에는 히포크라테스 시대 이후부터 지금까지 아직도 변하지 않은 부분이 남아 있기 때문에 의사와 환자 사이의 분쟁도 여전히 계속되는 것이다. 그러나 의사와 환자 사이의 논쟁에서 2500년의 시간이 지나면서 진행 과정이나 '엄밀성,' 또는 '과학' 등의 개념은 변해 왔다. 특히 갈릴레오식 물리학에 기초한(그러나 이를 뛰어넘는) 새로운 과학적 패러다임이 부상하면서 결정적인 변화가 일어나게 되었다. 현대 물리학을 (갈릴레오를 부인하지는 않는다 해도) 갈릴레오식이라고 정의하기가 쉽지 않더라도 일반적으로 과학에서 갈릴레오의 중요성은 인식론적으로나 상징론적으로나 결코 얕잡아볼 수 없다(Feyerabend 1971:105 이하, 1975; Rossi 1977:149-150).

지금까지 추측적이라고 살펴본 (의학을 포함하여) 학문 분야 모두 갈릴레오식 접근 방법에서 필수로 여겨지는 과학적 추론의 기준에 맞지 않는다. 우리가 살펴본 학분 분야들은 무엇보다도 질적인 측면이나, 혹은 특정한 사례나 상황이나, 혹은 특정한 기록에 관한 것이었다. 다시 말하자면 결과에 언제나 우연의 요소가 있었다는 것이다. 예언은 말할 것도 없고, 의학이나 문헌학의 경우만 봐도 그렇다. 우리는 추측(conjecture, 어원은 '예언'을 뜻하는 라틴어 단어)[25]이 갖는 중요성에 대해 생각해 보기만 하면 된다. 그러나 갈릴레오식 과학은 전혀 다르다. 여기서는 "개인에 대해서는 아무 말도 할 수 없다individuum est ineffabile"라는 학자들의 격언을 이어받았다. 수학과 실험적 방법을 동원한다는 것은 현상을 측정하고 반복할 필요가 있다는 의미이다. 반면 개별화된 접근 방식을 고수하면 측정은 불가능하고 부분적으로 반복만 허용된다. 이와 같은 모든 이유 때문에 역사학자들이 갈릴레오식 방법을 결코 적용하지 않았던 것이다. 반대로 17세기 역사학자들 사이에는 새로운 골동품 연구 방법이 유행하게 되었다. 추측적 유형 속에 오랜 시간 숨어 있던 역사학의 아득한 기원을 간접적으로나마 느낄 수 있는 부분이다. 역사학이 비록 어느 시대보다도 더욱 사회과학에 가깝게 연결되어 있긴 해도 기원을 숨길 수는 없다. 역사학은 언제나 아주 특정한 종류의 과학이었으며 필연적으로 구체적인 사항에 기초한다. 역사학자들은 일련의 유사한 현상에 늘 (명시적으로나 함축적으로) 귀착해 버린다. 역사학자들이 어떤 역사적인 발견을 성취하거나 표현해 내는 전략은 기본적으로 특정한 사례에 관하여 언급하는 것인데, 그러한 사례는 개인일 수도 있고, 사회적 집단일 수도 있으며, 사회 전체일 수도 있다. 이런 면에서는 역사학과 의학이 유사하다고 볼 수 있다. 의학에서는 특정 환자의 질병을 분석하기 위해 일종의 질병 분류법을 사용한다. 또한 의사와 역사학자 모두 기호나 조각난 정보에 기반하며 간접적이고 추측적인 지식을 가지고 있다.[26]

　그러나 내가 지금까지 제시한 대비는 지나치게 단순화된 것이다.

'추측적' 학문 중에서 하나가 — 문헌학, 특히 텍스트 비평 — 패러다임에서 벗어나기 시작했다. 문헌학의 목적은 관계가 있다고 여겨지는 것을 과감하게 잘라 내는 과정에 있다고 할 수 있다. 문헌학이 이처럼 변화하게 된 것은 글의 발명과 인쇄술의 발명에 기인한다. 알려진 바에 의하면 글이 발명된 이후에 호메로스의 시가 기록되면서 텍스트 비평이 처음으로 등장했다. 인쇄술이 발명된 후에는 고전의 초판 인쇄본들을 인문주의자들이 개량시키면서 텍스트 비평이 더욱 발전했다.[27] 처음에는 목소리나 몸짓에 관련된 요소들이 잉여적이라는 이유로 배제되었다. 손으로 직접 쓴 필사본의 특질도 비슷한 이유로 무시되었다. 그 결과 텍스트가 점진적으로 탈물질화dematerialization 내지는 개량refinement되었다. 우리의 다양한 감각을 만족시키던 원본의 매력은 모두 사라지고 말았다. 하나의 텍스트가 살아남기 위해서는 텍스트가 물리적인 형태로 존재해야 한다. 하지만 텍스트의 정체성이 더 이상 물리적인 형태 속이나 복사본 속에 자리 잡지 않게 되었다.[28] 현대인들에게는 얼핏 당연해 보이겠지만, 실은 전혀 그렇지 않다. 구비문학에서 목소리나 중국 시가에서 서예가 결정적인 역할을 행사하는 것을 예로 들어 보자. 그러면 '텍스트'라는 개념이 이루 다 헤아릴 수 없는 다양한 의미의 문화적 선택의 결과라는 것이 분명해진다. 또한 중국의 경우를 보면, 인쇄술이 필사본을 대체한다고 해서 반드시 텍스트가 변모해야 하는 것도 아니다. 중국에서 인쇄술이 발명되었다고 해서 문학 텍스트와 서예의 고리가 끊어지지는 않았기 때문이다. (그림 '텍스트'pictorial 'text'를 역사적으로 논의해 보면 상당히 다른 종류의 문제가 제기된다는 것은 잠시 후에 살펴보자.)

텍스트 비평이 대체로 직관적인 예지력에 의존한다 하더라도, 엄밀한 과학으로 등장할 수 있었던(실제로 19세기에는 그러했다) 것은 텍스트를 완전히 추상적으로 파악하는 관념 덕분이다.[29] [30] 하나의 텍스트로부터 (그 텍스트가 육필이든, 구텐베르크 이후의 인쇄든) 복제할 수 있는 특질 이외에 다른 모든 것은 모조리 배제한다는 과감한 결정 덕분에, 개별적인 사례들을 다룰 때조차 인문학의 최대의 난제인 질적인 문제들을 회피할 수 있었던 것이다.[31] 비슷한 방식으로 갈릴레오는 과감한 개념적 환원을 통해 현대 자연과학의 기초를 만들었는데, 본인 스스로가 문헌학에 의존했다는 것을 생각해 보면 참으로 의미심장하다. 전통적인 중세의 비교법에 따르면 우주든 서책이든 우리 눈앞에 펼쳐진 읽혀질 대상으로 여겨진다. 갈릴레오는 다음과 같이 강조했다. "우리 눈앞에 펼쳐진 위대한 책(나는 우주에 대해 말하고 있다)에 적힌 철학을 이해하려면 우선 그 언어와 문자를 알아야만 한다. 삼각형이나 원 등의 기하학적 도형이 바로 우주라는 서책의 문자다"(Galilei 1965:38).[32] 자연철학자와 문헌학자에게 텍스트란 심오하고 눈에 보이지 않는 하나의 실체entity이며, 우리가 얻을 수 있는 감각 자료를 통하거나 초월해서 재구성된다. "살아 있는 동물 외부의 냄새나 맛, 또는 소리를 제외한 도형이나 숫자, 움직임은 단어words에 불과하다"(Galilei 1965:264; Martinez 1974:160-169 참조).

여기에서 갈릴레오는 자연과학을 이전에 떠나 본 적이 없었던 도상에 확실히 정립시키는데, 이는 인간 중심주의와 신인 동형론에서 멀어지는 경향을 보였다. 지식의 지도에는 하나의 간극이 생기고 그 틈은 자꾸만 벌어졌다. 갈릴레오파 물리학자들은 점차 소리에 신경 쓰지 않게 되고 맛이나 냄새를 배제하게 된다. 반면 당대의 의사들은 가슴이 씨근대는 소리를 듣는다든지 대변의 냄새를 맡거나 소변을 맛보고서 진단을 내리려 했다.

4. 교황 우르바노 7세의 주치의인 시에나 출신 만치니Giulio Mancini 역시 이런 부류였다. 만치니와 갈릴레오가 잘 아는 사이였는지는 확실하지 않으나, 만난 적은 있었을 것이다. 그들은 로마 교황청에서 린체이Lincei 아카데미에 이르는 동선에서 활동했으며 체시Federico Cesi, 참폴리Giovanni Ciampoli와 파베르Giovanni Faber 등 공통의 친구들이 있었다.[33] 로시Gian Vittorio Rossi라는 가명을 썼던 에리트레오Nicio Eritreo에 따르면, 만치니는 무신론자였으며 (예언적인 텍스트의 말을 구체적으로 사용하면서) 기가 막히게 진단을 잘 내렸다고 한다. 또한 자기 환자들에게서 파렴치할 정도로 그림을 빼앗았다고 전해진다(Eritreo 1692, 2:79-82).[34] 만치니가 저술한『귀족의 여가로서의 그림에 관한 몇 가지 고찰과 서론적 이야기Alcune considerazioni appartenenti alla pittura come di diletto di un gentilhuomo nobile e come introduttione a quello si deve dire』라는 책은 그 원문이 널리 읽혔다고 한다(이 책 전반을 다룬 교정판이 25년 전에 처음으로 출간되었다).[35] 제목에서 알 수 있듯이 이 책은 화가보다는 귀족 출신 비전문가를 대상으로 한다. 비전문가 귀족 예술 애호가들은 매년 3월 19일이면 판테온에서 열리는 신구 그림 전시회에 참가하기 위해 몰려들었다(Haskell 1971:126과 94 이하). 이런 예술 시장이 없었다면 만치니가『대화Conversazioni』를 쓰지 않았을 것이다. 이 책의 가장 독창적인 부분은 '그림 감정'에 대한 부분이다. 만치니는 가짜 그림을 알아내고 원본과 모사본을 구별해 내는 방법들을 다루었다(Mancini 1956-57, 1:133 이하). 뛰어난 진단 능력으로 유명했던 한 의사가 1세기 뒤에 감정업이라 불리게 될 영역에 대해 최초로 시도를 한 것이다. 만치니는 환자를 한 번 쓱 보고 나면 질병

이 어떻게 될 것인지 "예견할 수 있었다"(Eritreo 1692, 2:80-81).[36] 그가 의사로서의 능력과 미술 감정가로서의 인식을 둘 다 가지고 있었다는 점은 단순한 우연의 일치가 아니다.

만치니의 견해를 자세히 알아보기 전에, 만치니와 그 책을 읽은 귀족들, 그리고 우리가 함께 공유하고 있는 하나의 가설에 대해 생각해보기로 하자. 이 가설은 너무나 명백한 것으로 (잘못) 알려져 있기 때문에 분명하게 단언되지 않은 것이다. 즉 라파엘로Raffaello의 그림과 (그림, 인쇄, 심지어는 사진까지 포함한) 복사본 사이에는 사라질 수 없는 차이가 있다는 가설이다. 이와 같은 가설이 예술 시장에서 갖는 함축적 의미 ── 미술 작품은 독특하고 유일무이하며 재현할 수 없다[37] ── 는 분명하며, 미술 감정가가 출현하게 된 배경이 된다. 이 가설은 문화적 선택에 의해 발생했다. 텍스트에 대해 성립된 완전히 다른 종류의 가설역시 문화적 선택에 의한 것이다. 우리는 문화적으로 선택된 가설을당연시해서는 안 된다. 이 맥락에서 보면 그림과 글씨 각각의 본질적인 특질로 여겨지는 점들이 사실은 적절하지 않은 것이다. 역사가 발전하면서 텍스트에서 보이지 않는 특질들이 적절하게 하나씩 제거되어 나가는 과정에 대해서는 이미 살펴본 바 있다. 그림의 경우 이러한제거 작업은 (적어도 아직까지는) 일어나지 않았다. 그렇기 때문에 『광란의 오를란도Orlando Furioso』는 원고본, 인쇄본 모두 아리오스토Ludovico Ariosto의 원래 의도를 정확하게 살려 낼 수 있다고 여겨진다.[38] 그러나 라파엘로의 초상화는 그 어떤 복사본으로도 따라갈 수 없다고 여겨진다.[39]

그림의 복사본과 문학의 복사본 간에는 이처럼 차이가 있었기 때문에 만치니는 미술 감정가의 방법에 텍스트 비평의 기술을 사용할 수 없었다. 그러나 만치니 역시 근본적으로는 그림 그리는 행위와 글 쓰는 행위를 유추를 통해 설명하고자 했다(Mancini 1956-1957, 2:24, 주 55에 실린 살레르노Salerno의 논평 참조). 만치니는 이러한 유추로 시작했기 때문에 당시에 자리를 잡아 가고 있던 다른 학문 분야에 의존해야 했다.

만치니가 맞닥뜨린 첫 번째 문제는 그림의 연도를 알아내는 것이었다. "고서 전문가나 사서들이 글을 보면 언제 쓰인 것인지 알아내듯이 그림을 보고 어떤 시대인지 감정할 수 있는 경험이 있어야 한다" (Mancini 1956-1957, 1:134).[40] 여기에서 만치니는 동시대의 알라치 Leone Allacci가 글의 연대를 알아내기 위해 사용한 방법을 말하는 것이 거의 분명하다. 알라치는 바티칸의 사서였으며 그리스어와 라틴어 원고의 연대를 추정하는 일을 맡아서 처리했다. 알라치가 사용했던 방법은 반세기 뒤에 고문서학paleography의 창립자라 할 수 있는 마비용Jean Mabillon에 의해 더욱 발전되었다.[41] 만치니는 다음과 같이 말했다. "시대마다 일반적인 특징이 있을 뿐만 아니라, 개인에게도 개별적 독특성이 존재한다. 손으로 직접 쓴 글에서 고유한 특징을 볼 수 있는 것과 마찬가지이다." 글과 그림의 유추는 이처럼 일반적인 수준(시대)에서 시작되어 그 맞은편(개인)에서 갱신되었다. 이 범위에서 알라치식의 원시적 고문서학 방법은 효과가 없을 것이다. 이 시대에는 새로운 목적을 위해 개인의 육필을 분석해 보려는 시도도 있었다. 의사로서 만치니는 히포크라테스를 인용하면서 '행위'를 보고 개인의 신체적 '특징'에서 유래된 영혼의 '자국'으로 돌아가는 것이 가능하다고 보았다. 이런 이유로 현대의 몇몇 뛰어난 지성인들이 개인의 글 쓰는 방식과 육필을 통해 지성과 정신의 수준을 밝혀낼 수 있다고 주장하기도 한다. '뛰어난 지성인'의 예로 볼로냐의 의사 발디Camillo Baldi를 들 수 있겠다. 발디는 『편지를 보고 글쓴이의 성격을 알아내는 방법에 대한 논문Trattato come da una lettera missiva si conoscano la naturà e qualita dello scrittore』 중 한 장(章)을 필적학에 할애하고 있다. 아마도 이 분야에 관한 유럽인 최초의 글이리라.

그 장의 첫머리는 이렇게 시작한다. "글자의 형태에서nella figura del carattere 어떤 의미를 읽어 낼 수 있는가." 여기에서 "글자character"는 "글자letter"를 의미한다. 정확히 말하면 종이 위에 펜으로 적힌 글자 모양을 뜻한다(같은 책 107; Baldi 1622:17, 18 이하).[42]

만치니는 새로이 떠오르던 필적학을 칭송하기는 했지만, '글자character'를 보고 (글자의 형태를 통해서) 글쓴이의 '성격character'을 (심리학적 의미에서) 알아낸다는 주장에는 전혀 관심을 갖지 않았다. (그러나 character라는 단어가 이중적 의미를 가지게 된 것은 학문적 맥락을 공유한 데서 기인할 수도 있으리라.) 만치니는 이 새로운 학문이 육필이 모두 다르기 때문에 모방하기가 불가능하다는 가정에 기반하고 있다는 사실에 충격을 받았다. 마찬가지로 모방이 불가능한 그림의 요소들을 확인해 내서 원본과 가짜를 구별하고 거장과 모사가 혹은 추종자의 솜씨를 가려낼 수도 있었을 것이다. 각각의 그림을 점검해 보는 방법에 대한 만치니의 조언을 들어 보도록 하자.

거장의 단호한 붓놀림을 탐지해 볼 수 있는지 잘 보아야 한다. 특히 머리카락, 턱수염, 눈 등 모사가가 따라 하기에는 힘이 너무 많이 드는 부분에 주목해야 할 것이다. 만약 모사가가 곱슬한 머리카락의 모양을 그대로 모방했다면 너무 힘을 많이 들인 티가 날 것이고, 제대로 베껴 내지 못했다면 거장만의 완벽한 솜씨를 찾을 수 없을 것이다. 이는 글씨를 쓸 때 펜을 휘갈기는 획과 마찬가지로, 거장의 확실하고 단호한 터치가 필요한 부분들이다. 특별히 대담하거나 화려한 붓놀림의 경우도 이처럼 주의를 기울여 보아야 하는데, 이는 거장만의 확실성이 가미된 것이어서 결코 흉내 낼 수 없기 때문이다. 예컨대 커튼이 주름 잡힌 정도나 햇빛에 반짝이는 모양은 실제보다는 거장의 대담한 상상력에 달린 문제일 것이다(Mancini 1956-1957:134).

만치니가 여러 맥락에서 보여 준 그림과 글씨의 비교는 이처럼 새로운 방향으로 나아갔다. 이는 건축가 필라레테(Antonio Filarete, 다음 6. 을 참고할 것)가 이미 암시한 바 있지만 그가 필라레테에 대해서는 몰랐던 것 같다(Averlino 1972, 1:28).[43] 그는 그림과 글씨의 유추를 강조하기 위해 당대의 글씨에 대한 논문에 쓰이던 '두드러짐,' '획,' '장식체' 등의 용어를 사용했다.[44] 속도에 대한 고찰 역시 같은 곳에서 유래했다. 관료주의가 새롭게 발전하면서, 법정 서기는 복사가로서 살아남기 위해 우아한 글씨를 신속하게 써 내려가야 했다.[45] 만치니가 장식적인 특질을 강조했다는 점을 보면, 그가 16세기 말부터 17세기 초까지 이탈리아를 풍미한 육필 모델의 특징에 주의를 기울였다는 점을 알 수 있다(Casamassima 1966:75-76). 글씨 쓰기에 대한 연구 결과로, 만치니는 그림에서 거장의 솜씨가 (1) 빨리 해낸 부분, (2) 실물을 그대로 나타내지는 않은 부분(머리카락 묘사 혹은 "실제보다는 거장의 대담한 상상력에 달린" 커튼의 주름)에서 가장 잘 나타난다고 보았다. 이제 이 두 가지 요소가 지니고 있는 풍부한 함축적 의미에 대해 알아보겠는데, 만치니와 동시대 사람들은 여기까지 생각을 발전시키지는 못했다.

5. '문자caratteri'. 이 단어는 1620년경 현대 물리학의 설립자 혹은 고문서학, 필적학, 감정업의 창시자에 의해 각각 문학적, 유추적 의미로 사용되었다. 물론 갈릴레오가 지성인의 관점에서[46] 자연이라는 책을 읽었을 때의 실재하지 않는 '문자'와 알라치, 발디, 만치니가 글이나 양피지, 그림에서 해독해 낸 '문자'의 관계는 은유적일 뿐이다. 그러나 지금까지 우리가 알아본 학문의 분야가 그토록 다양했던 점을 감안하면, 동일한 용어를 사용한다는 점은 몹시 놀라운 사실이다. 각각이 갖는 과학적 가치(갈릴레오식 의미에서) 또한 천차만별이다. 기하학의 "보편적 특질," 글에서 탐지해 낼 수 있는 "한 시대의 보편적인 특징," 그림의 스타일이나 육필의 "특정한 개인적 특성" 등 정말 다양한 양상을 보이고 있다.

과학적 내용이 (보편성에서 시대로, 그리고 개인으로―옮긴이) 단계적으로 축소되는 것을 보면, 갈릴레오식 모델을 적용하는 것이 학문과 개인의 관련 정도에 따라 차이가 있다는 주장이 더욱 확실해 보인다. (학문적―옮긴이) 특징이 개인에게 쏠릴수록, 엄밀하고 과학적인 지식의 실체를 구성하기란 더욱 어려워진다. 개인적인 특성을 무시한다고 해서 갈릴레오식 모델을 적용시킬 때 필수적인 수학과 물리학적 방식이 저절로 적용되는 것도 아니고, 그렇다고 모두 배제되는 것도 아니다.

6. 그러므로 이제 우리에게는 두 가지 접근 방식이 있다. 첫째는 개인적 요소를 포기하고 다소 엄밀하며 수학적인 일반화라는 기준을 달성해 내는 방식이다. 둘째는 개인을 이해하는 것을 기초로 하면서 (아직 제대로 된 것은 아니나) 잠정적이기는 해도 과학적일 수 있는 대체적 방식이다. 자연과학은 전자를 택했고 후에 이른바 인문과학과 사회과

학도 이를 따랐다. 원인은 분명하다. 개인적인 특징을 제거하는 것은
관찰자가 감정적으로 거리를 두는 것과 직접 연관이 된다. 필라레테는
『건축에 대한 논문*Trattato di architettura*』(15세기)에서 완벽하게 똑같은 건물
두 채를 짓기란 불가능하다고 했다. 아무리 비슷해 보일지라도 세부적
으로는 늘 차이가 생긴다는 것이다. (같은 맥락으로, "타타르 사람의 생김
새가 모두 똑같아 보이고 에티오피아인이 모두 검게 보인다 해도 자세히 들여
다보면 비슷하면서도 다르다.") 필라레테는 "파리, 개미, 벌레, 개구리, 다
양한 물고기 종류 등은 모두 너무 비슷해서 구별해 낼 수가 없다"라고
이어 말했다(Averlino 1972:26-27). 유럽의 건축가에게 건물들의 차이
는 아무리 미세할지라도 아주 중요하며, 타타르인이나 에티오피아인
의 생김새의 차이는 그다지 중요하지 않고, 벌레나 개미에는 차이가
아예 존재하지 않는다는 것이다. 타타르인 건축가나 건축에 문외한인
에티오피아인, 개미라면 다르게 생각하겠지만 말이다. 개인적인 특징
에 기반을 둔 지식은 언제나 인간 중심적이거나 자민족 중심적이고 편
견을 갖기 쉽다. 물론 개별적인 특성을 알기 위해 동식물이나 광물을
검사할 수도 있다. 점술에서[47] 특히 비정상적인 경우가 발생하는 경우
[기형학(畸形學, teratology)이 점술의 주요 분야였다는 것은 잘 알려져 있다]가
그러하다. 그러나 17세기 초반 수십 년 동안은 갈릴레오식 모델이 끼
친 영향(간접적인 것도 포함하여)으로 인해 학문은 예외적인 것보다는
전형적인 것을 연구하게 된다. 또한 점이나 예언보다는 자연적 작용을
일반적으로 이해하는 쪽으로 나아가게 되었다. 1625년 4월 로마 인근
에서 머리가 둘 달린 송아지가 한 마리 태어나자 린체이 아카데미의
자연주의자들이 지대한 관심을 보였다. 바티칸의 벨베데레 정원에서
몇 사람이 모여 토론을 벌였는데, 여기에는 아카데미의 비서였던 파베

르와 참폴리(이미 등장했듯이, 둘 다 갈릴레오의 친구였음), 만치니, 베지오_Agostino Vegio 추기경과 교황 우르바노 8세도 참여했다. 그들이 첫 번째로 제기한 문제는 머리 둘 달린 송아지를 한 마리로 보느냐 아니면 두 마리로 보느냐 하는 것이었다. 의사가 한 개인을 구별해 내는 특징은 바로 두뇌이다. 그러나 아리스토텔레스의 추종자들은 심장으로 개인이 구별된다고 주장한다(Lynceo 1651:599 이하).[48] 의사는 만치니뿐이었기 때문에, 파베르의 보고에 등장하는 의사의 관점이란 아마도 만치니의 견해를 반영하는 듯하다. 점성술에 관심이 있긴 했어도[49] 만치니는 괴물의 탄생이라는 특정한 일을 미래를 조망하려는 목적보다는 정상적인 개체를 좀 더 정확하게 정의 내리기 위해 고찰했다. 괴물이 어느 종에 속해 있는 한 이 개체는 복제 가능해야 한다. 만치니라면 평소 그림을 감정하던 방식 그대로 머리 둘 달린 송아지를 해부할 것이다. 그러나 감정가의 유추는 바로 여기에서 끝나야한다. 만치니 같은 인물이 어느 정도까지는 예언적 접근 방식(진단 의사와 감정가로서)과 일반화 모델(해부학자와 자연주의자로서) 사이의 접점을 대표한다고 볼 수 있다. 그러나 만치니는 두 방식의 차이점을 드러내기도 하다. 파베르가 정밀하게 묘사한 동물의 내부 기관을 알아보기 위한 해부(Lynceo 1651:600-627)[50]의 목적은 머리 둘 달린 송아지의 특유한 '성격'보다는 종의 '공통 형질'(이때 역사학에서 자연사로 돌아서게 된다)을 확인하는 데 있었다. 이는 아리스토텔레스가 설립한 자연사의 전통을 이어받으며 개량하는 것이라고 할 수 있겠다. 이 학문에서 중심이 되는 기관은 시각_sight으로, 페데리코 체시의 린체이 아카데미의 문장_crest에 장식된 날카로운 스라소니의 눈이 이를 상징한다. 수학의 초감각적인 눈은 용납되지 않았다.[51]

7. 이런 학문들에는 분명 (현재 우리의 정의에 따르자면) 인문과학 또는 사회과학이 포함되어 있다. 이들의 단호한 인간 중심주의를 고려하면 충분히 예견할 수 있으며, 이미 필라레테의 경우에서 생생한 예를 살펴보았다. 그런데 인간의 현상에까지 수학적 방법을 적용하려는 시도가 과거에도 있었다〔예컨대「크레이그의 법칙Craig's Rule」(1964)〕. 최초의 시도이자 가장 성공했던 분야는 정치 산술political arithmetic로, 인간의 행위 중 생물학적으로 가장 먼저 예정된 출생, 생식, 죽음이 주제가 되었다는 것은 놀라운 일이 아니다. 이처럼 주제가 철저하게 배타적이었기 때문에 엄밀한 조사를 해내는 동시에 절대국가의 군사적, 재정적 목적도 충족시킬 수 있었다. 새롭게 등장한 과학인 통계학의 선구자들이 양적 요소와 대비되는 질적 요소에 관심을 갖지 않았더라도 이는 그것이 소위 추측적 학문에서 완전히 단절되었음을 의미하지는 않는다. 사람들은 개연성에 관련된 계산〔베르누이Daniel Bernoulli의『추측의 기술Ars Conjectandi』(1713년 사후 출판)의 제목에서 볼 수 있듯〕을 이용하여, 과거에는 점술이나 예언을 통해 해결하려던 문제에 엄밀하고 수학적인 공식을 도입하려고 했다.[52]

인간에 대한 학문 분야에서는 어느 정도 불안감을 동반하기는 했어도 질적인 방법이 여전히 강세를 보였으며, 의학이 특히 그러했다. 의학에 진보된 점이 있기는 했으나 방법론은 여전히 불확실해 보였고 결과는 예측할 수 없었다. 프랑스의 공론가 카바니스Pierre Jean Georges Cabanis는 18세기 말 출판된『의학의 확실성에 관한 에세이』(Cabanis 1823)에서 의학에 엄밀성이 결여되어 있지만 그 나름대로 과학적이라고 주장했다. 의학에 확실성이 결여되게 된 데에는 두 가지 기본적인 이유가 작용했을 것이다. 첫째는 같은 질병이라도 환자마다 다르게 나타나므로, 특정 질병을 이론적 분류에 적합하게 기술하더라도 실제 의료 행위에서 항상 적합하지는 않다는 것이다. 둘째는 질병에 대한 우리의 지식은 언제나 간접적이고 추측적이라, 살아 있는 인체의 비밀은 결코 알아낼 수 없다는 것이다. 죽은 사람의 몸을 해부해 볼 수는 있지만 죽음으로 인해 변해 버린 시신을 보고 어떻게 생체의 특징을 알아낸단 말인가?(Foucault 1973, 1977b:192-193). 이런 이중의 어려움을 인식하고 나면 효과적인 의학 과정마저도 입증될 수 없다는 것 역시 어쩔 수 없이 받아들이게 된다. 마지막으로 의학은 자연과학의 엄밀성을 결코 달성할 수가 없는데, (순전히 보조적인 몇 가지 측면을 제외하고는) 의학에 정량화 능력이 없기 때문이다. 정량화 능력이 없는 이유는 질적이고 개인적인 것을 제거할 수 없기 때문이다. 인간의 눈은 바위나 잎사귀의 차이보다 인간과 인간 사이의 미묘한 차이에 훨씬 민감하기 때문에 개인적인 것을 제거할 수 없다. 인문과학의 중심이 되었던 인식론적 문제는 의학의 '불확실성'에 대한 논의 덕택에 일찌감치 형식화되었다.

8. 카바니스의 책을 읽으면 그의 조급함을 살펴볼 수 있는데, 그가 그러는 것도 당연하다. 방법론에 대해 어느 정도 정당한 반대가 있긴 했어도 의학은 여전히 사회적으로 인정받는 학문이었다. 그러나 이 시대의 모든 추측적 학문이 대우를 잘 받은 것은 아니었다. 예컨대 상당히 최근에 생긴 감정업의 경우 기존에 인정받은 학문의 경계선 근처라는 애매모호한 위치에 있었다. 일상생활에 좀 더 깊이 개입되어 있던 다른 분야들은 물론 기존 학문의 경계선에서부터 멀리 떨어져 있었다. 말[馬] 관리법에 대한 글을 읽은 후에 말발굽을 보고 말의 건강 상태를

안다거나 날씨 관련 논문에서 바람의 변화에 따른 폭풍 감지 능력을 키운다거나 심리학 논문에서 표정에 따른 사악한 의도를 파악할 수 있다. 각각의 경우 모두 주제에 관한 전문 서적의 범위를 넘어서는 더 풍부한 지식이 존재하고 있다. 이런 지식은 책이 아니라 스스로 듣고 보며 경험해 봐야 익힐 수 있다. 이때의 미묘함을 형식화해서 표현하기란 불가능하며, 말로도 설명할 수 없다. 이는 모든 부류의 남녀에게 ── 부분적으로는 공유되고 부분적으로는 배타적인 ── 넘겨진 유산이다. 섬세한 하나의 실로 연결되어 있고, 모두 구체적이고 개인적인 경험에서 생겨난다. 이처럼 구체적인 특성은 지식의 힘이 되는 동시에 한계가 된다. 추상화abstraction라는 강력하고 무서운 무기를 이용할 수 없기 때문이다(Ginzburg 1980 참조).

한 지역에 뿌리를 내리고 있긴 해도 그 기원이나 기록 또는 그 역사가 알려지지 않은[53] 이러한 민간전승의 일부를 글로 남겨 보려는 시도가 때때로 있기는 했다. 마치 죄수복을 입히는 것처럼 정확한 전문 용어를 사용하여 민간에서 전승되던 지식을 글로 남기려던 시도였으나 결국 그런 지식을 제약하고 따분하게 만들어 버리는 결과가 대부분이었다. 엄밀하게 도식화된 관상학 논문, 사랑에 빠진 사람, 말 장수, 카드 도박꾼이 각자의 상황에 따라 상대방의 얼굴 표정을 읽어 낼 때 얼마나 큰 차이가 존재할지 생각해 보라. 아마 의학의 경우에서만 추측에서 비롯하고 민간에서 전승된 지식이 규범화되고 기록되었을 것이다. 공식 의학과 민간 의학의 관계에 대한 연구는 제대로 이루어지지 않다가 18세기를 거치면서 비로소 상황이 변하게 된다. 문화적 대공세를 취한 중산층 시민 계급은 장인과 농부들의 민간 전통을 더욱 착취해 나갔다. 그중 일부는 추측에 기반을 둔 것이고 일부는 추측에 기반을 두지 않은 것이었다. 시민 계급은 민간 전통을 정리, 기록하는 동시에 대규모의 문화 침략을 감행해 나갔다. 비록 형태와 내용은 달랐지만 반종교 개혁 운동(Counter Reformation, 종교 개혁으로 유발된 가톨릭 교회 내부의 자기 개혁 운동—옮긴이) 기간에 이미 문화 침략이 시작되었다. 프랑스의 백과전서Encyclopédie가 문화 침략의 대공세를 상징하는 결정적 도구가 되었음은 물론이다. 그렇지만 무명의 로마 석공이 안지오 문Porto d'Anzio에서 발견된 조각품의 손안에 있던 정체 모를 신비스러운 돌 조각을 보고 "병마개나 코르크 마개"라고 말했을 때 빙켈만(Johann Joachim Winkelmann, 18세기 독일의 미술사 학자—옮긴이)이 경악했던 사소하지만 뜻깊은 사건이 시사하는 바를 생각해 보면 좋을 것이다.

빙켈만이 "작은 통찰력"[54]이라고 명명한 것들을 체계적으로 수집하는 것이 18, 19세기에 조리학에서 수문학(水理學), 수의학 등 오래된 지식을 새로이 형식화하는 데 기초가 되었다. 책을 통해 특정한 경험을 얻게 되는 독자층의 수도 늘어났다. 소설은 다른 차원에서 중산층의 시민 계급에게 실제 경험을 얻게 하는 입문 의식 역할을 대행했다.[55] 이 시대의 추측적 패러다임이 전혀 예상하지 못했던 새로운 성공을 거두게 된 것도 소설 덕택이라고 할 수 있겠다.

9. 아주 옛날 사냥꾼들이 추측의 기원이 되었다는 가설과 관련하여, 발자국만 보고 동물의 생김새를 재구성해 낸 세 형제에 대해 앞에서 다룬 바 있다. 이 이야기가 유럽에서 처음으로 등장한 것은 세르캄비Giovanni Sercambi의 모음집이다(Cerulli 1975).[56] 이후 아르메니아인 크리스토퍼Christopher가 페르시아어에서 이탈리아어로 번역한 『세렌디포 왕의 세 아들의 여행담Peregrinaggio di tre giovani figliuoli del re di Serendippo』이라는 휠

씬 더 방대한 모음집의 첫 이야기로 재등장한다. 이 책은 16세기 중반 베네치아에서 출판되었으며 수많은 개정판과 번역본이 재간되었다. 독일어 번역본이 가장 먼저 나왔으며, 18세기에 동방의 풍물이 유행하면서 유럽의 주요 언어들로 번역된다.[57] 세렌디포 왕의 세 아들 이야기가 성공하자 월폴Horace Walpole은 1745년 '세렌디피티serendipity'라는 신조어를 만들었다. 이는 "우연이나 영리함 덕택으로" 뜻밖의 운 좋은 발견을 해내는 재주를 의미한다(Hecksher 1974:130-131).[58] 그 후 볼테르가 이 책의 프랑스어판을 읽고 『자딕』 3장에서 이 책의 1권을 재구성해 냈다. 원본의 낙타는 개와 말로 바뀌었으며, 자딕은 흔적을 읽고 세세한 묘사를 해냈다. 자딕은 개와 말을 훔쳤다는 누명을 쓰고 재판정에 서지만 본 적이 없는 동물들을 묘사하게 도와준 정신적 과정을 밝혀내고 결백을 입증한다.

> 저는 모래 바닥에 난 동물의 발자국을 보고 작은 개의 발자국이라는 것을 쉽게 알아보았습니다. 발자국 사이에 길고 얕은 홈이 파여 있어서 그 동물이 최근에 새끼를 낳아 젖통이 늘어진 암캐라는 것도 알 수 있었죠.

이 부분과 이어 나오는 내용에는 탐정소설의 기원이 있다. 포와 가보리오는 이 이야기로부터 직접 영향을 받았으며 코넌 도일도 간접적으로나마 영향을 받았을 것이다.[59]

탐정소설이 유례없는 대성공을 거둔 것은 잘 알려져 있으며, 그 이유에 대해서는 차차 알아보기로 하겠다. 우선은 탐정소설이 아주 새로우면서도 오래된 인지 모델에 기초했다는 점에 주목하자. 인지 모델의 오래된 기원에 대해서는 이미 살펴본 바 있으며, 현대적인 측면에 관해서는 퀴비에가 고생물학paleontology이라는 새로운 과학의 방법과 성공을 칭송한 내용을 보자.

> 오늘날 갈라진 발굽 자국을 보게 된다면, 반추 동물의 발자국이라는 결론을 내릴 수 있을 것이다. 이는 물리학이나 윤리학에서 내린 결론만큼 확실한 것이다. 관찰자는 발자국만 보고 동물의 이빨 생김새나 턱 모양, 허리, 어깨, 엉덩이에 대해 말할 수 있다. 이는 자딕의 단서보다 훨씬 더 확실한 증거이다(Messac 1929:34-35).

이는 더 확실할지는 몰라도 대단히 유사하다고 하겠다. 1880년 헉슬리Thomas Huxley가 다윈의 발견을 널리 알리기 위한 일련의 강의에서 "자딕의 방법"이라는 용어를 사용하면서 자딕이라는 이름이 유명해졌다. 이는 되돌아보고 예측하는 방식으로, 역사학과 고고학, 지질학, 물리 천문학과 고생물학에 널리 사용된다. 역사적 발전과 깊은 관련이 있는 이러한 학문은 추측적이거나 예견적인 모델에 의존할 수밖에 없으며(헉슬리는 과거를 향한 예견을 명료하게 다루었다),[60] 갈릴레오식 패러다임을 저버리는 결과를 가지고 왔다. 원인을 반복할 수 없다면 결과를 보고 추측하는 방법밖에 없는 것이다.

III

1. 이 글의 탐구 과정은 천 한 조각에서 실을 따라가는 것과 비슷하다. 이제 실이 얽히고설켜서 동질적이고 촘촘한 하나의 천을 이루어내는 단계에 도달했다. 천이 일관되게 직조되었는지 점검해 보기 위해

여러 다른 줄들을 찾아보자. 수직적으로는 세렌디포-자딕-포-가보리오-코넌 도일이 연결되어 있다. 수평적으로는 18세기 초 문학 비평가인 뒤보Jean Baptiste Dubos가 확실성을 축소하려는 의도로 의학, 감정업, 필적 확인법을 대조해 놓은 글이 있다(Dubos 1729, 2:362-365; Zerner 1978:215 주에 일부 인용). 대각선적으로는 여러 역사적 맥락을 거치고, 그 이면에 가보리오의 영웅적 탐정 르코크Lecoq가 있다. 그는 쉬지 않고 "눈 덮인 미지의 땅"에서 범죄자의 발자취를 뒤쫓아 간다. 이 땅은 마치 "우리가 쫓고 있는 사람들이 발자국과 도망친 흔적뿐만 아니라 속마음 깊숙한 곳의 희망이나 공포까지 남겨 놓은 커다란 흰 종이" 같았다(Gaboriau 1877, 1:44).[61] 관상학에 관한 논문을 쓴 사람들이나 신석기 시대의 수렵꾼, 그리고 하늘과 땅에서 찾을 수 있는 메시지를 읽는 데 온 힘을 쏟았던 바빌론의 예언자들이 두드러진다.

이 천은 여러 다양한 맥락 — 사냥, 점술, 추측, 기호학 — 에서 모은 하나의 패러다임이다. 각각의 맥락은 하나의 공통된 인식적 모델을 대안적으로 묘사하며 소급해 간다. 전체적인 모델은 여러 학문 분야에서 이루어진 것인데, 각 학문 분야는 차용 방법이나 핵심 용어를 공유하며 연결되어 있다. 18, 19세기 사이에 '인문과학'이 등장하면서 별자리처럼 펼쳐진 추측적 학문들은 급격한 변화를 겪었다. 새로운 별이 탄생하는 것처럼 새로운 학문들이 탄생했는데 (골상학처럼)[62] 곧 사라지는 것도 있었고 (고생물학처럼) 위대한 업적을 이루어 내는 것도 있었다. 특히 의학이 사회적으로나 과학적으로 최고의 위치에 오르게 된다. 의학은 직간접적으로 모든 인문과학의 판단 기준이 되었다. 의학 중에서도 특히 어떤 분야일까? 18세기 중엽, 해부학적 모델과 기호학적 모델이라는 두 가지 방안이 부상했다. 마르크스(Karl Marx, 옮긴이의 요청에 따른 표기임 — 편집자)는 평론에서 "시민 사회"의 "해부"라는 은유적 용어를 사용하며,[63] 철학 최후의 위대한 체계인 헤겔주의가 흔들거리는 시대 속에서 새로운 지식 체계에 대한 염원을 나타냈다. 마르크스주의Marxism의 대단한 성공에도 불구하고 인문과학은 기호학의 추측 모델을 더욱더 많이 수용하기에 이른다. (몇 가지 중요한 예외가 있는데 곧 살펴보기로 하겠다.) 이제 이 글의 발단이 된 모렐리-프로이트-코넌 도일의 3인조로 되돌아가 보자.

2. 지금까지 우리는 추측적 패러다임(과 변형들)이라는 용어를 광범위하게 사용해 왔다. 이제 제대로 추측적 패러다임conjectural paradigm이라는 용어를 분석해 보자. 발자국이나 별자리, (동물이나 인간의) 배설물, 콧물, 각막, 맥박, 눈 덮인 들판, 떨어진 담뱃재를 분석하는 것과 글씨, 그림, 언어를 분석하는 것은 전혀 다른 차원의 문제이다. (무생물이나 생물의) 자연과 문화 현상 사이에는 근본적 차이가 존재하며, 이는 학문과 학문 사이의 피상적이고 가변적인 차이보다 훨씬 중대한 것이다. 문화적으로 이미 결정된 기호 체계 안에서 그림의 관례를 찾아낸다는 것이 모렐리의 생각이었다. 관례는 징후처럼 (또한 대부분의 단서처럼) 부지불식중에 생겨나는 기호를 말한다. 그뿐만 아니라 "대부분의 사람들이 언어를 사용하면서 의도하지 않고, 혹은 사용한다는 사실조차 깨닫지 못하면서 사용하는" "좋아하는 단어나 어구" 등 "서예가라면 장식체라고 부를 작은 세부 사항" 등을 뜻한다. 모렐리는 바로 이 속에서 예술가의 신원을 확인할 수 있는 확실한 단서를 발견해 냈다(Morelli 1897:71).[64] 모렐리는 만치니가 오래전에 형식화해 놓은 원칙들을 (비록 간접적이지만)[65] 계승하고 발전시키게 되었다. 만치니의 원칙들이 모

렐리의 시대에 결실을 맺었다는 것이 완전한 우연은 아니다. 이 시기는 정부가 그물처럼 촘촘한 통제망을 사회에 구축하려는 경향이 점차 강력해지던 때이자 무의식적으로 튀어나오며 눈에 잘 보이지 않는 특징들을 통해 신원을 파악하는 방법을 사용하던 시기였다.

3. 어느 사회라도 구성원을 구분할 필요가 있었는데, 그 방법은 시대별, 지역별로 각양각색이었다(Lévi-Strauss, Claude et al. 1977). 첫째는 이름이다. 그러나 사회가 복잡해질수록 이름으로 개인을 확인하기가 곤란해졌다. 예컨대 그리스-로마 시대의 이집트에서 어떤 사람이 결혼을 한다거나 재정적 계약을 하기 위해 공증인을 찾아오는 경우, 이름뿐만 아니라 상처, 특별히 알아볼 만한 표시 등 외모에 대해 간단하게 기록해야 했다(Caldara 1924). 그러나 이 정도로는 실수를 저지르거나 사기를 치는 일이 얼마든지 가능했다. 따라서 훨씬 개선된 방법으로 계약서 맨 끝에 서명을 하는 방법이 등장했다. 18세기 말 대수도원장 란치Lanzi는 감정가의 방법론에 대한 저서 『그림의 역사Storia pittorica』에서 필적 모방이 불가능한 이유는 "시민 사회"(즉 중산층 사회)의 "안전"을 지키기 위한 것이라고 주장하고 있다(Lanzi 1968, 1:15). 물론 서명이 위조될 수 있을 뿐만 아니라 문맹자에게는 아무런 견제 작용도 하지 못한다. 이런 단점에도 불구하고 유럽 사회는 수 세기 동안 신원확인의 수단으로 더 믿을 만하고 실용적인 방법이 필요하다고 느끼지 못했다. 심지어는 산업이 대규모로 발전하면서 사회적, 지리적 유동성이 생기고 급격한 도시 집중 현상이 일어나면서 문제의 근간부터 완전히 바뀌게 되었을 때도 마찬가지였다. 새로운 사회에서 자신의 자취를 바꾸고 전혀 다른 모습으로 나타나기란 식은 죽 먹기였고 이는 파리나

런던 등 대도시뿐만 아니라 어디서도 가능했다. 19세기 후반에 이르러서야 새로운 신원 확인 체계가 경쟁하듯 등장하게 된다. 국제노동자협회 설립, 파리 코뮌 이후 노동자 계층의 저항에 대한 탄압과 범죄 형태의 변화 등 계급 투쟁의 현대적 발전에 따라 생긴 현상이기도 하다.

1720년경 이후의 영국(Thompson 1975)과 1세기 뒤 유럽 대륙에서(나폴레옹 1세 치하에서) 자본주의적 생산 관계가 등장했고 기존의 법에 변화가 생겼다. 법은 소유에 대한 새로운 부르주아적 개념과 일치하도록 조정되었으며 처벌해야 할 수많은 범죄와 더 가혹한 처벌이 도입되었다. 계급 투쟁은 점점 범죄와 관련된 영역에서 이루어지게 되었고, 보다 연장된 투옥 기간에 기반을 둔 새로운 감옥 체제가 만들어졌다(Foucault 1977a). 그러나 감옥은 오히려 더 많은 범죄자를 양산했다. 프랑스에서 상습범의 숫자는 1870년 이후 꾸준히 증가했으며, 19세기 말에는 전체 사건의 반 정도가 재판을 받았다(Perrot 1975, 특히 65쪽). 이 시기에 늘어나는 전과자들을 확인해 내는 작업은 전체 사회를 완벽하고 전반적으로 점검하려는 의식적인 계획의 발판 역할을 하게 되었다.

전과자를 확인하기 위해서는 다음과 같은 사항을 확인할 필요가 있었다. (1) 어떤 사람이 예전에 유죄 판결을 받은 적이 있다, (2) 현재 문제가 되는 사람과 예전에 유죄 판결을 받은 사람이 동일인이다(Bertillon 1883; Locard 1909).[66] 첫 번째 문제는 경찰 기록부를 만들면 해결되었지만 두 번째는 까다로웠다. 범법자에게 평생 갈 표시를 한다거나 손상을 입히는 고대의 처벌 행위는 이미 폐지되었다. 뒤마Alexandre Dumas의 『삼총사』에서 다르타냥은 밀라디의 어깨에 백합 무늬가 찍힌 것을 보고 그녀가 예전에 독살을 저질러서 처벌을 받았다는 사실을 알아낸다. 반면 뒤마의 『몬테크리스토 백작』의 탈옥수 당테스와 위고Victor M. Hugo의 『레미제라블』의 탈옥수 장 발장은 거짓 이름을 사용해서 새로운 신분으로 살게 된다. 이를 보면 19세기 사람들이 전과자를 어떻게 생각하고 있는가를 엿볼 수 있다.[67] 부르주아 계급은 앙시앵레짐Ancien Régime[68] 아래에서 사용했던 것처럼 지울 수는 없으면서도 덜 가혹하고 모욕적이지 않은 신원 확인 기호를 원했다.

방대한 사진 기록부를 만들자는 제안은 분류 과정이 너무 힘들었기 때문에 처음에는 인정을 받지 못했다. 연속되는 이미지 속에서 어떻게 따로따로 떨어진 요소들을 구별해 낼 수 있단 말인가?(Bertillon 1883:10 참조). 사람들은 정량적인 방법quantification이 더 쉽고 엄정하다고 생각했다. 1879년 이후 파리의 공무원이었던 베르티용Alphonse Bertillon이 인체 측정학 방법을 개발해 냈다. 베르티용은 신체의 세세한 특징들을 자세하게 측정하여 신상명세서에 기록하는 인체 측정학 방식에 대해 여러 글에서 밝힌 바 있다(베르티용에 관해서는 Lacassagne 1914; Locard 1914를 참조할 것). 다만 베르티용의 방식에서 (이론적으로는) 몇 밀리미터의 실수로 인해 부당한 일이 생길 수도 있다는 것이 분명했으며, 무엇보다도 인체 측정학적 방법이 기본적으로 부정적negative이라는 심각한 결점이 있었다. 즉 이 방법으로는 검사 결과 세부적인 사항이 맞지 않으면 같은 인물일 가능성을 배제할 수 있었으나, 세부 묘사가 동일하다고 해서 동일 인물이라고 할 수는 없었다(Bertillon 1883:2). 개인마다 포착하기 어려운 특징들을 잡아 둘 방도가 없었던 것이다. 정량화 방식으로 인해 도망갔던 이런 특징들은 열린 창문으로 되돌아오곤 했다. 그래서 베르티용은 인체 측정학적 방법에 "언어로 표현한 초상화word-portrait" 방법을 혼합하자고 제안했다. 이는 (코, 눈, 귀 등의)

따로따로 떨어진 특징을 말로 표현한 뒤 모두 합해서 한 사람의 전체적인 이미지를 재구성하여 신원을 확인하는 방식이다. 베르티용이 귀에 대해 쓴 부분을 읽어 보면[69] 당대의 모렐리의 글에 곁들여졌던 삽화를 어쩔 수 없이 되새기게 된다. 둘 사이에 직접적인 관계는 없을지도 모르나, 필적 전문가이기도 했던 베르티용이 위조자가 결코 모방할 수 없는 개인마다의 독특한 세부적 특징들을 확실한 위조의 증거로서 내세운다는 것은 상당히 인상적이다(Locard 1914:27).[70]

분명 베르티용의 방식은 믿을 수 없을 정도로 복잡하다. 이미 언급한 측정에 따른 어려움뿐만 아니라 언어로 표현한 초상화 때문에 더욱 힘들어진다. 불룩 솟고 굽은 코와 굽고 불룩 솟은 코는 어떻게 다르단 말인가? 눈동자의 청록색을 정확하게 구분해 낼 방법이 있겠는가?

1888년 골턴Francis Galton은 자료 수집과 분류 모두 쉽게 할 수 있는 신원 확인 방법을 회고록에서 제안했는데 이는 후에 개정, 확장된다(Galton 1892에서 이에 대한 과거의 출판물이 언급된다). 바로 지문을 이용한 방법인데 골턴 본인도 인정했듯이 그가 최초로 생각해 낸 방법은 아니었다.

조직학 histology을 확립한 푸르키녜Jan E. Purkyné는 1823년 『시각 기관과 피부 체계의 생리학적 검사에 관한 논평 Commentatio de examine physiologico organi visus et systematis cutanei』(Purkyné 1948:29-56)에서 지문을 과학적으로 분석하는 방법을 최초로 도입했다. 푸르키녜는 피부의 선에 기본적인 9가지 유형이 있지만 똑같은 모양의 지문을 가진 사람은 없다고 주장하고 있다. 그는 자신의 주장의 실용성을 간과했지만 철학적인 측면에 대해서는 「개별적 유기체의 일반적인 인식법에 관한 논고De cognitione organismi individualis in genere」라는 제목으로 저서의 한 장을 할애했다(같은 책 30-

32). 이에 따르면 개인에 대해 아는 것이 진단에서부터 시작되는 실제 의료 행위의 핵심이라고 한다. 개인마다 병의 징후가 다르게 나타나기 때문에 치료법도 각기 달라야만 한다. 그래서 당대의 몇몇 작가들은(푸르키녜는 직접 이름을 거명하지는 않았다) 의료 행위를 "개별화의 예술die Kunst des Individualisierens"이라고 정의하기도 했다(같은 책 31). 그러나 개별화의 예술에서 실제로 기본이 되는 것은 개인의 생리학이었다. 젊었을 때 프라하에서 철학을 공부한 푸르키녜는 라이프니츠G. W. von Leibniz의 핵심 개념을 이곳에서 드러내고 있다. "모든 면에서 이미 예정된 존재ens omnimodo determinatum"인 개인에게는 각자의 정체성이 있어서 아무리 작고 눈에 안 띄는 특징을 보더라도 개인을 구별해 낼 수 있는 것이다. 환경이나 외부적 영향력만으로는 이를 설명하기가 힘들다. 여기에는 내부적 규범, 즉 "유형typus"이 있어서 종의 다양성을 한계 내에서 유지한다는 가정이 필요하다. 푸르키녜는 이런 내부적 규범을 알게 되면 "숨겨진 개별적인 특성을 이해하게 될 것"이라고 보았다(같은 책 31-32). 관상학은 개인의 다양성에 대해 선입관을 갖고 성급한 추측을 하는 실수를 저질러서 얼굴을 과학적으로 묘사하는 연구를 할 수 없었다. 푸르키녜는 손바닥 연구를 수상학(手相學)이라는 "쓸모없는 과학"에 맡겨 버리고는 다소 분명하지 않은 것에 관심을 쏟았다. 바로 손가락 끝의 선(지문)을 연구하는 것이었는데, 이를 통해 개인의 숨겨진 정체성을 알아내게 되었다.

유럽에 대해서는 잠깐 접어 두고 아시아 쪽으로 관심을 돌려 보자. 동시대의 유럽 국가와는 달리 중국과 일본의 예언자들은 손을 가로지르는 가느다란 금에 대해 관심을 가지고 있었다. 중국에서뿐만 아니라 벵골에서도 손가락 끝을 잉크나 타르에 묻혀서 편지나 문서에 찍는 관습이 있었는데(Galton 1892:24 이하), 아마도 점술에서 유래한 지식의 결과일 것이다. 돌이나 나무의 결, 새의 발자국, 거북이 등판을 보고 신비스러운 메시지를 해석하는 것에 익숙했으니, 더러운 손가락 자국을 보고 일종의 메시지를 찾아내는 것 또한 간단했을 것이다(Vandermeersch 1974:29 이하; Gernet 1974:52 이하). 1860년 벵골 후글리 지방의 판무관이었던 허셸 경Sir William Herschel은 이런 관습을 보고 영국 행정부의 기능을 개선시키는 데 이득이 될 것이라고 여겼다. (허셸은 이 문제의 이론적인 측면에 관해서는 전혀 관심을 갖지 않았다. 그는 거의 반세기 동안 처박혀 있던 푸르키녜의 라틴어 저서에 대해서는 들어 본 적도 없었다.) 골턴의 지적대로, 신원 확인을 위한 수단이 절실했다. 다른 영국 식민지의 경우처럼 인도의 원주민들은 문맹에다 논쟁적이고 교활하고 사기성이 짙었으며, 유럽인의 눈에는 모두 똑같아 보였다. 1880년 허셸은 『네이처Nature』에서 17년간의 실험을 거친 후 후글리 지방에 지문 사용이 공식적으로 도입되었으며 3년 동안 최상의 결과를 보여 주었다고 발표한다(Galton 1892:27-28).[71] 대영 제국의 행정관들은 주민들을 착취하기 위해 벵골의 추측적 지식을 받아들이고 활용했다.

허셸의 논문에 힘입은 골턴은 이 주제 전반에 관한 자신의 생각을 체계적으로 재구성하기 시작했다. 골턴은 전혀 다른 세 가지 요소를 하나로 수렴하여 연구의 기반으로 삼았다. 순수 과학자인 푸르키녜의 연구 결과, 벵골인들이 일상적으로 사용하고 있던 구체적인 지식, 영국 여왕의 충성스러운 신하였던 허셸 경의 정치적, 행정적 식견. 골턴은 첫 번째와 세 번째 요소만을 인정했고, 지문에 나타난 인종 간의 특징을 추적해 보려 했으나 실패했다. 그러나 인도의 몇몇 부족에 대해 연구를 계속하여 "좀 더 원숭이에 가까운 유형"을 찾아내기를 희망했다(같은 책 17-18).

골턴은 지문 분석에 결정적인 기여를 했을 뿐만 아니라, 이미 언급했던 것처럼 실용적 의미도 파악했다. 그의 새로운 방법은 곧 영국에 소개되고 점차 세계적으로 퍼지게 된다(프랑스는 이런 세계적 유행을 마지막으로 받아들인 나라 중 하나였다). 골턴이 프랑스 내무성의 한 관료가 자신의 경쟁자인 베르티용에게 바쳤던 찬사를 받으면서 자랑스럽게 언급한 대로, 이제 모든 인간은 정체성을 가지게 되었고 드디어 의심의 여지없이 한 개인으로 자리 잡게 되었다(같은 책 169; Foucault 1977b: 158도 참조할 것).

골턴의 방법에 힘입어, 영국 행정관들에게 구별 불가능한 하나의 덩어리처럼 보였던 벵골인의 얼굴(필라레테의 모욕적인 표현을 인용하자면 "낯짝")이 이제 각각의 생물학적 특성을 가진 개인들로 보이게 되었다. 개별성이라는 개념이 이처럼 특별하게 확장된 것은 국가와 행정관과 경찰력 사이의 관계에서 연유했다. 이로써 유럽이나 아시아의 가장 작은 마을에서까지도 지문으로 주민을 확인하고 점검할 수 있게 되었다.

4. 앞의 경우에서 사회가 개인에 대한 통제력을 정교하게 발전시키기 위해 사용된 추측적 패러다임에 사회를 이해할 수 있는 잠재력도 존재한다. 진보된 자본주의 사회처럼 복잡성이 끊임없이 증가하고 암울한 이데올로기로 혼미해진 사회 구조에서는 체계적 지식에 대한 어떤 주장도 환상을 향한 어리석은 도피책으로만 여겨지게 된다. 이를 인정한다고 해서 전체성totality의 개념을 포기하는 것은 아니다. 반면 피상적인 현상을 설명해 줄 수 있는 심오한 관계가 존재한다는 것은 그런 관계를 직접적으로는 알 수 없다고 인정될 때에만 확인된다. 실제로는 불

투명하더라도 우리에게는 해석에 도움이 되는 몇 가지 요소 — 징후나 단서 — 가 있다.

이런 개념들은 추측적 혹은 기호학적 패러다임의 중심이 되었고, 광범위한 지적 맥락에서 확고한 자리를 잡게 되었다. 특히 인문과학에 심오한 영향을 미쳤다. 섬세하고 묘사적인 특징들을 이용해(약 3세기 전에 만치니가 알라치에게 사용한 방법을 정리한 모렐리와 직접 연결된다) 문화적 이동이나 변형을 재구성하게 되었다. (몇 가지 예를 들자면) 15세기 피렌체 화풍의 흐르는 옷자락, 라블레François Rabelais의 언어학적 혁신, 프랑스와 영국 군주들이 왕의 나쁜 병을 치료하는 것 등이 사회 계층이나 작가, 사회 전체의 시각이라는 일반적인 현상을 풀어낼 작지만 중요한 단서로 사용되었다.[72] 앞에서 언급했듯이 정신분석학이라는 학문은 겉으로는 무시할 만한 사소한 것 속에 심오하고 의미심장한 현상이 숨겨져 있다는 가정에 기초한다. 체계적인 접근 방법이 쇠퇴하면서 니체Friedrich W. Nietzsche에서 아도르노Theodor W. Adorno에 이르는 금언적 접근 방식이 점점 빛을 발휘하게 되었다. 심지어는 금언적aphoristic이라는 용어조차 뜻이 깊어진다. (이는 하나의 암시이자 징후이며 단서다. 즉, 우리의 패러다임에서 탈출하는 것은 불가능하다.)『금언집』은 히포크라테스가 쓴 유명한 작품의 제목이기도 하다. 17세기에는 '정치 금언집'이라는 전집이 등장하기 시작했다.[73] 금언적 문학의 정의를 보면, 징후와 단서를 기초로 삼아 인간과 사회, 즉 병들고 위기에 처한 인간과 사회에 대한 견해를 형식화하려는 시도를 하는 것이다. 위기crisis라는 용어도 히포크라테스 시대까지 거슬러 올라가는 의학적 용어이다.[74] 문학에서도 우리 시대의 가장 위대한 작품인 프루스트Marcel Proust의 『잃어버린 시간을 찾아서A la recherche du temps perdu』 역시 추측적 패러다임을 엄밀하게 적

용한 예이다.[75]

5. 엄밀성과 추측적 패러다임은 양립할 수 있는가? 갈릴레오 이후 자연과학이 추구해 온 양적이고 반인간 중심적인 방식은 인문과학의 딜레마가 되어 왔다. 인문과학은 과학적으로 취약한 입장을 취하면서 의미심장한 결과를 이루어야 할까, 아니면 과학적으로 분명한 입장을 취하는 대신 미미한 결과에 만족해야 할까? (금세기 동안) 언어학만이 딜레마에서 탈피하는 데 성공하여 어느 정도 뒤를 따르는 다른 학문의 전형이 되었다.

애초에 엄밀성은 얻을 수 없으며 바람직하지 않은 게 아닌가 하는 의심이 싹틀 수 있다. 의심이 생기는 이유는 일상생활의 경험과 밀접한 관련이 있는 지식의 형태 때문이다. 정확히 말하자면 독특하고 대체 불가능한 특성이 결정적인 역할을 하는 모든 경우와 밀접하게 연관이 있는 지식의 형태 때문에 의심을 하게 되는 것이다. 사랑에 빠진다는 것은 다른 사람과 구분되는 어떤 남녀의 사소한 차이를 지나치게 높이 평가하는 것이라고 말하던 때도 있었다. 이것이 그림이나 말[馬]에도 확대될 수 있음은 물론이다.[76] 이런 맥락에서 추측적 패러다임의 (모순되는 구를 사용해 보자면) 융통성 있는 정확성을 삭제한다는 것은 불가능해 보인다. 이는 말로 표현하기 힘든 지식에 대한 문제이다. 형식적으로 명료하게 표현되지도, 심지어는 크게 말하기도 어렵다는 것이 지식의 규칙이다. 규칙을 단순하게 적용한다고 해서 누구나 의사가 되거나 미술 감정가가 되는 것은 아니다. 지식 외에도 측정될 수 없는 요인들 ── 숨을 내쉰다거나 힐끗 쳐다본다거나 직관 등 ── 이 존재하고 있다. 지금까지 직관이라는 미묘한 용어를 되도록 사용하지 않았다. 그리고 사고 과정에 순간적으로 스치고 지나가는 것을 묘사하는 수단으로서 직관이라는 용어를 사용하려면 먼저 **저급**low 직관과 **고급** high 직관을 구분해야 할 것이다.

고대 아랍의 관상학은 피라사firasa를 기본으로 삼는다. 피라사란 일 반적으로 말해 (단서에 기초하여) 추론을 통해 아는 사실에서 비약하여 미지의 것에 도달하는 능력을 의미한다.[77] 원래 수피Sufi 철학(이슬람교 의 신비주의 분파인 수피파의 철학—옮긴이)에서 사용하던 용어였으며, 신비한 직관은 물론 세렌디포 왕의 아들들이 갖고 있던 놀라운 통찰력 등을 나타낸다.[78] 이 두 번째 의미에서 피라사는 추측적 지식을 담당하 는 기관 그 이상도 그 이하도 아니다.[79]

'저급 직관'은 (감각을 초월하기는 하나) 감각에 뿌리를 두고 있어서 19세기나 20세기의 다양한 비합리주의의 초감각적 직관과는 전혀 관 계가 없다. 지리적, 역사적, 민족적, 성적, 계급적 구분 없이 세상 어디 에나 존재한다. 다시 말해서 지식 계층에만 한정된 어떤 형태의 '우월 한' 지식과도 다르다. 이는 허셸 경이 착복한 벵골인의 유산이며, 수렵 꾼, 선원, 여성의 유산이다. 이는 인간과 다른 동물을 이어 주는 단단한 연결 고리이다.

5장

예측할 것인가, 말 것인가?

마시모 본판티니
Massimo A. Bonfantini

잠파올로 프로니
Giampaolo Proni

1. 「주홍색 연구」에 나타난 수사 구조

셜록 홈스가 「주홍색」에서 어떤 식으로 수사를 진행했는지 재구성하는 문제는 적어도 다음 두 가지 이유 때문에 쉽지 않을 것이다. 첫째로, **텍스트상의 전략** 때문이다. 코넌 도일은 탐정이 확보한 자료를 독자들에게 그대로 제공하지 않는다. 홈스가 확보한 자료들은 별것 아닌양 이야기가 끝날 무렵에 드러나지만(예컨대 홈스가 범행 장소를 알자마자 보낸 전보의 답장 등) 사실 이런 것들이 사건 해결의 실마리이다. 두번째로, 홈스는 수사의 어느 단계에서 자신이 사건의 해결책을 얻게되었다거나 특정 행동을 하는 이유, 또는 그 결과를 밝히지 않는다.

그러나 지금 우리는 홈스 소설의 이야기 구조보다는 그 안에 있는 이론화된 **방법**에 관심이 있다. 그래서 이야기 도중 독자에게 알려 주는 요소나 결말에서 밝혀지는 요소를 통합하여 이야기의 전체적인 도식을 재구성해 볼까 한다. 여기에도 어려움이 있다. 홈스가 관찰하는 것과 추론해 내는 것이 같지도 않을뿐더러, 비록 우리가 홈스의 관찰이나 '실험'이 어떤 순서로 진행되어 가는지를 안다 하더라도, 홈스가 언제 결론에 도달하는지는 알 수 없기 때문이다.

그러므로 우리가 만들어 내는 도식은 일종의 **재구성**에 불과하다. 수사가 어떻게 진척되는지 정확하게 알 수 있을 때도 있고 또 텍스트상의 이유로 알아낼 수 없는 경우도 있다. 이런 부분은 그때그때 지적하기로 하겠다.

1. 홈스는 그렉슨(수사를 전담한 런던 경찰청 소속 형사 두 명 중 하나)으로부터 편지를 받는다. 그렉슨은 홈스에게 로리스턴 가든의 빈집에서 벌어진 드레버 살인 사건 수사를 도와달라고 요청한다.

2. (완벽하고 상세한) 일반적인 지식을 가지고 있는 홈스는 일주일 동안 비가 안 내리다가 사건 전날 밤에 비가 내렸다는 사실 역시 **알고 있다**. 그는 범죄 현장에 도착하자마자 마차에서 내려 직접 땅을 밟아 본다. 그리고 범죄 현장 앞 비에 젖은 땅에서 또 다른 마차 바퀴 자국을 **관찰한다**. 바퀴의 폭이 좁은 것으로 보아 승객용 마차일 것이라고 확신한다. 또한 말발굽 자국을 보고 누군가 말을 혼자 놔뒀을 것이라고 추측한다.

이런 증거들을 확보한 홈스는 누군가 밤에 승객용 마차를 몰고 와서 세웠을 것이라고 결론을 내린다. 바로 이 시점에서 그는 마부가 어떤 식으로든 사건과 관련이 있을 것이라는 가정을 세웠을지도 모른다. 문제의 승객용 마차가 경찰에 속한 것이 아니라면 말이다. 그러나 텍스트에서 이에 대한 언급은 전혀 찾아볼 수가 없다. 홈스는 또 다른 증거를 찾는다. 집으로 통하는 좁은 길에 찍힌 여러 발자국들을 주의 깊게 **관찰하고** 끝이 네모진 부츠 발자국과 세련된 디자인의 부츠 발자국에 주목했다. 이것들은 다른 것에 비해 더 이전에 생긴 것들이었다. 보폭이 1.2미터 정도인 것을 보니 끝이 네모진 부츠를 신은 사람은 젊은이였을 것이다. 반면 다른 신발의 보폭은 이보다 작았다. 따라서 홈스는 두 사람이 다른 이들보다 먼저(아마도 지난밤 사이에) 집 안에 들어왔을 것이라고 **결론짓는다**. 한 사람은 키가 큰 젊은이이고, 또 한 사람은 말쑥한 옷차림을 하고 있었다.

3. 홈스는 경찰청 소속의 또 다른 형사 레스트레이드에게 그날 아침 승객용 마차를 타고 온 사람이 있었느냐고 물었다가 아무도 없었다는 대답을 듣는다. 이에 두 사람이 밤새 승객용 마차를 타고 도착했으며, 아마도 끝이 네모진 부츠를 신은 사람이 마차를 몰았을 것이라는 가정이 **확실해진다**. 그렇지 않다면 그가 밤중에 마차를 놔두고 어디를 갈 수 있었겠는가.

4. 홈스는 집에 들어가 잘 보존해 놓은 범죄 현장을 살펴보았다. 시신을 보고 좋은 부츠를 신었던 쪽이 피해자라고 **확신한다**. (여기에서 마부가 살인범이라고 추측하는 일은 그다지 어렵지 않을 것이다. 죽은 사람이 살인범일 수는 없으니 말이다.)

5. 홈스는 몇 가지 사소한 것을 **관찰했고**, 다음의 가정이 가능해졌다.

(1) 죽은 사람의 표정은 공포나 증오에 찬 표정이다.

(2) 죽은 사람의 입에서 약간 신 냄새가 난다. 아마도 강제로 독을 마신 것 같다. 이와 유사한 몇몇 사건이 이를 뒷받침해 준다.

(3) 벽에는 고딕체로 "RACHE"라는 피로 물든 글자가 적혀 있다.

홈스는 보자마자 이 단어가 복수를 뜻하는 독일어임을 알지만, 수사를 헷갈리게 만드는 트릭이라는 **결론을 내린다**. 진짜 독일인이라면 대문자에 로마자를 사용했을 것이기 때문이다.

(4) 피해자에게서 반지가 발견된다. 홈스는 반지가 피해자로부터 멀리 있거나 이미 죽은 여인을 떠올리게 했을 것이라고 **상상해 낸다**. (이유는 나오지 않지만, 홈스는 살인범이 반지를 일부러 놔둔 것이 아니라 깜빡 **잊고** 가 버린 것이라고 즉시 알아챘다.)

(5) 마루에 핏자국이 나 있으나 싸운 흔적은 없었다. 홈스는 피를 흘린 사람이 살인범이라고 **결론짓는다**. 홈스는 다혈질인 사람이 흥분하면 피를 잘 흘린다는 것을 알고 있기 때문에, 살인범이 혈기왕성한 자일 것이라고 추측한다.

6. 이제 홈스는 확대경과 줄자를 갖고 방안을 샅샅이 조사하기 시작한다.

(1) 홈스는 끝이 네모진 구두 발자국을 **찾아내서** 보폭과 수를 측정하고, (자신만의 계산법으로) 신장을 **추론해 냈다**. 또한 보폭이 자꾸 커지는 것을 보고 흥분해서 방 안을 이리저리 돌아다녔다고 **확증해 낸다**.

(2) 그는 마룻바닥에서 담뱃재를 **발견하고** 트리치노폴리제 담뱃재라고 **확증한다**.

(3) 그는 벽의 글씨가 긁어서 쓴 것임을 **관찰하고** 살인범의 손톱이 길 것이라고 **결론짓는다**.

7. 범죄 현장을 떠난 홈스는 전보를 하나 보낸다. 후에 밝혀지는 사실이지만, 드레버의 고향인 클리블랜드에 그의 결혼에 대해 문의하는 내용의 전보였다. 반지를 보고 애정 문제와 관련된 사건이라는 가정을

세우고 **검증**을 위해 전보를 친 것이다. 홈스가 전보의 대답을 언제 들었는지는 나오지 않지만, 10번 단계 이전에 들었음이 분명하다. 10번은 홈스가 런던의 승객용 마차를 모는 마부 중에서 제퍼슨 호프를 찾으라고 명령을 내리는 단계이기 때문이다.

8. 셜록 홈스는 순찰을 돌다가 시신을 최초로 발견했던 존 랜스 순경을 찾아간다. 홈스는 랜스에게 **여러 질문을 하는데** 여기에서 그가 이미 마부를 범인으로 여기고 있다는 텍스트적 증거를 얻게 된다. 홈스는 랜스에게 시신을 발견하고 나오다가 길에서 누군가 만나지 않았느냐고 물어본다. 랜스가 주정꾼을 봤다고 대답하자, 홈스는 주정꾼이 혹시나 채찍을 가지고 있었는지, 승객용 마차를 봤는지도 물어본다. 랜스는 모두 아니라고 대답하고, 주정꾼이 키가 크고 목소리가 잠겨 있었다고 말한다. 이에 살인범이 반지를 가지러 되돌아왔다가 경찰을 만나 술에 취한 척했다는 홈스의 가정이 **확증된다**.

9. 홈스는 왓슨의 이름으로 신문에 로리스턴 가든 근처에서 금반지를 찾았다는 광고를 낸다. 홈스는 **이 트릭으로** 살인범을 **옭아맬** 수 있으리라고 생각했다. 보통 사람이라면 범죄와 반지를 연관 짓지는 못할 것이다. 따라서 살인범은 광고를 봐도 함정이라고는 생각하지 못하고 그저 자신이 반지를 길에 떨어뜨렸다고 생각하리라. 그러나 키 큰 남자가 아니라 노파가 나타나서 반지를 가져갔고, 뒤쫓은 홈스를 따돌려 버리기 때문에 **계획은 실패하고 만다**.

10. 홈스는 또 다른 방도를 생각해 낸다. ("베이커가의 비정규병"으로 유명한) 동네 꼬마들을 시켜 제퍼슨 호프라는 마부를 찾아내게 한다. 그는 호프가 살인범이며 런던에서 마부라는 직업을 활용해서 피해자를 찾아냈을 것이라고 **결론 내렸다**. 홈스는 호프가 의심을 피하기 위

해 범죄를 저지르고도 며칠이 지나자 이름도 바꾸지 않고 마부일을 계속할 것이라고 **추정한다.** 런던에서 그의 정체를 아는 사람은 아무도 없기 때문이다.

11. 이때 또 다른 사건이 벌어진다. 가슴을 칼에 찔린 피해자가 발생한 것이다. 피해자는 드레버의 비서였던 스탠거슨[1]이며 혐의 대상으로 쫓기던 자는 아니었다. 역시 RACHE라는 '서명'이 있었다. 맥락상으로는 이 사건으로 인해 수사의 모든 흐름이 엉망진창이 되어 버리는 것 같다. 그러나 자세히 조사해 보면 이 새로운 사건은 홈스의 모든 가정을 확증해 주었다.

(1) 호텔의 종업원이 살인범이 도망치는 것을 목격했다. 종업원은 살인범이 키 크고 안색이 붉다고 **증언했다.**

(2) 스탠거슨의 소유품 중에서 "J.H.가 유럽에 있음"이라는 전보가 **발견되었다.** (독자는 이 시점에서 J.H.가 누구인지 모르지만, 홈스는 알고 있다.)

(3) 알약 두 개가 들어 있는 상자는 범인이 독약을 사용한다는 사실을 (비록 이번에는 미수에 그치고 말았지만) **확인시켜 주었다.**

12. 두 번째 살인 사건이 일어나자 경찰 수사는 미궁에 빠진 것처럼 보였다. 하지만 해결책은 눈앞에 있었다. 레스트레이드가 두 번째 살인 사건을 보고하자마자 홈스가 부른 마부가 짐을 찾으러 오는데, 바로 그가 살인범이었다. 제퍼슨 호프에 대해 아직까지 아무것도 모르던 독자들은 여기에서 깜짝 놀라게 되고, 다른 등장인물들 모두 경악을 금치 못한다. 셜록 홈스는 신비한 빨간 실마리를 따라 **모든 가정을 확증해 주는 최종 증거에 도달했다.** 호프는 즉시 자신의 범죄 사실을 고백한다.

이 도식에 대해 몇 가지만 짚어 보기로 하자. 이야기의 긴장감은 텍스트상의 기교라 할 수 있다. 홈스가 안다고 가정된 내용들을 독자 역시 알게 된다면, 어렵지 않게 결론에 도달할 수 있을 것이다. 텍스트상으로는 독자가 클리블랜드에서 온 전보의 내용이나 말이 주인 없이 내버려져 있었다는 사실을 끝까지 모른다고 가정되어야 한다. 여기서 중요한 것은 전자가 아니라 후자이다. 피해자가 호프라는 자에게 협박당한 적이 있었다는 사실을 알게 되면, 이를 범죄와 연관 짓는 것은 간단하리라.

두 번째로, 우리는 홈스의 수사 과정의 각 단계를 강조했다(수사의 주요 부분을 강조 표시한 이유이다). 홈스는 동시에 여러 가지 일을 해치운다. 한편으로는 **관찰하면서** 다른 한편으로는 **결론짓고 추론하고 추정한다.** 요컨대, 홈스는 이론을 세우고 나서 **확증을 위한 사실을 찾아내어 짜 맞춘다.**

세 번째로 우리는 홈스가 여러 단계로 일을 처리해 나감을 알 수 있다. 홈스는 **자료를 수집하는** 동시에 범인을 잡기 위한 **전략을 세워 실행해 나갔다.**

2. 홈스와 퍼스 비교

위의 세 가지 요소 중 첫 번째와 두 번째에 대해서만 고찰해 보자. 세 번째는 범죄자의 정체를 알아내는 것보다는 범죄자를 잡는 일과 더 연관된 것이므로 배제했다. 두 번째, 즉 홈스의 수사 과정의 구조에 관심을 집중해 보자. 퍼스에 대해 아는 사람이라면 홈스의 수사 논리와 퍼스의 일반 지식과 과학 지식의 과정의 논리가 구조적으로 완벽하게 일치한다는 것을 알 수 있을 것이다.

퍼스를 잘 이해하는 독자라면 「주홍색」에 나타난 홈스의 수사 과정 개요를 검토해 보며 인지 과정의 세 단계가 차례차례 잘 통합되어 간다는 사실을 간파할 것이다. 퍼스에게 있어 세 단계는 귀납법, 가추법(또는 가정), 연역법이라는 세 가지 논증 형태를 의미한다. 홈스는 여러 관찰 자료를 관찰, 기록하고 짜 맞춘다(귀납법). 그리고 **사건의 이유**를 알아내기 위해 관찰된 사실을 설명하거나 해석할 수 있는 가정을 내세운다(**가추법**). 그리고 자신의 가정에 필연적으로 내재한 결과를 분석적으로 제시한다(**연역법**). 이제 홈스는 가정과 도출된 결과를 관찰하고 넓은 의미로 '실험'을 해 본다(**귀납법**). 차례차례 고안되며 선택된 가정들이 그물망을 이루어 살인범의 정체 확인이라는 근본적인 가정으로 모인다.

홈스와 퍼스가 인지 과정의 복잡한 논리 구조를 이해하는 **양식**이 완전하게 일치한다고 해서, 두 가지 **방식**이 똑같다는 의미는 아니다. 사실 (우리가 퍼스를 옳게 이해한다면) 퍼스는 이런 일치를 아주 자연스럽고 당연한 것으로 여길 것이다. 퍼스는 1868년에 쓴 두 편의 반(反)데카르트적 논문 중 두 번째인 「네 가지 무능의 몇몇 결과들Some Consequences of Four Incapacities」에서 인간이 정신적인 행동을 하기란 불가능하다고 주장한다. 퍼스는 더욱이 **귀납법, 연역법, 가추법이라는 세 가지 필수적인 논증 형식에 의존하지 않고서는** 무슨 수를 써도 인지 과정에 접근하기란 불가능하다고 주장한다. 퍼스에 의하면 세 가지의 추론 형태의 상관 작용은 일상생활의 문제부터 전문가적 수사 과정이나 과학적 연구 논문을 쓰는 과정에까지 공통적으로 작용한다. 따라서 경찰 수사 과정에서 세 가지 추론 형태를 찾아볼 수 있다는 것은 전혀 놀라운 일이 아니다.

우리가 퍼스를 옳게 해석한다면, 그는 홈스(또는 코넌 도일)에게 다음처럼 이야기할지도 모른다.

"세 가지 추론 형태를 조합하여 새로운 사실을 발견하는 것은 과학의 **방법**의 발전에 필요하기는 해도 완전히 충분하지는 못합니다. 세 가지 추론 형태는 고대 그리스 시대부터 설명된 것입니다. 아리스토텔레스의 『오르가논』에서도 찾아볼 수 있지요. 갈릴레오 이후로 과학의 방법은 가정-연역-실험이라고 알려졌습니다. 현대의 과학자들이나 내가 철학적 사유에서 사용하는 과학적 방법은 보다 범위가 넓고 혁신적인 갈릴레오의 전통과 연관되어 있지요. (관찰과 실험에 필요한 도구와 기술에 힘입어) **귀납법**과 (분석논리학의 형식화와 수학의 진보 덕택으로) **연역법**이 더욱 정교해지고 확장되었다는 사실은 이미 많은 사람들이 인정하고 있습니다.

그러나 나는 무엇보다도 **가추법**, 즉 가정의 기능을 강조하고 싶습니다. 데카르트의 전통과 상반되지만 나는 우리의 모든 지식이 가정에 기초하고 있다고 주장합니다. 그럼으로써 본유적인 오류 가능성을 강조하는 한편 가추법이 일반적인 인지 과정이나 특히 모든 과학 과정에서 통제 역할을 떠맡아야 한다고 주장하는 바입니다. 참신하고 대담한 가추법을 통해서만 새로운 진리에 도달할 수 있습니다. 비록 진리가 잠정적이고 명확하지 않더라도 말입니다. 새로운 가정을 통해서만 실재에 대한 시야를 확대시킬 수 있고, 새로운 경험 세계를 발견하고, 실험을 위한 새로운 자료를 찾아낼 수 있는 것입니다. 친애하는 홈스 씨, 당신이 이론화해서 수사에 사용하는 방법을 자세히 연구해 본 결과 당신의 방법이 근본적으로는 나의 방법과 동일한지, 아니면 당신과 나의 방법이 서로 다른 점을 지적해 주면서 각각의 독단적인 일방성을 고쳐 줄 수 있는 것인지 잘 모를 정도가 되었습니다."

3. 홈스의 가추법

홈스의 수사 방식의 몇 가지 특징에 대해 자세히 분석해 보자. 그는 칭찬할 만하게도 세 가지 논증 방식을 효과적으로 잘 알고 있으며, 체계적인 방법론에 따라 사용한다고 주장할 수도 있다. **그러므로** 그의 '공적인' 동료들인 경찰보다 훨씬 '과학적인' 방법을 사용한다고 말할 수도 있다. 홈스의 관찰력은 분명 정확하고 빈틈이 없다. 그는 남보다 많은 것을 보고 기록했으며, 범죄 현장에서 얼핏 보기에는 사소하게 여겨지는 것도 절대로 놓치지 않았다(홈스는 왓슨에게 자신의 방법을 설명하면서 특히 이 점을 강조한다). 홈스는 자신이 관찰한 사실 속에 **암시된** 내용을 분석하고 비교했다. 또한 홈스는 문제의 여러 가지 측면을 염두에 두면서 순차적으로 다양한 가정을 세운 뒤 종합하며 연관성을 따져 보았다.

홈스와 퍼스를 비교할 때 특히 중요한 부분은 발견의 전체적인 과정에서 가정, 즉 가추법이 어떤 역할을 맡고 있는가 하는 점이다. 하나의 **수렴점**이 즉시 떠오른다. 퍼스의 가추법이나 홈스의 수사에서 결과적인 사실의 미지의 원인에 대해 가정을 세우고 고민하는 것이 연구나 수사의 핵심적인 단계라는 점이다.

홈스는 특히 이 점에 있어서 입장을 분명히 한다. 「주홍색」 후반부에서 그는 왓슨에게 경찰 수사를 해결하는 비결이 "거꾸로 추리하기rea-soning backwards"라고 설명한다. 홈스는 보통 사람들이 거꾸로 추리하는 방식을 거의 사용하지 않는다고 말한다. "일상생활에서는 앞으로 추리하는 것이 더욱 쓸모가 있으니까 반대 상황(거꾸로 추리하는 것)은 도외시되기 십상이지…. 만약 자네가 사건의 추이를 설명하면 대부분의 사람은 그 결과가 어떻게 될지 말할 수 있을 걸세…. 그렇지만 결과만 듣고 나서 자신의 내부 의식 작용을 통해 어떤 과정을 거쳐 그 결과에 도달하게 되었는지에 대해 말할 수 있는 사람은 많지 않을 걸세." 홈스는 「주홍색」과 「서명」의 서두 부분에서 수사의 전반적인 의미에 대해 왓슨과 토론을 나누었고, 다음과 같이 단언했다. "사건의 결과를 보고 원인에 대해 분석적인 추론을 해내는 경우야말로 정말 가치가 있는 것이지. 나는 바로 이렇게 사건을 해결해 나간다네."

이런 사례들은 명백하며 의심의 여지도 없다. 경찰 수사가 원인과 근원을 따라가야 한다는 것은 —— 홈스식 용어가 아니라 퍼스식 학술 용어를 사용하자면, **귀환법**이나 **가추법**에 기반을 두어야 한다는 것은 —— 당연한 일이다. 다만 경찰 수사에 사용되는 가추법이 퍼스의 이론적인 과학 연구에 사용되는 가추법과 동일하거나 비슷한지, 아니면 전혀 다른 것인지가 문제이다. 두 가지 종류의 가추법을 사용하는 의도가 판이한 것을 보면 두 가지 가추법이 서로 다르다는 것은 선험적으로 알 수 있다. 경찰 수사의 목적은 **특정** 사건을 보고 **특정 원인**을 찾아내는 데 있다. 반면 과학적 탐구의 목적은 일반적으로 적용될 수 있는 근본적이고 이론적인 법칙을 발견하는 것, 혹은 (더 흔하게는) '중간intermediate' 규칙들을 재배열하여 비정상적으로 보이는 사실들을 하나의 기본적인 법칙으로 설명할 수 있도록 하는 것이다.

이제 홈스의 수사 과정을 살펴보자면 그가 보편적이거나 특정한 범죄학의 규칙에 의존하지 않는다는 사실을 알 수 있다. 그는 충분히 시도된 **실험적인 규칙**에 **의존한다**. 그래서 관찰과 분류 위주이며 '기호학적'이며 이론적으로 덜 정교하고 일반 상식에 가까운 과학에 속한 강력한 지시적 규범에 의존한다(뒤엠Pierre Duhem의 『물리학 이론*Théorie physique*』의 중심 장에서 도입된 여러 유형의 과학을 구분하는 유용한 방식을 따랐다). 또한 홈스가 경험에 의존하는 방식은 물리학, 특히 현대 물리학처럼 '매우 이론적인 과학'이 경험에 의존하는 방식과는 현저한 차이가 있다. 홈스의 방식은 자연스럽게 발생하는 사실들을 **정확하게 관찰하는 것**이며, 이는 특별히 선택되고 '순화되어' 인공적으로 준비된 사실을 **실험적으로 재구성하는 것**과는 다르다. 후자에서는 실험이 이론으로 가득 차게 되고, 처음의 가정에 들어맞도록 실험을 특별히 고안해 내는 경향이 있다.

홈스의 가추법은 '제도적인' 기능과 일치하며 **따라서** (a) 이론적인 과학 연구의 특징이자 (b) 퍼스의 철학적인 사고의 중심인 가추법과는 **어느 정도** 차이가 존재한다. 이제야 이 논문이 좀 더 그럴듯해 보이겠다. 그러나 여전히 더 명확하게 기술할 필요가 있다.

홈스의 각각의 가정, 즉 복잡한 귀환법적 '구조'의 각 단계는 다음 네 부류 중 하나에 속한다.

(1) 가정이 특정 실험 과학, 혹은 특정 실험 과학의 잘 고안되고 규범화된 분야에 적합한 강력한 지시적 규범에 의존한다. 여기에서 실험 과학은 왓슨이 「주홍색」 2장에서 홈스의 자산(식물학, 지질학, 화학, 해부학. 우리는 여기에 생리학과 의학 징후학을 덧붙인다)이라고 말한 과학 등을 의미한다.

(2) 가정이 특별한 지식과 기술 분야에 속하는 강력한 지시적 규범에 의존한다. 이런 분야는 (「서명」 첫 장과 같이) 홈스 스스로 논문을 통해 재구성한 것이다. 그가 작성한 논문의 주제로는 담뱃재의 종류, 발자국, 손의 기형을 유발하는 직업 등이 있다.

(3) 가정이 일상생활에 관련된 다양한 기술적 지식에 의존한다.

(4) 가정이 평범한 상식이나 행동 논리에 관련된 평범한 지식에 의존한다.

「주홍색」에서 몇 가지 예를 들어 보자. 피해자가 독약을 먹었다는 것은 분명히 (1)에 속한다. 살인범의 구두에 대한 가정과 "살인범이 트리치노폴리 담배를 피웠다"라는 단언은 물론 (2)에 속한다. 마차 바퀴 자국을 보고 승객용 마차임을 알아내는 것은 (3)의 일이다. 피해자가 호프라는 사람으로부터 신변의 위협을 받고 보호를 요청한 적이 있었으며, 피해자와 호프가 연적이라는 것을 알고 호프를 의심하는 것은 (4)에 해당한다.

여기서의 모든 가추들은 모두 **단순함**simplicity과 **온당함**soundness이라는 두 가지 놀라운 특징을 지니고 있다. 이 추측들은 매우 그럴듯한 이야기들이며 아주 상식적이다. 일반적인 판단이나 '보통normal' 지식의 관점에서 볼 때 그러하다〔여기서 '보통'은 쿤(Kuhn 1962)의 '보통 과학normal science'[2]이라는 표현보다 더 광범위하고 사회적으로 강화된 의미이다〕.

홈스의 가추법에서 **대단한 독창성**은 찾아보기 힘들다. 그의 가추법에는 위험이라거나 창조적인 모험이 없고, 따라서 어떤 의미에서는 인간적인 맛이 없다. 각각의 가정을 연결, 비교하고 합성해 내는 —— 그의 문제 해결 방법 —— 분석 과정도 늘 단순하고 직선적이다. 이는 홈스 스스로도 잘 알고 있는 사실이다. 그래서 왓슨에게 자신의 방법이

각 단계나 전체적인 면에서 볼 때 얼마나 **단순하고 기본적인지**를 늘 이야기하는 것이다. 「주홍색」 3장의 끝 무렵에서 홈스는 자신의 직업적인 정신에 관해 겸양 없이 정확하게 이야기한다. "천재는 노력하는 능력이 무한정하게 있다고들 하지. 이건 아주 좋지 않은 정의이긴 하지만, 탐정 일에는 딱 맞는 이야기 아닌가."

탐정의 임무는 수수께끼를 해결하는 것이지, '불투명한' 사실을 해석하는 것은 아니다. 그러므로 그의 가추법 기술은 **해석학**hermeneutics이 아닌 **수수께끼 해결**puzzle-solving에 속해야 한다. 탐정의 업무와 같은 수수께끼 해결에는 예리한 관찰력과 백과사전적 지식이 반드시 요구되는데, 그래야만 단서에 잘 부합하는 제한된 몇 개의 가설적 해결들을 즉각적으로 떠올리고 이를 자유자재로 활용할 수 있기 때문이다. 이런 요소를 갖추고 나서는 논리적 계산력이나 냉정함, **인내력** 등을 갖고 여러 가정을 비교하고 선택해서 **모든 단서를 설명해 주는 유일한 해결책**을 찾아내면 되는 것이다.

코넌 도일은 「춤추는」을 포의 「황금 벌레The Gold Bug」에 바치는 글로 썼다. 두 작품에 나타난 수사 방법은 암호 해독법과 아주 유사하다. 암호 해독법을 포함하고 있다고 해도 좋을 것이다. 코넌 도일-홈스의 사고방식은 아마 다음과 같았을 것이다. 암호 언어에서 '명백clear'이 '암호cipher'로 전이되는 것처럼 단서도 인과 관계가 강력하고 규칙적이다. 수사 과정에서는 숨겨진 진상을 밝혀내기 위해 이미 알려져 있거나 구할 수 있는 규범들을 합성하는 작업이 필요하다. 반면 암호 해독에서는 텍스트를 해석할 수 있을 때까지 다양한 암호들을 시험해 봐야 한다. 그러나 자세히 들여다보면, 수사란 **자료 해독**을 그 기저이자 시발점으로 삼는 조합적인 수수께끼 해결 기술이며, 이때 암호 해독은 '양식화'되고 규범적으로 어려운 극단적인 하나의 경우에 불과할 따름이다.

이제 결론을 내려 보자. 홈스의 가추법은 일종의 습관적인 엄밀성이라 할 수 있다. 이는 (1) 사회적으로 인정되는 논리적이고 경험적인 기준을 따르는 단순성과 개연성이라는 **명령**에 순응하며, (2) 보완적 **금지 사항**인 "절대로 추측하지 말 것!"(홈스가 「서명」에서 주장하듯)에도 순응한다. 이러한 금지는 정당화되지 않은 가정을 거부하며, 나아가 새롭게 창안되어 일반적으로는 받아들여지지 않는 설명으로 정당화되는 가정까지도 거부한다.

홈스는 자신이 창조적이고 이론적인 독창성을 가지고 있다는 사실을 부인하는데, 그의 제도적인 임무에서 허용되지 않기 때문이다. 한 개인의 죄는 일반적으로 수용되는 규범에 따라 특정 사실을 잘 해석해 낼 수 있는 기반에서 입증되어야 한다. 대담하고 참신한 이론적인 법칙을 새로 도입하는 것은 너무나 '위험한' 일이라서 용납될 수 없다. 대담한 이론적 가정에서 아주 유용한 연구 계획이 나올 수도 있겠지만 그 가정이 제시되는 순간 그것은 정의상 임의적이다. 그러므로 이런 가정에 힘입어, 다시 말해 일반적으로 합법성과 균등성이 인정되지 않는 가정에 의거해서 어떤 사람에게 유죄 판결을 내린다는 것은 **임의적**인 일이 되어 버릴 것이다.

4. 퍼스의 가추법

홈스와 퍼스가 가추법의 **반대되는** 양상을 어떻게 평가하는지는 쉽게 이해할 수 있다. 퍼스가 가추법의 본유적으로 독창적이고 창조적이며 혁신적인 측면을 높이 평가하는 반면 홈스는 이미 인정된 규범이나 법칙에 최대한 순응하는 가추법을 요구한다. 그는 위험을 피해야 하며, 가추법이 추측guesswork의 결과여서는 안 된다고 주장한다. 한편 퍼스는 일상생활에서 급작스럽고 예기치 못한 결정을 내리거나 과학적 발견의 새로운 길을 개척하는 데 있어 대담하고 위험한 가추법이 필요하다고 주장했다. 추측 없이 성취를 이루기란 불가능하다! 홈스와 퍼스는 가추법의 두 가지 종류와 가정의 두 가지 역할을 염두에 두고 있었다. 쿤(1962)이 그랬듯이, 가정의 첫 번째 역할을 '보통' 과학에 연관시키고, 가정의 두 번째 역할은 '혁명적' 과학에 연관시켜 보자.

퍼스는 가추법의 여러 종류를 의식적으로 명료하게 이론화하지는 않았다. 그러나 퍼스의 이론에 기초하여 우리 논의의 용어를 한정하기 위해 필요한 가추법의 개요를 그려 볼 수는 있다. 퍼스의 글을 보면 가추성abductivity이 모든 정신생활에 존재하기는 하지만, 가추적 '성향'에 내재한 자유와 창조에 따라 달라짐을 알 수 있다.

「네 가지 무능의 몇몇 결과들」을 보면 가추법이 가장 저급한 수준의 지각에서도 창조적으로 나타남을 알 수 있다. 퍼스는 지각이 초기적이거나 직접적인 '감각 인상impression of sense'이라는 주장에 반대하면서 지각이 다양한 신경 기관이나 신경 중추에 자극이 가해졌을 때 받는 인상을 선택하여 통합적으로 해석하는 것이라고 주장했다. 따라서 지각이란 (복잡한 술부 대신) 단순 술부와 동일한 논리 형태를 가지고 있으며 동일한 기능, 즉 가정의 기능을 담당하고 있다. 유일한 차이는 판단의 가정이 합리적인 논증 방식에 기반을 두고 있는 반면, 지각의 가정, "즉 자연적인 정신 기호"는 "우리의 본성에 따라" 결정되는 "자의성"을 가진다는 점이다. "그러므로 지각의 부상과 비슷한 가정적 추론의 부류는 정의에서 피정의항으로 추론하는 것이다"(5.291).

정의를 보고 피정의항을 추론해 내는 예를 살펴보고, 지각이 이와 동일한 유형을 취하는지 알아보면 퍼스의 사고에서 위의 주장이 얼마나 중요한 역할을 하는지 분명히 볼 수 있을 것이다. 이탈리아어의 자의적이지만 엄격한 규범에 의하면 스카폴로(scapolo, 독신)라는 단어는 언제나 '미혼의 성인 남자'만을 나타낸다. 즉 따옴표로 표시된 부분이 스카폴로의 필수적 정의이다. '미혼의 성인 남자'인 한 사람을 간단하게 지칭하고 싶다면 스카폴로라는 단어를 사용하면 된다. 언어학적 규칙을 기억하기만 한다면 복잡한 정의에서 피정의항으로 갈 수 있다. 문제의 개인은 복잡한 술부 대신에 단순한 술부로 기술될 수 있다. 현재 논의의 유형은 아래와 같다.

모든 개인에 대하여,

어떤 사람이 **스카폴로**라는 것은 필연적으로

그가 **미혼의 성인 남자**라는 뜻이 된다.

톰은 **미혼의 성인 남자**이다. 그러므로 톰은 **스카폴로**다.

지각의 경우 인간의 본성인 감각 기관의 구조와 신경 체계에 의하여 어떤 색(붉은색 등)을 지각한다는 행위는 반드시 눈에 가해지는 일련의 인상이 주는 효과의 결과로 나타나게 된다. 그러므로 "이것은 붉은색이다"라고 표현될 수 있는 지각은 반드시 일련의 감각 인상의 결과이다. 이때 감각 인상은 "이것이 시신경을 이러이러한 방식으로 이러이러한 기간 동안 이러이러한 강도로 연속적으로 자극한다"라고 표현될 것이다. 감각 인상이 발생하면 인간이라는 유기체는 신체 구조가 결정하는 방식에 따라 인상부터 지각까지 거슬러 올라간다. 인상에서 지각으로 전이해 가는 과정에서 복잡한 술부로 표현되던 것은 단순 술부로 교체된다. 추론의 유형은 다음과 같다.

모든 실재하는 실체entities의 경우,

주어진 실체가 **붉은색**이라는 것은

필연적으로 다음을 함축한다.

이것이 **시신경을 이러이러한 방식으로 이러이러한 기간 동안 이러이러한 강도로, 연속적으로 자극한다.**

주어진 실체가 **시신경을 이러이러한 방식으로 이러이러한 기간 동안 이러이러한 강도로, 연속적으로 자극하고 있다.** 그러므로 주어진 실체는 **붉은색**이다.

퍼스는 이런 '하위low' 가추법의 대척점에 유의미한 과학적 가추법이 있다고 보고, 케플러의 가정을 여러 번 만족스럽게 인용했다. 케플러가 화성의 궤도가 타원형이라는 가정적 결론에 이르게 된 추론 방식은 아래와 같을 것이다.

움직이는 모든 물체의 경우,

어떤 물체가 타원형을 그리면서 움직인다는 것은 다음을 함축한다.

물체가 기하학적으로 결정된 자리를 이러이러한 방식으로 지나간다.

화성이 기하학적으로 결정된 자리를 이러이러한 방식으로 지나가고 있다.

그러므로 화성은 타원형의 궤도를 그리며 움직인다.

살펴본 유형은 결과를 보고 전례를 추론해 내는 전형적인 가추법의 형태이다. 모든 가추법은 이와 같은 형태를 취한다. 이미 살펴본 바와 같이 정의에서 피정의항으로의 논증을 야기하는 추론 과정이나, 지각의 과정 역시 이와 같은 형태이다. 하나의 지각이 시작(**붉은색** 등)되거나 피정의항을 확인(**스카폴로**)하는 일이 특별하게 독창적이거나 혁신적인 결론으로 부상되지는 않는다. 이들은 오히려 자명하고 반복적이며, 심지어 필수적이다. 퍼스는 이에 비하면 케플러의 추론은 "영원한 표본"(2.96)이라고 주장했다. 어떤 측면에서 그렇다는 것인가? 케플러가 규범적인 가추법을 적용했다는 이유만으로 그런 것인가? 언제나 동일한 규범적인 가추법이 매우 진부한 결론을 내릴 수 있다 하더라도 이처럼 말하기는 힘들 것이다. 퍼스는 "하나의 가추법은… 새로운 생각을 만들어 내는 유일한 논증 방식이다"(2.96)라고 말했다. 이런 추론 형태의 창조적인 마법은 어디에 존재하는가? 가추법은 항상 그렇게 창의적인가?

이런 문제들을 차근차근 풀어 나가 보자.

1. 첫째로, 가추법은 하나의 추론 방식이다. 가추법적 논증의 마지막 단계는 두 개의 전제로부터 결론을 도출해 내는 것이다. 이런 점에서 가추법은 연역법이나 귀납법과 마찬가지로 형식적이고 기계적이다. 결론 도출 방식은 엄격한 규칙에 의해 통제된다. 또한 이런 점에서 가추법은 연역법이나 귀납법과 마찬가지로, 독창성이나 창조성이 결여되어 있다. 연역법, 귀납법, 가추법이라는 추론 방식 중에서 어느 하나가 심리적으로 더 쉽거나 어렵다고 생각할 근거는 없다. 어떤 특정한 두 개의 전제가 있다고 하자. 내가 두 개의 전제가 어떠한지 인식하고 있으며 특정 추론 규칙에 대해서 알고 있다면, 즉각적으로 연역적, 귀

납적, 가추적인 결론 중 하나를 선태할 수 있을 것이다. 퍼스식으로 표현하자면 경우와 결과를 보고 **규칙**을 도출하는 것(귀납법)이나 규칙과 경우에서 **결과**를 도출하는 것(연역법), 또는 규칙과 결과를 보고 **경우**를 도출하는 것(가추법) 모두 똑같이 기계적이고 자동적이다.

2. 그럼에도 불구하고, 전제에서 연역하는 것처럼 자동적으로 진행되는 가추법적 결론은 형식적으로 전제의 의미론적 내용을 명백하게 할 뿐만 아니라 의미론적 내용을 재구성한다. 가추법은 '합성적synthetic'이고 혁신적이며 위험 부담도 안고 있다. 가추법적 결론의 진위 여부가 전제의 타당성으로 **결정되지** 않기 때문이다(예컨대 전제가 모두 옳더라도 결론이 틀릴 수 있다). 가추법은 주된 전제나 규칙의 전제절protasis 또는 선항antecedent에서 표현되는 특징적인 수사의 주제 속에 존재하며, 전제에서는 '결과'를 표현하는 것으로 확인된다. 그러므로 전제에 포함될 수 있는 것에 덧붙여 위험 부담과 가추법적 결론의 참신성 모두가 주된 전제를 이루는 두 명제(선항과 후항consequent)의 관계에 의존하게 된다는 점은 이해할 만하다.

케플러가 사용한 가추법은 위험한 결론을 낳았다. 하나의 타원형이 어떠어떠한 방식으로 기하학적으로 정해진 위치를 포함한다고 하더라도, 그 위치가 반드시 타원형에만 포함된다고 가정할 수는 없기 때문이다. 물론 케플러가 그러한 위치를 더 많이 조사하고, 그러한 위치들이 타원형과 일치함에 따라 주 전제의 선항과 후항의 상호적인 의미가 증폭되어, 결과적으로 결론에서 그 이상의 착오가 생길 위험도가 감소하기는 한다. 만약 선항과 후항의 상호적인 의미가 **종합적**total이라면, 즉 둘 사이의 관계가 **p와 q는 서로의 필요충분조건**이라고 표현될 수 있다든지, 아니면 선항과 후항의 관계가 항상 일대일 관계라든지, 후항 없이는 선항이 주어지지 않는다거나 선항 없이는 후항이 주어지지 않는다고 하면, 가정은 명백해진다. 가정은 더 이상 위험하지 않다. 가추법의 결론에도 주 전제의 두 명제를 연역법으로 바꾸면 도달할 수 있다. 지각이나 피정의향을 야기하는 가추법은 이렇게 변질된 종류와 근접하다고 할 수 있겠다.

3. 어떤 가추법적 결론의 참신성이 주 전제의 특성에 따라 달라진다고 하자. 이때 가추법적 추론의 창조성, 발견의 잠재성, 독창성은 추론 자체보다 자료나 '결과'를 **해석**하는 데 있을 것이다. 이때 자료는 하나의 법칙이나 일반적인 원칙의 전형적인 결과가 특정하게 발생하는 것으로 간주된다. 다시 말해서 가추법을 야기하는 해석학적 과정은 자료에서 시작한다. 자료를 설명하고 정당화하기 위해서는 자료를 일반 원칙의 결과로 대해야 하며, 일반 원칙을 확인하게 되면 결론은 연구 주제에 적용되는 선항을 옹호하면서 자동적으로 따라오게 된다. 그러므로 우리가 찾아내야 할 것은 일반 원칙이나 주 전제인 셈이다. 연구자는 자신의 모든 창조적인 상상력을 발휘해서 주 전제, 정확하게는 전제절이나 선항을 선택해야 한다. 여기에서 가추법적 결론이 얼마나 참신한지 알 수 있다. 선항과 후항의 조합이 기이하거나 둘의 의미론적 분야가 상이할수록 더욱 함축적인 가추법적 결과가 나온다. "주머니 속의 콩은 모두 하얗다"라는 관찰(주 전제의 역할을 담당함)에서 나아가 찬장의 흰 콩 한 줌을 보고 흰 콩이 주머니에서 나왔다는 결론을 도출하는 이야기는 더 이상 하지 않겠다. 그러나 바로 여기에서 자료에 가장 근접한, 관찰에 의한 발견의 영역에 들어설 수 있다.

반면 케플러의 주 전제에서는 대담성을 찾아볼 수 있다. 케플러는 자신의 관찰 결과를 보고 행성의 운행은 원형적이라는 기존의 사고방식에서 벗어났고, 자신의 모든 관찰 결과를 포괄하는 새로운 타원 곡선을 생각해 냈다. 케플러는 아무도 가지 않은 길을 갈 용기가 있었다. 그렇다고 케플러의 가정이 가지는 독창성을 과대평가해서도 안 된다. 케플러의 주 전제로 표현되는 법칙은 창조적인 발명품이라기보다는, 이미 널리 알려진 원칙을 적절하게 창의적으로 **재구성**해 낸 것이기 때문이다. 케플러의 독창성은 '결과'의 발견으로 표현되는 것을 설명하기 위하여 (추상적으로 가능하고 이미 **알려진** 여러 원칙 중에서) 적합한 것을 선택한 것에 있다. 그 원칙은 후항에서 선항으로 가는 데 아무런 의미론적 비약이 없다는 점에서 볼 때 상당히 용이한 것이다. 가능하기는 하지만 상당히 동떨어져 있어서 "그럼직하지 않게 보이는" 원인을 주 전제와 연관 지을 때의 가추법이 더 참신하게 보일 것이다. 또한 주 전제에서 표현되는 원칙이 이미 보편적으로 인정되는 과학 법칙이 아니라 **새로운** 이론적 법칙일 때, 가추법이 더욱더 강력해 보일 것이다. 이때의 가추법적 결론은 절대적인 의미에서 "새로운 생각"이 된다. 다시 말해서 일반 원칙이 새로운 연구 대상에 적용되는 것일 뿐만 아니라, 그 원칙마저 새로운 것이 되는 것이다. 결론은 이미 존재하는 지식 내에 잠재적으로 포함되어 있는 것이 아니다. 후자의 가추법은 과학적 연구에서 많은 업적을 남겼다. 보어Niels H. D. Bohr가 수소의 분광에 나타나는 신비스러운 공백을 어떤 추론 과정을 거쳐 해석했는지 보는 것이 좋은 예가 될 것이다(Bonfantini and Maccio 1977:88-102 참조).

5. 퍼스를 넘어서는 퍼스─두 가지 결론

1. 논의의 결과를 요약하면서, 가추법의 세 가지 유형을 구분할 필요가 있다는 말을 덧붙이고 싶다. 다음 세 가지 유형에서는 뒤로 갈수록 독창성과 창의성이 증폭된다.

• **가추법 유형 1** 결과를 보고 경우를 추론할 때 사용되는 매개 법칙이 자동적 또는 반자동적으로, 그리고 의무적으로 주어진다.

• **가추법 유형 2** 결과를 보고 경우를 추론할 때 사용되는 매개 법칙이 백과사전에서 선택적으로 발견된다.

• **가추법 유형 3** 결과를 보고 경우를 추론할 때 사용되는 매개 법칙이 새로이 개발되고 **창조된다**. 바로 여기서 진짜 추측 작용이 일어난다.

2. 추측의 기본은 무엇인가? 추측이 옳은 경우는 왜 그렇게 많은가?

퍼스는 이러한 의문에 대해 진화 과정에서 생물학적으로 뿌리를 두고 인간에게 축적된 자연적인 성향의 이론에서 대답을 찾는다. 즉, 자연적 지식lume naturale은 자연 법칙의 영향을 받으며 끊임없이 주조되고 은밀한 친화력에 의해 자발적으로 현실의 유형을 반영한다는 것이다. 이와 같은 퍼스의 이론은 과학적으로는 거의 설득력이 없다. 퍼스는 문화적으로 획득되는 문화적 특성이 생물학적으로 유전된다고 보고 있는데, 현재로서는(리센코Trofim D. Lysenko에게는 실례지만 현재의 지식수준에서는) 물리적으로 획득되는 물리적 특성이 유전된다는 것조차 과학적으로 받아들여지지 않고 있기 때문이다. 퍼스는 이 점에서 **권위에 입각해서 근거없는 주장을 나열하는 철학자**의 모습에 가까워지고 있는데, 우리의 견해로는 퍼스의 이론을 변형시킬 필요가 있어 보인다. 자연적 지식이라는 용어 대신에 문화적 지식lume culturale이라는 용어를 사용해야 한다. 자연적 지식이라는 용어는 형이상학에서 이상하게 사용될 뿐만 아니라 모든 것을 설명하면서도 아무것도 설명하지 못하므로, 너무나 포괄적인 용어이다.

어떤 사람이 추측을 할 때면 현실과 철학적 관념의 체계적이고 복합적인 관점이 자신을 이끈다는 사실을 발견할 것이다. 이런 사실을 어느 정도 알고는 있겠지만, 실제로 이에 의해 그의 정신, 즉 판단을 결정하는 심연적 버릇에 커다란 영향이 가게 된다. 이런 철학은 일반화와 분석, 그리고 위계적인 순서에 의해 지식과 문화적 취득물을 합성하고 조직한다. 이때 지식과 문화적 취득물은 수 세기 동안 축적된 것으로 외연적인 사회 관습에 의해 파생된다. 그렇기 때문에 이런 철학이 (분명 다양한 정도로) 진리라는 힘을 가지고 있으며 새롭고 타당한 가정을 유발하는 능력도 소유하고 있다는 점에 놀랄 필요는 없을 것이다.[3]

퍼스, 홈스, 포퍼*

지안 파올로 카프레티니
Gian Paolo Caprettini

1. 단서의 우주, 탐정소설

징후나 단서가 없는 이야기란 있을 수 없다. 의미론적으로 동등한
공간으로서의 텍스트는 다음 여러 이유 때문에 존재하지 않는다. 소설
의 의미가 포착되게 해 주는 점진성, 사건이 연속적으로 벌어지고 인
물들이 속속 등장하면서 계속 재구성되는 의미, 그리고 화자의 편파성
과 과묵함 등이 그 이유이다. 분명하게 설명되는 부분과 더불어 텍스
트 속에 숨어서 미세하게 움직이는 요소를 찾아볼 수 있다. 여러 텍스
트를 살펴보면 '강력한' 징후와 '약한' 징후의 관계가 곧잘 변한다는 사

＊로베르토 칼리에로Roberto Cagliero가 이탈리아어에서 영어로 번역했음.

실을 알 수 있다. 이런 이유 때문에 서사시적 이야기에서 어떤 인물의 외양이 귀족적이라면, 그는 그 어떤 합리적인 의심도 넘어서 그 정체성을 기대할 정도로까지 확실하게 여지없이 사회적으로 정의되기도 한다(이러한 정체성은 다른 세부 사항 등을 이용해서 보다 정확하게 개관될 것이다). 이는 조화로운 묘사의 경우 사실일 수 있는데 이때 모든 요소가 합해져서 (중요성의 정도에는 차이가 있지만) 특정 인물을 확실하게 표현해 낸다.

그러나 탐정소설은 상황이 완전히 다르다. 탐정소설에서는 다양한 요소의 이질성을 선택적, 비판적으로 검사해야 한다. 또한 해석적인 접근 방법을 택해서 실재의 어떤 특징들을 도드라져 보이게 할 필요도 있다. 우리는 여타의 것들을 괄호로 묶어 버리고 이런 것들이 우회적이거나 기만적, 또는 단순히 쓸모없는 것이라고도 간주하게 될 것이다. 그다지 머리가 좋지 않은 독자라 할지라도 이야기를 돋보이게 할 목적으로 사용된 잉여적인 세부 사항들을 손쉽게 분류해 낼 수 있다. 예컨대 피해자 또는 조연급의 등장인물을 자세하게 묘사하는 상황이 그러하다. 비극이 일어났거나 일어날 것만 같은 분위기를 조성하기 위해 풍경 묘사를 하는 것도 비슷한 역할을 할 것이다. 중요한 대목과 부수적인 대목을 구분하는 것 역시 쉬운 편에 속한다. 다음 부분을 분석해 보자. "나의 별장은 언덕의 남쪽에 위치하고 있으며, 영국 해협이 내려다보인다. 해안선은 백악(白堊, chalk, 회백색의 연토질 석회암—옮긴이) 절벽으로 이루어져 있다. 절벽 아래로 내려가기 위해서는 구불구불하며 가파르고 미끄러운 오솔길을 한참 따라가야 한다. 오솔길의 맨 끝에는 만조일 때조차 자갈과 조약돌이 가득하다. 군데군데 해안선이 구부러지고 움푹 파인 데도 있어서 마치 멋진 수영장에 파도가 계속들이닥치는 것처럼 보이기도 한다"(「사자」).

이 부분을 읽는 독자는 **오솔길**에 대한 묘사에 정신을 집중할 것이다. 오솔길은 절벽으로 둘러싸인 배경 속에서 갑작스러운 제한 구역을 만들고 있다. 여기에서 전형적인 묘사의 메커니즘을 찾아볼 수 있는데, 이는 문체상의 장치와도 관련이 있다. 독자는 아직 정의되지 않은 공간을 바라보다가 영화의 '파노라마'와 같은 움직임으로 갑자기 '클로즈업'과 마주하게 된다. 처음에는 배경 속에 숨어 있던 요소들이 '관련되어,' 즉 의미 있고 연관이 있는 것으로 보이기 시작한다. 그러나 이러한 통사론적이거나 형태론적인 특권은 의미론적 관점에서 봤을 때 아직 동기가 부여되지 않은 상태다. 우리는 "가파르고 미끄러운" 오솔길이 중요하다고 인지하기는 하지만, 오솔길이 어떻게 사용되고 어떤 운명을 이끌어 올지는 전혀 알 수 없다. 한편 다른 세부 묘사, 예컨대 "군데군데 해안선이 구부러지고 움푹 파인 데도 있어서 마치 멋진 수영장에…"라는 부분은 그저 장식적인 기능만을 하고 있다.

독자는 능동적인 역할을 수행해야 하며, 획득한 자료에 대해 고찰하느라 읽기를 잠시 멈출 수도 있고 사건이 흘러가는 대로 따라가는 정도로만 참여할 수도 있다. 에코는 『독자의 역할 The Role of the Reader』(1979)에서 텍스트상의 협동에 관해 제안하며 독자의 "수동성 passivity"이 경계선에 있는 경우라고 보았다. 더욱이 탐정소설의 메커니즘은 어떤 가정(다소 충동적이며, 다소 비판적으로 받아들여지는 가정)과의 관계에서 작용하며, 독자는 이야기가 제시되는 방식에 따라 그 과정을 보게 될 따름이다. 탐정소설을 **징후를 만들어 내는 것**으로 구성되는 이야기라고 정의한다면, 징후를 해독하라고 초대된 독자는 이 압력에서 완전히 자유로울 수 없다. 오히려 책 읽기에 단서의 압력을 통제하기 위하여 끊임없이 결정을 내린다는 의미가 함축되어 있다고 할 수 있겠다. 화자가 (한 번 여과해서) 말해 주는 모든 것들이 사건과 상관이 있는 것은 아니라는 사실을 알게 된다면, 문제는 수수께끼처럼 여기저기 흩어진 징후에 관한 이야기와 증거에 관한 이야기를 분리해 내는 것이다(종종 귀가 먹먹할 정도의 문제이지만).

지금까지 이야기한 첫 번째 예는 선택을 하는 것이 별로 어렵지 않았다. 이제부터 살펴볼 두 번째 예는 탐정이 범죄 현장에서 발견하는 흔적들이다. 이상적인 상황이라면 단서들은 분명하게 정의된 말뭉치corpus이며, 수사 과정에서 더 많은 단서들이 축적될수록 자료집 역시 더욱 풍부해진다(탐정들 사이의 알력을 야기하지도 않을 것이다). 그러나 현실적인 상황에서는 사건의 흔적(범죄에 인접한 요인들)에 대해서도 수사하는 사람들이 의견의 차이를 보이며 충돌하기도 한다. 홈스는 왓슨이 눈앞에 있는 것도 못 본다며 여러 번 질책한다. 그러나 왓슨의 불완전함이 홈스의 지적 우월성에만 기인하는 것은 아니다. 독자들은 왓슨이 그의 파트너[홈스]처럼 발자국 폭을 보고 신장을 알아낸다거나 담뱃재를 보고 어떤 담배인지 설명할 것까지 기대하지는 않는다. 사실 화자[왓슨]는 독자가 얻을 수 없는 정보를 접하면서도 무엇을 도출해 낼지는 전혀 모른다. 이에 홈스는 이렇게 말했다. "자네는 보면서도see 관찰observe하지 않는군"(「보헤미아」). "자네는 어디를 봐야 할지를 몰라서 중요한 것을 다 놓치고 말았네"(「정체」).

셜록 홈스의 방법에 관해서도 좀 더 알아보겠지만, 왓슨이 당면한 어려움도 충분히 짐작할 수 있다. 경찰 수사관들과 마찬가지로, 왓슨 역시 사건에 잘 녹아 들어간 징후적인 요소를 끄집어내는 일, 다시 말해 세부 사항에 집중하는 일을 무척 힘들어 했다. 「공포」의 아령에 대해 생각해 보자. 홈스는 아령이 보이지 않자 이를 하나의 징후라고 생각했고, 덕분에 새로운 해석을 해낼 수 있었다.

어떤 관찰된 사실의 기호학적 위치는 가설에 의해 결정된다. 실재하는 요소의 징후학적 가치와 그와 관련된 가치는 그것이 관련이 있다고 보는 결단 — 추측이라고 해도 좋다 — 에 의해 파생된다. 그러므로 하나의 사건을 이루고 있는 틀이 끊임없이 재정의되는 것을 인지할 수 있다. 「사자」에서 머독 교수가 벨라미 집안을 방문한 이유에 대해 입을 다문 것이 처음에는 유죄의 단서로 여겨졌으나, 실은 아주 미묘하고 인도주의적인 이유였던 것으로 밝혀졌다. 여기서 기호학적 위치를 인지하는 것 자체가 틀리지는 않았으나(실제로 하나의 징후였으니), 지나치게 성급하게 추론을 진행했다고 볼 수 있다. 반대로 단서로서의 가치가 전혀 없는 것처럼 보이는 사실(「사자」의 도입부에 나오는 폭풍 등)이 서식스의 바닷가에 기이한 동물들이 들어왔다는 가정을 뒷받침해 주는 역할을 하기도 했다.

기호sign와 **징후**sympton의 전통적인 구분법을 따르면, 기호는 인공성, 자의성, 관례 등의 특징이 있으며 징후는 자연성, 비자의성, 동기motivation 등의 특징이 있다. 하지만 이런 이분법적인 확고한 구분은 우리가 지금 살펴보는 셜록 홈스 텍스트에 관한 한 그리 만족스러운 것은 아니다.

무엇인가를 흉내 내는 것simulation, 즉 징후를 임의적으로 만들어 내는 경우를 이런 구분법에 의해 분류하려고 시도하는 것은 더 큰 어려움에 직면하게 될 것이다. 예컨대 바닷가 모래사장에 찍힌 발자국을 생각해 보자. 발자국이 '자연적 기호'의 명백한 사례로 보이더라도, 사실은 수사를 혼동시키기 위해 일부러 찍은 발자국일 수도 있다. 징후로 보느냐 아니면 기호로 보느냐 하는 문제는 탐정의 (의욕적인) 선택, 또는 해석적 가정에 달렸다. 예컨대 살인범이 사람들을 속이기 위해 일부러 창턱에 발자국을 내어 창턱으로 도망친 척을 할 수도 있다(「공포」). 물론 가장이라는 행위가 그로 인해 만들어지는 단서의 개연성과 일관성에 기초를 두어 비밀스럽지만 근거가 없지는 않은 실재를 창조해 내기는 한다. 위의 예에서는 부조화 때문에 거짓 단서를 만들어 낸 사람이 오히려 궁지에 몰리게 된다.

홈스가 오랜 적의 정체를 밝히기 위해 사용했던 가장은 완벽한 성공을 거두었다(「탐정」).[1] 이는 상당히 독특한 이야기이다. 첫 번째로, 해석의 역할을 맡은 사람이 직접 가장을 했다(홈스가 위장을 한 적이 여러 번 있기는 하지만, 위장 자체가 이야기의 핵심이 된 사건은 이것뿐이다). 두 번째로, 가장을 했기 때문에 다른 어떤 사건보다도 화자가 더 깊이 관여하게 되었다. 왓슨이 홈스의 시도를 끝까지 알아차리지 못하는 것이 궁극적 성공에 꼭 필요한 조건이었던 것이다.

이 이야기에는 코넌 도일의 탐정소설이 갖는 전형적 특성 — 즉 전혀 다른 견해를 가진 화자가 이야기를 풀어 간다는 점 — 이 결핍되어 있다. 대부분의 홈스 이야기에서는 그와 왓슨이 인지하는 정도의 차이가 질적, 시간적으로 극도로 강조되었다. 홈스와 왓슨이 서로 다르게 관찰함으로써 생기는 마찰은 최후의 극적 반전에 이르러서야 표면화되며, 왓슨은 홈스의 먹이였던 컬버턴 스미스와 마찬가지로 자신도 홈스에게 속았다는 사실을 알게 된다. '전형적인' 코넌 도일의 이야기와 비교해 봤을 때 「탐정」에서 형성된 지식의 형태에 관한 인물 사이의 위계질서는 상당히 독특하다. 일반적인 위계질서에서 홈스는 언제나 왓슨보다 한 수 위이다. 그러나 왓슨이 독자보다 항상 한 단계 앞서가지는 않는다. 독자가 왓슨이 인지해 낸 자료와 홈스의 관찰을 모두 갖추게 된다면, 독자는 추론 과정이 어느 방향으로 진행되어야 하는지는 알아차릴 수 있을 것이다. 그러나 이 이야기에서는 왓슨과 독자가 동일시된다는 것에 의문을 던질 필요가 있다. 실제로 우리는 홈스의 다소 일관성 없는 행동을 보고 죽을병에 걸린 시늉을 하는 것이 아닌지 의심하게 된다(의심해야 한다). "아파서 침대에 누워 있는 사람에게는 관심을 가져야 한다"라는 (상식적) **틀**에 근거해서 봤을 때, 홈스가 친구를 침대 가까이에 못 오게 한다는 사실은 이 영리한 가장꾼이 만들어 놓은 상황을 깨트리고 있다.

탐정소설에서 진실은 사소하거나 시시하게 보이는 작은 요소들, 또는 기이한 것에 의해 전달된다. 그런데 우리는 이런 것들에 대해 망설이다가 주의를 기울이게 된다. 우리는 다른 세부 사항들, 무엇보다도 이야기의 전체적인 측면에 정신이 팔리기가 쉽다. 그러나 틀을 깨뜨리면서 모순성을 드러내 주는 것이야말로 가장 뜻깊은 세부 사항이다. 이것이 바로 이야기에서 '놓쳐 버린 부분missing acts'이다.

틀의 개념을 **잘못된 결론**으로 확대해 보자. 보통 이야기의 도입부에서 경찰관이나 왓슨, 또는 홈스가 잘못된 결론을 내리곤 한다. 특히 홈스가 1인칭으로 서술하는 이야기들에서는 분명히 그 자신이 잘못된 결론을 내리게 된다('미스터리 이야기'의 유형에 관해서는 Schklovskij 1925 참조).

일관성의 문제에 대한 효과적인 예는 동화의 세계에서 가장의 목적으로 제시되는 단서들에서 찾아볼 수 있다. 그림Grimm 형제의 동화「늑대와 일곱 마리 새끼 염소」를 보자. 늑대는 엄마 염소가 돌아오기를 기다리면서 집 안에서 문을 잠그고 있는 새끼 염소들에게 접근하려고 두 번이나 시도했으나 모두 실패하고 만다. 늑대는 가장을 하면서 불완전하거나 모순되는 행동을 했기 때문에 두 번이나 실패한 것이다. 처음에는 쉰 목소리 때문에 들통이 났고, 두 번째는 (흙덩이를 씹으면서 목소리를 부드럽게 하기는 했지만) 창문에 시커먼 앞발을 기대는 바람에 정체가 탄로 나고 말았다. 세 번째 시도에서는 한층 더 주의를 기울여 앞발을 밀가루로 하얗게 칠하는 용의주도함을 보였다. 새끼 염소들은 속아서 문을 열어 주었다. 그리고 한 마리만이 커다란 괘종시계 속에 몸을 숨겨 목숨을 구하는데, 늑대의 능란한 사기술에도 불구하고 뭔가 올가미가 있다는 것을 눈치챈 것처럼 행동한다. 그러므로 일련의 단서에 **일관성**이 있다고 하더라도 수사관이 방심하거나 너무 믿어서도 안 되는 것이다. 이 동화에서 여섯 마리의 새끼 염소는 외부적인 것을 쉽게 믿어 버리는 방심한 독자를 '나타낸다.' 새끼 염소들은 또 다른 실재의 **징후**로 사용되는 것을 부주의하게도 하나의 **기호**로 파악해 버리고 말았다. 탐정소설을 읽는 것에 징후를 기호로 변형시키는 일이 함축되어 있다면, 해독 작업은 충분히 많은 경우가 있어야만 타당성이 인정될 수 있을 것이다. 다시 말해서 이러한 작업은 충분히 까다로운 반증 검사를 통과해야 한다.

앞에서 언급했듯이, 범인이 행동을 은폐할 목적으로 혹은 경찰이 범인의 정체를 밝힐 목적으로 가장을 하기도 한다. 그뿐만 아니라 우리가 세운 가정의 결과가 가장이 될 수도 있다. 하나의 단서를 보고 징후에서 기호로 변하는 충분히 타당한 요소라고 파악하는 것은 우리가 사물을 어떻게 인지하는가에 달렸다. 마지막 새끼 염소 한 마리는 모든 징후가 일관성을 갖추었는데도 만족하지 못했다. 왜냐하면 징후가 충분하지 않다고, 즉 징후가 충분히 쌓이지 않았다고 생각했기 때문이다.

홈스도 이런 역할을 맡고 있다. 탐정소설이라는 우주에는 이해할 수 없는 **불연속성**과 허구적인 **연속성**이 모두 나타난다. 이해할 수 없는 불연속성이란 진부하고 산만한 현실 속에서 신비한 요소들이 뚝 떨어져서 빛을 발하게 되는 경우를 뜻한다. 허구적인 연속성이란 현혹적인 증거나 잘못 짚은 관계, 부적절한 가정, 유혹적인 이야기, 설득력 있는 실수 등이다. 탐정소설의 우주에서 드러난 간극이나 어려움은 우스꽝스러운 것으로 판명되기도 한다. 그러나 명백한 사실이 있을 때는 이 우주가 분류와 해석 작업을 도와주기도 한다. 따라서 탐정은 중요한 자료들을 찾아내지 못하는 경향에 맞서 싸워야 한다. 자료들은 비슷비슷한 맥락 속에 숨어 있기도 하고, 상관없어 보이는 요인들이 자꾸 끼어드는 바람에 눈에 잘 안 보이기도 한다. 또한 탐정은 뻔한 질문이라기보다는 결정적인 중요성을 가진 질문을 은폐하거나 무시해 버리고 대답을 회피하려는 경향과도 싸우면서 수사를 추진해 가야 한다.

2. 패러다임, 창고, 등대

홈스는 수사가 과학이며, 과학이 되어야 한다는 이상을 가졌다. 실증주의적 이론가인 그는 이성적이고 확인 가능한 절차가 흔적, 징후, 단서 등의 **개별적인** 사실의 영역으로까지 확장되는 것을 꿈꾸었다.

이는 모든 실체(아주 작은 '마이크로-실체'라는 용어가 차라리 더 적당할 것이다)의 의미가 일반적인 보편타당한 법칙과의 관련성에 의해 결정된다기보다는 한 사실의 특정한 일부분과의 관련성에 의해 지배받는다는 뜻이다. 탐정의 임무는 두 개의 점 —— 단서와 범인 —— 을 연결하는 선을 그을 뿐, 불변의 규칙성이나 연관성이라는 원칙은 결코 따르지 않는다. 범죄 수사detection의 기술은 **단서와 징후의 학문**에 속해 있을 것이다. 이 학문 분야는 긴즈부르그의 주장대로(4장) 서양 문화 속에 끈질기게 존재해 왔으며('소수파' 지식이라는 위치에도 불구하고) 진짜 **패러다임**을 구성하기에 이르렀다. 이 학문의 기원은 사냥과 점술에 있다. 재미있게도, 통(René Thom, 1972)이 최근에 독자적인 방식으로 이를 새롭게 표현하면서, 이야기가 탄생하는 근본적인 유형이 **약탈**이라고 주장했다. (여기에는 인류학적인 '보편성'이 기저에 깔려 있는데, 이는 매우 정교한 연장으로도 끄집어낼 수 없다는 뜻이다.)

이것을 합리성의 특정 형태가 부상하는 경우라고 보아야 할까? 언뜻 보기에 이 패러다임은 '갈릴레오의 패러다임'과 반대되는 것으로 보인다. 이성을 보편화하고 추상화하며 정량적인 개념으로 간주하기 때문이다. 갈릴레오 이후 과학적 방법이 지속적으로 발전해 오긴 했다(현대가 관련된 한). 그러나 개별적인 것을 외부적 우연성과 동일하게 취급하고 잉여적, 부수적이라 여기며 제거하는 경향을 보였다. 반면 '정황적인 방법circumstantial method'에서는 가장 사소해 보이는 세부 사항도 개별성 때문에 강조된다. 전자의 목적은 보편성과 법칙을 찾는 것이며, 후자는 특이성과 경험적 사실을 찾는 것이다.

그러나 두 패러다임이 절대적으로 정반대의 위치에 있는지에 대해서는 의심을 품는 사람들이 있다. 베제티(Vegetti 1978)는 명백하게 달라 보이는 방법들에서 합리성이 영원히 지속될 수 있는지 관심을 가졌다. 긴즈부르그는 (다른 의미이긴 해도) 창조 과정에서 패러다임을 해체할 필요가 있다고 주장했다.

홈스로 돌아가서 단순히 용어상의 문제만이 아닌 몇 가지 오해를 풀어 보고, 또 몇 가지를 지적해 보겠다. 예컨대 홈스가 "연역과 논리적 합성 능력"이 자신의 "특별한 분야"라고 정확하지 못하게 말했던 것을 생각해 보자(「너도밤나무」). "연역"이라는 용어는 다른 곳에서도 등장하며, 그의 인식론을 정의하는 데 중요한 역할을 한다. 그는 이상적인 경찰관은 "관찰력," "연역의 능력," "지식"이 있어야 한다고 말한다(「서명」). 그러나 이미 여러 사람이 언급한 바와 같이, 탐정이 가정을 재구성하는 추론 과정은 연역이 아니다. 메사크(Régis Messac 1929)는 연역이 일반적인 전제에서 특정 결론에 도달하는 방법이라면 귀납법은 이에 역행하는 과정이라고 말했으며, 홈스의 추론은 다양한 방법으로 하나의 특정 사실에서 출발하여 또 다른 특정 사실을 향한다고 말했다. 트루치(3장)는 코넌 도일의 '연역'과 퍼스의 '가추법'이 유사하다는 점을 보여 주며 세벅의 '찰스 퍼스와 셜록 홈스를 나란히 비교하기'(2장)라는 논문을 예견했다.

홈스의 합리성의 핵심은 추론이라는 형식을 띠고 있는데, 이것은 흔한 것이다. 하지만 이러한 추론 형식에 대해 자세히 설명한 것은 분명 퍼스가 최초다. 퍼스에 의하면 가장 위험한 혼란 중의 하나는 "가추법과 귀납법을 (때로는 연역법과 혼합하기도 해서) 하나로 뭉뚱그려 취급하는 일"이라고 한다(7.218). 탐정이 언제나 사실에서부터 시작한다는 점에 착안하면 가추법과 귀납법이 대립되는 경우가 더 두드러질 것이다(‘연역법'이라는 용어는 여기에서 분명 부적절하다). 귀납법은 비교 과정에서 출발한다. 귀납법은 동질의 여러 사실이나 같은 부류에 속한 표본들을 비교한다. 그리고 비교 과정을 거쳐서 일반적인 속성들이 밝혀진다. 반대로 가추법은 하나의 사실에서 시작되며, 때로는 이 사실이 설명될 수 없는 수수께끼로 나타나기도 한다. 이 시점에서 관찰자는 가정을 세

우게 된다. 즉, 하나의 생각을 실제에 던져 보고 논증될 수 있는지를 자문하게 된다. 신비스러운 사건에 직면하게 되는 경우의 가추법은 다음처럼 기술할 수 있다. "x는 기이하다. 그러나 y가 사실이라면 x는 기이하지 않게 된다. 그러므로 x는 사실일 수도 있다." 홈스는 다음과 같이 표현했다. "불가능한 것을 제외하고 나면 아무리 이상해 보여도 남아 있는 것이 진실이다. 이는 나의 오랜 금언일세"(「녹주석」).

퍼스는 귀납법에는 독창성이 없지만, 가추법으로 만들어진 가정에는 창조성이 있다고 주장한다. 여기서 홈스의 **상상력**이라는 모티프가 연상된다. 홈스는 아무리 유능한 경찰관이라 하더라도 상상력을 갖추지 못한 경우가 불행히도 아주 많다고 했다. "이 사건을 전담한 형사 그레고리는 아주 유능한 경관이지. 만약 그가 상상력만 더 갖추었더라면 상당히 높은 위치까지 올랐을 걸세"(「실버」). 다음 글에서는 상상력의 발견적heuristic 특성을 살펴볼 수 있다. "'상상력의 가치에 대해서 말하자면,' 홈스가 말했다. '그레고리에게 결핍된 것이라 할 수 있지. 우리는 어떤 일이 일어났는지 상상해 보고 가설에 따라 행동해야 한다네. 그리고 가정을 입증할 수 있는지 봐야지. 자, 한번 해보자고'"(「실버」).

한편 모든 탐정은 가정을 공식화해야 하기 때문에, 형사 그레고리의 주된 실수는 그저 상상력의 결핍만은 아닐 것이다. 홈스는 자신의 추리의 **자연스러움**이 경찰관의 **인공적**이고 **곡해된** 정신세계와는 정반대라고 주장한다. "'이 사건은 아주 재미있군,' 홈스가 말했다. '…처음 보아서는 도저히 풀 수 없을 것 같아 보이지만 사실은 정말 분명하고 단순한 사건이지. 몰턴 부인이 진술한 사건의 진행 상황은 정말 자연스러웠네. 런던 경시청의 레스트레이드가 생각했던 대로라면 정말 이상했을 걸세'"(「독신」).

「사자」에도 흥미로운 예가 등장한다. 「사자」에서는 한 남자가 끔찍하고 불가사의한 방식으로 살해당한다. "피해자의 등은 마치 가는 철사 줄로 심하게 매를 맞은 것처럼 온통 암적색의 줄무늬로 뒤덮여 있었다." 홈스는 시신을 확대경으로 검시하고 난 이후에도 어떻게 살해되었는지를 확실히 알 수 없었다. 경찰(바들 형사)의 가정은 상상력을 발휘한 것이긴 했지만 그럴싸해 보이지는 않는 **단순 추리**에 불과했다. [암적색의 줄무늬라는] 기호에 조금씩 정도의 차이가 있는 것을 본 홈스는 "시뻘겋게 달아오른 철사 망이 등짝에 닿았다면, 더 선명하게 보이는 자국들은 그물코가 서로 맞물리는 부분일 것이다"(「사자」)라고 추정한다. 이런 식의 추론에 어떤 오류가 있는가는 분명하다. 이런 추론은 하나의 독특한 세부 사항을 설명해 줄 수는 있지만, 맥락과 연관 지어 보면 가능성이 희박해진다(너무 '지엽적'이다). 반면 홈스는 가추법을 사용하여 자연스럽고도 조리에 맞는 설명을 찾아냈다. 사건들을 서로 엇갈리게 하거나 어떤 것을 빼 버리거나 억지로 끼워 맞추지 않으면서도 상황 증거를 모두 잘 설명한다는 점에서 '자연스럽다'는 의미이다. 가추법을 비슷한 것들과 혼동해서는 안 된다. "**만약**(강조는 필자) 시뻘겋게 달아오른 철사망이 등짝에 닿았다면…," 이 가설은 (상황 증거에 너무 '집착'하기 때문에) 상상력이 결핍되어 있고, 한편으로는 (맥락상 매끄러운 이야기가 아니기 때문에) 지나치게 상상력이 발휘되어 있기도 하다.

그러므로 올바른 추론을 자료의 수집과 평가라는 엄정한 방법의 문제와 별개로 여겨서는 안 된다. 훌륭한 가설을 설정한다는 것은 탄탄한 출발점(지지점이라는 말이 더 낫겠다)에서 시작한다는 의미이기도 하다. 홈스는 왓슨에게 자신은 추측하지 않는다는 사실을 여러 번 자랑스레 말하곤 했다. "나는 절대로 추측하지 않는다네"(「서명」). 세벽의 지적대로 홈스는 놀라운 추리력을 발휘하여 친구(또는 다른 등장인물)를 놀라게 만드는데, 그의 추리력에는 직관적인 운도 어느 정도 따르고 있다. 그러나 근본적으로는 다음의 두 과정을 거치면서 자의성을 피할 수 있었기 때문에 재구성을 성공적으로 해낼 수 있었다. 첫째로 홈스는 상당히 탄탄한 지지점을 선택한다. 둘째로 홈스는 탄탄한 지지점을 선택하면서 (여전히 그 수가 많기는 하지만) 가설들을 점진적으로 배제해 나갔다. 가설을 입증하고 배제한다는 것은 종종 그 이상의 조사가 필요함을 의미하는데, 이러한 조사 때문에 더 많은 가능성이 파생되기도 했다. "나는 각기 다른 일곱 가지 설명을 생각해 냈다네. 일곱 가지 모두 우리가 알고 있는 사실들을 설명해 줄 수 있지. 앞으로 찾아낼 새로운 정보는 일곱 가지 중에서 옳은 것 하나를 골라줄 테지" (「너도밤나무」).

　'가설/사실/가설'이라는 연쇄 관계가 도대체 어디에서부터 시작되는지 물을 수도 있다. 이는 결코 사소한 문제가 아닌데, 포퍼(Karl Popper 1972)가 빈 학파의 신실증주의neopositivism를 비판하며 인식론에서 중요하게 다룬 주제 중의 하나이기도 하다. 포퍼는 기존 이론의 과학성을 측정하기 위해서는 **입증**보다 **반증**이 필요하다고 주장한 것으로 널리 알려져 있다. 단 한 번에 입증될 수 있는 이론은 어디에도 존재하지 않는다. 그러나 어떤 이론의 일반 전제에서 파생된 명제 중 단 하나라도 모순되는 것이 존재하면 이론 자체에 문제가 있거나 틀렸다고 선언할 수 있다. 이처럼 과학 통제의 문제에 근본적인 변형이 이루어지면서 여러 인식론적 결과가 파생되었다. 특히 **사실**과 **가설**의 관계가 새롭게 조명되었다. 반증이 강조되면서 과학자는 점점 어려워지는 통제 방식을 견뎌 낼 수 있는 더 우수한 이론을 만들어 내야 하게 되었다.

또한 하나의 일관된 언어로 확실하게 표현할 수 있는 사실들이 존재한다는 관념도 상당히 약화되었다. 만약에 사실이 하나의 진술로 확실하게 표현될 수만 있다면, 하나의 이론을 절대적이고도 완벽하게 입증해내는 것은 그리 어려운 문제가 아닐지도 모른다. 그러나 '사실'은 아무리 작게 분해해 들어간다 해도, 실증주의가 믿는 것처럼 그렇게 원자적이고도 일관된 실체를 구성하지는 않는다. 물론 실증주의적 전통은 과학적 발견이 확고하게 지지되기 위해서는 이러한 실체가 필요하다는 입장을 견지한다. 포퍼는 과학의 업적들을 해석하면서 연구 대상인 사물들은 연구 주체인 과학자와 뚜렷하게 구별됨을 강조했다. 포퍼는 하나의 가설(또는 예측, 또는 이론이라고도 부를 수 있는 것)은 항상 관찰에 선행한다고 주장했다. 물론 관찰에 의해서 하나의 가설이 반박되고, 새로운 가설이 생겨나서 그것이 (일시적으로나마) 그 관찰 다음에 온다 해도, 그 새로운 가설은 또 다른 관찰에 항상 선행하기 마련이다.

『객관적 지식 *Objective Knowledge*』(Popper 1972)에 실린 강의에는 말하자면 등대 이론과 그와 상반되는 창고 이론이 등장하고 있다. 창고 이론은 포퍼가 비판하고 있는 경험주의의 전통에 해당하는 이론이다. 이에 따르면 인간의 정신은 창고와 같아서 인지 경험에 의한 자료를 쌓아놓을 수 있다. 반면 등대 이론에 의하면 모든 관찰에는 특정한 문제의식, 즉 가설이 선행한다. 따라서 우리의 관찰은 언제나 선택적이며, 말하자면 선택의 원칙에 입각하게 된다. 내가 이미 여기저기서 제안한바 있고, 또 앞으로도 계속 강조하겠지만, 홈스의 생각은 **다락방**(창고)과 **확대경**(등대)이 상호 보완적으로 만나는 곳에 있다(「사자」).

3. 수수께끼와 미스터리 사이에서

홈스는 마치 사실의 변론자와 같은 자세를 취하며 가설에 대한 기대나 가설의 우선권을 부인하기도 한다. 홈스 스스로가 자신의 상상력에 엄격한 통제를 가하는 경우가 종종 발견된다. "충분하지 않은 자료를 바탕으로 완전하지 못한 이론을 세우고자 하는 유혹이 탐정의 가장 큰 적이지. 내가 지금 확실하게 볼 수 있는 것은 런던의 한 위대한 천재와 서식스의 죽은 사람뿐이라네"(「공포」). 홈스가 포퍼의 인식론적 틀에 완벽하게 들어맞을 것처럼 보일 때도 있다. : "'〔성냥에 대해 언급하면서〕 내가 어떻게 그걸 못보고 지나칠 수가 있었는지 도무지 모르겠네,' 형사는 불편한 기색으로 말했다. '그건 진흙 속에 파묻혀서 보이지 않았네. 나는 그걸 찾고 있었으니까 발견했던 것뿐이라네'"(「실버」). 이 글은 가설, 즉 "관찰은 계획되고 준비된 인지 작용이다"(포퍼)라는 사실의 탁월함을 잘 드러내 준다. 두 번째 문제는 위에서 언급한 태도들 사이에 실제로 반대가 있는지를 입증하는 것이다.

결국 홈스가 해결을 기대하는 경향을 완강하게 저항한다는 이야기와 사실 그 자체가 통합적인 언어를 통해 단 하나의 그럴듯한 해석을 부여한다고 말하는 것이 동일한 이야기는 아니다. 언제나 위장의 원칙이 숨어 있는지 의심해 봐야 하는 세계에서 통합적인 사실이나 반박 불가능한 증거는 존재할 수 없다. "'상황 증거란 아주 속기 쉬운 것이어서… 어떤 사실을 가리키는 것처럼 보이는 것이 약간만 다른 관점에서 보면 전혀 다른 사실을 가리키고 있을 수도 있다네,' 홈스가 신중하게 대답했다"(「보스콤」). 탐정소설에서 **어떤 자료를 '사실'로 간주한다는 것은 하나의 징후가 하나의 기호로 변형되었다고 단정하는 것과 같**

다는 것을 잊어서는 안 된다. 그러나 이는 수사의 최종 단계에서 모든 단서, 혹은 일부 단서가 논리정연하며 철저할 때만 가능한 이야기이다. 징후를 사실로 간주하려면 두 가지 제약이 따른다. 징후를 다른 식으로 파악할 수 있는 맥락상의 관계와 '증거'를 의도적으로 조작해 내는 위장의 가능성이다. 따라서 가장 믿음직한 자료조차도 '아주 속기 쉬운 것'이 된다.

따라서 사건의 가치는 이를 비추어 주는 **등대**가 결정하게 된다. 우리에게 상황 속에 **숨어 있는** 요소를 보여 주는 것은 바로 가설이다(성냥의 예에서 그랬듯이). 겉으로 드러난 자료들의 의미는 아직 발견하지 못한 자료들과의 관계에 의해 결정된다. 여기서 후자는 가설을 통해서만 발견할 수 있다. 따라서 코넌 도일의 인식론은 신실증주의 철학이 제안하는 인식론과는 아주 다르다고 할 수 있다.

그러나 홈스의 인류학이 종의 균등성uniformity을 일반 가정으로 삼는다는 점에서는 실증주의적 모습을 엿볼 수 있다. 홈스는 균등성 덕분에 확신을 갖고 사건을 재구성할 수 있는 것이다. 홈스는 "과거에 발생했던 사건을 알고" 있었기 때문에 새롭게 주어진 사건을 해결할 수 있다(「독신」). 이런 발언을 통해 홈스의 방법은 여러 변수로 지배되는 **지엽적**인 수준에서 **보편적**인 수준으로 이동하게 된다. 지엽적인 것이 상황 증거에 기초하는 패러다임에만 독특하게 관련이 있어 보인다고 해서 규칙성이 완전히 배제되지는 않는다. 오히려 규칙성은 두 개의 특정 사실을 연관 짓는 가추법의 매개체 역할을 한다. 홈스가 살인범이 불그레한 얼굴을 가졌다고 말해서 경찰관을 놀라게 했던 것도 모두 이 규칙성에 기인한 것이다. "다혈질인 사람이 아니라면 감정이 북받쳐 코피를 흘리는 일이 거의 없지요"(「주홍색」).

홈스가 균등성을 적용하여 사건을 해석해 나갈 때, 그 일반성의 정도가 모두 동일하지는 않다. 홈스는 여성이 초인종 앞에서 망설인다면 "언제나 연애 사건이 연루되어 있다"(「정체」)고 주장했는데, 이처럼 무모한 일반화는 인류학이나 성격 유형화가 잘 정립되어 있는 세계에서나 허용될 수 있다.

지엽적/보편적 비교법을 사용하여 홈스와 왓슨의 인지학적 전략을 알아보는 것도 흥미로운 일이다. 왓슨이 항상 홈스보다 뒤처진다고 해서 (경찰관과 아주 비슷한 견해를 가진) 왓슨 역시 특정 규칙과 원칙을 준수하고 있음을 간과하지 말라. 홈스의 파트너인 왓슨의 눈에 보이는 현실 세계에서는 가능성의 영역과 미스터리의 영역이 명확하게 구분된다. 상황 증거 자체만 봐도 쉽게 설명할 수 있을 것 같으면, 즉 사건을 그럴싸하게 재구성할 수 있고 "옳은 설명이 떠오른다면," 왓슨은 수사가 끝났다고 보고 미처 풀지 못한 **세세한 점들**은 그냥 넘어가 버린다. 바들 형사도 이런 식으로 생각했기 때문에(「사자」에서 홈스도 이를 지적했다) 풀리지 않는 점 —— 예컨대 맥퍼슨이 죽어 가면서 남긴 수수께끼 같은 말 —— 이 많은데도 불구하고 머독 교수를 체포하려고 했던 것이다. 바들 형사의 추리 과정은 다음과 같을 것이다. 살인범은 분명 어딘가에 존재하고, 용의자는 머독뿐이니까… 사회적인 지탄을 피하기 위해서라도… 머독을 체포해야 한다.

이와 같은 가능성의 영역과 반대되는, 심연과 같은 미스터리의 영역에서 왓슨은 아무런 힘도 발휘하지 못한다. 홈스가 미스터리의 영역에서 사소한 것들을 통해 수수께끼enigma를 해결해 나갈 때 왓슨은 사소한 것들에 전혀 주의를 기울이지 못하는 것이다. 이 두 측면 사이에는 모종의 관계가 존재할 것이다. 미스터리는 지엽적인 상황이 갑자기 보편적 상황으로 변하는 것에 불과할지도 모른다. 탐정소설의 독자는 홈스와 같은 전략을 취할 수도 있고, 왓슨과 같은 전략을 취할 수도 있다. 만일 독자가 왓슨과 같은 방식으로만 생각하면서 책을 읽는다면 "누가 범인일까?"라는 보편적인 질문만 반복하게 될 것이다. 반면 홈스와 같은 방식으로 생각하는 독자에게는 (「환자」처럼 해결책이 불쑥 나타나는 경우를 제외하고는) 코넌 도일이 창조한 영웅이 이미 설정해 놓았을 수도 있는 상황 증거를 이해하는 일이 더 중요할 것이다.

홈스는 지엽적인 것과 보편적인 것 사이의 관계를 통해 가추법적 추론을 행한다. 홈스는 규칙성을 찾아내야만 수수께끼를 풀 수 있다. 왓슨은 지엽적인 것으로 논박할 여지가 없을 정도의 설명을 해내거나 상황 증거라는 혼돈 속에서 길을 잃거나 한다. 왓슨은 암흑세계 속에서 단순한 추론, 즉 그럴듯해 보이지도 않고 모순투성이인 가설만을 세울 수 있을 뿐이다. 홈스에게는 "자잘한 사실들"이 지엽적/보편적 관계의 핵심 요소가 된다.

자잘한 사실들의 기능은 직관적으로 무엇인가를 발견하게 해 줄 뿐만 아니라 잘못된 것을 고쳐 주기도 하는데, 셜록 홈스라 할지라도 때론 실수를 하는 법이다. 가설에 대한 반증이 등장했을 때, 미처 설명되지 못한 사소한 점을 이유로 얼핏 당연해 보이는 가설을 과감히 기각해 버리는 것이 홈스의 방법론적 탁월함의 핵심이다. 경찰이 거드름 피우며 성공을 자랑하는 경우에도 홈스는 언제나 직업적 정직성을 보여 주었는데, 이는 일종의 과학적 엄격성이기도 하다. 포퍼의 이론에 의하면 홈스는 자신이 세운 이론을 엄정하게 검증하며 가설이 한 번 검증된다고 해서 그것을 그대로 받아들이지는 않는다.

「서명」에 등장한 이상적인 경찰관이 갖추어야 할 세 가지 요건 중 첫 번째인 '연역'(여기서는 가추법)의 능력과 두 번째인 '관찰력'(다른 사람들 눈에 보이지 않는 것을 관찰하는 능력)에 대해 알아보았으니, 이제 마지막으로 지식에 관해 분석해 보자. 코넌 도일의 초기 작품을 보면 왓슨이 홈스에 대해 제일 신기하게 여겼던 점은 홈스의 지식이 아주 광범위하면서도 서로 이질적이며 연계되지 않는다는 점이었다. 왓슨은 홈스가 가진 지식의 목록을 만들어 보기도 하지만 통합점을 찾지도 못했고 궁극적인 목표 역시 알아내지 못했다. 홈스는 어떤 영역에 대해서는 놀랄 정도의 지식을 갖고 있지만, 당연한 상식을 전혀 모르는 경우도 있었다. 왓슨은 홈스가 코페르니쿠스의 이론과 태양계의 구조에 대해 전혀 모르고 있다는 사실을 발견하기도 한다(「주홍색」). 그리고 홈스가 지식을 극도로 전문화시킨 이유를 정당화하는 것을 보고 한 번 더 놀라게 된다. "나는 인간의 두뇌가 작고 텅 빈 다락방과 마찬가지라고 생각하네. 사람들은 자기가 원하는 가구를 채워 넣지. 바보는 자기가 찾을 수 있는 온갖 종류의 나무를 다 끌어모을 테고, 유용하게 쓰일 수 있는 지식들은 모두 뒤죽박죽이 되어 버리고 말 걸세. 다른 많은 것들하고 섞여 손을 대는 것조차 힘들겠지. 솜씨 좋은 일꾼이라면 아주 세심하게 자신의 두뇌라는 다락방을 채울 것이네. 자기 일에 필요한 연장만 갖춘 뒤 잘 정돈하여 완벽하게 진열할 걸세"(「주홍색」). 그러나 이러한 이상은 쉽게 이루어질 수 있는 것이 아니다. 홈스는 자신의 이론을 과학적으로 체계화할 수 없다는 점을 나중에 인정했다. "내 머릿속은 온갖 종류의 상자로 가득 찬 창고 같다. 상자가 너무 많이 쌓여서 어디에 뭐가 있는지는 희미하게 기억할 뿐이다"(「사자」). 홈스는 종종 외부 현실에 대응해 행동하는 것과 같은 방식으로 정신세계에 대응해 움직이곤 했다. 「사자」에서 홈스는 무엇을 찾는지도 모르면서 책으로 가득 찬 방을 뒤졌다. "이 사건과 관련된 무언가가 여기 어딘가에 있었다. 정확히 무엇인지는 아직 막연하지만, 어떻게 해야 찾아낼 수 있는지는 확실했다"(「사자」).[2]

범죄는 무질서를 야기하며, 범죄의 흔적은 (적어도 그때까지는) 투명해 보이던 현실 세계에 혼란을 가져온다. 홈스는 후자[혼란]에 대항하여 싸웠는데, 이는 부분적으로 전자[무질서]를 반영한다. 탐정은 후자에 의해 사건이 뒤죽박죽 섞이며 발생한 애매모호함과 대적해야 한다. 데티엔과 베르낭(Detienne and Vernant 1978)이 "의사"를 머릿속에서 "탐정"으로 대체한 다음 구절을 음미해 보자. "이런 불확실한 징후의 세계에서 나아갈 길을 분명하게 보기 위해서 **탐정**은 그의 적이 다양한 형태로 나타나는 것만큼 다양한 종류의 지성을 구비해야 한다." 코넌 도일의 이야기에서 위장이 얼마나 중요한 역할을 하는지 생각해 보라. 더군다나 홈스의 유인 작전에 말려든 범인이 변장을 하고 탐정의 집을 방문하는 것은 거의 토포스(topos, 문학에서 정형화된 주제, 틀에 박힌 표현 등을 의미함 — 옮긴이)나 다름없다. 그러다 보니 홈스의 방에서 수사가 종결되는 경우가 종종 발생한다. 이때 그의 방이 지저분하다는 것은 (그가 곧 깔끔하게 정리할) 혼란을 의미하기도 하고 온갖 종류의 물건으로 가득 찬 다락방과 같은 그의 정신세계를 의미하기도 한다.

4. 윤리, 논리, 가면

홈스의 내면은 백과사전에 비견될 정도여서 지식이 몹시 다양하고 광범위하며, 기억의 관점에서 그 모든 지식을 동일한 수준으로 통제하는 엄청난 일을 수행해 낸다. "어디에 뭐가 있는지는 희미하게 기억할 뿐이다"(「사자」). 한편 그는 지식을 통제하기 위해 무척 노력하면서 가능한 연상 작업의 수를 줄이고 결론에 이를 수 있게 된다. 예컨대 키아네아 카필라타$_{Cyanea\ Capillata}$[3]로 되돌아가서 맥퍼슨의 끔찍한 죽음을 설명해 보자(「사자」). 이 사건에서 기억력은 하나의 메커니즘으로 작용하며 상황 증거를 만들어 냈다. 홈스는 "책에서 관련된 것"을 읽었던 것을 떠올렸지만 정작 책의 제목은 기억해 내지 못했다. 그럼에도 불구하고 방을 뒤져서 흐릿하게 기억하던 책을 결국 찾아냈다. 늘 그렇듯이 홈스는 어디를 봐야 하는지 알고 있었고, 원하는 것을 찾을 수 있었다.

이제 '백과사전'과 '사전'의 관계를 기호학적으로 알아보자(Eco 1976의 전제). 백과사전은 문화적 변수들을 나열해서 실재를 보여 주며 이러한 변수를 통해 그 대상이 사고된다. 한편 사전은 훨씬 강력한 범주적 여과 장치를 사용하며 가장 추상적인 지식망을 강조한다. 이것이 '역사적' 지식 능력과 '이상적' 지식 능력의 차이이다. 코넌 도일이 자세히 기술하지는 않았지만, 홈스가 사전식의 여과 장치와 학문 분야를 통해서 악명 높고 광범위한 자신의 사고 체계를 이끌어 나간다는 것을 알 수 있다.

홈스가 필요 없는 지식을 걸러 낼 수 있었던 비결이 자신의 사고를 잘 통제하는 능력에 있었던 것만은 아니다. 그만큼 강력한 제어 장치가 하나 더 있는데, 바로 감정, 특히 "미묘한 감정$_{softer\ passions}$"의 위험에 빠지지 않는 것이었다. 물론 개인적으로 직접 연관되는 경우의 이야기이다. "이는 관찰자에게 상당히 도움이 되는데, 그 덕분에 감춰 뒀던 속마음과 행동이 드러나게 되기 때문이다"(「보헤미아」). 즉 감정은 정보를 드러내는 지름길이며 위장술을 통하지 않고서도 진리에 도달할 수 있도록 도와준다. 이는 상황 증거를 통제하며 정보를 얻을 수 있는 기호의 천국과도 같다. 그러나 관찰자에게 소중한 것이 사고하는 사람에게는 위험한 것이 될 수도 있다. "노련한 추론가의 섬세한 정신세계에 불순물이 끼어든다면, 점차 산만해질 것이고 미심쩍은 결과를 낳게 될 것이다. 정신에 강렬한 감정이 끼어드는 것은 아주 민감한 악기에 모래가 끼는 것이나 고성능 렌즈에 흠집이 나는 것과 비슷하다"(「보헤미아」). 다른 이의 감정 세계에 동참하면서 우리의 지식을 넓혀 갈 수 있다는 견해도 있지만(현대 철학 사조 등), 홈스는 전혀 그렇게 생각하지 않았다. 감정이나 열정은 지식의 대상일 뿐, 절대로 주체가 되지 못한다. 그 '결정론determinism'은 가면을 벗겨서 정보를 얻는 데 도움을 주기도 하지만, 연구자의 전략적 사고 능력을 약화시킨다. 홈스는 다음과 같은 이론적 배경 때문에 여성 혐오증 ── 때로는 동성애로 해석되기도 함 ──을 갖고 있었다. 만약 탐정이 범죄 사건의 연속적인 인과 관계를 머릿속에 그려 보고 싶다면, 주관적 요소들을 모두 치워 버려야 한다. 논리적으로 순수한 추리를 위해서 감정과 연민이 개입되면 안 된다. 여자는 남자의 정신을 비논리적(감정적, 열정적)으로 만든다. 따라서 분석적, 가추법적인 추리의 영역에서 반드시 여자를 배제해야 한다.

그러나 홈스가 어떤 여자 ── 홈스의 '그 여자' ──에게 패배하면서, 그의 이론이 틀렸음이 증명된다(「보헤미아」). 그가 감정을 개입시켰기 때문에 패배했다고 직접적으로 드러나는 것은 아니다. 그러나 다음 진술을 보면 홈스가 그 여자에게 어떤 감정을 느꼈을 가능성을 엿볼 수 있다. "힐끗 봤을 뿐이지만, 굉장한 미인이었네. 과연 여러 남자가 목맬 만하더군"(같은 책). 홈스는 은연중에 자신도 그럴 수 있다고 말하는 것일까? 그는 집단행동의 규칙성을 다루면서 자신은 그로부터 초월한 것처럼 행동한다. "집에 불이 나면 여자는 본능적으로 가장 소중한 것으로 달려갈 것이네"(같은 책). 이런 말을 하는 사람은 그가 한 말이 옳다는 것을 입증하는 예외적 위치에 서게 된다. 보통 사람과 달리 홈스는 **감정**pathos과 **이성**logos을 구분하는 능력이 있었다. 따라서 위와 같은 예외적 위치에 설 수 있었고, 절대로 감정과 이성을 혼동하지 않았다. 이는 수사를 과학으로 바라보는 이상과 부합한다. 즉, 수사의 타당성을 그저 수사관의 경험으로만 입증하지 않는다는 것이다.

홈스가 「보헤미아」에서 사랑에 빠진 것은 아니었으나 그의 지적 능력이 약화되었다는 상황 증거가 있다. 최후의 극적 반전이 일어나기 전날 밤, "헐렁한 외투를 걸친 호리호리한 젊은이"(같은 책)가 홈스의 집 근처에서 인사를 건넸는데, 홈스는 상당히 이상하게 반응했다. "도대체 저자가 누구인지 모르겠군"(같은 책).[4]

이는 홈스가 왓슨에게 아이린 애들러 사건을 다 해결했다고 말한 직후에 발생한 사건이다. 그는 사건이 끝났다고 여기고 방심하여 새로운 조사를 하지 않았고 규칙을 어겼다. 사소한 점, 즉 인사를 한 사람의 정체가 누구인지 주의를 기울이지 않았다. 지나가는 행인이 인사를 건넨 것을 현재 다루고 있는 사건과 연결하지 못했기 때문이다. 이때 그는 항상 성공적으로 적용하던 방법론을 어겼다. 자신의 창고를 필요한 자료로 꽉 채웠다고 생각했다. 다른 사건에서 홈스는 가설을 세운 뒤에도 **새로운** (설명할 수 없는) **사실**이 떠오를 때마다 가설과 대조해 보았다. 그러나 이 사건에서 홈스는 왓슨이나 경찰과 별로 다를 바가 없다. 홈스는 성급하게 수사를 종결시키고, 조화로운 설명을 망쳐 놓는 사소한 점을 고려하지도 않으며 "작은 사실들"을 무시했다. 등대에 불을 켜

듯 홈스가 행인의 수상쩍은 인사에 새로운 시각을 더했다면, 다시 말해서 아이린 애들러 사건과 행인의 인사 사이의 연관성을 찾아낸다면 어땠을까? 그랬더라면 홈스는 사건을 훌륭하게 해결할 수 있었을 것이다. 어째서 홈스는 자신의 태만함에 굴복하고 말았던 것일까? 여자 때문인가? 아이린 애들러의 이미지가 특별한 작용을 거쳐서 홈스의 눈에 보이지 않게 된 것일까?

아이린 애들러는 홈스의 방법을 그대로 사용하여 그와 싸웠다. 그의 변장에 맞서 자신 역시 변장을 했다. 그러나 이 이야기의 도입부에서도 그랬듯이,[5] 홈스는 가면 뒤에 숨은 사람의 정체를 알아내는 일에 도통한 사람이다! 아이린 애들러는 홈스의 규칙을 모두 지키면서 행동한다. 자신의 집에 들인 목사가 약간 의심스럽다고 생각했다. 그리고 사소한 것들을 무시하지 않고 의심을 입증하기로 결심했다. 남장을 한 뒤 홈스를 뒤쫓은 것이다. 여기서 상황이 역전되었다. 홈스는 필요에 의해 변장과 속임수를 사용했다. 홈스는 신화적 영웅으로서 타인의 정체를 밝히기 위해 거짓된 신분을 위장하고, 상황 증거와 허구와 수수께끼로 가득 찬 세계에서 효과적으로 움직였다. 홈스는 자신이 쓴 가면 덕분에 기존의 모습으로는 불가능했던 의사소통을 (또는 더 신속하게) 할 수 있게 된다. 그러나 이 사건에서 홈스는 자료 수집가와 자료 분석가라는 두 가지 역할 사이에서 분열하게 되는데, 그 장소가 바로 **홈스의 집**이었다. 홈스는 자신의 집에서만 명확하고 변하지 않는 정체성을 유지했다.

아이린 애들러는 홈스와 같은 방법을 이용해서 홈스의 가면을 벗겨버렸다. 홈스가 자신의 방법을 적용하지 않았기 때문에 아이린 애들러는 성공할 수 있었다. 그녀는 홈스에게 편지를 남기며 이를 짓궂게 지적했다. "아시다시피 저는 오랫동안 배우로서 훈련 받았습니다. 남장은 전혀 새로운 일이 아니었지요"(같은 책). 사실 홈스는 평상시에 해오던 과정을 잊어버리고 말았다. 퍼스의 공식 하나를 되새겨 보자. "x는 기이하다. 그러나 y가 사실이라면 x는 기이하지 않게 된다. 그러므로 x는 사실일 수도 있다." 이 경우, y는 이미 알고 있는 사실이다. 따라서 y를 기억해 내기만 했으면 홈스는 이렇게 추론할 수 있었을 것이다. "낯선 사람이 나에게 인사를 했다. 아이린 애들러는 배우이므로 낯선 사람처럼 보이는 방법을 알고 있다. 나에게 인사를 한 사람이 아이린 애들러일 수도 있다."

홈스는 단 한 번만 패배했고, 홈스를 이긴 사람은 단 한 명의 '그 여자'뿐이었다. 여기서 여성은 금기시되고 통제되는 공간을 의미한다. 반대로 왓슨은 믿음직한 보완성을 대표한다. 보완성은 꼭 필요한 요소로, 돈 주앙의 전설, 파우스트, 모파상의 소설 등에서도 찾아볼 수 있는 토포스이다. 하인/주인 관계는 상반되는 두 사람이 역할을 분담한 동맹을 이룬다는 사실에 기반을 두고 있다. 여러 측면에서 왓슨은 이야기를 이끌어 나가는 데 꼭 필요하다. 왓슨은 아주 겸손하게 지식을 차근차근 정리해 간다. 만약 왓슨이 전혀 틀리지 않는다면 홈스는 사건을 올바르게 해결해 나갈 수 없을지도 모른다. 멍청한 제자가 있어야 훌륭한 스승이 빛나는 법이다. 홈스와 왓슨의 대화를 보면 소크라테스의 문답이 연상되는 경우가 많다. 소크라테스의 문답에서는 제자가 항상 틀린 의견을 내놓기 때문에, 스승이 끊임없이 도와주고 앞길을 제시해 주어야 비로소 제자가 올바르게 나아갈 수 있다. 왓슨의 실수 덕분에 홈스가 올바른 원칙을 적용한다는 사실을 알게 되기도 한다. 왓슨이 똑같은 실수를 연달아 저질러 주기 때문에 그의 방법이 효과적으로 통제될 수 있다. 그러므로 진리를 추구하는 과정에서 왓슨의 실수가 상당히 실질적인 도움을 준다.

비록 실수투성이지만, 왓슨은 친구의 지적을 순종적으로 잘 받아들인다. 그 덕분에 왓슨과 홈스 사이의 간극이 어느 정도 좁혀지는 것 같다. 홈스와 왓슨 사이의 간극이 가장 극명하게 드러날 때는 둘이 서로 다른 방식으로 추리를 할 때나, 홈스가 (수동적으로 기다리기만 하는) 왓슨에게 아무런 언질도 주지 않고 독자적으로 행동할 때이다. 반면에 서로 완전히 협동하는 경우에는(같이 행동하고, 이야기를 듣고, 범인을 기다리는 경우 등) 둘 사이의 간극이 가장 좁을 때이다. 후자의 경우 홈스와 왓슨은 정체성과 생각이 완전히 일치하므로 물리적 구분이 의미 없어진다. 사건을 의뢰하러 온 백작[6]이 왓슨이 있는 것을 보고 홈스에게 단둘이서만 이야기하고 싶다고 말하자 홈스는 이렇게 답했다. "저에게 하실 말이라면 무엇이든 이 친구 앞에서 하셔도 무관합니다"(「보헤미아」).

이는 참으로 애매모호한 문장이다. 홈스가 왓슨을 높이 평가한다는 의미도 담겨 있지만 동시에 짓궂은 의미도 담겨 있다. 왓슨은 시시하고 별 볼일 없는 사람이다. 홈스는 왓슨의 마음을 마치 자기 속마음처럼 잘 이해하고 있었다. 이런 말을 해도 왓슨은 실망하거나 놀라지 않는다. 두 사람의 위계질서는 너무나 분명했고, 주인은 하인을 마음대로 이용할 수 있었다. 「탐정」에서 홈스가 죽을병에 걸리자 왓슨은 몹시 슬퍼하며 걱정했는데, 홈스에게 모욕적인 발언까지 들어야 했다. "자네는 경험이 부족한 이류 자격 일반의에 불과하지 않은가"(같은 책).[7] 이 발언에 왓슨이 무척 상처를 받았는데, 환자인 홈스는 왓슨의 무능력함을 계속 공격한다. 사실 하인/주인의 토포스에서는 가학성이 약화된 형태로라도 존재하는 경우가 많다. 여기서 두 가지 유형을 구분할 수 있다. 첫 번째 유형에서는 권력관계가 뒤바뀔 수 있는 가능성을 본다(『돈키호테』에서 산초가 주인의 지배에서 벗어나서 주인의 광기를 오히려 이용하는 것처럼). 두 번째 유형에서는 위계 관계는 유지되지만 친밀하고 충성스럽던 관계가 권위적이고 착취하는 방식으로 변하는 것이다.

어떻게 보면 홈스와 왓슨의 관계가 종속적, 보완적이라기보다 오히려 교대와 보상의 관계로 보이기도 한다. 왓슨은 평범하고 조용한 가정생활을 열망했기 때문에 결혼 후에는 행복과 가정에 관한 일에만 관심을 가졌다. 반면 홈스는 사회를 범죄로부터 보호하면서도 사회에 완전한 도덕성을 추구하지는 않는다. "보헤미안적 기질을 가진 홈스는 모든 종류의 모임을 싫어하며, 베이커가의 집에서 오래된 책 속에 파묻혀 있는 것만을 즐긴다. 코카인에 취해서 몽롱한 상태를 즐기다가도 강렬한 힘과 열정을 맘껏 발휘하곤 한다. 홈스는 범죄 연구에 몰두하면서 놀라운 관찰력과 뛰어난 능력을 통해 단서를 찾아내고, 경찰들이 포기해 버린 미스터리를 해결해 냈다"(「보헤미아」).

"보헤미안적 기질"과 "모든 종류의 모임"은 서로 대립되는 개념이 아니며, 상호 보완적인 것에 가깝다. 홈스와 왓슨은 서로 반대되는 것들을 화합하는 역할을 한다. 홈스는 무적의 힘을 발휘하기도 하고 코카인의 힘을 빌려 무념무상의 상태에 젖어 들기도 한다. 반면 왓슨은 평온한 가정생활을 즐기다가도 일상생활과 동떨어진 위험한 모험의 세계로 곧잘 빠져든다. 각자의 이중성 덕분에 홈스와 왓슨 사이의 조화로운 관계가 유지되는 것이다. 홈스가 무념무상의 상태일 때는 왓슨이 활동적으로 변한다. 홈스가 놀라운 능력을 행동으로 옮길 때는 왓슨이 둔해지고 무능하며 방심하기도 한다. 그러나 왓슨이 홈스의 충성스러운 제자라는 사실은 변하지 않는다. 둘 다 스스로 무언가를 해낼 능력은 없다. 홈스와 세상의 관계는 어떤 요청(러시아 형식주의자에 따르자면 "결핍")에 의해서만 형성된다. 홈스는 (문화인류학의 용어를 빌리자면) 개량자나 변형자의 역할을 하도록 요구된다. 홈스는 영웅, 반신(半神), 사제, 무당처럼 현실의 모순점을 극복하고 제거해 나간다. 어떤 사실이 야망과 지적 통찰력을 자극하는 경우에만 홈스는 행동에 나선다. 왓슨도 어떤 계기가 있어야만 행동을 하는데, 그 계기란 바로 홈스이다. 「보헤미아」의 도입부를 보면 이러한 사실이 상징적으로 드러난다. 왓슨은 베이커가를 거닐다 문득 옛 친구를 다시 만나고 싶은 마음이 들었다.[8] 홈스의 그림자가 방 창문에서 이리저리 움직이는 것을 본 왓슨은 주저 없이 홈스를 만나러 올라갔다. "나는 홈스의 기분과 습관을 전부 다 알고 있기 때문에, 몸짓이나 태도만 봐도 홈스가 어떤 상태인지 알 수 있었다. 홈스는 어떤 일을 진행 중이었다"(같은 책). 왓슨은 새로운 모험에 빠져들었다. 왓슨은 화자의 역할, 즉 홈스의 활동을 수동적으로 바라보는 증인 역할을 다시 떠맡게 되었다.

왓슨이 자신의 파트너를 완벽하게 안다는 것은 놀라운 일이다. 태도 면에서 두 사람은 비슷한 수준이지만 수사 방법에서는 엄격한 주종 관계가 이루어진다. 여기서 홈스의 또 다른 이중성을 발견할 수 있다. 홈스의 목적은 윤리적인 것이 아니라 논리적인 것이다. 흔적을 쫓아가며 수수께끼를 풀고 미스터리를 설명한다는 것은, 단서로 가득 찬 혼돈을 기호의 세계로 되돌려 놓는 것을 의미한다. 이렇게 홈스의 임무가 끝나면 경찰이 성공의 즐거움을 누리게 된다. 그는 이 점에 대해 불평하지 않는다. 자신의 능력이 이성의 영역을 넘어서지 않는다는 사실을 알고 있었고, 질투심, 경쟁심, 자아도취 등에 결코 빠지지 않았다. 그가 미스터리를 풀기 위해 마술사나 점쟁이처럼 행동하는 것을 보고 왔슨은 이렇게 말하기도 했다. "자네는 몇 세기만 일찍 태어났으면 화형당했을 거야"(「보헤미아」). 홈스는 모든 사람에게 진실을 보여 주는 고대 사회의 예언자와 같다. 그의 이론적인 능력이 끝나는 시점에서 실질적인 정의가 시작된다.

7장

셜록 홈스와
현대 논리학의 만남

질문을 통한 정보 탐색 이론에 대해

야코 힌티카
Jaakko Hintikka

메릴 힌티카
Merrill B. Hintikka

1. 셜록 홈스 대 철학자들―연역에 관하여

교양 있는 보통 사람들이 생각하는 연역, 추론, 논리 등의 개념은 일반적인 철학적 견해와 재미있는 대조를 이룬다. 과거에는 ―― 지금도 어느 정도 그렇지만 ―― 대부분의 주제에 대해 논리나 논리적 추론을 통해서 새로운 정보를 얻어 낼 수 있다는 생각이 보통 사람들에게 널리 퍼져 있었다. 그러나 비트겐슈타인Ludwig Wittgenstein은 『논리-철학 논고Tractatus Logico-Philosophicus』에서 정반대의 의견을 내놓았다. 그는 모든 논리적 참이 동어 반복tautology이라고 주장했는데, 대부분의 철학자들이 이에 동의한다. 몇몇 철학자들이 비트겐슈타인의 입장에 대해 의문을 제기한 적은 있었다. 그러나 연역을 통해 새로운 정보를 얻어 낼 수 있

다고 주장하는 의견은 없었다. 연역적 정보deductive information라는 개념을
실제로 정의하려면 할 수 있었던 철학자들도, 논리적 추론이 경험적
실재에 대한 지식을 늘려 주지는 못한다고 결국 인정했다. 연역이 새
로운 정보를 획득하기 위해 필요한 도구 역할을 한다고 보는 사람들조
차도 최근의 연역 정보 이론을 그다지 중요시하지 않는다는 것은 정말
흥미롭다. 따지고 보면 비트겐슈타인의 주장도 그다지 새로운 것은 아
니었다. 그는 단지 동료인 마흐Ernst Mach나 슐리크Moritz Schlick와 비슷한
주장을 하면서 탄탄한 기초를 제공했을 뿐이다. 이들의 주장을 거슬러
올라가 보면 데카르트가 삼단 논법적 추론의 가치에 대해 비판한 전통
에 다다르게 된다. 논리철학의 주된 전통에서는 논리와 논리적 추론의
정보 제공성이 부인되어 왔다고 봐도 좋을 것이다.

연역적 추론의 동어 반복적 원칙과 대립되는 또 다른 견해가 있다.
이를 논리, 연역, 추론에 대한 셜록 홈스의 견해라고 부르고자 한다.
위대한 탐정의 견해를 가장 잘 묘사하는 것은 그의 공적을 훌륭하게
기록해 낸 의사 왓슨이기도 하고, 셜록 홈스 본인이기도 하다. 의사 왓
슨 덕분에 자신의 방법에 대한 셜록 홈스의 논문 개요를 살펴볼 수 있
다. 홈스는 자신의 방법이 연역과 추론에 의존한다고 주장했다. 그런
데 연역과 추론은 아무런 새로운 정보를 생산해 내지 못한다는 것이
통설이다.

> [홈스의] 글은 체계적으로 꼼꼼하게 주변을 관찰하면 얼마나 많은 것을
> 알아낼 수 있는지 논하고 있었다…. 논리 전개는 훌륭했지만… 결론은…
> 억지스러웠다. 관찰과 분석에 숙달된 사람은 절대 속일 수 없다고 주장하
> 고 있었고, 자신의 주장이 유클리드의 명제들처럼 확실하다고 했다. 그리

고 자신이 결론에 도달한 방법을 알지 못하는 초보자들의 눈에는 마치 마술처럼 놀라운 결과를 낳을 것이라고 주장했다. "바다나 폭포에 대해 전혀 들어 본 적이 없는 논리학자라도, 물 한 방울만 보면 대서양과 나이아가라 폭포의 가능성을 추론해 낼 수 있을 것이다⋯. 모든 생명은 거대한 사슬과도 같다. 우리는 고리 하나만 보아도 전체의 본성을 알 수 있는 것이다. 다른 모든 예술과 마찬가지로 연역과 분석의 과학은 오랫동안 인내심을 가지고 연구해야 한다⋯"(「주홍색」).

연역과 논리를 사용하면 많은 지식을 얻을 수 있고, 특히 '연역과 분석의 과학'에 숙달되면 큰 성과를 거둘 수 있으리라는 일반적 견해가 이 글에서 드러난다. 홈스가 이 글의 다음 장면에서 주장하기를, "내 논문의 바탕이 되는 연역의 규칙들은⋯ 내가 실제로 작업하는 데에도 큰 도움이 된다." 푸아로Hercule Poirot, 울프Nero Wolfe 등의 탐정도 비슷한 생각을 가졌다. 이들의 견해는 철학자들이 정보 수집에 관해 생각하는 논리의 가치와 극단적으로 대비된다.

철학자들은 탐정의 연역을 비합리라고 여기고 무시해 버리거나, 부분적으로만 형식화된 전제로부터의 추론, 즉 단순한 생략 삼단 논법enthymeme이라고 무시해 버리는 경향이 있다. 그러나 논리적 추론이 모든 면에서 그저 동어 반복일 뿐이라는 철학자들의 주장과 홈스의 '연역과 분석의 철학'이 양립하지 못할 이유는 없어 보인다. 그러나 새로운 정보를 확실하게 창출해 내는 논리 —— 과연 '논리'일까? —— 의 사용에 대한 설명을 빠뜨려서는 안 된다. 콜링우드Robin G. Collingwood가 역사학과 철학의 이상적 방법론에 탐정의 방법을 적용할 필요가 있다고 주장한 것은 잘못된 생각이었다. 그러나 콜링우드는 차치하고라도 셜록 홈스의 연역과 추론에 관한 생각은 철학적 논리학자들에게 중요한 도전 과제를 안겨 주었다. 명민한 탐정의 놀라운 추리력과, 모든 논리적 연역은 동어 반복이라는 철학자들의 주장을 화합시키다 보면, 셜록 홈스와 동류의 주장에서 재미있고 교육적으로 다루기 쉬운 적용과 예화를 얻을 수 있다. 셜록 홈스가 말하는 '연역'과 '추리'는 철학적 논리에 새로운 임무를 부여한다. 현대 철학에서 사용하는 도구를 골라서 그대로 새로운 영역에 적용할 수는 없는 노릇이다. 셜록 홈스의 방법을 이해하고 논의하고 평가하기 위해서는 새로운 개념을 정립할 필요가 있다. 이를 위해 적절한 개념을 만들고 그를 통해 무엇을 할 수 있을지 보여 주고자 한다. 철학적 논리에 대한 새로운 이론을 정립한다면, 비단 철학과 코넌 도일의 관계뿐만 아니라 훨씬 더 중요한 많은 영역에서 풍부하게 적용될 수 있을 것이다. 학문 내에서의 적용과 학제 간의 적용에 대해서도 차차 알아볼 예정이다.

2. 질문을 통해 암시적인 정보를 명시적인 것으로 만들기

여기서 우리가 우선 검토할 사실은 일단 매우 명백한 것인데, 물론 뒤에서 살펴보는 바와 같이 상당한 부연 설명이 필요한 사항이기는 하다. 홈스는 명백한 전제를 보고 연역을 사용하여 명백한 추리를 해내는 것이 아니다. 그가 종종 엄청나게 많이 쌓여 있는 배경 정보에서 적절하고 추가적인 전제를 뽑아내고, 그 후에 평범한 연역 논리를 통해 놀라운 결론을 내린다는 것은 누구나 아는 사실이다. 따라서 홈스가 하는 작업의 도식을 그려 보면, 흔히 볼 수 있는 증명 수형도proof-tree와는 다르게 그려진다. 일반적으로 증명 수형도에서 p_1, p_2, $\cdots$, p_k는 필수적이며 명백한 전제이고 c_1, $\cdots$, c_l은 그 뒤를 따르는 결론이다.

홈스의 도식은 어떻게 그려야 할까? **암시적인 정보를 도출해 내거나 명백하게 밝혀내는 것**은 홈스식 '논리학자'의 중요한 임무일 것이다. 그러나 대부분의 철학 분야에서는 이 임무의 중요성을 인지하지 못한다. 논리적 추리, 연역적 발견법, 논리학 및 수학의 방법론 등을 포함하여 거의 모든 철학 분야에서 그러하다. 그런 설명과 해석 과정은 체계화할 수 없고 규칙에 종속되지도 않기 때문이라는 변명을 할 수는 있다. 사실 이 문제는 논리학과 인식론에 연관되어 있을 뿐만 아니라 직관적인 발견과도 관련이 있다. 사실 직관적인 발견에 적절한 규칙을 일반적으로 제공할 수 없겠지만, 설령 그렇더라도 적절한 개념적 틀만 있다면 논의하고 평가하는 것은 가능하다. 따라서 이러한 개념적 틀을 만드는 것이 이 글의 주된 목적이다.

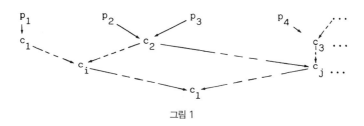

그림 1

개념적 틀의 핵심은 **질문**이라는 개념이다. (사전에 인식되지 않다가) 새롭게 명료해진 전제들을, 이를 암시적으로 알고 있는 사람들에게 주어졌던 질문에 대한 대답으로 간주하겠다. 사전에 인식되지 않았던 정보는 질문을 통해 대답으로 현실화된다. 그러므로 **암시적 지식을 활성**

화시키는 과정은 정보를 실제로 도출해 내는 질문을 통해 이루어진다고 할 수 있다. 질문과 질문이 대답을 제한하는 방법을 연구하면 홈스의 '연역의 과학'을 효과적으로 다룰 수 있을 것이다. 예컨대 어떤 질문이 얼마나 훌륭한지를 판단하기 위해서는 다른 질문보다 더 많은 정보를 지닌 대답을 끌어낼 수 있는지 살펴봐야 한다. 연역 이전의 암시적 지식이 현실화되는 과정을 살펴보는 과정은 질문과 대답 그리고 둘 사이의 상호 관계를 연구하는 작업으로 편입될 것이다.

질문-대답의 관계를 밝혀 주는 날카로운 이론은 지금부터 하고자 하는 연구에 절대적으로 필요한 것이다. 지금부터 정보란 질문에 대한 대답의 형태로 주어진다는 관점에서 정보 수집을 다룰 것이다. 정보 수집 과정을 수행하기 위해서는 질문을 적절하게 선택해야 한다. 그러므로 하나의 질문이 어떻게 (알맞은) 대답을 결정하는지, 즉 질문-대답의 관계 양상을 이해할 필요가 있다.

3. 질문-추리 복합체의 구조

〈그림 1〉을 잘 다듬어서 전제 p_1, p_2를 질문에 대한 대답, 즉 암시적 배경 정보를 바탕으로 했을 가능성이 있는 대답으로 만들어야 한다. 그러나 이것이 끝은 아니다. 전제 p_m을 더 심오한 암시적 전제 m_1, m_2,…에 바탕을 둔 질문에 대한 대답으로만 생각하는 것은 충분치 않다. 이는 〈그림 2〉와 같이 표현할 수 있다.

우리가 여기서 한 가지 염두에 두어야 하는 것은, 관련된 질문에 답하기 위한 배경 정보 전체를 일상 언어의 한정된 (즉 셀 수 있는) 문장들

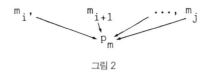

그림 2

의 집합으로 모두 다 포착할 수 없다는 사실이다. 표본-공간 점수sample-space points('가능의 세계possible worlds')의 집합은 각 정보의 내용을 한정 짓는다. 여기서 집합이 주어진 언어의 한정적 또는 가산적 문장의 집합 모델일 필요는 없다.

이는 정보 수집의 질문 모델이 추론적(연역적 **또는** 귀납적) 모델에 비해 월등함을 보여 준다. 하나의 추론은 명백한 문장에서 출발하여 명백하게 형식화된 결론을 향해 가는 추론이어야 한다. 여기서 문장이란 정해진 언어로 형식화될 필요가 있다. 질문과 대답이 같은 언어로 형식화되었다고 해서, 그 언어의 한정된 정보에 기초하여 질문에 대답할 필요는 없다. 여기서 질문 모델의 융통성이 증가하는데, 〈그림 1〉의 도식을 포괄적으로 만들기 위해 〈그림 2〉가 필요한 것은 아니라는 사실 역시 알 수 있다.

우리의 도식에서 분명하게 지적할 수 있는 것은 적당한 전제를 대답으로 촉구하는 질문들뿐이다. 여기서 대답이란 전제 p_1, p_2…이며, 〈그림 1〉의 도식은 〈그림 3〉으로 대체되어야 한다. 점선은 대답을, 실선은 추론은 뜻한다.

그러나 아직도 충분히 현실적인 도식을 그리지는 못했다. 〈그림 3〉에서 모든 질문은 암시적 배경 정보라는 바탕만으로 대답된다고 여겨지고 있다. 그러나 이는 현실적이지 못한 이야기이다. 여기서 대답은 부분적으로 추론적 결론 c_i에 기초할 수도 있기 때문이다. 그렇기 때문에 〈그림 3〉은 〈그림 4〉로 대체되어야 한다.

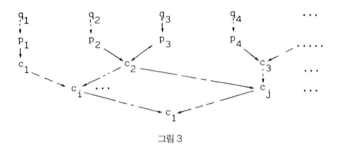

그림 3

질문에 대한 대답이 언제나 연역적 추론보다 (시간적 또는 논리적으로) 선행하는 것은 아니다. 사용 중인 추론 규칙을 명료하게 형식화해야 하는 것처럼, 질문과 추론의 상호 작용에 관한 관찰 역시 명료하게 형식화해야 한다.

$$c_i \quad q_j$$
$$c_n$$

그림 4

현재 그리고 있는 도식에 대해서 여러 문제점이 제기될 수 있다. 그중에서 지금 논의할 만한 흥미로운 개념적 고리가 있는데, **기억**memory과 **지성**intelligence 사이의 관계이다. 질문으로 암시적 정보를 유도한다는 것은 하나의 가능한 회상 과정으로 볼 수도 있고, 연역적이자 귀납적인 정보 수집을 위한 공통 모델로 일반화할 수도 있다. 이는 회상과 지적 추구의 목적을 위해 부분적으로 공유되는 모델로서, 기억과 지성의 관계를 설명해 줄 수도 있다.

한편, 우리가 제시하는 일반적인 개념이 셜록 홈스 팬을 놀라게 해서는 안 된다. 셜록 홈스의 거의 모든 장편과 단편의 **결말**은 홈스가 자신(또는 독자)에게 묻는 가상의 질문으로 바꿔서 표현할 수 있다. 위대한 탐정은 질문에 답하기 위해 관찰을 하며, 실험도 마다하지 않는다. 그러나 홈스가 가장 흔하게 하는 일은 **회상**anamnesis을 하는 것이며 이미 가지고 있는 정보, 독자를 위해 이야기 속에 전형적으로 기록된 정보, 너무나 기본적이라서 지적인 독자라면 누구나 안다고 할 수 있을 정보 등등을 되새기는 것이다. 예컨대 한밤중에 개에게 벌어진 사건을 생각해 보자(「실버」의 한 장면─옮긴이). 유명한 경주마 실버 블레이즈가 사라지고 조련사는 황야에서 살해당하는 사건이 있었다. 몇몇 용의자가 있었고, 충실한 의사 왓슨은 사건 당일 밤에 일어난 일에 대해 온갖 정보를 수집한다. 여기서 셜록 홈스가 "한밤중에 개에게 벌어진 특별한 사건"이라는 유명한 발언을 한 취지를 2개의 질문으로 제시할 수 있다. 말 도둑이 말을 훔칠 때 마구간에 있던 조련사의 경비견은 짖었는가? 대답은 부정적이었다("그렇지만 그 개는 짖지 않았다네!" "그게 바로 한밤중에 개에게 벌어진 특별한 사건이지"). 훈련을 잘 받은 집 지키는 개는 어떤 경우에 짖지 않는가? 물론 그 주인이 나타났을 때다. 이것이 바로 조련사의 역할에 대한 셜록 홈스의 '연역'이다.

우리가 논의하는 맥락 속에서, 질문은 정보 수집 과정에서 자연스러운 역할을 차지하고 있다. 그렇지만 철학자들은 특히 임상의 맥락 내에서 소크라테스식 질문법이나 과학적인 탐색 과정을 패러다임으로서 더 선호할지도 모른다. 셜록 홈스의 '연역의 과학'에서도 이러한 것들이 똑같은 구조적 특징을 보여 줄 것이라 믿는다.

4. 전체 증거의 원칙─베이즈주의

귀납법이나 연역법 등 인간의 정보 찾기 과정에 대한 초창기 분석이 오류를 범하게 된 이유를 살펴보자. 경험과학 철학자들은 **전체 증거의 원칙**을 오류의 원인으로 보고 있다. 전체 증거의 원칙의 역할이나 상 대적 정당화는 과학적 추론을 확률론적 관점에서 일련의 단계적인 조 건화 과정으로 다루는 이론들에서 가장 잘 나타난다. 이러한 이론들은 종종 (그다지 정확한 명칭이라고는 할 수는 없지만) 과학적 추론의 베이즈 주의 이론Bayesian theories이라고 불린다. 개연성 분포 $P(x)$와 배경 정보 e_0가 주어졌다고 가정해 보자. 새로운 정보 e_1을 얻는다면, 우리의 인 식론적 위상을 대표하는 확률 분포는 무엇이 될까? 이때는 $P(x)$, $P(x/e_1)$이 아닌 $P(x/e_0 \& e_1)$이 되어야 한다. 여기서 e_1은 **모든** 관련 정 보를 부호화한 것으로 간주해야 한다. 만일 그렇지 않으면 모순과 실 수투성이의 결과만 낳게 될 것이다.

소규모의 적용 범위라면 괜찮겠지만, 대규모의 과학적 과정에서 베 이즈주의 이론은 다소 비현실적인 모델이 되기 쉽다. 실생활에서 **모든** 잠재적 관련 정보를 고찰하고 기록하기란 거의 불가능한 일이다. 관련 정보를 (앞의 e_1처럼) 하나 또는 여러 개의 문장으로 기호화할 수 있다 는 보장도 없다. 그러므로 전체 증거가 필요하다는 것이 과학적 추론 에 대한 베이즈식의 개연성 접근 방법의 약점이라고 할 수 있다.

이 문제는 과학철학에서도 다루어져 왔으며 상당한 논의가 있었다. 내 소견으로는 이는 과학적 추론에 대한 베이즈주의 관점의 가장 심각 한 문제 중 하나다. 내가 아는 한, 연역 과학철학에서는 이와 같은 문제 는 아직 한 번도 제기되지 않았다. 이 분야에서도 추론 과정 연구에 있어서 마치 모든 관련 정보가 이미 다 알려져 있거나 즉시 사용 가능한 것인 양 전제된다. 〈그림 3〉, 〈그림 4〉를 마치 〈그림 1〉, 〈그림 2〉처럼 보는 상황을 개념화할 때 지나치게 단순화하는 것과 비슷한 상황이다. 전체 증거의 문제를 연역론자의 방식으로 해석하는 것이다. 전체 증거 원칙에 대해 연역론자가 쓰는 방식의 해석이 없어도 되는 방법을 개발하는 것은 적어도 귀납법적 해석을 극복하는 것만큼이나 바람직할 것이다. 최종 분석 과정에서는 불가분의 문제가 될 수도 있다. 중요한 것은, 불완전한 증거(전제)를 총체적으로 만들 수 있는 과정에 대해 논의하고 이론화할 수 있는 수단이 필요하다는 것이다. 논리, 과학, 지식을 다루는 철학자들은 이런 연구의 필요성을 무시해 왔다.

5. 관찰의 역할

지금까지 철학적 논리와 언어철학의 범위를 넘어서 확대될 수 있는 중요한 방향을 찾을 수 있었다(우리가 이미 예시했듯이). 우리가 실제로 다루기 전부터 모든 배경 정보가 이미 정신 속에 존재했다고 간주할 필요는 없다. 다시 말해서, 자신(즉 문제의 논리학자)이 전제 p_i로 유도되는 모든 질문을 물어본다고 생각할 필요는 없다. 〈그림 4〉에 등장하는 전제 p_i와 중간 결론 c_n은 우리 지식의 일부로 존재해 온 것이 아니라 적당한 **관찰**로 인해 밝혀졌다고 짐작할 수 있다. 그렇다고 **전체 그림**의 본질이 **변하지는 않는다는 점**이 흥미롭다. 적당한 질문을 통해서 잠재적 지식의 뭉텅이로부터 전제 p_i를 도출해 냈다고 생각할 수 있다. 그중 일부가 적절한 관찰이라는 형태를 띠고 자연을 향해 묻는 질문이 된다. 잠재적 지식의 여러 항목이 반드시 사람의 잠재의식 속에 숨어 있을 필요는 없다. 그저 관찰될 수 있었지만 여태까지 관찰되지 않은 사실이기 때문이다. 그렇다고 기본적인 논리적 방법론의 상황이 바뀌는 것도 아니다. 우리는 여전히 적당한 질문에 대답함으로써 새로운 정보(특히 전제 p_i)를 얻을 수 있다고 간주하고 있다. 실제로 선택되는 전제는 수많은 양립 가능한 정보로부터 채택되는 것처럼, 실제로 이루어진 관찰 역시 상당히 많은 가능한 관찰 중에서 선택되어야 한다. 우리는 이런 관찰의 선택을 이해할 수 있으며, 이를 자연에게 던져진 질문에 대한 대답으로 간주함으로써 어떤 결론을 세우는 데 필요한 그 나머지 역할이라고 볼 수 있을 것이다. 그러면 우리의 암시적 정보를 괴롭히기 위해 계산된 질문의 장점이나 결점을 연구하고 평가해 내듯이, 이런 종류의 여러 다른 질문들이 갖는 상대적 장점도 연구, 평가될 수 있을 것이다. 이를 통해 질문을 통한 정보 찾기 이론이 암시적 지식의 해석이라는 첫 단계를 넘을 수 있게 되고, 비로소 적용 가능해진다. 이 글에서 이 새로운 이론만을 다룰 수는 없는 노릇이니, 몇 가지만 짚고 넘어가기로 하겠다.

첫째, "자연에게 질문하기putting questions to nature"라는 칸트Kant식 은유는 이제 덜 은유적인 해석이 된다. 우리가 시도하는 적용은 같은 개념 가운데 상당수를 질문과 그 대답에 적용되는 관찰에 적용할 수 있다는 점에서 더 이상 은유적인 것만은 아니다. 여기에는 질문의 선택(관찰, 실험의 선택 포함), 정보의 비교 등등을 지배하는 방법론적 개념도 포함된다.

둘째, 이론적 배경에 의존하는 관찰을 보다 날카롭게 비평할 수 있게 된다. 이론이 지나치게 많이 개입된 관찰의 경우가 최근 들어 종종 들려온다. 이제는 문제나 질문으로 가득 찬 관찰에 대해 이야기할 더 강력한 이유가 있음을 알게 될 것이다. 지금까지 제시했던 방법론적 모델에서 관찰이란 질문에 대한 대답이었다. 질문으로 충만하다는 표현에는 개념으로 충만하다는 의미가 함축되어 있다. 질문을 형식화하는 것처럼, 개념 역시 형식화할 필요가 있다.

한 걸음 더 나아갈 수도 있다. 상상 속의 관찰을 통해 감각-인상의 한계를 넘어서 얻어 낸 결론의 형태 속에는 관찰 내용을 정확하게 표현하는 방법이 함유되어 있다. 이것이 〈그림 4〉의 상황이다. 상상 속의 관찰은 〈그림 2〉의 m_i 중 하나일 것이다. 실제 관찰을 올바르게 개념화한 것은 〈그림 4〉에 표현되어 있다. 언뜻 중간 결과처럼 보이는 c_n은 질문 q_i와 조건적으로 여겨지는 잠정 결론 c_i에 의존하고 있다.

지금까지 이런 논의를 진행한 까닭은 배경 정보에서 전제 p_i에서 출발해서 중간 결론 c_i로 가는 추론이 전적으로 잠재의식에서 일어날 수도 있기 때문이다. 유명한 홈스의 예화를 살펴보자.

"닥터 왓슨, 이쪽은 셜록 홈스 씨입니다." 스탬퍼드가 우리를 소개시켜 주었다.

"안녕하십니까.… 아프가니스탄에서 오셨군요." 그는 다정하게 인사를 건넸다.

"도대체 그걸 어떻게 아셨습니까?" 나는 몹시 놀라서 물었다.

셜록은 나중에 이렇게 답했다.

"처음 만났을 때, 자네가 아프가니스탄에서 왔다고 말하니 상당히 놀라더군."

"자네가 그 얘기를 어디선가 들었던 게지."

"그런 일은 전혀 없었네. 나는 자네가 아프가니스탄에서 왔다는 걸 **알아냈다네**. 오랜 습관 덕택에 나는 마음속으로 수많은 생각이 순식간에 스쳐 지나가지. 그래서 중간 단계를 굳이 생각하지 않아도 결론에 도달할수 있다네. 왠지 군인 티가 나는 의사풍의 신사이니, 군의관일 것이라고생각했고, 얼굴빛이 검은 걸 보니 열대 지방에서 막 돌아왔다고 생각했네. 하얀 손목을 보면 본래 얼굴빛이 검은 사람이 아님을 알 수 있었지.헬쑥한 얼굴을 보고는 꽤 고생을 했고 병을 앓았던 것 같다고 생각했네.부상 때문에 왼팔이 뻣뻣하고 부자연스러운 것도 보았네. 영국 군의관이열대 지방에서 저렇게 고생하고 팔을 다칠 만한 곳은 어딜까? 아프가니스탄이 분명하다. 이런 생각이 순식간에 지나갔다네."

"자네의 설명을 들으니 아주 간단하군." 나는 웃으며 말했다(『주홍색』).

몇 가지만 짚고 넘어가겠다. 첫째, 홈스가 생각의 흐름을 이성적으로 재구성할 때 중간 단계 중 하나는 적절한 질문에 대한 대답으로 얻어진 것이었다("영국 군의관이… 다칠 만한 곳은 어딜까?"를 참조하라).

둘째, 현대 인지심리학에서는 '결론' n_i를 **관찰**로 본다. 문제는 잠재의식적이라고 주장한 추론의 중간 단계들이 워낙 빨리 스쳐 지나가서관심을 못 받은 것인지, 아니면 실제로 의식 세계에 못 들어오고 편집되지 않은 감각 속에 들어가게 되는지 여부이다. 깁슨J. J. Gibson, 카츠David Katz 등의 심리학자들은 후자를 주장한다. 인지는 정보를 수집한다는 뜻이지, 일정한 구조가 없는 감각-인상을 수집하는 것이 아니라는것이 그들의 주장인데, 우리도 이와 같은 입장이다.

셜록 홈스가 잠재의식을 거쳐서 도달한 결론을 형식화하면서 때로는 연역의 결론과 같은 일종의 진술로 **인지하는** 습관도 지지하고 있다. 홈스가 왓슨에게 자신의 연역에 관해 묻는 경우 등이 그렇다. "자네는 그 남자가 해군 하사라는 걸 못 **봤단** 말인가?"(「주홍색」)(강조는 필자).

이런 관찰에서는 관찰과 연역 사이의 미묘한 상호 작용이 드러나는데, 질문을 통한 정보 찾기 모델의 특징이다. 〈그림 2〉가 또 다른 중요한 측면에서 봤을 때는 지나치게 단순화되었다는 의심이 생기기도 한다. 시작점인 m_i에는 근본적인 바탕이 전혀 없을지도 모른다. 실제로 인식론적 상황에서는 이중 운동이 일어나고 있다. 아래쪽에서는 내용이 더 충실한 결론을 향하고, 위쪽에서는 보다 근본적인 자료를 향한다는 이중 운동이다. 후자가 전자보다 자연스럽게 끝날 것이라고 기대할 이유는 없다.

과학적 맥락에서도 같은 구조가 드러난다. 관찰의 상황에서 대부분의 배경 지식은 당연히 암시적일 것으로 여겨진다. 여기서 배경 지식은 〈그림 2〉의 m_i와 상응한다. 우리의 구조 내에서 배경 정보와 최종 결과 사이 어딘가에 있는 중간 결론 c_n이 실제로 관찰의 진술이라고 드러나는데, 이는 어느 정도 〈그림 4〉와 같다.

다소 차이는 있겠지만, 논리와 연역에 대한 홈스의 개념에서 관찰의 역할을 이해해 볼 수 있겠다. 도입부에서 가장 흥미롭고도 혼란스러운 문제는 관찰의 영역과 추리, 연역, 분석, 추론, 논리의 영역이 이상하게 공존한다는 점일 것이다. 홈스가 말하는 "완전한 논리학자compleat logy-cien"란 주변 세계를 미세하게 드러내는 것에 주목하는 완벽한 관찰자로 그려지는 경우가 종종 있다. "가장 깊은 속마음에 숨어 있는 생각을 가늠해 보기 위해 근육의 움직임이나 눈의 힐끗하는 시선 따위의 순간적인 표현에 주목해야 한다"(「주홍색」). 홈스는 때때로 완전한 추론가로서 정신세계 내에서 모든 연역 규칙을 따르면서 수많은 중간 단계들을 스치듯 지나쳐 버리기 때문에 굳이 직접 의식할 필요가 없을지도 모른다.

6. 자연에 대한 게임으로서의 질문-대답

지금까지 다룬 관점대로라면, 질문을 통해서 두 가지 개념이 연결된다는 것을 확인해 볼 수 있다. 무시당하던 전제에서 벗어나는 것(홈스가 말하는 연역)과 관찰하는 것은 둘 다 질문-대답 과정에 속한다. 관찰과 연역의 유사점은 차차 짚어 보겠다.

(셜록 홈스의) 목적에 부합하는 질문-대답의 사용을 정확하게 연구하려면 어떻게 해야 할까? 여기서 논리학자는 질문-대답의 관계를 분명하게 설명해 내야 한다는 벽에 부딪히게 된다. 놀랍게도 논리학, 의미론, 문법, 심지어는 질문의 화용론에 관한 초기 문헌까지 뒤져 보아도 마땅한 해결책을 찾을 수 없다. (질문-대답의 문제, 즉 서로 다른 정보를 가진 두 사람의 발언에 담긴 논리적, 의미론적 관계가 무엇과 관련되어 있는지 알게 된다면 어느 정도 납득이 될 것이다. 그러나 논리학자와 언어학자 모두 이런 배경 지식을 고려하지 않고 있다.) 야코 힌티카는 다수의 초기 저서에서 질문-대답의 관계를 분석했다(특히 Hintikka 1976). 힌티카는 주어진 질문에 대한 완전한 대답과 부분적인 대답을 잘 구분해 놓았는데, 이 글에서는 이를 당연한 것으로 받아들이겠다. 힌티카의 초기 저서는 전제의 핵심 개념도 잘 설명해 놓았다.

질문과 연역을 통한 정보 수집 과정은 어떻게 개념화해야 할까? 지금부터 제안할 형식화는 위에서 언급한 방식과 약간 달라 보이기는 해도, 개념만큼은 확실히 표현해 줄 수 있을 것이다. 형식화의 과정은 자연에 대한 게임으로 여겨질 수 있는데, 나 자신의 암시적 정보의 창고로도 여겨질 수 있다. 게임 이론을 도입하는 이유는 전략에 관한 질문을 연구할 때 지금까지 나온 것 중 가장 괜찮은 체계를 제공하기 때문이다. 여기서 전략은 질문의 전술strategem과 관련 연역의 전술 모두를 포함한다.

질문하기 게임 방법은 다음과 같이 설명할 수 있다.

게임 참가자는 나와 자연이다. 직관적이고도 잠정적으로 말하자면, 일단 나의 목적은 특정한 결론 C_0를 입증하는 것이다. 처음에 나는 (무의미할 수도 있는) 초기 전제 C_1을 마음대로 설정한다. 게임을 하는 과정에서 등장하게 되는 다른 문장들은 고정된 일차적 언어라 간주할 수 있는데, 이러한 문장들이 확장되는 경우는 오직 질문을 확장된 언어로 묻기 위해서다. (이러한 확장에 관해서는 뒤에서 설명할 것이다.) 이 게임 과정은 베스(E. W. Beth, 1955)의 의미론적 표tableaux에 등장하는 점수 기록 방식과 비슷하다. 둘 사이의 차이는 나중에 설명하겠다. 일단 우리는 점수표를 베스의 용어를 따라 '표tableau'라고 부르기로 하자. 특히 폐쇄closure, 좌·우측 열column, 하위표subtableau의 개념을 베스와 같은 방식으로 사용하자. 주어진 표의 하위표들은 베스의 경우에서와 마찬가지로 이접적으로disjunctively 연관되어 있으며, 특정한 표를 폐쇄하기 위해서는 그 아래에 있는 모든 하위표를 폐쇄해야만 한다.

베스의 표를 사용하는 것은 **분석**의 '연역의 과학'을 주창한 셜록 홈스의 전통과 보조를 맞추는 것이다. 베스가 첫 논문에서 지적했듯이 표 방법은 분석적 방법에 대한 전통을 훌륭하게 재구성해 주지만 연역의 범위를 벗어날 수는 없었다. 그러므로 베스의 '연역과 분석의 과학'을 편협한 연역적 적용 범위에서 확장해 보도록 할 것이다.

표의 우측 열에는 C_0가 있고 좌측 열에는 C_1이 있다. 여기에 세 가지 다른 종류의 이동이 관여하는데, (1) 연역적deductive 이동, (2) 질문 형식의interrogative 이동, (3) 정의적definitory 이동이다.

(1) 연역적 이동에 관련된 규칙은 일반적으로 표 방법에서 사용하는 형식화 규칙과 동일하다.

야코 힌티카가 다른 곳(1979)에서 지적했듯이, 고전 논리학에서 직관론적 논리학으로 몇몇 규칙이 전이되면서 수정된 것과 마찬가지로 모든 표 규칙을 수정할 필요가 있다. 또한 어떤 하위표의 좌측 열에는 한 번에 하나의 문장만 허용해야 한다.

표 구성의 실증 규칙은 가짜dummy 이름(불특정 개인)을 도입하여 처음에 주어진 언어를 확대시킬 수 있다. 이는 어떤 대상이 존재하느냐의 여부에 관한 존재existential 문장은 좌측 열에 나타내고, 이에 대한 양적 서술인 보편 양화 문장은 하위표의 우측 열에 나타내는 있는 경우에만 가능하다고 가정한다.

(2) 의문적 이동은 하위표 σ_i와 관련이 있다. 이는 내가 자연에게 묻는 질문으로 구성되어 있다. 문제의 전제는 하위표 좌측 열에 나타나야 하고, 자연은 완전한 대답 A_i를 내주어야 한다. 그러면 A_i는 σ_i의 좌측 열에 추가된다.

편의를 위해 언제나 완전한 대답이 주어질 수 있다고 가정할 것이다. 이는 대답하는 사람이 제공하는 보조 정보와 함께 완전한 대답이 되는 질문 행렬의 대체-경우substitution-instance라는 의미에서 그러하다.

보조 정보는 나머지 대답과 같이 σ_j의 좌측 열에 소개될 것이다.

대체 용어는 (wh-의문문의 경우) 개체 상수여야 한다.

주어진 질문에 대한 자연의 응답(주어진 가설에 대한 검증 — 옮긴이)이 충분한지의 여부는 나의 배경 지식과 σ_j의 좌측 열의 모든 문장의 진위를 내가 알고 있다는 가정의 기초하에서 판단된다. (이 때문에 질문이 σ_j와 관련이 있게 된다.)

(3) 정의적 이동 역시 하위표 σ_j와 관련이 있다. 이는 새로운 술부 기호 P(x)를 도입하는 데 있다. 이는 명시적 정의에 의해, 다시 말해서 σ_j의 좌측 열을 증가시킴으로써 도입된다.

$$(x)\ (P(x)\leftrightarrow \smallint(x))$$

또는

$$(x)\ (P(x)\ (x=a_1\ v\ x=a_2\ v\ ...\ v\ x=a_k))$$

여기에서 $\smallint$는 σ_j에서 사용한 어휘이며 하나의 자유 변수를 가지고 있고 $a_1, a_2, \cdots,\ a_k$는 개별 상수이다.

7. 성과와 전략

보통 게임 이론에서 그렇듯이, 게임 참가자의 전략적 고찰은 성과에 의해 본질적으로 결정된다. 자세히 다루지는 않겠지만 아래의 일반 원칙들을 알아 두는 편이 좋을 것이다.

(1) wh-의문문을 수반하는 질문 이동은 하나의 질문 안에 wh-단

어의 가면을 쓰고 있는 양화사의 경우처럼, 입증되어야 할 양화사의 층이 많을수록 비용이 많이 드는 행동이다. 여기서 말하는 질문의 "비용"이란 결국 하나의 질문에 존재하는 양화사의 층 개수라고 일단 간주할 수 있다. 질문 밖에서 발생하는 양화사의 개수는 고려하지 않는다.

(2) 정의적 이동은 정의하는 항definiens $\int$ 내에 양화사 층이 많을수록 비용이 더 든다. 여기서도 추가적 층마다 하나의 단위 비용이 든다고 할 수 있다.

(3) 연역적 이동에 새로운 가짜 이름을 도입하는 이동마다 하나의 단위 비용이 든다.

이러한 원칙들이 갖는 직관적 의미는 하나의 이동에 드는 비용이 연역에서 고려하는 개체들의 배열configurations을 복잡하게 할수록 더 든다는 것이다(새로운 개체를 논의에 도입시킨다는 의미에서). 연역 논의에 새로운 개체들을 추가시키는 '비용'(실제 개체들이건 가짜 이름으로 도입된 '임의의 개체들'이건)은 성공적인 연역에서 이동이 얼마나 중요한지 반영해 준다. 새롭게 도입된 개체를 선택하는 것은 중요한 전략적 고찰 대상이다.

이는 셜록 홈스 방식의 논의에서 찾아볼 수 있는 것에 비춰 볼 수 있다. '한밤중에 개에게 벌어진 특별한 사건'의 예를 보자. 여기서 홈스는 처음으로 미지의 도둑, 개, 조련사라는 세 개체를 연결 지었다. (개는 논의에 도입되었고 나머지는 수단에 의해 연결된다고도 할 수 있다.) 홈스의 '연역'에서 놀라운 점은 세 개체의 관계(그중 두 개체는 동일한 것으로 밝혀진다) 자체에 있는 것이 아니라, 세 개체 간에 어떠한 관계가 있을까에 대해 처음으로 질문을 제기하는 것에 있다. 이것은 세 개체 중의 하나를 질문에 도입함으로써 비로소 가능해진다.

8. 때로는 질문과 대답으로 교체되는 연역

성과와 여러 다른 전략을 자세히 조사해 보면 많은 것을 알아낼 수 있겠지만, 여기서는 흥미로운 사실 하나만을 언급하겠다. 대부분의 연역 이동 ── 가장 흥미로운 몇 가지를 포함하여 ── 은 대답이 곧 나타나리라고 가정되는 적당한 질문으로 교체할 수 있다.

예컨대 $(F_1 \lor F_2)$가 어떤 하위표 σ_i의 좌측 열에 있다고 가정해 보자. 하나의 연역 이동은 σ_i를 F_1과 F_2로 나누어 좌측 열에 추가할 수도 있다. 또는 "F_1의 경우인지 F_2의 경우인지" 물을 수도 있다. 이는 질문의 전제가 $(F_1 \lor F_2)$이기 때문에 가능해진다. 대답이 무엇이건 σ_i가 분리되는 두 하위표 중 하나를 더 구성했어야 하는 수고는 덜게 되는 셈이다.

마찬가지로 $(Ex)F(x)$가 하위표 σ_i의 좌측 열에 있다고 가정해 보자. 그러면 연역 이동은 새로운 가짜 이름 α를 도입하게 되는데 여기에서 $F(\alpha)$는 σ_i의 좌측 열에 삽입된다. 아니면 다음처럼 질문할 수도 있다. "누가 또는 무엇이(그 개체를 x라고 하자) $F(x)$인가?" 이는 질문의 전제가 $(Ex)F(x)$이기 때문에 성립될 수 있는 질문이다. 만약 대답이 b라면 σ_i의 좌측 열에 $F(\alpha)$ 대신 $F(b)$를 삽입할 수 있다. b가 실제 이름이므로 이를 취급하는 것은 연역적 이동보다 더 용이하게 연역을 수행할 수 있다. (여기서 우리가 전제하고 있는 것은 문제가 요구하는 사항에 대해 존재적 양화사 해석을 하고 있다는 사실이다.)

뿐만 아니라, 정의적definitory 이동도 이처럼 질문-대답의 이동으로 종종 대체할 수 있다. 예컨대 정의적 이동은 아래와 같은 문장을 하위 표 σ_i의 좌측 열에 도입할 수 있다.

$$(*) \quad (x) \ (P(x) \leftrightarrow \int(x))$$

이렇게 하는 대신에, 질문이 요구하는 사항에 대해 보편적 양화사 해석을 전제하는 사람은 다음과 같이 질문을 제기할 수도 있다. "누가 또는 무엇이(그 개체를 x라고 하자) $\int(x)$인가?" 이에 대한 대답은 역시 같은 형태의 문장이 될 것인데, 다만 최초의 술부 P가 이전에 한 번 사용되었던 어떤 술부로 대체될 것이다. 다시 말하지만, 변화를 통해서만 연역의 임무를 고양시킬 수 있다.

연역과 의문적 이동 사이의 확장적 상호 교체성(정의적 이동과 의문적 이동의 관계도 포함)은 연역 기술이 본질적으로는 질문하는 기술과 동등하다는 생각을 지지한다고 볼 수 있다. 이는 아마도 논리, 연역, 추론에 대한 셜록 홈스의 개념에서 가장 핵심적인 요소일 것이다.

8장

셜록 홈스의
형식화

야코 힌티카
Jaakko Hintikka

1. 머리말

필자는 예전의 논문(Hintikka 1978)에서 주로 연역이나 추론으로 여겨지는 것들을 개념화하는 최선의 방식은 이를 암시적 질문에 대한 대답으로 보는 것이라고 주장한 바 있다. 이 광범위한 의미에서의 '연역'을 중요하게 만드는 기술과 재능은 어떠한 질문을 골라내느냐에서 비롯된다. (실제 또는 소설 속의) 뛰어난 탐정이 해내는 '연역'이 그 적절한 모범 사례가 될 것이다. 이 장의 제목은 바로 그런 탐정의 이름을 따서 짓게 되었다.

이런 생각은 대단히 시사하는 바가 크지만, 보다 분명하고 자세하게 설명할 필요가 있다. 이 장에서는 셜록 홈스의 소위 '추론과 분석의 과학'(「주홍색」, 특히 2장)을 분명하게 형식화해서 다룰 예정이다. 이 목적을 위해 어떤 개념적인 틀을 사용할지 몇 가지 중요한 선택을 해야 하는데, 그다지 어려운 일은 아닐 것이다.

일반적 생각의 기초하에서 훌륭한 추론가의 기술이 대체로 전략적이라는 점은 분명하다. 그 기술은 전략적으로 옳은 질문, 즉 대답으로 이끌어 낼 만한 내용이 풍부하고, 성공적인 다른 질문들을 계속 유도해 낼 수 있는 질문을 제시하는 데 존재한다. 현재 전략적으로 고려해볼 만한 최고의 도구는 수학적 게임 이론(이라고 잘못 알려진) 연구 분야인데, 사실 이 이론은 전략 이론이라고 부르는 편이 나을 것이다.[1] 특히 질문-대답의 계열을 쫓아가 보는 것이 좋겠는데, 이는 (게임 이론에서의 정확한 의미로) 질문자와 응답자 간의 게임으로 간주된다. 응답자는 흔히 자연으로 간주되므로 앞으로 '자연'으로, 반면 질문자는 '나'로 지칭할 것이다.

두 번째 중요한 선택은 자연에 대한 **질문 게임**을 어떻게 기록하느냐이다. 기록 체계는 20세기 철학자들이 익숙하게 사용할 수 있는 용어로 이루어져야 하며, 기술적으로 좁은 의미에서의 논리적 추론들을 수행하고 기록할 수 있어야 한다. 또한 채점 체계는 자연의 대답을 적절하게 기록할 수 있어야 한다.

이런 종류의 기록 체계 중 최선은 베스(Beth 1955)가 도입한 의미론적 표라는 낯익은 방법이다. 자연에 대한 질문 게임의 규칙을 세우기 위해 게임 표라는 표를 사용하도록 하겠다. 필자는 독자가 보다 잘 알고 있을 용어인 게임 표를 일반적으로 사용할 것이다.

지금부터 다룰 간단한 게임에서는 다음 내용을 가정한다. 나는 자연에 하나하나 질문해 얻은 답들을 주어진 처음의 가정 T에 보태어서 전제들로 삼아, 주어진 특정한 결론 C를 증명하려 한다. 따라서 처음의 게임 표 우측 열에는 C가, 좌측 열에는 T가 있을 뿐이다.

게임 표에 의거한 게임 규칙은 대단히 간단하다. (i) 연역적 이동, (ii) 의문적 이동, (iii) 정의적 이동이라는 세 가지 이동이 존재한다.

(i) 연역적 이동에는 표 구성의 일반적 규칙들 중 하나가 게임 표에 적용된다.

(ii) 의문적 이동에서는 내가 자연에게 질문을 하며, 자연은 가능한 한 최종적인 (알찬) 대답을 한다. 질문은 게임 표의 좌측 열에 삽입된다.

(iii) 정의적 이동에서 나는 게임 표의 좌측 열에 삽입된 명시적 정의를 이용해서 새로운 개념을 끌어들인다. 명시적 정의들은 다음의 두 형태들 중 하나의 문장에 있게 된다.

(1) $(z_1)(z_2)\cdots(z_i)(x)[P(x, z_1, z_2, \cdots, z_i)$
$\leftrightarrow S[x, z_1, z_2, \cdots, z_i]]$

(2) $(z_1)(z_2)\cdots(z_i)(x)[(f(z_1, z_2, \cdots z_i) = x)$
$\leftrightarrow S[x, z_1, z_2, \cdots, z_i]]$

(1)에서는 P, (2)에서는 f가 새로운 기호이다.

규칙에 관해 설명을 보태자면, 첫째로 여기에서 전제하고 있는 언어를 분명하게 해 둘 필요가 있다. 우선 나는 해석되고 한정된 일차 언어 L을 사용할 것이며, 항등식과 함수 기호도 사용할 것이다. 그리고 L이 확대되는 경우도 취급할 것이다. 이러한 언어를 선택한다는 것은 질문과 대답 사이에 어떠한 의도도 개입될 여지가 없다는 뜻이다. 게임에서 자연에게 던지는 질문만이 이러한 언어로 즉시 표현될 수 없는 유일한 요소이다. 그러나 표에는 질문이 아닌 대답만 삽입된다. 따라서 이러한 제한이 여기서는 전혀 문제되지 않는다.

당분간은 두 가지 경우에서만 L이 확장되는 것을 허락할 것이다. (a) 정의에 의해 도입된 새로운 술부 함수predicate function 또는 개별 상수individual constants에 관한 확장, (b) (의도된 모델에서 다른 논리적 유형의 존재를 위해) 고유 기호라고 불리는 특별한 상수에 관한 확장. 여기에는 의도된 영역에서의 개체의 고유명사, 고유술어, 고유함수도 포함된다. 이러한 기호들을 의도적으로 해석하는 것이 무엇이냐에 대한 문제는 질문 게임의 의미론에 비추어서만 대답할 수가 있다. 직관적으로 말하자면 기호들은 어떤 논의 영역에서 다른 형태의 실재를 가리키는 (논리적으로) 고유한 이름이라고 생각할 수 있겠다.

(i) 연역적 이동에서 사용된 표 규칙은 일반적인 규칙이라도 상관없다. 그러나 여러 가지 목적을 위해서 보통의 표 구조를 수정하여 사용하고자 한다. 베스의 구조를 크레이그(Craig 1957)의 선형 연역(크레이그는 표가 아닌 계열로 설명했다)에 맞게 고쳐 사용할 것이다.

(ii) 필자가 질문-대답 관계에 대해 이전에(Hintikka 1976, 특히 2-3장) 했던 분석이 필수 전제가 된다. 분석 내용을 되풀이할 수는 없으므로, 독자들이 알고 있으리라고 가정하고 넘어가겠다. 의문적 이동에서의 대답은 명제적 질문에 대한 직접적인 대답을 의미한다고 말하는 것으로 충분하리라. wh-의문문의 경우 대답이란 어떤 용어에 관한 질문의 행렬에서 한 예를 대치하는 것이다. 용어는 물론 L 또는 L의 허락된 확장에 속해야 한다. 기호는 정의적 이동에 대한 대답에 의해 도입된 것인 한, 같은 하위표에서 미리 도입된 것이어야 한다.

의문적 이동의 전제 조건은 게임 표의 좌측 열에서 질문의 전제가 생겨야 한다는 것이다. 특수한 의미에서, 즉 의미의 형식화를 위한 의미론적 개념이 요구되는 특수한 의미에서, 대답은 주어진 상황하에서 가능한 한 알찬 것이어야만 한다.

의문적 이동들은 하위표와 관계가 있어야 한다. 질문의 전제는 하위표의 좌측 열에서만 발생해야 하고, 대답은 하위표의 좌측 열에만 들어온다. 그리고 wh-의문문의 대답은 하위표에만 속해야 한다.

(ii)에서 질문의 요구desideratum는 존재-양화existential-quatifier적으로 읽혀야 한다고 전제되었지만 보편-양화universal-quantifier적으로 읽어도 될 것이다(Hintikka 1976, 4장). 이때 대답은 다음과 같은 형식이 된다.

(3) $(x)[M[x] \leftrightarrow S[x]]$

여기서 $M[x]$는 질문의 행렬이며 $S[x]$는 다음 조건을 만족시키는 표현이다.

(a) 논리 외의nonlogical 어휘 $S[x]$는 L 또는 L의 허용된 확장으로 이루어진다.

(b) $S[x]$는 자유 개체 변항으로서의 x만을 포함한다. x는 $S[x]$ 안에서는 발생하지 않는다.

일반적으로 의문문에서의 질문은 매개 변수를 가진 것, 즉 (보편적인 양화사 밖에 한정된) 자유 변항을 가진 질문일 수 있다. 그러면 대답은 문제의 존재론적 해석에 의해 다음과 같은 형태가 될 것이다.

(4) $(z_1)(z_2) \dots (z_i) M[t[z_1, z_2, \dots z_i],$

$z_1, z_2, \dots z_i]$

$M[t[z_1, z_2, ..., z_i]$는 $(z_1, z_2, ..., z_i$를 자유 변항으로 가진) 질문의 행렬이고 $t(z_1, z_2, ..., z_i)$는 다음을 포함하는 용어이다.

(a) 유일한 자유 개체 변항으로서 $z_1, z_2, ..., z_i$ (또는 일부만),

(b) L과/또는 L의 허용된 확장으로부터의 함수 기호.

자유 변항의 질문을 보편적으로 해석하면 (4)의 유추에 대한 답으로, 또한 (3)의 일반화로 다음을 얻는다.

$$(5) \quad (z_1)(z_2) \ ... \ (z_i)(x)[M[x, z_1, z_2, ..., z_i]$$
$$\leftrightarrow S[x, z_1, z_2, ..., z_i]]$$

S는 $x, z_1, z_2, ..., z_i$를 유일한 자유 개체 변항으로 가지고 있으며 논리 외의 방법으로 인한 상수로서 L과/또는 L의 허용된 확장으로부터의 기호를 포함한다. 반복하자면, 정의로 도입된 상수는 같은 하위표에 도입되어야 한다.

존재론적으로 해석되는 자유 변항을 가진 wh-의문문은 질문을 하기 전에 적절한 하위표의 좌측 열에 발생해야 한다. 답이 (4)일 수 있는 질문의 전제는 아래와 같다.

$$(6) \quad (z_1)(z_2) \ ... \ (z_i)(\exists x)M[x, z_1, z_2, ..., z_i]$$

보편적으로 해석되는 wh-의문문의 전제는 이에 상응하여 존재론적으로 해석되는 전제와 동일하다.

자유 변항 의문문은 술부에 상대적으로 질문할 수도 있다. 예컨대 1항 술부one-place predicate $P(z)$를 보자. 의문문의 행렬을 $M[z, x]$라고 하면 wh-의문문의 존재론적 해석에 의해 (4)와 (6)의 (즉 대답과 전제에 대한) 동류analogue는 각각 (7)과 (8)이 된다.

$$(7) \quad (z)[P(z) \supset M[t[z],x]]$$

$$(8) \quad (z)[P(z) \supset (\exists x)M[x, z]]$$

다음은 자유 변항을 가지고 있으며 보편적으로 해석되는 wh-의문문에 대한 대답 (5)의 동류이다.

$$(9) \quad (z)[P(z) \supset (x)(M[x, z] \leftrightarrow [x, z])]$$

(iii) 의문적 이동과 마찬가지로 정의적 이동도 게임 표의 하위표와 비례할 것이다. (2)의 정의인 (1)은 하위표의 좌측 열에만 들어온다.

정의적 이동으로 도입되는 기호는 같은 하위표에서 더 먼저 생겨서는 안 된다. 다시 말해 정의적 이동에서는 위에서 정의된 대로, P는 술부 기호이며 f는 질문이나 L에서 발생하지 않는 함수 기호이다. 더욱이 $S[x, z_1, z_2, ..., z_i]$는 유일한 자유 개별 변항으로 $x, z_1, z_2, ..., z_i$를 포함해야 한다. (2)에서 다음 문장들은 같은 하위표의 좌측 열에 발생해야 한다.

$$(10) \quad (z_1)(z_2) \cdots (z_i)(\exists x) \ S[x, z_1, z_2, ..., z_i]$$

$$(11) \quad (z_1)(z_2) \cdots (z_i)(x)(y) \ [(S[x, z_1, z_2, ..., z_i] \ \& \ S[y, z_1, z_2, ..., z_i]) \supset (x = y)]$$

다음은 (2), (10), (11)의 특별한 경우로 취급할 것이다.

(12) $(x)[(a = x) \leftrightarrow S[x]]$

(13) $(\exists x)S[x]$

(14) $(x)(y)(S[x] \& S[y] \supset (x = y)]$

여기에서 a는 하위표에서 일찍 발생하지 않는 개체 상수이다. (12)-(14)를 (2), (10)-(11)의 특별한 경우로 인정한다는 것은 개체 기호의 정의적 도입을 정의된 술부와 함수와 동등하게 허용한다는 뜻이 된다.

2. 예

이는 자연에 대한 질문 게임의 통사론적 등장을 설명하는 것으로 충분하겠지만, 게임의 의미론과 그 결정적인 구조는 설명될 필요가 있다. 특히 후자는 게임에서의 전략적 고찰에 결정적 역할을 차지한다. 자연에 대한 질문 게임의 몇 가지 간단한 실례들을 고려해 보자. 자연과 언어의 차이에서 얻어 낸 사례들 혹은 일상 영어를 사용하여 쉽게 형식화할 수 있는 사례들이다. 지금까지 제대로 해 왔다면 평상 담화 ordinary-discourse의 '연역법'을 질문 게임으로 재구성할 수 있을 것이다.

정보 추구 대화의 첫 번째 사례로 「실버」에 등장한 홈스의 추리가 있다. 홈스는 한밤중에 개에게 벌어진 특별한 사건에 대해 연역을 했다. ("그렇지만 그 개는 짖지 않았다네!" "그게 바로 한밤중에 개에게 벌어진 특별한 사건이지.") 단계별로 언어적 형식화를 진행해 보자.

(1) 마구간에 경비견이 있었는가? 그렇다.

(2) 마구간의 경비견 중에서 누군가를 향해 짖은 개가 있었는가? 없었다.

(3) 그러면 마구간의 경비견 중에서 도둑을 향해 짖은 개는 하나도 없었다.

(4) 경비견이 집 지키는 개가 누구한테는 짖지 않는가? 주인이다.

(5) 마구간의 경비견 d에 대해 생각해 보자.

(6) d는 도둑을 향해 짖지 않았다.

(7) d가 짖지 않는 사람은 주인뿐이다.

(8) 그러면 d의 주인이 도둑이다.

이에 대해 몇 가지 설명을 덧붙일 수 있다. (1)-(2)의 대답은 작중에서 알려진 사실들이다. (3), (5)-(8)의 연역적 움직임은 모두 직선적이다. (4)에서는 질문이 야기되자마자 대답이 당연하게 따라 나온다. 홈스의 천재성은 올바른 질문을 통해 올바른 전제를 가져온다는 점에서 발휘된다.

(4)의 질문이 자유 변항을 포함한다는 것에 주목하자. '경비견'이라는 술부와 관련된 질문이기도 하다.

홈스의 추론을 표로 형식화하면 다음과 같다. 여기서는 게임 표의 좌측 열만 적었다.

(1) $(\exists x)(W(x) \& S(x))$

(2) $(y)(x)[W(x) \& S(x)) \supset \sim B(x,\gamma)]$

(3) $(x)[(W(x) \& S(x)) \supset \sim B(x,th)]$

(4)　　　　$(x)[(W(x) \supset (y)(\sim B(x,y) \supset (y = m(\gamma))))]$

(5)　　　　$W(d) \, \& \, S(d)$

(5a)　　　$W(d)$

(6)　　　　$(W(d) \, \& \, S(d)) \supset \sim B(d,th)$

(6a)　　　$\sim B(d,th)$

(7)　　　　$(W(d) \supset (y)(\sim B(d,y) \supset (y = m(d)))$

(7a)　　　$(y)[\sim B(d,y) \supset (y=m(d))]$

(8)　　　　$\sim B(d,th) \supset (th=m(d))$

(8a)　　　$th = m(d)$

기호 설명:　$W(x)$ = x는 경비견이다

　　　　　　$S(x)$ = x는 마구간에 있었다

　　　　　　$B(x,y)$ = x가 y를 향해 짖었다

　　　　　　$m(x)$ = x의 주인이다

　　　　　　th = 도둑

두 번째 사례에서는 우선 표를 보여 준 뒤 설명하고, 표와 같은 구조의 언어적 예시를 들어 보겠다.

게임 표

(1) $(x)(\exists y)R(x,y)$ 　　　　　　$(\exists u)(z)R(z,u)$ 　　(2)

(3) $(x)[T(x) \leftrightarrow$ 　　　　　　$(z)R(z,c)$ 　　(10)

　　　$((\exists y)R(x,y) \supset (z)R(z,x))]$

(4) $(\exists x)T(x)$

(5) $T(c)$

(6) $T(c) \leftrightarrow$

$\quad ((\exists y)R(c,y) \supset (z)R(z,c))$

(7) $(\exists y)R(c,y) \supset (z)R(z,c)$

(8) $(\exists y)R(c,y)$

(9) $(z)R(z,c)$

대화에 대한 설명

(1)은 주어진 전제이다

(2)는 바람직한 결론이다

(3)은 다음 질문에 대한 대답이다: $((\exists y)\ R(x,y) \supset (z)R(z,x))$인 모든 개인 x는 누구인가?

(4)는 다음 질문에 대한 대답이다. $T(x)$인 개인 x가 존재하는가?

(5)는 다음 질문에 대한 대답이다. (여럿 중에서) $T(x)$인(소위 x인) 자는 누구인가?

(6)은 c에 대한 L-보편적인 예증에 의한 (3)의 결과이다.

(7)은 동등 대체equivalence substitution의 파생 표 규칙에 의한 (5)와 (4)의 결과이다.

(8)은 L-보편적인 예증에 의한 (1)의 결과이다.

(9)는 긍정 논법modus ponens의 적절한 표 변형에 의한 (7)과 (8)의 결과이다.

(10)은 R-존재론적인 예증에 의한 (2)의 결과이다.

언어적 형식화(질문 포함)

기호 설명: $R(x,y)$ = x가 y를 배반한다

$T(x)$ = x는 테러범이다

c = 카를로스

(1) 모든 사람은 누군가를 배반한다. (전제)

(3) 그들이 누군가를 배반하면 모든 사람이 그들을 배반하게 되는 그 들은 누구인가? (보편적으로 해석되는 wh-의문문)

테러범들 (대답)

(4) 테러범이 있는가? (그렇다-아니다 질문)

그렇다 (대답)

(5) 누가 테러범인가? (존재론적으로 해석되는 wh-의문문, (4)에서 전제 가 세워짐)

(6) 카를로스는 그가 누군가를 배반할 때 모든 사람이 그를 배반하기 만 한다면 테러범이다. (보편적 예증에 의해 (3)에서 비롯됨)

(7) 카를로스가 누군가를 배반하면 모든 사람이 그를 배반한다. ((5)와 (6)에서 비롯됨)

(8) 카를로스는 누군가를 배반한다. (예증에 의해 (1)에서 비롯됨)

(9) 모든 사람이 카를로스를 배반한다. (긍정 논법에 의해 (7)과 (8)에서 비롯됨)

(2) 누군가는 모든 사람에 의해 배반당한다. (증명되어야 하는 결론, 존재 론적 일반화에 의해 (9)에서 비롯됨)

또 다른 설명

사례 대화 중 몇 단계는 다르지만 (이 경우에) 본질적으로는 같은 단계로 대체될 수 있을 것이다. 본질적으로 같은 대화를 수행하는 또 다른 방법을 소개한다. 다른 단계의 설명만 바꾸기로 하겠다.

(1)-(2) 전과 동일

(3) 새로운 술부 T(x)를 도입하는 정의적 단계

(4) 전과 동일

(5) L-존재론적 예증에 의해 (4)에서 비롯됨

(6)-(10) 전과 동일

이를 보면 다른 종류의 단계가 때로는 상호 교환 가능함을 알 수 있다. 하나의 의문적 이동은 종종 연역적 이동을 대체할 수 있으며 반대도 마찬가지이다. 여기에서 이 글이 포착하고자 하는 연역법과 추론의 보다 광범위한 개념이 얼마나 당연한 것인지 알 수 있다. 편협한 기술적 의미에서의 논리학적 추론은 종종 적절한 질문에 맞는 대답으로 교환될 수 있다. 이는 내가 택하는 광범위한 의미('셜록 홈스식 의미')로서의 '연역법'이다.

9장

탐정 모델의 실체

찰스 퍼스와 에드거 앨런 포

낸시 해로비츠
Nancy Harrowitz

탐정소설 역사가들에 의하면, 탐정소설의 창시자는 에드거 앨런 포이고, 세계 최초의 탐정소설은 「모르그가의 살인」이다. 그러나 한 문학 장르의 첫 시작을 단정 짓기란 쉽지 않은 일이고, 다른 관점을 가진 사람도 많았다. 유명한 탐정소설 역사가인 헤이크래프트Howard Haycraft는 이 학계를 다수파와 소수파로 나누었다. 헤이크래프트 본인을 포함한 대부분의 탐정소설 역사가들은 포가 탐정소설 장르의 창시자라고 주장한다(다수파). 한편 일부 탐정소설 역사가들은 탐정소설의 핵심 요소를 성경과 같이 오래된 작품에서도 찾아볼 수 있으며, 포는 탐정소설의 주요 옹호자일 뿐이라고 주장한다(소수파).

헤이크래프트는 『즐기기 위한 살인—탐정소설의 생명과 시대*Murder For Pleasure: Life and Times of the Detective Story*』(1941:6)에서 다수파와 소수파의 논

쟁을 자세히 다루었다. 다수파는 현상학적으로 접근하며, 탐정소설이 되기 위해서는 ─ 물론 미스터리와 구분되기 위해서는 ─ 경찰과 탐정이 필요하다고 주장한다. 경찰과 탐정이 처음으로 등장한 것은 19세기 초 파리와 런던에서 범죄 수사부가 창설되면서부터였다. 헤이크래프트는 영국의 장서가 베이츠George Bates의 말을 인용했다. "초서Geoffrey Chaucer가 비행기에 대해 아무런 언급을 하지 않았던 까닭은 비행기를 한 번도 본 적이 없었기 때문이다. 경찰관이 등장하기 전에는 경찰관에 대해 글을 쓸 수 없다." 그러므로 다수파 역사가들은 탐정의 방법론보다 구성/구조를 더욱 중시했다.

한편 소수파 역사가들은 탐정의 방법론을 탐정과 범죄의 존재 여부보다 훨씬 더 중시했다. 시먼스Julian Symons는 『유혈 살인 사건, 탐정소설에서 범죄소설까지의 역사Bloody Murder, From the Detective Story to the Crime Novel: A History』(1972)에서 다수파와 소수파를 구분했는데, 그 역시 헤이크래프트와 마찬가지로 주류에 속한다. 시먼스가 소수파에 대해 논한 것을 보면 중요하면서도 곧잘 무시되는 지점을 살펴볼 수 있다.

탐정소설 역사가들은 두 부류로 나뉜다. 조직적인 경찰력과 탐정이 있어야 탐정소설이라고 불릴 수 있다고 말하는 사람들이 있고, 성경이나 볼테르처럼 다양한 책에서 이성적인 연역의 예들을 찾아내서 수사나 탐지의 초기적 수수께끼라고 주장하는 이들도 있다…. 결정적으로 중요한 점은, 우리가 범죄 문학에 관해 토론을 해야 하는데, 성경이나 헤로도토스의 글에서 단편적 수사나 탐지의 흔적을 찾아내는 사람들은 수수께끼만 찾고 있다는 데 있다. 수수께끼가 탐정소설에서 필수적이기는 하지만 수수께끼 자체가 곧 탐정소설인 것은 아니고, 범죄 문학 내에서의 본질적인 위치는 비교적 소소한 편이다…. 볼테르의 『자딕』(1747)에 재미있는 사례가 등장한다. 자딕은 사라져 버린 왕비의 암캐나 왕의 말을 본 적도 없으면서, 암캐가 얼마 전에 새끼를 낳았으며 왼쪽 앞발을 약간 절고 귀가 길다고 말했으며… 자신이 동물들을 본 적이 없다고 주장하다가 결국 태형을 받는다. 사라진 동물들을 되찾은 다음에 자딕은 어떻게 동물들에 대해 알아냈는지 설명한다. 그의 설명은 연역의 진정한 사례이다. 그는 암캐가 지나간 모래 바닥에 젖통이와 귀 자국이 생기고 한쪽 발의 자국이 더 깊이 파여 있다는 단서를 잡았다(Symons 1972:24-25).

시먼스는 자딕이 단서를 분석해 낸 방법을 두고 "연역의 진정한 사례"라고 칭하며 탐정소설의 장르와 기원을 정의하려는 시도 뒤에 깔린 문제점을 지적했다. 이는 장르에 관한 이런 종류의 역사적인 비평이나 포의 작품 그 자체에 대한 비평 모두와 상관있는 문제점이기도 하다.[1] 무엇이 탐정소설을 구성하는지, 탐정소설에서 방법이 어떻게, 왜 필수적인지 정확하게 제시하지 않으면 탐정소설 장르의 기원에 대해 계통적으로, 좁게는 역사적으로 접근하기도 어렵다. 역사적 접근에 따르면 탐정소설의 탄생은 1841년 4월 펜실베이니아 주 필라델피아에서 포가 『그레이엄스 매거진*Graham's Magazine*』에 「모르그가의 살인」을 발표한 것에서 비롯되었다.

한편, 모든 논리적 범주를 일반적인 '합리적 연역' 아래 묶어 버리려는 좋지 않은 경향도 있고, 연역적인 방법 자체의 중요성을 근시안적으로 깎아내리려는 경향도 있다. 이 연구의 목적이 탐정소설의 문학적 시작을 엄격하게 분석하려는 것은 아니다. 그럴 필요가 있기는 하지만 말이다. 여기에서는 두 가지를 강조할 것이다. 첫째, 포의 탐정소설에 등장한 탐정 방법의 성격을 정확하게 살펴보려는 경험론적 시도를 할 것이다. 포의 글은 탐정-범죄라는 틀 안에서 가추법적 방법의 첫 번째 예가 된다는 점에서 근본적primal이다. 둘째, 기호학적, 인식론적 맥락에서 척도를 정의하기 위해 가추적 탐정 모델의 위치를 정해 놓고자 노력할 것이다.

"가추법은 결국 짐작에 불과하다."―찰스 샌더스 퍼스(7:219)

퍼스는 『전집Collected Papers』(1965-1966) 등에서 '가추법,' '귀환법,' '가정,' '추정presumption,' '독창적 주장originary argument' 등으로 다양하게 불리는 개념에 대해 다루었다. 실제로 도움이 될 만한 정의를 알아내기 위해 그가 가추법에 관해 언급한 글들을 읽어 보자.

… 귀환법적 결론이 정당화되기 위해서는 관찰된 사실을 설명할 수 있어야 한다. 설명이란 대전제 또는 규칙이 이미 알려진 규칙이나 자연 법칙, 그 외 일반적인 진리이며, 소전제 또는 사례는 가정이나 귀환법적 결론이 되고, 결과 또는 결론은 관찰된(아니면 정립된) 사실이 되는 삼단 논법이다(I:89).

추정, 정확히 말해서 **가추법**은 귀납법으로 정당화될 수 있는 불확실한 이론을 추론자에게 제공한다. 추론자는 예상과 다른 현상에 맞닥뜨리면 특성들을 살펴보고 주목할 만한 특징이나 관계를 발견하게 될 것이다. 추론자는 발견한 것들이 이미 자신의 정신 속에 존재하는 어떤 개념의 전형적인 특징임을 깨달을 것이다. 따라서 추론자는 예상과 다른 현상에서 발생한 놀라운 사건을 **설명**할 수 있는(즉, 필연적으로 만드는) 이론을 제시할 수 있게 된다(2:776).

원시적인 개념들이 현대 과학으로 발전해 나가는 각 단계는 처음에는 어림짐작이나 억측에 불과했다. 그나마 가능하게 하는 자극과 힌트는 모두 경험에서 비롯된 것이다. 귀환법에서 관념으로 발달해 나가는 과정은 모두 경험이 가정으로 변해 간 것이다(2:755).

가추법이란 이유를 밝히는 가정을 형성하는 과정이다. 가추법이야말로 새로운 생각을 도입할 수 있는 유일한 논리 작용이다. 귀납법은 가치를 결정하는 것 이상은 할 수 없으며, 연역법은 순수한 가정의 필연적인 결과를 발전시켜 나가는 것 이상은 할 수 없다.

연역법으로는 어떤 일이 일어나**야만 한다**는 것을 증명할 수 있다. 귀납법은 어떤 일이 **실제로** 어떻게 일어나는지를 보여 준다. 그러나 가추법은 어떤 일이 **있을지도 모른다**는 것을 제안하는 것에 그친다(5:171).

지금까지 과학에 수많은 진정한 발견이 있었음을 부정하는 사람은 없을 것이다. 그러나 오늘날 완전히 정립된 과학적 이론들 하나하나는 모두 가추법에 기인한 것이다(5:172).

어떤 사람이 설명이 필요하며 뭔가 중요해 보이는 관찰된 사실을 마주하게 되었을 때 처리해 나가는 과정이 바로 퍼스가 가추법을 구성하는 과정의 본질이다. 그 사람은 관찰된 사실을 설명하기 위하여 "이미 알려진 규칙이나 자연 법칙, 그 외 일반적인 진리"를 제안하며 주어진 사실을 귀환법적으로 설명할 뿐 아니라 희망적인 연관성 또한 밝혀내야 할 것이다. 가추법은 어떤 사실과 근원 사이에 있는 중간 단계와 같다. 가추법은 관찰자로 하여금 근원을 추측하게 해서 실험을 통해 가정을 입증하거나 반증하도록 하는 본능적이고 지각적인 비약이라고도 할 수 있다. 가추법은 이미 존재하는 사실을 설명하기 위해 개발된 이론이다. 퍼스가 말하길, "연역법은 어떤 일이 일어나**야만 한다**는 것을 보여 주며"(5:172), 귀납법은 "비율의 가치를 확인해 준다"(1:67). 가추법은 연역법, 귀납법과는 구분되는데, 퍼스의 도식(2:623-625)을 보면 알 수 있다.

연역법

법칙　　이 주머니에서 나온 콩은 모두 하얗다.

사례　　이 콩들은 이 주머니에서 나왔다.

∴ 결과　　이 콩들은 하얗다.

귀납법

사례　　이 콩들은 이 주머니에서 나왔다.

결과　　이 콩들은 하얗다.

∴ 법칙　　이 주머니에서 나온 콩은 모두 하얗다.

가추법

법칙　　이 주머니에서 나온 콩은 모두 하얗다.

결과 　 이 콩들은 하얗다.

∴ 사례 　 이 콩들은 이 주머니에서 나왔다.

퍼스가 가추법 범주에서 "법칙"에 해당하는 것을 지칭하기 위해 "자연 법칙, 일반적인 진리"나 "경험"이라는 용어를 사용하기도 한다는 것에 유념하라. 따라서 "관찰된 사실"은 "결과"와 같으며 "가추법적 결론"(또는 가추법, 귀환법, 추정, 가정, 독창적 주장)은 "경우"와 같다. 연역법과 귀납법의 범주에서 "법칙"과 "경우"는 모두 관찰된 사실을 지시한다. 이는 우리에게 또 다른 문제점을 제시한다. 여기에서 정보 획득의 순서가 중요하다는 것은 명백하지만, 도식에서 필연적으로 나타나지는 않는다. 만약 여기에서 가정하는 콩과 주머니로 가득 찬 방에 들어간다면, 맨 처음에 무엇을 보느냐에 따라 과정이 정해지고 콩과 주머니에 관한 어떤 결론에 도달하게 될 것이다. 위의 도식에는 모든 정보를 똑같이 얻을 수 있음이 어느 정도 함축되어 있다. 극도로 단순한 콩 주머니 모델을 사용하여 이성적으로 복잡한 여러 원칙들을 설명하려 했기 때문에 용어가 혼란스러울 뿐만 아니라 이런 의미까지 함축되게 되었음에는 의심의 여지가 없다.

좀 더 정확성을 입증할 수 있는 가추법 도식은 아래와 같다.

결과(관찰된 사실) 　 이 콩들은 하얗다.

가추법적 과정은 여기서 시작된다 . . . .

법칙 　 이 주머니에서 나온 콩은 모두 하얗다.

∴ 경우(가추법의 결과) 이 콩들은 이 주머니에서 나왔다.

위의 도식을 말로 풀어 보면 다음과 같다. 당신이 어떤 사실을 관찰하게 된다(이 콩들은 하얗다). 그 사실을 설명하고 이해하기 위하여 당신은 마음속에 떠오르는 이론, 설명, 영감 등을 생각해 낸다. 가추법은 결과와 법칙 사이에서 진행되며 희망적이고 만족스러운 가정을 결론으로 내놓는다. 퍼스는 이제 새로운 가정을 검증하는 일만이 남았다고 말한다.

추측적 모델

긴즈부르그는 「모렐리, 프로이트, 홈스―단서와 과학적 방법」(1980b, 이 책 4장)에서 지식을 구성하기 위하여 "추측적conjectural 모델"이라는 개념을 다루었다. 긴즈부르그에 의하면 추측적 모델이 "19세기 말" "사회과학 분야에서 조용히 부상"하기 시작했는데, "지금까지 사람들의 관심을 제대로 받지 못"했다. 긴즈부르그는 애매하거나 동떨어진 것 같은 단서를 추정적speculative 방식으로 활용하여 하나의 인식론적 모델을 세워 나간다는 개념이 필수적인 ─ 거의 인정받지 못했지만 ─ 문화유산이라고 주장했다. 그는 모렐리와 프로이트, 홈스라는 위대한 세 명의 '탐정'을 예시로 들었다.

19세기의 미술사가였던 모렐리는 귀, 손톱, 발가락 등 인체의 '사소한' 부위를 그리는 습관에 따라 화가를 식별한 것으로 유명하다. 모렐리는 세부적인 묘사에 백과사전적인 지식을 활용하여 모사품 혹은 작가가 잘못 알려진 작품을 쉽게 구별해 낼 수 있었다. 모사가는 보통 특정 화풍이나 화가의 광범위하고 관습적으로 양식화된 특징들에 더 관심을 쏟기 때문이다. 모렐리는 유럽의 주요 화랑에 많은 도움을 주었다. 그러나 모렐리의 방법론은 제대로 인정받지 못했고 대부분의 사람들이 모렐리에 대해 잊어버렸다. 한참 뒤에 미술사가 윈드가 모렐리의 방법을 되살리며 다음과 같이 논평했다(긴즈부르그가 인용함).

모렐리가 쓴 책들은 미술에 관한 다른 어떤 책과도 다르다. 그의 책에는 손가락과 귀에 대한 그림들이 가득하고, 화가들의 특징이 될 만한 (그림의) 세부 묘사들이 상세히 기록되어 있다. 마치 지문을 통해 범죄자를 밝혀내듯이… 어떤 화랑이든 모렐리의 연구를 거치고 나면 용의자의 사진 진열실로 보이기 시작한다….

긴즈부르그는 더 나아가 모렐리의 방법, 프로이트가 심리학적 실재를 드러내는 "사소한 세부 사항"에 관심을 가진 것, 홈스가 단서를 읽고 범죄를 해결하는 것 모두가 같은 선상에 있다고 말한다. 이 세 가지 방법은 더 심오한 현실로 가는 열쇠를 제공해 준다. 이 실재는 신체의 질병처럼 징후를 통해서만 볼 수 있다. 추측적 모델은 원시인들의 활동에서 기인했을 것이다.

수천 년 동안 인류는 사냥으로 먹고살았다. 사냥꾼들은 사냥감을 끝없이 추적하면서 흔적만을 보고 모양새나 움직임을 재구성해 내는 법을 터득했다. 부드러운 땅에 찍힌 발자국이나 부러진 나뭇가지, 배설물, 나무에 걸린 털과 깃털, 냄새, 웅덩이, 질질 흘린 침 등이 단서가 되었다. 사냥꾼들은 냄새를 맡고 관찰했으며, 아무리 사소한 흔적을 보더라도 의미를 알려고 애쓰게 되었다….

뒤를 이은 사냥꾼들은 지식의 유산을 더욱 풍부하게 하여 다음 세대에게 물려주게 되었다…. 사냥꾼의 지식은 관찰할 수 있는 사소한 사실을 뛰어넘어 직접 볼 수 없는 복잡한 실재로 들어가게 한다는 특징이 있다. 관찰자는 사실들에 순서를 매기고 "누가 이 길을 지나갔다"라는 식으로 이야기를 끌어 나갈 수도 있는 것이다.

추측적 모델의 중요성이 흔적 등 암호화된 기호를 해독하기 때문은 아니다. 그보다는 긴즈부르그가 제안하는 체계가 가추법과 매우 비슷한 과정을 거쳐 발전되고 의미를 부여받았다는 점이 더 중요하다. 법칙은 인과 관계가 입증되고 가정이 검증되기 전까지 관찰된 사실을 설명하기 위해 설정된다. 가추법과 마찬가지로, 체계를 풀어내기 위해서는 문화적이고 경험적인 지식이 필요하다. 퍼스가 말했듯이 가추법은 새로운 생각을 창조해 낸다.

퍼스가 말한 법칙의 범주는 광범위하고 애매한데, 문화적인 것부터 개인적인 것까지 모든 종류의 지식을 아우른다. 퍼스는 법칙을 "규칙이나 자연 법칙, 그 외 일반적인 진리"라고 부르는데, 모두가 공유하는 일반적인 정보를 의미한다. "경험"도 법칙의 범주에 포함되는데, 공적인 경험과 사적인 경험 모두 해당한다. 가추법에서 —— 광범위한 법칙에서 볼 수 있듯이 산만한 —— 일종의 "짐작"과 포괄적이며 일반적인 긴즈부르그의 모델이 바로 이 방법을 아름답게도 추하게도 만들어 낸다. 가추법 그 자체와 같은 포의 소설을 살펴본 뒤 논의를 이어 나가겠다.

추리와 포

포 소설의 특징은 초현실적인 것을 만들어 내고, 완전히 심리적인 환상 세계를 얼핏 보거나 자세히 탐험하는 데 있다. 환상 세계의 척도는 경험하는 인간의 상상력이 얼마나 방대한가에 의해서만 제한된다. 포는 소설에서 '추리ratiocination'라고 부르는 개념에 많이 의존하는데, 이는 불행히도 매우 애매모호한 용어이다. 옥스퍼드 영어 사전에는 추리의 뜻이 "추리하다, 추리 과정을 진행해 가다, 추리 과정to reason, to carry on a process of reasoning, the process of reasoning"이라고 나와 있다. 여기에서 '어떻게'를 강조하고 있음에 주목하라. 이것이 바로 추리의 방법이며, 우리의 관심사이다. 그러나 이 용어는 방법을 지시한다는 점을 제외하고는 상당히 애매모호하다. 정확한 의미를 알기 위해 포의 이야기를 직접 살펴보자.

포의 작품 세계에서 (탐정소설은 물론, 탐정소설이 아닌 몇 작품까지 포함하여) 추리는 화자의 정신 상태를 뜻하며, 이를 통해 가추법이 이루어진다. 화자는 가추적 행동을 통해 정신세계와 물질세계를 연결한다. 추리와 가추법은 동일한 현상의 중요한 부분들이다. 추리와 가추법은 혼란스러운 초현실이 압도하는 곳에 명령을 내려 —— 적어도 명령으로 보이긴 한다 —— 상황을 해결하도록 한다. 예컨대 포의 「소용돌이 속으로 빠져들다A Descent into a Maelstrom」가 그렇다.

화자는 엄청난 소용돌이[2] 속으로 빠져들었던 끔찍한 모험을 서술하는데, 주위에 떠다니는 물건들의 물리적 모양을 분석해 본 덕분에 목숨을 구할 수 있었다고 회상한다. 소용돌이는 물건들을 빨아들였다가 수면 위로 내던졌다. 화자는 원통 모양의 물건이 제일 늦게 가라앉는다고 추측해 내고 소용돌이가 잠잠해질 때까지 물통을 붙잡아 살아남았다.

새로운 공포가 아닌 자극적인 **희망**이 나를 찾아오기 시작했다. 희망의 일부는 나의 기억으로부터, 일부는 나의 관찰로부터 시작되었다. 나는 로포엔 연안에서 발생한 모스쾨 소용돌이가 빨아들였다가 뱉어 낸 물건들이 물 위를 떠다니는 광경을 기억해 내려고 애썼다. 대부분의 물건들은 산산조각 났다…. 나는 그중 일부가 멀쩡한 형태였다는 사실을 분명히 떠올릴 수 있었다…. 나는 또한 세 가지 중요한 관찰을 했다. 첫 번째는 일반적으로 형체가 크면 클수록 더 빨리 빨려 들어간다는 것이고, 두 번째는 넓이가 같다면 공 모양의 물건이 다른 것보다 훨씬 빠르게 빨려 든다는 것이었다. 세 번째는 크기가 같다면 원통형의 물건이 더 천천히 빨려 든다는 것이었다…. 이런 관찰을 확신시켜 주는 놀라운 상황이 벌어졌다. 소용돌이가 거세게 일어날 때마다 물통이나 배의 활대, 돛대 같은 것이 옆을 지나갔는데, 대다수가 내가 소용돌이에 놀라서 처음 눈을 떴을 때 나와 같은 높이에 있었던 반면 지금은 나보다 훨씬 더 위에 떠 있고 원래 있던 위치에서 거의 움직이지 않고 있었다(Poe 1927:565).

화자는 추리 작용에 힘입어 으르렁대며 부글부글 끓어오르는 바다, 비명 소리 같은 바람, 죽음에 대한 두려움으로 가득 찬 공포의 상황을 차분하게 이성을 발휘하며 헤쳐 나갔다. 그는 과거의 관찰로 얻은 특정한 과학적 지식을 갖고 있었고, 코앞에 죽음이 닥쳐와도 날카로운 관찰력을 발휘하여 바다에서 주위를 떠다니는 물체에 대해 추측해 내었다. 그는 이 물체에 관해 물리적인 사실을 설명할 수 있는 규칙을 상정했다. 그는 "만약 소용돌이에 휩쓸린다면 크기가 작은 원통형의 물건이 제일 늦게 빨려 들어간다"라는 가추법에 도달했다. 그는 원통 모양의 물통을 붙잡아 목숨을 건졌는데, 물통은 소용돌이에 빨려 들지 않았다. 화자는 (공포 때문에 머리가 하얗게 셌다는 것을 제외하고는) 상처 하나 없이 살아남았다. 우리는 추리, 다시 말해 가추법이 얼마나 중요한지 교훈을 얻었다.

「검은 고양이」, 「도둑맞은 편지」, 「범인은 너다」, 「황금 벌레」 등의 이야기에서도 가추적 행동을 찾아볼 수 있다. 화자가 가추법과 가추법이 만들어 낸 추리의 도움을 받아 끊임없이 찾아드는 광기를 막아 낸 적도 있다. 포를 가추법이라는 무덤 속으로 깊이 끌고 가기 전에, 우선 포가 '분석'에 대해 논한 것을 살펴보자. 「모르그가의 살인」의 도입 부분이다.

> 수학을 연구하면 문제 해결 능력을 강화할 수 있다. 특히 수학의 제일 높은 분야를 연구할 때 그러하다. 그런데 이 분야는 순전히 역행적 조작을 설명하기 위하여 부당하게도 분석학[3]이라고 불린다. 그렇지만 계산이 곧 분석을 뜻하지는 않는다(Poe 1927:78).

포는 더 나아가 계산calculation과 분석의 차이에 관해서도 기술한다. 포는 체스 경기의 예를 들며 계산이 귀납적, 연역적 작용에 의존한다는 사실을 보여 준다. 그러나 분석은 이보다 훨씬 더 복잡한 기술이다.

> 분석가의 기술을 명시하는 것은 단순한 규칙의 한계를 훨씬 뛰어넘는 문제이다. 그는 침묵 속에서 많은 관찰과 추론을 해내는데, 그의 상대들

역시 그럴 것이다. 어떤 정보를 얻는지는 얼마나 유용한 추론을 해내는지가 아닌 얼마나 뛰어난 관찰을 해내는지에 달렸다. **무엇을** 관찰하는지가 필요한 지식이다. 선수는 절대로 자기 자신에게만 몰두하지 않으며, 게임이 목적이라고 해서 게임과 이질적인 것에서 나온 연역을 배제하지도 않는다. 그는 상대의 얼굴을 찬찬히 뜯어보고 다른 상대의 표정과 면밀히 비교한다. 그는 상대방이 어떤 식으로 카드를 잡는지도 고려한다. 그리고 카드 하나하나를 쳐다보는 상대방의 시선에도 신경을 곤두세운다. 그는 게임의 진행에 따른 상대방의 표정 변화도 주시하는데, 확신, 놀람, 승리, 분통이 드러나는 표정의 차이에서 많은 생각을 모은다. 속임수를 쓰는 방법을 보면 그가 다음 판에서 또 그렇게 해낼 수 있을지 등도 판단한다. 그는 탁자에 카드가 던져지는 것을 보고 무엇이 거짓으로 이루어지는지 역시 알아낸다(Poe 1927:79).

포는 기호학자로서 다양한 가능성 —— 예컨대 추론, 거꾸로 추리하기, 시각, 감각, 청각적 기호, 표정으로 파악하기 등 —— 을 다 시도해 보고 있다. 포와 카드놀이를 하는 것은 정말 재미있는 경험이 될 것이다. 위 글은 카드놀이에서 반드시 이기겠다는 선언일 뿐만 아니라 가추법을 위한 작전 계획이기도 하다. 포가 우리에게 일러 주는 바와 같이 분석의 결과는 "방법의 정수로부터 야기되며 사실 직관의 모든 분위기를 가지고 있다"(Poe 1927:78).

「모르그가의 살인」에서 포가 분석의 정의를 내린 직후 처음으로 가추법적 추리에 대한 이야기가 등장하면서 가추법적 방법을 설명해 준다. 화자는 파리에서 뒤팽C. Auguste Dupin과 함께 지낸 이야기를 서술한다. 어느 밤 두 사람이 길을 걷고 있었는데, 둘 사이에 15분 이상의 침

묵이 흐르게 된다. 그러다가 뒤팽이 "그는 정말 키가 작아서 바리에테 극장에 있는 것이 더 잘 어울릴 걸세"라는 말로 침묵을 깬다. 화자는 "그야 의심의 여지가 없지"라고 무심코 응수했다가 깜짝 놀라고 만다. 그리고 뒤팽에게 자신이 배우 샹티이에 대해 생각하고 있는 것을 어떻게 알아냈느냐고 묻는다. 뒤팽은 자신의 생각을 차근차근 설명한다.

내 기억이 정확하다면 우리는 C가를 떠나기 직전에 말[馬]에 관한 이야기를 마지막으로 나누었네. 우리가 길을 건널 때 마침 과일 장수가 머리에 큰 바구니를 이고 스쳐 지나갔네. 과일 장수 때문에 자네는 공사 중이라 보도용 자갈이 잔뜩 쌓여 있던 곳으로 거의 떠밀렸고, 흐트러져 있던 자갈 하나를 밟아 미끄러지면서 발목을 약간 삐었지. 자네는 화가 난 것 같기도 하고 기분 나쁜 것 같기도 한 표정으로 몇 마디 중얼대고 돌무더기를 한 번 쳐다보고 다시 아무 말 없이 걷기 시작했네. 내가 자네의 행동에 특히 주의를 기울인 건 아니지만, 최근 들어서 늘 관찰하는 버릇이 생겼고 이젠 하지 않을 수가 없게 되어 버렸다네.

자네는 멍한 표정으로 보도에 생긴 바퀴 자국이나 구멍을 응시하며 계속 땅만 내려다보더군(그래서 여전히 자갈에 대해 생각하고 있다는 걸 알았지). 우리는 라마르틴이라는 작은 골목에 들어섰는데, 실험적으로 보도블록을 대갈못으로 고정시키고 서로 겹치게 깔아 놓은 곳이었지. 자네 표정이 밝아졌고, 자네 입술을 보고 나니 이런 종류의 보도를 일컫는 '스테레오토미(stereotomy, 돌 등의 고형 물질을 특정 모양으로 절단하는 기술―옮긴이)'를 중얼거리고 있다는 것을 알아냈네. 내가 알기로 자네는 '스테레오토미'와 함께 원자atomies를 떠올릴 테고, 따라서 에피쿠로스의 이론도 생각할 테지. 우리가 얼마 전에 바로 이 주제에 관해 토론할 때, 나는 새로 등장한 성운 우주론이 고귀한 고대 그리스인들의 막연한 추측들을 뛰어나게 확인시켜 주는데도 그 점이 거의 주목을 받지 못하고 그게 참 이상하다고 말했지. 그렇기 때문에 자네가 틀림없이 오리온자리의 거대한 성운을 쳐다볼 것이라고 생각했지. 자네는 정말로 하늘을 쳐다봤고, 나는 자네의 생각을 잘 쫓아왔다고 확신했네. 그런데 어제 『박물관*Musee*』에 실린 샹티이에 대한 독설적인 풍자 기사에서 구두 수선공이 편상화(목이 조금 긴 구두이자 그리스·로마 시대의 비극 배우가 신었던 신발을 뜻하기도 함 ― 옮긴이)를 떠맡으면서 이름을 바꾼 것을 천박하게 조롱했었지. 그러면서 풍자가는 우리가 자주 이야기하던 라틴어 구절을 인용했지. "옛 글자는 본래의 소리를 잃었다Perdidit antiguum litera prima sonum"라는 구절 말일세. 나는 이것이 과거에 유리온Urion이라고도 불린 오리온에 대한 것이라고 말했네. 너무 신랄하게 설명했기 때문에 자네가 절대 잊을 리가 없다고 생각했네. 그러니 오리온과 샹티이 두 가지를 함께 생각했다는 것은 너무나 분명했고, 자네 입가에 스치는 미소를 보고 그렇다는 것을 확인했네. 자네는 불쌍한 구두 수선공의 난처한 처지에 관해 생각하고 있었지. 자네는 이때까지 수그리고 있다가 허리를 쭉 펴더군. 그걸 보고 자네가 샹티이의 왜소한 체격을 떠올린다는 것을 알았네. 바로 이때 나는 자네의 생각의 흐름에 끼어들어 그 친구, 샹티이가 키가 정말 작으니 바리에테 극장에서야 더 잘 어울릴 거라고 말했던 걸세"(Poe 1927:82-83).

이 글의 첫 번째 문단에서 화자가 과일 장수와 부딪친다는 실제 사건으로 인해 다른 일들이 벌어지고, 화자가 어떻게 반응했는지 자세히 나오고 있다. 두 번째 문단에서는 화법의 변화가 일어나며, 뒤팽이 연속되는 사건들을 읽어 나갔다. 다음의 표는 뒤팽이 읽어 낸 것을 관찰된 사실, 규칙, 사례라는 퍼스의 범주에 대응해 본 것이다. 뒤팽의 분석에서 가추법이라는 개념이 쓰일 수 있는지 알아보는 것이 목적이다.

관찰된 사실	규칙	사례
1. N이 계속 땅만 내려다보고 있다.	무언가를 본다는 것은 그것에 대해 생각하고 있음을 의미한다.	N은 땅에 대해 생각하고 있다.
2. N이 구멍과 바퀴 자국을 보고 있다.	구멍과 바퀴 자국은 도로 공사 중인 곳에서 찾아볼 수 있다.	N은 공사 중인 자갈에 걸려 넘어졌다. 그래서 구멍/바퀴 자국/자갈이라는 연결이 생겼다. 그가 구멍, 바퀴 자국을 보고 있다면 자갈에 대해 생각하고 있는 것이다(규칙 1).
3. a. 입술이 움직였다. b. 표정이 밝아졌다.	a. 입술을 움직인다는 것은 혼잣말을 한다는 것이다. b. 얼굴 표정은 생각, 감정을 반영한다. c. '스테레오토미'라는 단어가 있는데, 이는 N이 바라보는 돌에 자랑스럽게 적용된 기술이다.	사례 2 + 규칙 3a + b + c = 사례 3: N은 스테레오토미에 대해 생각하고 있다.
4. 사례 2 + 3	스테레오토미에 대해 생각하면 반드시 원자에 대해서도 생각한다.	N은 분명히 에피쿠로스의 이론에 대해 생각하고 있다.
5.	에피쿠로스와 오리온자리의 성운에 대한 뒤팽과의 과거 토론.	N은 분명히 에피쿠로스와 성운을 연결 짓고 있다.
6. N이 하늘을 보았다.	(사례 3과 4를 확인함).	

관찰된 사실	규칙	사례
7.	샹티이를 비판하는 풍자가는 라틴어 구절을 인용했다. 과거 대화에서 N과 뒤팽은 이 구절을 오리온과 연결 지었다.	오리온은 샹티이로 이어졌다. 화자는 분명 샹티이에 대해 생각하고 있다.
8. N의 특정한 미소.	사례 7이 미소를 자아낸다는 가정에 기초하여 (사례 7을 확인함).	
9.	샹티이는 키가 작은 것으로 유명하다. N이 샹티이에 대해 생각하고 있다면 샹티이의 키에 대해서도 생각할 것이다.	N은 샹티이의 키를 생각하고 있다.
10. N이 허리를 쭉 편다.	신체적 표현이 생각을 반영한다는 것에 기초하여 (사례 9를 확인함). 허리를 쭉 펴는 것은 키에 대해 생각하는 것이다.	N은 샹티이의 키를 생각하고 있다.

시간적으로 볼 때 가추법의 과정, 사실이 관찰되는 과정, 사례 사이의 관계에는 많은 문제가 있다. 과정은 '뒤로'(퍼스의 귀환법이라는 용어에 함축된 대로)뿐만 아니라 '앞으로'도 진행된다. 관찰된 사실에 주목하는 것이 첫 단계이다. 그 후 규칙이 제시되며 관찰된 사실의 기원을 설명할 수 있게 된다. 결과적으로 가정된 규칙에 따라 사실을 해독하고 사례를 추론하게 된다. 규칙은 관찰된 사실을 이해하도록 돕고, 관찰된 사실은 규칙에 따라 읽힌다. 이와 같은 모델의 본성에서 핵심적인 역할을 하는 상호 작용에 대해 알아보자.

1. 관찰된 사실 ·····················> 규칙

2. 관찰된 사실 <····················· 규칙

       ↓   ↓

3. ···> 사례

특히 가정이 검증된다면, 관찰된 사실과 나중의 사례는 어떤 상황에서 규칙이 정확하고 효율적인지 보여 준다.

첫 번째 표에서 볼 수 있듯이 어떤 규칙은 다른 규칙보다 더 가설적이고 문제가 많다. 그러나 이미 지적한 대로 퍼스가 규칙을 개념화한 것은 방대하며 뒤팽이 결론에 도달하기 위해 사용한 정보의 종류를 가뿐히 아우른다.

첫 번째 표에서 처음 두 가추법은 관찰된 사실, 이를 설명하는 규칙, 결론으로 이루어진 직선적인 형태이다. 그러나 세 번째의 가추법부터는 변화가 발생한다. 3에서 두 가지의 관찰된 사실을 다루는데, 이 둘은 이야기 속에서 거의 동시에 등장하며 서로 인접해 있기 때문이다. 관찰된 사실의 종류는 현재로서는 같아 보이지만, 적용되는 규칙의 종류가 변한다. 규칙 3a와 3b는 규칙 1, 2와 유사한데, 모두 일반적인 인간 행동, 사고 과정, 환경 정보의 지식에 기초한 규칙들이다. 규칙 3c는 다른 범주에 속하는데, 특정 종류의 보도pavement와 이에 대해 특정 지역에서만 사용되는 용어를 잘 알아야 한다는 점에 바탕을 두고 있기 때문이다. 그러므로 그 지방 사람이나 탐정이 아니면 규칙 3c에 담긴 정보를 모를 수도 있다. 만약 뒤팽이 자신의 생각을 밝히지 않았다면, 그리고 만약 이 상황이 범죄 해결의 영역 밖에서 가추법의 예로서 등장하는 것이 아니고 진짜 범죄를 해결해야 하는 상황이었다면 이 사실

은 물론 매우 중요했을 것이다.

사례 2와 3이 4의 관찰된 사실을 대체하는 과정에서 규칙 3c가 발동하기 시작한다. 가추법 5 역시 관찰된 사실이 없다. 여기서 이야기의 순서가 중요해진다. 뒤팽은 화자가 하늘을 쳐다보기 전에 사례 4와 5에 도달했다고 한다. 퍼스가 하나의 가정을 검증할 때 반드시 기초해야 한다고 주장할 것임에 틀림이 없는 연역법이나 귀납법에 기초한 결론적 확인이 아니기 때문에 사례 4와 5를 검증하는 것이 아니다. 어떤 가추법을 다른 가추법으로 검증하면 여전히 하나의 검증되지 않은 가추법이 남게 된다.

가추법 3 이후 진정한 의미에서 외부적으로 관찰되는 사실이 없다는 것은 변화가 왔음을 나타낸다. 즉 관찰할 수 있고 식별 가능한 현상이라는 공적 세계로부터 뒤팽과 화자만이 알고 있는 사적 내부 정신세계로 변화한다. "…우리의 공통되는 성향은 꽤 환상적이고… 우리는 외부로부터 완벽하게 단절되어 있지. 우리는 어떤 방문객도 사절하고… 우리는 단지 우리 안에서만 존재할 뿐이라네"(Poe 1927:81).

규칙 5는 특별히 위에서 언급한 움직임을 가리키는데, 뒤팽과 화자가 과거에 에피쿠로스와 오리온자리에 관해 나눈 이야기에 전적으로 기반하고 있기 때문이다. 반면 규칙 4는 뒤팽의 특별한 언어철학적 재치를 보여 주는데, 그는 화자 덕분에 이런 재치를 발휘했다고 애써 주장했다. "내가 알기로 자네는 '스테레오토미'와 함께 원자를 떠올릴 테고, 따라서 에피쿠로스의 이론도 생각할 테지." 규칙 4에 깔린 가정은 언어가 환유적이며 동음이의적이라는 것이다. 뒤팽은 스테레오토미가 -tomy로 끝나기 때문에 원자 atomy를 떠올리게 한다고 확신했다. 돌을 자른다는 의미의 스테레오토미를 단어를 자르다 보면 -tomy가 남게 되는데 이것이 자르는 것을 나타내는 단어의 일부가 된다는 것은 재미 있는 발견이다. 또한 절단을 나타내는 부분으로 나뉠 수 있는 이 단어에 접두사가 붙으면 모든 것 중 가장 작은 원자를 나타내게 된다. 뒤팽은 화자가 이런 과정에 당연히 도달할 것이라고 간주한다.

뒤팽이 상당히 많은 상상을 했고 자신이 했을 법한 연상 작용을 떠올린 뒤 화자에게 전가시키고 있음이 분명해졌다. 이 글에서 관찰된 사실은 수도 적고 띄엄띄엄 떨어져 있는 반면, 가정은 사방에 산재해 있다. 그렇지만 이는 여전히 가추법이라 볼 수 있으며, 몇몇 규칙의 특징상 억지로 짜 맞춘 것 같은 부분이 있긴 해도 뒤팽의 설명이 어느 정도 설득력 있어 보인다. 가추법의 목적이 알지 못하는 사람이 저지른 범죄를 해결하는 게 아니라 화자의 생각을 알아내는 것임을 잊어서는 안 된다. 이와 같은 두 가지 종류의 목적 사이에는 커다란 차이가 있는데, 사용된 수단을 보면 어떻게 다른지를 알 수 있다.

우리가 보고 있는 가추적 글의 전반적 특징은 단서의 성문화codification 가 일반적으로 결여되어 있으며(규칙이 관례를 제공하려고 애쓰고 있긴 하지만), 스테레오토미, 라틴어 구절 등에서 보이듯이 언어가 결정적인 역할을 하고, 개인적 경험으로부터 많은 규칙을 얻어 냈다는 것이다. 여기에는 범죄가 없으므로 탐정의 범죄 해결 방법이 완전히 구현되었다고는 볼 수 없다. 소설에서 이 부분은 뒤에 나오는 진짜 이야기의 방법론적 배경을 제시하는 역할을 한다. 포가 말하길, "이제부터 할 이야기는 독자들에게 방금 제시한 명제에 대한 주석처럼 보일 것이다"(Poe 1927:80). 포는 분석적 방법을 3단계로 나누어 설명한다. 첫째, 분석을 정의하기. 둘째, 탐정소설과 무관한 상황에서 하나의 예를 분석하기. 셋째, 모르그가에서 벌어진 살인 사건을 해결하기.

한 모녀가 그들의 아파트에서 처참하게 살해된 채 발견되었다. 경찰은 몇 가지 때문에 수사에 난항을 겪고 있었다. 모녀 모두 난도질당한 상태였는데, 한 명은 굴뚝에 박혀 있었다. 무시무시한 괴력이 필요한 일이었다. 범죄가 일어난 후 문과 창문이 모두 잠겨 있었으므로 살인범이 어떻게 들어오고 나갔는지조차 알 수 없었다. 증인들은 하나같이 살인 직전에 아파트에서 외국인의 목소리를 들었다고 주장했다.

뒤팽은 첫 번째 범죄 사건을 해결하며 범죄 수사에 독특한 방법론과 철학을 도입했는데, 이는 아주 유명해져서 현재까지도 범죄소설에 사용되고 있다. 사실 코넌 도일은 뒤팽 방법의 원리를 철저하게 이용하여 셜록 홈스를 창조하고 불멸화시켰다.

물론 원리의 기본은 가추법적 방법이다. 나머지 원리는 어떤 의미에서 보면 가추법을 보다 정교하게 만드는 것인데, 개념을 가장 효과적으로 사용하기 위한 종합적인 계획이다. 뒤팽은 자신의 방법에 대해 논평하면서 운영 방법을 밝혔다.

통찰력이 있다고 칭송받는 파리 경찰은 교활하기만 할 뿐이라네. 파리 경찰은 일을 진행할 때 임기응변밖에 하지 못한다네. 그들도 여러 가지로 재 보기는 하는데, 대부분의 경우 당면하고 있는 문제와 적합하지 않다네. 주르댕 씨[4]가 '음악을 더 잘 들을 수 있도록 실내복을 가져오라 했던 것'이 떠오르지(Poe 1927:88).

예컨대 비도크Vidocq는 추측도 잘하고 끈기 있는 사람이지. 그렇지만 그는 사고방식에 대해 아무런 훈련을 받지 못했다네. 그래서 수사하며 끊임없이 실수를 해 대지. 비도크는 물건을 너무 가까이에서 보느라 보아야 할 것을 제대로 못 보고 만다네. 비도크도 한두 개 정도는 평균 이상으로 명료하게 파악할 수 있을지도 모르지만, 전체적인 문제를 살펴보지는 못할 것이네(Poe 1927:89).

　…외관상 불가능해 보이는 모든 것들은 실제로 그렇지 않다고 입증되어야 하지(Poe 1927:93).

뒤팽의 원칙을 간단히 요약해 보자. 절대로 가정하지 않는다. 조사 대상의 특성에 따라 수사의 방향을 정한다. 문제를 포괄적으로 파악해야 한다. 결정적으로, "불가능해 보이는 것"이 가능함(만약 실제로 가능하다면)을 증명해야 한다.

뒤팽은 이런 원칙을 사용하며 범죄를 해결할 수 있었던 반면 경찰은 꽤나 헤맸던 모양이다. 「도둑맞은 편지」에서 경찰이 근시안적 관점이나 선입관, 가정만을 고집하다가 한계에 부딪히는 모습을 잘 살펴볼 수 있다. 경찰은 추적의 범위를 너무나 좁게 잡았기 때문에 바로 눈앞에 놓인 물건을 찾아내지 못했다. 다음 수수께끼를 보면 가정의 문제점이 무엇인지 알 수 있다. 한 아파트에 들어가 보니 해리와 조앤이 죽어서 바닥에 쓰러져 있다. 그들 옆에는 깨진 유리 조각이 있다. 소파에서 고양이가 등을 웅크리고 둘을 쳐다보고 있다. 창이나 창문은 모두 잠겨 있다. 아파트에는 아무도 없다. 문제: 살인범은 어떻게 달아났을까? 해답: 살인범은 아직 달아나지 않았다. 해리와 조앤은 금붕어였다.

「모르그가의 살인」에서 경찰은 살인범은 사람이라는 가설을 뛰어넘지 못했다. 그 결과 아무 단서도 이해할 수 없었고, 심지어는 무엇이 단서인지조차 몰랐다. 무엇을 찾아야 하나, 조사를 어떻게 이끌어 가야 하나, 어떤 단서가 중요하고 어떤 단서는 상관이 없는가, 어떤 '진실'을 찾아야 하는가. 포와 퍼스 둘 다 바로 이런 것들에 관심을 가졌다. 이와 같은 종류의 질문의 적절성과 이것에 대처할 준비가 되어 있는 정신을 가정하는 것이 가추법의 중요한 부분이다.

추리적 / 가추법적 정신 ― 포와 퍼스

뒤팽과 (소설의) 화자 모두가 알려 준 바와 같이 이런 종류의 수수께 끼는 특별한 정신을 가진 사람만 풀 수 있다. 포는 이런 정신적 성향을 지칭하기 위해 일반적으로 사용되는 '추리'라는 용어를 제쳐 놓고 "이 분된 영혼bi-part soul"과 "시인-수학자poet-mathematician"라는 표현을 사용했 다. 뒤팽의 말을 빌리자면 사람은 "후천적 사고a posteriori thinking"를 요구 하는 수수께끼에 대해 고민하며 몽상 속으로 빠지게 된다. "그 순간 그 의 태도는 굳어 버리며 멍한 상태가 되고, 눈동자의 초점도 흐려진다. 의도적이며 분절되는 표현만 아니었더라면 평상시에는 듣기 좋던 테 너 목소리가 날카로운 쉿소리처럼 들릴 것이다"(Poe 1927:81).[5]

포의 작품을 상상력을 발휘하여 흥미롭게 현대적으로 비평한 호프 먼Daniel Hoffman은『포 포 포 포 포 포 포 포Poe Poe Poe Poe Poe Poe Poe Poe』에서 추리에 함축된 의미를 폭넓게 논의했다.

   ⋯뒤팽은 연상 작용에 의지해 일을 해 나간다. 뒤팽이 사용하는 방법 은 이성적 사고라는 일반적인 과정보다 훨씬 더 미묘하고 초감각적으로 보이는 메커니즘이다. 뒤팽의 방법은 어느 정도 비이성적이기도 한데, 그

덕분에 최고 수준의 추리가 될 수 있었다. 그렇게 해야만 자기 자신의 전제에 사로잡히지 않을 수 있기 때문이다. 뒤팽이 특히 뛰어났던 분야는 요즘 '분석가들'이 **전의식**preconscious mind이라 부르는 것과 유사해 보인다. 그는 전의식적 사고를 불러내고 연상적 결합에 빠져들 수 있었는데, 우리는 이처럼 환상적인 직유 네트워크를 의식적, 이성적 사고라는 딱딱한 언어로 얼버무려 왔다. 그러므로 뒤팽은 어려운 수수께끼를 풀어 나가는 데 있어 우리보다 한 수 위이고, 우리 존재의 근원에 보다 근접해 있다. 은유적 유추로 작동되는 뒤팽의 정신은 시적 직관을 수학적 정확성으로 연결시킨다(Hoffman 1973:107-108).

체계적 본성을 부인하는 방향으로 이끌어 가는 호프먼의 신비한 어투 역시 흥미롭지만, 중요한 것은 추리가 현실의 다양한 단계를 해부할 수 있고, 실증주의적 이성과 가정을 초월하는 창조적 몽상이라는 발상이다. 퍼스가 "삼매경의 놀이Play of Musement"라고 부른 개념이 연상된다.

충분한 시간과 주의력을 투자한다면 인간은 주어진 문제를 옳게 풀어 낼 수 있다는 가정은 당연한 것이다. 더욱이 언뜻 보기에는 절대로 해결될 수 없어 보이는 문제들에도 딱 들어맞는 열쇠가 있게 마련이다. 에드거 앨런 포 역시 이 사실을 「모르그가의 살인」에서 언급했다. 특히 삼매경의 유희로 적용될 수 있다. [포의 언급: "이 미스터리는 아주 쉬워 보이는 해결책 때문에 오히려 해결될 수 없는 것처럼 보이는군. 이 점이 바로 이 사건의 기이한 성격일세."]

사오십 분 정도 속도를 늦추지 않고 기운차게 분석적으로 생각해 보면 일반적인 해결책을 포함하여 가능한 모든 것을 이끌어 낼 수 있다…. 관념이라는 작은 배를 타고 사고의 호수로 들어가 보라. 그리고 하늘의 입김으로 당신이 탄 배의 돛을 부풀게 하라. 눈을 크게 뜨고 내면을 깨워 자신과의 대화를 시작해 보라. 이것이 바로 명상이다(6.460–461).

퍼스의 가추법, 삼매경의 놀이, 포의 추리는 분명 서로 닮은 점이 있다. 포가 퍼스에게 얼마나 영향을 주었는지는 좀 더 연구해 볼 필요가 있다. 퍼스가 포의 글을 주의 깊게 열심히 읽었던 것은 확실하다. 퍼스는 『전집』 등의 원고에서 포를 여러 번 다루었다. 퍼스는 "예술적 필체Art Chirography"라는 별명으로 유명한 글에서 포의 「갈가마귀The Raven」 첫 구절에 대해 필체의 정보를 통해 전달하려고 시도했다. 퍼스가 포의 책을 대충 무관심하게 읽었더라면 이런 글을 쓰지는 않았을 것이다(Peirce 날짜 미상: 원고 1539).

'영향력의 정도'는 결코 쉽게 답할 수 있는 문제는 아니지만, 아무렇지 않게 축소되어 버리고는 한다. 퍼스가 포의 글을 주의 깊게 읽고 비슷한 주제에 몰두했다는 사실만으로도 여기서는 충분할 것이다. 마지막 사례는 퍼스의 원고 475번으로, 1903년 매사추세츠 주 캠브리지에서 한 '가추법' 강의록이다. 퍼스는 가추법이 아리스토텔레스의 『분석론 전서』 25장에서 출발했다고 주장했다. 퍼스는 필사 과정에서의 오류로 '가추법abduction'이라는 단어가 사라지고, '감소reduction'라는 단어가 빈자리를 대신했을 것이라고 가정했다. 그리고 감소를 가추법으로 바꾼 뒤 원문을 재분석했다. 그러면 원문의 의미가 상당히 많이 바뀌고, 아리스토텔레스가 논하는 개념이 퍼스의 가추법과 상당히 유사한 것으로 보인다. 퍼스는 나머지 강의를 가추법에 함축된 의미를 인식론적으로 고찰하는 것에 할애했다.

> 인간은 어떻게 자연에 대한 올바른 지식을 얻을 수 있었을까? 인간이
> 만든 이론의 예견이 성취되는 것을 보고, 우리는 인간이 올바른 이론을
> 가지고 세웠음을 귀납적으로 알게 된다. 그렇다면 도대체 어떤 과정이나
> 생각을 거쳐서 사람들 머릿속에 올바른 이론이 들어서게 되었을까?
> (Peirce 날짜 미상: 원고 475)

퍼스는 지식을 축적하기 위해 다양한 요인(예언적 꿈 등)이 사용되었
다고 주장했다. 퍼스는 1조가 넘는 수의 이론이 존재한다고 가정한 뒤
다음과 같이 말했다. "갓 태어난 병아리는 가능한 모든 이론을 탐색한
뒤 모이를 쪼아 먹는다는 기막힌 발상을 해내는 것일까?"(같은 책). 병
아리는 무엇을 할지에 대한 생각이나 본능을 타고난다고 반론할 수도
있다. 퍼스는 이렇게 대답할 것이다. "아무것도 모르는 병아리조차 실
증적 진리를 향해 가는 기질을 타고났다고? 그렇다면 자네는 인간만
이런 재능을 타고나지 못했다고 생각할 수 있겠는가?"(같은 책).

퍼스는 내세를 믿는 것은 지나치다고 말하면서 가추법의 한계를 그
었다. 그는 보다 동어 반복적인 본성에 관해 고찰하며 강의를 마쳤다.
"어떤 이론과 개념을 받아들여**야 하는가**?"(같은 책).

결론 — 초현실의 체계화?

요약하자면, 포와 퍼스는 비슷한 것에 관심을 가졌는데, 대충 열거

하면 다음과 같다. 정신적 방법론, 이성과 이성을 넘어서는 것의 정의, 본능의 한계에 대한 유형론, 새로운 지식을 획득하는 방법, 직관과 이성의 관계 등.

포와 퍼스는 이 문제들에 대해, 그리고 이 문제들과 맞서기 위해 만들어 낸 가추법적 방법론에 대해서도 이중적 태도를 보여 준다. 퍼스는 모델에 대해 경험론적 기반을 갖춘 체계적 접근 방법이 두드러지는 반면, 포는 다소 뒤떨어지는 편이다. 탐정 모델은 세계의 법과 경험에 엄격하게 작용하기 때문에 이와 같은 이중적 태도를 잘 반영해 준다. 그렇지만 퍼스와 포가 그랬듯이 탐정 모델은 직관에 상당히 의존하고 있다.

한편으로는 퍼스와 포가 추구하는 문제의 신비롭고 함축적인 의미에 다소 직접적으로 접근하려는 움직임도 있다. 새로운 지식을 얻기 위한 경험의 영역에 예언자적 꿈이나 직관이 포함되면 우리는 보통의 한계보다 훨씬 더 넓은 인식론적 가능성에 대해 말할 수 있게 된다. 긴즈부르그라면 여기서 이성과 비이성이 만난다고 말하리라. 현재 논의의 관점에서 바라보면 이중적 본성이 이중의 얼굴이 된다는 것이 중요한 점이다.

가추법에 함축된 의미와 가추법이 만들어 내는 문제에 아무런 척도가 없는 것처럼 보이기도 한다. 긴즈부르그, 호프먼, 포, 퍼스 모두 이를 지적했고, 바로 이 때문에 과학적, 문화적 지식의 특성, 지식을 획득하는 과정, 알고 싶은 것과 알 필요가 있는 것을 알아내는 방법 등의 주된 선입관들을 이용했던 것이다.

도대체 탐정소설이 이것과 무슨 상관인가? 더 이상 참지 못하고 묻는 사람에게 답을 알려 주겠다. 탐정소설은 가추법을 표출해 내는 것에 전념한 문학 형태이다. 포는 특별한 방법을 사용하는 특별한 탐정(과 탐정의 친구까지 포함하여)이 등장한다는 전통을 세웠고, 이는 백 년 넘게 탐정소설의 후세대에게 전해졌다. 도일, 해밋Dashiell Hammett, 챈들러Raymond Chandler, 맥도널드Ross MacDonald에 이르기까지 말이다. 탐정소설 장르의 주된 작가들의 작품을 살펴보면 포의 가추법적 방법이 거의 그대로 보존되어 있음을 알 수 있다. 탐정소설은 굉장한 인기를 누리면서 널리 퍼져 나갔다. 탐정의 방법론은 시적인 동시에 과학적인 이중의 얼굴을 통해 더 널리 이해되면서 사람들을 사로잡은 듯하다.

10장

뿔, 말발굽, 구두 발등

가추법의 세 가지 형태에 대한 몇 가지 가정

움베르토 에코
Umberto Eco

1. 뿔

(1) 아리스토텔레스의 반추동물론

아리스토텔레스의 『분석론 후서』(II, 98a 15 이하)는 정확한 정의를 내리기 위해 필요한 분류의 문제를 다루면서 재미있는 예를 들었다.

우리가 지금 전통적으로 전해 내려오는 어떤 분류의 이름을 사용한다 하더라도 그러한 특정 분류법에 얽매여서는 안 된다. 우리는 관찰할 수 있는 모든 공통적 특성을 수집해야 한다. 그리고 관찰된 각각의 특성이 어떤 종species과 연관되는지, 어떤 속성을 수반하는지 고려해 보아야 한다. 예컨대 뿔 달린 동물은 세 번째 위가 있다는 것과 이빨이 한 줄로 난다는 특성이 있다. 이런 특성은 뿔이 났다는 사실에 기인하는 것이 분명하다. 그렇다면 "어떤 종류의 동물들이 뿔이 있다는 속성을 가지는 것일까?"가 문제가 된다.

아리스토텔레스에게 무언가를 정의한다는 것은 속genus과 특유의 종차differentia specifica, 종species을 한정하는 종차genus plus differentia를 제시하는 것을 뜻한다. 정의는 삼단 논법과는 다르기 때문에, 무언가를 정의한다고 해서 그것의 존재가 입증되는 것은 아니다(『분석론 후서』 II, 92b 20). 즉, 정의란 **무엇인가**를 말해 줄 뿐, 존재한다**고는** 하지 않는다. 그러나 어떤 것이 무엇인가를 말한다는 것은 **왜** 그러한지, 왜 이러저러한 특성을 갖고 있는지 **이유**를 알게 하는 것이다(같은 책, 93a 5 이하). 이런 이유는 후에 연역법에서 중간 항middle term으로 사용되어 정의된 사물의 존재를 추론하도록 해 줄 것이다(같은 책, 93a 4-5 이하).

어떤 종차 M이 어떤 종 S를 정의한다고 가정해 보자. 그러면 S는 M 때문에 P라는 또 다른 특성을 갖게 된다. 아리스토텔레스가 종에 대하여 분류법(종이 일정한 원칙에 입각하여 상위의 속에 포함된다고 봄)적 관점을 가지고 있었는지, 아니면 다소 우연적인 여러 속성의 군집체라는 관점을 가지고 있었는지는 분명하지 않다. 전자의 경우였다면 아리스토텔레스는 M으로 정의되는 S가 상위 속인 P에 속한다고 말했을 것이다.[1] 후자의 입장이었다면 S가 M인 한에 있어서 어느 정도 P의 속성을 갖는다고 말했을 것이다(예컨대 어떤 인간이 이성을 갖췄으며 언젠가는 죽는 동물인 한, 웃는 능력도 있다는 식으로).[2] 아리스토텔레스가 유일하고 '보편적인' 포르피리우스의 나무에 따라 동물을 분류할 수 있다고 믿었는지, 아니면 여러 개의 상호 보완적이고 '지엽적인' 분야를 열성적으로 받아들였는지에 대해서는 논란의 여지가 많다.[3] 『분석론 후서』에서 그는 첫 번째 가정을 따르는 것 같다. 그러나 『동물의 기관』(또한 『동물의 역사』)에서 그는 (1) 이분법이 비효과적이라고 비평하고 있으며〔또 다른 비(非)이분법적 분류의 가능성을 배제하지 않으면서〕, (2) 완전하고 일관적인 분류법을 제시하는 데에는 완전히 실패했다.

밤(Balme 1975)[4]에 의하면, 아리스토텔레스가 명명한 집단의 이름들은 속을 지칭한다기보다는 특징적인 성격들을 보여 준다고 할 수 있다. 아리스토텔레스는 "그때그때 관련이 있어 보이는 종차를 선택해서 논의 중인 문제의 단서로 제시한다…. 그러므로 아리스토텔레스에게는 '사지동물 중 난생인 동물'이나… '난생동물 중 사지를 가진 동물'이나 별 차이가 없게 된다. 그는 특정한 문제에 집중하기 위해 끊임없이 (종차를) 분류하고 또 분류한다." 또한 그가 이렇게 한 이유는 종차가 서로 엇갈려서 구분되기도 하고 "여러 종류 간에 겹치는 부분도 많기 때문에" 이런 방식으로는 위계질서를 갖춘 체계를 구성할 수 없음을 알고 있었기 때문이다.

그렇다고 아리스토텔레스가 『분석론 후서』(II. 93a 4 이하)에서 다음과 같이 가정했던 내용이 위험에 처하지는 않는다. 훌륭한 정의란 (이분법의 결과든 아니든 상관없이) 어떤 것이 **무엇**이라고 정의하는 동시에 어떤 것이 이러저러한 특성을 지니게 된 **이유**를 설명해 준다. 그러므로 S를 M으로 정의하는 것으로부터 훌륭한 예증적demonstrative 삼단 논법을 그려 볼 수 있겠다.

(1) 모든 M은 P다.

모든 S는 M이다.

모든 S는 P다.

이는 바바라Barbara 삼단 논법의 대표적인 형태이며 연역법의 좋은 사례다.[5] 우리는 연역법적 도식을 잠정적인 도구로 이용함으로써 연역된 결과가 실제로 발생했는지 여부를 확인해 볼 수 있다.

그러므로 정의와 삼단 논법은 근본적으로 다르기는 해도 어떤 점에서는 연관이 있다. 정의란 단지 자명하다고 가정된 것이므로, 이를 어떤 삼단 논법의 결론으로 사용할 수는 없다. 그러나 여러 가지 **사실** 사이에 타당한 상호 관계가 존재하는지 여부를 알려 주는 것은 이와 관련된 삼단 논법뿐이다.

이제 아리스토텔레스는 뿔 달린 동물에 대해 훌륭한 정의를 제시해야 한다. 그는 이 문제에 대한 지식이 많았고, 『동물의 기관』에서도 이에 관해 두 가지의 긴 논의를 했다. 그가 모은 증거들은 아래와 같다.

(2) 모든 뿔 달린 동물들은 치아가 1열로 되어 있다. 다시 말해 이들에게는 위쪽 앞니가 없다(663b-664a).[6]

(3) 뿔이 없는 동물은 여러 가지 다른 방어 수단을 가지고 있다(663b-664a). 이빨이나 송곳니를 가진 동물뿐만 아니라 (여러 면에서 뿔 달린 동물과 유사한) 낙타의 경우에도 해당된다. 낙타의 방어 무기는 커다란 몸집이다.

(4) 뿔 달린 동물은 모두 4개의 위를 가지고 있다(674a,b).

(5) 위가 4개인 동물에게 모두 뿔이 있는 것은 아니다. 낙타나 암사슴의 예를 보라(같은 책).

(6) 위가 4개인 동물은 모두 위쪽 앞니가 없다(674a).

이는 의심할 여지없이 모두 '놀라운 사실들'이고, 아리스토텔레스는 가능한 삼단 논법 중에서 중간 항(삼단 논법의 소전제 — 옮긴이) 역할을 해낼 수 있는 원인이 존재하는지, 무엇이 뿔 달린 동물의 정의에 들어 맞는지를 결정하고 싶어 했다. 그래서 그는 "상호 간에 일관성을 찾아 볼 수 없는 수많은 일련의 속성들을 대신할 수 있으며 모든 것을 포함할 수 있는 하나의 가설"을 추구했다(Peirce 1965-1966:5.276).

아리스토텔레스는 『동물의 기관』에서 몇 가지 설명을 제시했다. 방어를 필요로 하는 동물의 경우, 뿔을 만드는 데 필요한 단단한 물질을 확보하기 위하여 위쪽 앞니를 잃게 된다. 그는 생물 진화의 네 가지 이유(외형적, 물질적, 효과적, 결정적) 중 결정적 이유가 우선적인 역할을 하며, 뿔은 자연이 목표로 삼은 것이라고 제시했다. 그러기에 위턱을 구성할 예정이었던 단단한 물질이 본래의 의도를 벗어나 머리 위로 뿔을 만들어 내게 되는 것이다. 이에 따라 뿔을 가진다는 것은 위쪽 앞니가 없어진 결정적 이유가 된다. 그러므로 우리는 뿔 때문에 치아가 없어졌다고 말할 수 있다(663b 31 이하).

아리스토텔레스는 위쪽 앞니가 없는 것과 세 번째 위를 가지는 것 사이의 인과 관계에 관하여 꽤 애매모호한 입장을 취했던 것 같다. 그는 위쪽 앞니가 없으면 세 번째 위가 생성되어 이빨로 충분히 잘 씹을 수 없는 것들을 위에서 되새김질하게 된다고 말할 수도 있다. 아니면 세 번째 위가 생기면서 위쪽 앞니가 굳이 필요 없게 되어서 사라졌다고 말할 수도 있었다.

이에 대해 아리스토텔레스가 뭐라고 답변할지는 그가 조류에 대해 논의한 것을 보고 유추해 볼 수 있다(674a 이하). 그는 새의 부리는 씹는 기능이 부족하기 때문에 자연이 새의 위장을 더 활동적이고도 따뜻하게 만들어 주었다고 주장했다. 즉 입의 부족함 때문에 새의 위장이 더 발전하는 것이라 할 수 있다.

지금까지 살펴본 바를 정리하면, 방어할 필요가 있기 때문에 뿔이 생기고, 뿔은 입속에 있어야 할 딱딱한 물질을 머리 위로 올라가게 만들고, 그 결과 위쪽 앞니가 없어지고, 이가 부족해져서 위장이 더 많이 생기게 된 거라고 말할 수 있다. 아리스토텔레스는 큰 몸집 덕분에 자신을 보호할 수 있는 낙타의 경우 뿔을 만드는 대신 단단한 물질을 위턱의 연골 조직으로 변형시켰다고 말한다. 그 이유는 낙타가 가시 돋친 음식을 많이 먹기 때문이라고 한다.

아리스토텔레스는 이런 생각들을 염두에 두고 뿔 달린 동물에 대해 정의를 내릴 수 있어야만 한다(『분석론 후서』의 정의는 그저 하나의 제안에 불과하며, 제대로 정의되었다고 할 수 없다). 정의를 한다는 것은 중간 항(원인)을 따로 떼어 놓는다는 것이다. 그리고 중간 항을 고른다는 것은 무엇을 설명해야 하는가를 결정한다는 뜻이다.

아리스토텔레스가 뿔 달린 동물에게 위쪽 앞니가 없는 이유를 설명해야 한다고 가정해 보자. 그는 규칙을 상정해야 한다. 그가 설명하고자 하는 결과가 규칙에 해당하는 경우라면, 원하는 결과는 당연하게 도출될 것이다. 그러므로 아리스토텔레스는 단단한 물질이 뿔을 만들기 위해 입에서 머리 위로 옮겨 갔다고 가정할 것이다. 다음을 가정해 보자.

(7) M = (단단한 물질이 입에서 머리로) 옮겨 간 동물들

P = 위쪽 앞니가 없는 동물들

S = 뿔 달린 동물들

만약 "가설이 매우 흥미로운 상황에 관한 것인데, 그러한 것들이 일반적인 규칙에 해당하는 하나의 사례라는 가정에 의해 설명될 경우, 우리는 그 가정을 채택하게 되므로"(Peirce 1965-1966:2.624), 아리스토텔레스는 다음과 같은 삼단 논법을 시도해 볼 수 있을 것이다.

(8) 규칙　　모든 옮겨 간 동물들에게는 위쪽 앞니가 없다.

　　사례　　모든 뿔 달린 동물들은 (단단한 물질이 머리로) 옮겨 간 것이다.

　　결과　　모든 뿔 달린 동물들에게는 위쪽 앞니가 없다.

이 삼단 논법은 모델 (1)의 요구 조건을 충족한다.

결과는 일반적 규칙에 해당하는 하나의 경우로 설명되고, 그 결과의 원인은 삼단 논법의 중간 항이 되며, 그 삼단 논법은 다음과 같은 잠정적인 정의에서 비롯된다. "뿔 달린 동물들은 단단한 물질이 이빨에서 머리로 빗겨 나간 (종차) 동물(속)이다." 이 필수적인 본성 때문에 뿔 달린 동물들은 위쪽 앞니가 없는 더 광범위한 동물 속에 속하게 된다. 또는 이 핵심적인 본성(뿔이 달렸다는 성질) 때문에 위쪽 앞니가 없는 것 이상의 특성을 갖게 된다. 낙타처럼 뿔 없는 동물들 역시 포함하는 보다 큰 속genus이 되는 것이다.[7] 만약 나중에 더 관찰해 보다가 우연히 S이면서 P가 아닌 동물을 발견하게 된다면(뿔과 위쪽 앞니를 둘 다 가진 동물을 보게 된다면), 위의 정의로 표현되는 가정은 거짓이 되고 만다. 이미 제시한 대로, 위장이 네 개인 경우는 위쪽 앞니가 없는 것과 관련된 것으로 보인다. 그러므로 특별한 소화 기관을 갖춘 동물(반추동물뿐만 아니라 조류도 포함) 중 일부는 위쪽 앞니가 없기 때문에 그렇게 된 것이다. 그러면 정의는 다음과 같을 것이다. 반추동물은 위쪽 앞니가 없기 때문에 특별한 소화 기관을 갖게 된 동물이다. 이를 기반으로 다음과 같이 정교한 삼단 논법을 만들어 볼 수 있다.

> (9) 규칙 위쪽 앞니가 없는 모든 동물은 특별한 소화 기관이 있다.
>
> 사례 모든 반추동물은 위쪽 앞니가 없다.
>
> 결과 모든 반추동물은 특별한 소화 기관이 있다.

아리스토텔레스는 낙타처럼 특이한 경우를 설명할 때 꽤 당황했다. 이를 보면 상호 연관적 정의라는 보편적 정의 체계를 기저로 '좋은' 구분을 해내기가 얼마나 어려운가 알 수 있다(『동물의 기관』 642b 20-644a 10에 분명하게 나타나 있다). 그러나 우리의 논의를 위해 이러한 어려움은 무시하기로 하자.

(2) 퍼스의 콩

모델 (1)에 의해 통제되는 위의 추론 (8)과 (9)는 퍼스가 제시한 흰 콩 문제(2.623)와 명백하게 비슷하다. 퍼스는 몇 개의 흰 콩으로 표현되는 놀라운 사실에 직면하고는 "주머니에서 나오는 흰 콩들"로 정의해 버렸다. **주머니에서 나온다는 사실**은 중간 항이 되며, 퍼스가 제안하는 법칙과 다음과 같은 삼단 논법에서 마찬가지로 다 적용된다.

> (10) 규칙 이 주머니에서 나오는 콩들은 모두 하얗다.
>
> 사례 이 콩들은 모두 이 주머니에서 나왔다.
>
> 결과 이 콩들은 하얗다.

퍼스가 가정 혹은 가추법이라고 불렀던 것과 아리스토텔레스가 올바른 정의를 내리기 위해 노력했던 것 사이에는 이처럼 차이가 없다. 아리스토텔레스에 의하면 그의 노력을 통해 우리는 하나의 정의에 도달할 수 있게 된다. 즉 특정한 사물이 **어떠한 것**이라는 결론을 내릴 수 있게 된다. 그런데 이러한 정의는 잠정적으로나마 **왜** 그 사물이 그러한가를 설명하고, 그럼으로써 하나의 연역법적 원칙을 가능하게 해 주는 모든 요소들을 나열함으로써 내려질 수 있다. 그리고 만약 이 연역법적 원칙이 옳다면 모든 연역법적 결론은 이 사물이 존재한**다는 것을** 증명해 줄 것이다.

아리스토텔레스는 아파고게apagōgē를 관찰하기 위해 상당한 관심을 쏟았는데, 이는 상당히 재미있는 문제다. "첫 번째 항이 중간 항에 적용되는 것은 명백하고, 중간 항이 마지막 항[8]에 적용되는 것은 명백하지는 않지만 결론 자체보다는 더 그럴싸해 보이는 경우" 아파고게라는 추론 형태가 성립된다(『분석론 전서』 II 69a 20). 그러나 그는 정의를 내린다는 행위와 아파고게를 동일시하지는 않았다.

아리스토텔레스에게 정의란 논박할 수 없는 진리를 표현하기 위한 과학적 과정이었다. 여기에서 정의하는 항definiens과 정의되는 항definiendum은 충분히 상호 교환적이어야 한다. 그럼에도 불구하고 질문의 종류에 따라서, 즉 여러 가지 사실들 중에서 어떠한 것을 **가장 놀라운** 사실로 받아들이느냐(또는 선택하느냐)에 따라서 원인들이 다양하게 달라지며, 같은 현상이 여러 가지 방식으로 정의될 수도 있다는 사실 역시 알고 있었다(『분석론 후서』 II, 99b). 만약 그가 이렇게 인정한 것의 결과를 명료하게 인식했었다면, **모든** 과학적 정의는 잠정적이고도 가추법적인 성격을 갖고 있다는 사실이 절대적으로 분명해졌을 것이다.

퍼스는 이러한 사실을 의심 없이 받아들였다. 그는 가추법을 아파고 게와 동일시했을 뿐만 아니라 가추법이 모든 형태의 지식과 인식 (5.181), 기억(2.625)을 통제한다고 주장했다.

아리스토텔레스에게 있어 놀라운 사실(일식, 월식, 천둥 등)을 정의한 다는 것은 가정을 통해 인과 관계의 위계질서를 이해한다는 의미였다. 이때 가정은 미래 실험에서 예언자적 역할을 할 수 있는 연역법적 삼 단 논법을 야기하는 경우에만 유효하다고 입증될 수 있었다.

가추법에 대해 퍼스가 내린 정의는 이러한 관점에서 재고되어야 한 다. 퍼스(2.623)는 귀납법이 사례case와 결과result에서 나오는 규칙rule을 추정inference한 것인 데 반해, 가정은 규칙과 결과에서 나오는 사례를 추 정한 것이라고 했다. 태거드(Thagard 1978)에 의하면, 가정을 **경우의 추정**inference to a Case으로 보는 것과 가추법을 규칙의 추정으로 보는 것 사이에는 큰 차이가 있다. 이에 대해서는 다음 (4)절에서 자세히 살펴 보기로 하자. 지금은 사례나 규칙 중 어느 것을 먼저 발견하느냐보다 는 사례와 규칙을 어떻게 **동시에** 이해하느냐가 더 중요한 사안이다. 사례와 규칙은 역으로 연결되어 있고 일종의 교차 대구법chiasmus에 의 해 엮어져 있기 때문이다. 여기에서 중간 항은 모든 추정 행위에 있어 서 핵심적인 역할을 담당한다.

중간 항은 전체 과정을 촉발시키는 역할을 담당한다. 퍼스는 이 콩 들이 어디에서 나왔느냐가 아니라 다른 사항, 예컨대 누가 그 콩들을 거기에 두었는지가 결정적인 요소라고 정할 수도 있었다. 아니면 콩이 근처의 서랍이나 항아리에서 나왔다고 가정할 수도 있었다. 마찬가지 로 아리스토텔레스는 단단한 물질이 입에서 머리 위로 옮겨 간 것이라 거나(사실 이는 아주 정교한 설명이기는 하다), 자기방어의 필요에 의해서라는 이유 말고도 전혀 다른 원인을 끌어들여서 설명할 수도 있었다. 훌륭한 중간 항을 만들어 내는 것이야말로 독창적인 발상이다.

너무나 명료한 나머지 중간 항을 찾는 방법을 즉시 보여 주는 규칙들도 있다. 방 안에 탁자 하나, 흰 콩 한 움큼, 주머니 한 개만 있다고 가정해 보자. 이런 경우, "콩이 주머니에서 나왔는지"를 식별하기란 상당히 쉬운 문제일 것이다. 그러나 탁자 위에 오른 접시 안에 참치 통조림이 담겨 있고, 근처에 참치 통조림 깡통이 있는 경우, 결과적으로 따라오는 가정은 **거의** 자동적이다. 그러나 이 자동 추리에서도 가정을 만들어 내는 것은 여전히 **거의** 그럴 것이라는 추측이다.

그렇기 때문에 규칙이 분명하고 추정이 사례에만 관련되어 있을 때조차도 가정이 확실해질 수는 없다. 퍼스(2.265)는 내륙 지방 한가운데에서 물고기 화석을 발견하게 된다면, 바다가 그 땅을 과거에 뒤덮었던 적이 있다는 가정을 할 수 있다고 말했다. 이전의 모든 화석학적 전통 역시 그런 가추법을 조장해 온 듯하다. 그렇다고 해서 그 밖의 설명, 예컨대 어떤 외계인이 소풍을 왔다가 물고기 화석을 두고 갔다든지, 아니면 어떤 영화감독이 〈네안데르탈인의 재습격〉이라는 영화를 찍으려고 영화 소품을 준비해 둔 것이라는 설명은 왜 우선권을 갖지 못하겠는가?

만약 근처에 배우나 영화 관련 직업을 가진 사람이 없다면, 혹은 외계인이 일으켰을 법하며 이와 비슷한 신비 현상이 최근에 신문에 보도된 적이 없다면, 일반적인 화석학적 설명이 가장 경제적이기는 할 것이다. 그러나 가장 경제적으로 보이는 과학적 설명이 거짓인 경우는 그동안 수없이 많았다(예컨대 천동설, 플로지스톤[9] 등). 이들은 시간이 흐름에 따라 덜 '규칙적'이거나 덜 '정상적'인 설명으로 대체되었다.

(3) 법칙과 사실

역설적이긴 하지만, 바로 앞에서 언급된 문제들은 두 가지 다른 종류의 가추법에 대해 생각하게 만든다. 우선, 놀라운 특정 사실에서 출발하여 일반적인 법칙의 가정에 도달하게 되는 가추법이 있다(모든 과학적인 발견은 이 범주에 속할 것이다). 한편, 놀라운 특정 사실에서 출발하여 이것의 원인으로 보이는 또 다른 특정 사실의 가정에 도달하게 되는 가추법도 있다(범죄 수사의 경우는 여기에 속할 것이다). 위의 예에서 화석은 일반적인 법칙의 한 경우일까, 아니면 (현재 받아들여지는 법칙을 사실상 위반하는 것으로 정의될 수 있는) 특별히 고약한 경우일까?

첫 번째 유형은 **우주**universes의 본성에 관련된 것이고 두 번째 유형은 **텍스트**texts의 본성에 관한 것이라고 말할 수도 있다. 여기서 '우주'란 과학자들이 법칙을 설명할 때 사용하는 세계를 의미한다. '텍스트'란 공통된 화제나 주제로 서로 연결되어 있는 일관성 있는 명제들을 뜻한다(Eco 1979 참고). 이런 의미에서 탐정이 수사하는 연속적인 사건들도 하나의 텍스트로 파악될 수 있다. 이런 사건들은 일련의 명제들로 축약될 수 있기 때문이다(탐정소설이나 실제 수사의 공식적인 보고서도 결국은 일련의 명제들에 불과하다). 범죄 사건의 경우뿐만 아니라 언어적 텍스트나 그림 텍스트까지도 일관적이고 명백한 통일체로 인정받기 위해서는 '개별 언어적 규칙idiolectal rule'이 요구되는데, 개별 언어적 규칙이란 그 언어만을 위한 고유한 규칙 같은 것으로, 특정 텍스트 내부에서만 작동할 수 있으며 다른 텍스트로는 옮겨질 수 없는 설명을 의미한다.

그러나 이러한 구분은 거의 설득력이 없다. 만약 가추법이 인간의 모든 지식을 통제하는 일반적인 원리라면, 두 가지 종류의 가추법 사이에는 본질적으로 차이가 없어야 할 것이다. 하나의 텍스트를 설명하기 위하여 우리는 텍스트를 넘나드는intertextual 규칙들을 자주 사용하고 있다. 문학 텍스트의 장르 규칙뿐만 아니라 평범한 규범들이나 수사학적 규칙(범죄 사건에서 여자를 찾아라cherchez la femme[10]와 같은 규칙)이 이에 속한다. 마찬가지로 우주를 설명하기 위하여 우리는 우주의 특정 부분에만 적용될 수 있고 특수성ad hoc을 인정하지 않는 법칙들에 자주 의존하게 된다. 예컨대 물리학의 상보성 원리 등이 이에 해당한다.

나는 우주를 텍스트처럼 다루고 텍스트는 우주처럼 다룬다고 가정할 때에만 가추법의 일반적인 메커니즘이 명백해질 수 있을 것이라 생각한다. 이런 관점하에서만 비로소 두 가지 가추법 사이의 차이가 사라지게 된다. 하나의 사실이 또 다른 사실을 설명적으로 가정하게 될 때, 전자는 후자를 설명하는 일반적인 법칙으로 (주어진 텍스트의 우주 내에서) 작용하게 된다. 일반적인 법칙은 반증에 대해서, 혹은 똑같은 사실을 그 이상으로 잘 설명할 수 있는 대체 법칙과의 잠재적 대립에 대해서 열려 있는 경우에 한해서만 특정한 본성의 사실로 받아들여지거나, 아니면 그 사실을 설명하도록 만드는 사실의 일반적인 모델로 받아들여져야 한다. 더욱이 과학적 발견의 경우, 법칙은 발견된 많은 사실들을 연구하면서 만들어진다. 텍스트를 해석하는 경우에는 일반적인(텍스트 간의) 법칙들을 전제함으로써 새로운 사실들을 확인할 수 있게 된다.

현대의 많은 연구에서 가추법은 의사와 역사학자의 추측 과정에 관한 것 정도로만 여겨져 왔다(이 책의 4장인 긴즈부르그의 논문을 볼 것). 의사들은 일반적인 법칙과 특정한 원인 두 가지를 동시에 추구한다. 역사학자들 역시 일반적인 법칙과 특정 사건에 대한 특별한 원인을 확인하기 위해 연구한다. 이때 의사와 역사학자는 겉보기에는 관련이 없는 요소들이 가지고 있는 텍스트적 성격에 대해 추측을 하게 된다. 그들은 수많은 간접 증명법reductio ad unum을 사용한다. 과학적 발견, 의학적 진단, 범죄적 수사, 역사적 재구성, 문학 텍스트의 문헌학적 해석(문체학상 어조에 기초하여 특정 저자의 작품으로 파악하는 것과 손실된 문장이나 단어를 '적당히 추측'하는 것) 등이 모두 **추측적 사고**conjectural thinking라 할 수 있다.

따라서 범죄 수사의 추측 과정을 분석해 보면 과학의 추측 과정을 새로이 볼 수 있게 된다. 또한 문헌학의 추측 과정을 기술해 보면 의학 진단을 새로운 시각으로 볼 수 있게 될 것이라 믿는다. 또한 이로 인해서 이 책의 여러 논문들이 퍼스-포-코넌 도일의 관계를 다루면서도 동시에 보다 일반적인 인식론적 추구를 하게 되는 이유가 된다.

(4) 가정, 가추법, 메타 가추법

(2)절에서 언급된 바와 같이(Thagard 1978의 의미심장한 발언을 참고), 퍼스는 추측적 논증inferential reasoning에 두 가지 종류가 있다고 생각했을 것이다. 하나는 **가정**이다. 가정이란 추리에 의해 특정한 사례와 관련이 있게 되었으며 이미 관례화된 규칙을 골라내는 것이다. 두 번째는 **가추법**이다. 가추법이란 어떤 추리를 설명하기 위한 잠정적 놀이provisional entertainment라 할 수 있다. 가추법은 이후 단계에서 검증을 할 때도 필요하며, 특정 경우뿐만 아니라 규칙을 골라내는 데에도 쓰인다. (퍼스가 지은 용어들과는 상관없이) 가추법을 세 가지 종류로 나누는 편이 좋을 것이다. 본판티니와 프로니의 제안(이 책 5장)과 태거드의 주장을 따라, 나는 메타 가추법이라는 새로운 개념을 도입하고자 한다.

(a) **가정 또는 지나치게 규범화된**overcoded **가추법** 이 경우 법칙이 자동 또는 반자동적으로 주어진다. 이를 **규범화된** 법칙이라고 하자. 규범을 통해 해석하는 경우조차 가추법적 노력이 최소한이나마 전제된다고 가정하는 것이 중요하다. 영어로 /man/의 의미가 '인간 남자 어른'임을 알고 있고(이는 언어학적 규범의 완벽한 예이다), /man/이 발화되는 것을 들었다고 **믿는** 상황을 가정해 보자. 나는 발화의 의미를 이해하기 위하여 우선 그것이 어떤 영어 단어가 발화(신호)된 것이라고 가정해야 한다. 보통 우리는 이런 종류의 해석 노동을 자동적으로 해내는 것 같다. 그러나 만약 사람들이 각각 다른 언어로 이야기하는 국제적 환경에 처하게 된다면, 이런 선택이 결코 근본적으로 자동적인 것은 아님을 알게 될 것이다. 어떤 현상을 모종의 신호로 인정하려면, 발화의 맥락과 관련된 광범위한 공유-맥락co-text에 관해 몇몇 가정을 전제로 해야 한다. 태거드는 (그로서는 가정에 상응하는) 이런 종류의 것이 최선의 설명을 위한 사례-추리case-inference일 때, 내가 제시한 **과잉 규범**(Eco 1976:2.14)과 비슷하다고 보았다.

(b) **덜 규범화된**undercoded **가추법** 이 경우에는 현재 통용되고 있는 세속적 지식(또는 기호학적 백과사전, Eco 1979)에 근거하여 우리 마음대로 할 수 있는 동일한 수준의 개연성을 지닌 일련의 규칙들 중에서 한 규칙이 선택되어야만 한다. 이런 의미에서, 우리는 의심할 여지없이 하나의 규칙에 대한 추리를 얻게 된다. 태거드는 이를 엄밀한 의미의stricto sensu '가추법'이라 불렀다(태거드가 말한 가추법은 나의 세 번째 종류의 가추법까지도 포괄하고 있으니 주의할 것). 여러 후보 중에서 가장 그럴싸해 보이는 것이 규칙으로 선택되기는 하나, 그렇다고 해서 그것이 '올바르다'고 확신할 수는 없다. 이때의 설명은 추후에 있을 검증을 기

다리며 **놀고**~entertained~ 있을 뿐이다. 케플러가 화성 궤도가 타원이라는 사실을 발견했을 때, 그는 (화성의 초기 위치들이라는) 놀라운 사실에 직면했다. 케플러는 유한개의 기하학적 곡선들 중에서 하나를 선택해야 했다. 그는 우주의 규칙성에 대한 전통적인 가정을 받아들였고(행성은 아무렇게나 도약하지 않고 나선형이나 사인~sine~ 곡선으로 진행하지 않는다), 따라서 비초월적인 폐곡선만을 찾아야 했기 때문이다. 아리스토텔레스도 똑같은 경험을 한 적이 있다. 아리스토텔레스는 궁극 원인론적 태도(어떠한 현상에는 궁극적인 원인이 되는 것이 있다고 믿는 것 — 옮긴이)를 지녔던 탓에, 그는 이미 정립된 전통적 견해들을 따라 생물의 진화에서 가장 개연성 있는 최종 원인이 자기방어라고 믿게 된 것이다.

(c) **창조적 가추법** 이 경우, 반드시 새로운 법칙이 창조되어야 한다. 우리의 정신이 충분히 '창조적'이라면 법칙을 만드는 것은 그렇게 어렵지 않을 것이다. 3. (1)절에서 보게 되겠지만, 이런 창조성에는 미학적 측면도 포함되어 있다. 이런 창조 활동에서는 (지나치게 규범화된, 혹은 덜 규범화된 가추법의 경우보다는 더 많은) 메타 가추를 하게 된다. 기존에 정립된 과학의 패러다임을 변화시켜 놓은 '혁명적' 발견들이 바로 창조적 가추법의 예가 된다(Kuhn 1962).

(d) **메타 가추법** 메타 가추법은 우리가 첫 단계 가추법으로 그려 놓은 가설적인 우주가 경험에 의한 우주와 동일한지 여부를 결정하는 것과 관련이 있다. 지나치게 규범화된, 혹은 덜 규범화된 가추법의 경우, 이미 충분히 검증된 현실의 경험들로부터 법칙을 얻어 낼 수 있으므로 메타 단계적 추리가 요구되지는 않는다. 다시 말해서, 보편적이고 세속적인 상식을 통해서 적당한 법칙을 얻어 낼 수 있다면 그 법칙은 이미 우리의 경험 세계 안에서 유효한 것으로 확정된다. 그러나 창조적

가추법의 경우에는 이런 종류의 확실성을 얻을 수 없다. 우리는 어떤 결과의 본성(원인)에 대해서뿐만 아니라 백과사전의 본성에 대해서도 '적당한 추측fair guess'을 완벽하게 해낸다(그러므로 새로운 법칙이 증명된다면 우리의 새로운 발견은 패러다임의 변화를 가져오게 된다). 곧 살펴보겠지만, 메타 가추법은 과학의 '혁명적인' 발견에서뿐만 아니라 (일반적인) 범죄 수사에서도 필수적이다.

이제 위의 가정들을 다음의 텍스트를 통해 입증해 보겠다. 관련 서적에 의하면, 다음 텍스트는 셜록 홈스의 방법과 유사한 부분이 많으며 과학적 탐구의 완벽한 예(또는 상징적 유형)가 된다. 볼테르의 『자딕』 3장이다.

2. 말발굽

(1) 볼테르의 텍스트

자딕은 젠드(Zend, 조로아스터교의 경전인 아베스타의 주해서 — 옮긴이)에 쓰인 바와 같이 신혼 첫째 달은 꿀처럼 달지만 두 번째 달부터는 쑥처럼 쓰다는 사실을 알게 되었다. 얼마 후 그는 부인 아조라Azora와 같이 사는 것이 너무나 힘들어졌기 때문에 그녀를 없애 버려야만 했다. 그는 자연을 연구하며 행복을 찾으려 했다. 자딕은 이렇게 말했다. "가장 행복한 사람은 신이 우리 앞에 펼쳐 놓은 위대한 책(자연)을 읽는 철학자다. 철학자가 찾아낸 진리는 그의 것이 된다. 그는 자신의 영혼을 살찌우고 고귀하게 만든다. 그는 평화로이 살고, 아무것도 두려워하지 않는다. 그리고 아내가 코를 베려고 달려오지도 않는다."

자덕은 유프라테스 강변 시골에 집을 마련해 은거했다. 그는 다리 밑으로 물이 초당 몇 인치나 흐르는지, 양(羊)의 달보다 쥐의 달에 비가 제곱라인(1라인은 1/12인치 — 옮긴이)당 얼마나 더 내리는지 따위에는 전혀 관심을 기울이지 않았다. 그는 거미줄에서 명주를 만들어 내는 것이나, 깨진 병에서 도자기를 만들어 내는 것에도 관심이 없었다. 그 대신 그는 동물과 식물의 특징들을 집중으로 연구했으며 깊은 통찰력을 얻게 되었다. 자덕은 다른 사람들 눈에는 똑같아 보이는 동식물 사이에 존재하는 수천 가지 차이점을 찾아낼 수 있는 식견을 지니게 되었다.

어느 날 자덕은 작은 숲을 거닐다가 왕비의 환관이 부하를 몇 명 거느리고 서둘러 다가오는 것을 보게 되었다. 그들은 아주 걱정스러운 표정으로 이리저리 뛰어다니고 있었다. 마치 아주 귀중한 물건을 잃어버려서 그것을 찾기 위해 혈안이 된 사람들 같아 보였다.

"여보시오, 혹시 왕비 폐하의 개를 보지 못했소?" 제일 높아 보이는 환관이 소리쳤다.

"정확하게는 암캐지요." 자덕이 공손하게 답했다.

"그렇소." 환관장이 말했다.

"아주 작은 스패니얼 암캐에다 최근에 새끼를 낳았지요. 왼쪽 앞발을 절고 귀가 아주 길지요." 자덕이 덧붙였다.

"그 개를 봤단 말이오?" 환관은 숨을 헐떡이며 물었다.

"아니오! 나는 그 동물을 본 적도 없고 왕비 폐하께 암캐가 있다는 사실도 몰랐습니다." 자덕이 대답했다.

바로 이때 운명의 장난으로 왕의 마구간에서 가장 훌륭한 말이 마부의 손을 벗어나서 바빌론 평야로 달아났다. 이에 환관장이 열심히 암캐를 뒤쫓던 것처럼 왕의 경비대장과 여러 부하들이 그 말을 뒤쫓았다. 왕의 경비대장은 자딕을 보고 왕의 말을 보지 못했냐고 물어보았다.

자딕이 대답했다. "당신이 뒤쫓는 말은 마구간에서 제일 날쌘 놈이지요. 그놈은 키가 15핸드(말의 키를 재는 단위로 1핸드는 약 4인치 — 옮긴이)인데 발굽은 아주 작지요. 꼬리는 길이가 3.5피트 정도 됩니다. 재갈에는 23캐럿의 금이, 발에는 11스크루풀(무게를 재는 단위로 약 1.296그램 — 옮긴이)의 은이 박혀 있습니다."

"그놈이 도대체 어느 길로 갔소? 어디에 있소?" 왕의 경비대장이 물었다.

"나는 그 말을 본 적도 없고, 그 말에 대해 들어 본 적도 없습니다." 자딕이 대답했다.

그러나 경비대장과 환관장은 자딕이 왕의 말과 왕비의 암캐를 훔쳤다고 확신했고, 그를 붙잡아 대재판관들에게 끌고 갔다. 그는 태형과 시베리아 종신 유배를 선고받았다. 그러나 선고가 내려지고 나서 얼마 지나지 않아 말과 암캐를 되찾게 되었다. 재판관들은 유감스럽게도 판결을 철회해야 했고, 대신 자딕에게 400온스의 금을 벌금으로 내라고 했다. 본 것을 보지 않았다고 우긴 죗값이었다. 그는 벌금을 물고 난 후에야 비로소 변론을 할 수 있게 되었다.

"존경하는 재판관님, 측량할 수 없는 지식의 샘과 진리의 거울이시며, 납처럼 견고하고, 철처럼 단단하고, 금강석처럼 빛나는, 마치 황금처럼 존귀하신 여러분께 한 말씀 드리고자 합니다. 오르마즈드(Ormazd, 조로아스터교의 주신으로, 창조신이자 최고신 — 옮긴이)에 맹세컨대, 저는 왕비 폐하의 명예로운 암캐나 국왕 폐하의 신성한 말을 결코 본 적이 없습니다. 자초지종을 말씀드리겠습니다.

저는 작은 숲으로 산책을 하고 있었습니다. 나중에 저는 그곳에서 훌륭하신 환관장과 총명하신 경비대장을 만났습니다. 저는 모래 바닥에 난 동물의 발자국을 보고 작은 개의 발자국이라는 것을 쉽게 알아보았습니다. 발자국 사이에 길고 얕은 홈이 파여 있어서 그 동물이 최근에 새끼를 낳아 젖통이 늘어진 암캐라는 것도 알 수 있었죠. 다른 방향으로는 앞발 옆의 모래를 계속 긁는 자국이 나 있는 것을 보고 귀가 길다고 추측할 수 있었습니다. 마지막으로 네 발자국 중 유독 한 발자국에 모래가 덜 파여 있어서 우리 존엄하신 왕비 폐하의 암캐가 아마도 약간 다리를 저는 것 같다고 결론을 내렸던 것입니다.

왕 중의 왕이신 국왕 폐하의 말에 대해서는, 숲을 거닐다가 길에 난 말발굽 자국을 보게 되었는데 폭이 모두 일정해서 완벽할 정도로 잘 달리는 말임을 알았습니다. 그 길은 너비가 7피트밖에 안 되는 좁은 길이었는데, 길가 양쪽 나무들에 흙이 3.5피트 정도 퍼져 있었습니다. 그걸 보고 말의 꼬리가 3.5피트이고 꼬리가 마구 움직여 흙이 튀겨 나갔다는 걸 알 수 있었죠. 나무들은 높이가 5피트 정도였는데 가지에서 나뭇잎 몇 개가 떨어져 있었습니다. 그래서 말이 나무들을 건드렸고 키는 15핸드라는 것을 알았습니다. 또 그 말이 시금석에 해당하는 돌에 장식 못을 비벼 댄 것을 보고, 말의 재갈이 23캐럿의 금이라는 것을 알았습니다. 자갈에 생긴 말발굽 자국을 보고 말발굽에 11스크루플의 은이 박혀 있다고 추측했습니다."

이 말을 들은 재판관들은 모두 자딕의 심오하고 예리한 통찰력에 탄복했고, 이 소식은 왕과 왕비에게까지 전해지게 되었다. 그는 대기실과 공식 알현실, 밀실에서 화제의 대상이 되었다. 어떤 사제들은 그가 마법사이므로 화형에 처해야 한다고 주장하기도 했다. 그러나 왕은 그가 벌금으로 냈던 금 400온스를 다시 돌려주게 했다. 법정 서기관과 의전관, 대리인들은 400온스를 돌려줄 때 아주 거만한 태도를 보이며 그를 찾아왔다. 그들은 무려 398온스를 법정 비용으로 챙겼으며 하인들은 사례금을 요구했다.

자딕은 지나치게 많이 아는 것이 때때로 아주 위험할 수도 있다는 것을 알게 되었고, 다음에는 본 것을 말하지 않기로 결심했다.

그런데 그 다음 기회가 곧 찾아왔다. 죄수 하나가 탈옥하면서 하필이면 자딕의 집 창문 아래로 도망치게 되었다. 그는 심문을 받았지만 아무런 대답도 하지 않았다. 그러나 그가 창밖을 내다보고 있었다는 것이 밝혀졌고 금 500온스를 벌금으로 물게 되었다. 자딕은 바빌론의 관습에 따라 재판관들의 관대함에 감사를 드렸다.

"오, 하느님! 왕비의 암캐나 왕의 말이 지나다니는 숲을 거니는 사람을 불쌍히 여기소서! 창밖을 내다보는 것은 얼마나 위험한 일인가! 행복한 삶을 누리기란 얼마나 어려운가!" 자딕은 혼자 중얼거렸다(Voltaire 1931).

(2) 지나치게 규범화된 가추법

자딕이 자연을 "위대한 책"이라고 부른 것은 우연이 아니다. 그는 규범화된 기호의 체계로서의 자연에 관심이 있었다. 그는 다리 아래로 물이 얼마나 흐르는가를 셈하지 않았고(퍼스나 홈스라면 기꺼이 흐르는 물을 측량했을 것이다), 부서진 병에서 도자기를 만들려고 하지도 않았다(퍼스라면 올바른 **습관**을 위해 시도해 봤으리라). 그는 "동식물의 특징"을 연구했고, 의미의 일반적 관계를 찾았다(그는 S가 P인 경우가 있는지 알고 싶어 했다). 그러나 지식을 확장 증명하는 것에는 그다지 관심이 없었던 것 같다. 그는 모래밭에서 동물의 발자국을 보고 개와 말의 발자국임을 알아챘다. 개와 말의 두 가지 경우 모두 동일한 기호학적 메커니즘을 찾아볼 수 있는데, 말의 경우가 좀 더 복잡하다. 그가 말의 발자국을 알아낸 방법을 면밀히 조사해 보면 성과를 거둘 수 있을 것이다. 자딕이 어떤 자국을 보고 특정 유형의 자국이 생겨난 것으로 파악해 낸 뒤에 그것이 어떤 동물을 의미하는지 인식할 수 있었다는 것은, 흔적imprint에 대해 정확한 (규범화된) 능력을 가지고 있었음을 뜻한다 (Eco 1976:3.6 참조).

흔적은 기호-생산에서 가장 기본적인 경우를 대표한다. 왜냐하면 주어진 상황에서 표현을 인식한 뒤 기호임을 가정해야 비로소 흔적이 하나의 기호로 생산되기 때문이다(산사태 같은 자연적 흔적도 가능하다. 왕의 말은 기호를 생산할 의도가 전혀 없었다). 하나의 흔적을 해석한다는 것은 가능한 물리적 원인과 연관시킨다는 뜻이다. 물리적 원인이 꼭 실제로 존재했던 것일 필요는 없다. 물리적 원인은 단지 **가능한** 것일 수도 있다. 왜냐하면 심지어 보이스카우트 안내서에서도 흔적을 인식할 수 있기 때문이다. 과거의 경험은 하나의 습관을 낳게 되며, 습관에 따라 주어진 유형-형태type-shape는 가능한 원인의 종류를 지칭하게 된다. 유형에서 유형으로 이어지는 기호학적 관계에서 구체적인 개별성들은 아직 고려되지 않는다.

우리는 컴퓨터에 지시를 내려 탁자 위에 놓였던 적포도주 잔의 흔적을 인식하라고 할 수도 있다. 즉 직경이 2~3인치이며 붉은 액체로 구성된 원을 인식할 것, 붉은 액체의 화학 성분은 특정 붉은 색채를 띠는 스펙트럼 데이터로 지정하는 등 구체적이고 정확한 지시를 내리면 될 것이다. 유형-표현type-expression은 위와 같은 일련의 지시에 불과하다. 이런 방식으로 유형-표현을 정의하는 것은 퍼스가 /리튬lithium/을 정의한 것과 상응함에 주목하라(2.330). 표현-유형의 정의를 입력 받은 컴퓨터는 상관된 유형-내용type-content에 관한 지시를 받아야 한다. 이 시점에서 컴퓨터는 해당하는 유형의 어떤 흔적이라도 모두 인식할 수 있게 된다.

그러나 유리잔의 흔적만으로는 유리잔의 전체적인 형태를 시각적으로 재생산해 낼 수는 없고 기껏해야 유리잔 바닥의 형태만을 재생산해 낼 수 있다. 따라서 흔적의 규범에는 대유법적 추론이 수반된다고 할 수 있다. 마찬가지로 말발굽 자국은 말발굽 바닥의 형태를 재생산해 낼 뿐이며, 그 이상의 연계점이 있어야만 말의 전체적인 형태와 연관될 수 있다. 더욱이 규범에 의해 흔적은 각기 다른 적절한 등급, 즉 종이나 속에 매겨질 수도 있다. 예컨대 자딕은 '개'라는 사실뿐만 아니라 '스패니얼'이라는 사실까지 알아냈으며, '말'이라는 사실뿐만 아니라 (발자국 간의 거리에 대한 추론의 결과로) 훌륭한 '종마'라는 사실까지 인식해 냈다.

또한 자딕은 다른 기호학적 특징, 즉 징후와 단서도 찾아냈다(Eco 1976:3.6.2. 참조). 징후에서 유형-표현은 이미 만들어진 물리적 사건의 부류로서, 있을 법한 원인의 부류로 소급된다(얼굴의 붉은 반점은 홍역을 의미한다). 그러나 징후symptom는 흔적imprint과 구별된다. 흔적은 있을 법한 유형-형태의 적절한 특징을 투영하는 반면, 징후와 원인 사이에는 딱 들어맞는 일대일 상관관계가 존재하지 않는다. 징후의 원인은 유형-표현의 형태적 특징이 아니라 유형-내용의 특징이 된다(주어진 징후-표현symptom-expression의 의미를 합성 분석하는 지표가 그 원인이 된다). 자딕은 흙이 길 중앙에서 나무 위로 3.5피트 정도 좌우로 튄 것을 보고 징후를 인식했다. 즉 무엇인가에 의해 흙이 거기에 위치하게 되었다는 것을 알려 주는 징후를 찾은 것이다. 나뭇가지에서 떨어진 나뭇잎의 경우도 마찬가지이다. 규범에 따라 그는 두 현상 모두가 외부 압력의 징후라는 것을 알았으나, 규범만으로는 원인의 본성에 대해 아무런 정보도 얻을 수가 없었다.

한편, 단서clue는 무슨 일이 벌어진 장소에 외부 행위자가 남겨 놓은 물건을 뜻한다. 단서는 외부 행위자와 물리적으로 연관이 있는 것으로 인식된다. 따라서 단서가 실제로 존재하거나 존재할 가능성이 있는 경우, 행위자가 과거에 그 자리에 있었다는 것을 탐지해 낼 수 있다.

백과사전에서는 징후와 결과의 차이를 다음과 같이 설명한다(여기서 백과사전은 일반적으로 받아들여지는 모든 지식common world knowledge의 총체를 의미한다—옮긴이). 징후의 경우, 원인과 결과는 현재나 과거와 **필연적으로** 인접하며, 결과가 있으면 필연적으로 원인이 있다. 반면 단서의 경우, 소유주와 소유물 사이에 **가능한** 과거의 인접성만 기록할 수 있고, 일정한 소유물이 있는 경우 가능한 소유주를 상정해 볼 수 있을 뿐이다(소유주는 단서가 되는 물건의 주인공, 소유물은 단서가 되는 대상물을 의미한다—옮긴이). 단서는 복합적 징후라고도 볼 수 있는데, 이는 막연한 원인 행위자가 필연적으로 존재한다는 것을 탐지하고 난 후에야 비로소 결정적인 행위자를 소급해 내는 단서로 징후를 택하게 되기 때문이다. 관습적으로, 현장에 남아 있는 물건의 소유자로서 가장 그럴듯한 사람이 행위자로 인정된다. 바로 이 때문에 결핵을 탐지하는 것보다 탐정소설이 훨씬 더 흥미로운 것이다.

자딕은 돌에 묻은 금과 자갈에 묻은 은을 보고 그것을 단서로 인식했으며, 말 재갈이 23캐럿의 금으로 만들어졌고 말굽은 은 덩어리로 만들어져 있다는 사실을 알아냈다. 그러나 금과 은이 묻어 있다는 것은 금과 은을 묻혀 놓은 행위자가 있었으리라는 점을 말해 줄 뿐, 행위자가 바로 말이라는 사실은 어떤 백과사전적 지식으로도 알 수 없다. 그러므로 금과 은의 역할은 징후에 불과하며 아직 단서가 되지는 못한다. 처음 본 사람이 백과사전적으로 알아낼 수 있는 것은 기껏해야 행위자가 금과 은의 장구를 가졌을 수도 있다는 것 정도다. 여기까지 자딕은 어떤 흔적이나 징후, 단서가 특정한 부류의 원인에 관해 말하고 있다는 것을 알았을 뿐이며, 이는 그가 이전부터 알고 있던 규칙이다. 그는 아직도 지나치게 규범화된 가추법에 사로잡혀 있다.

그럼에도 불구하고, 자딕은 어떤 특정 순간에 어떤 특정한 숲에서 발자국을 발견하고는 "말이 여기 있었다"라는 지시적 문장을 구체적으로 말할 수 있었다. 유형$_{type}$에서 신호$_{token}$로 넘어가면서 그는 내포$_{intension}$의 우주에서 외연$_{extension}$의 우주로 옮겨 갔다. 이 경우에도 자딕은 여전히 지나치게 규범화된 가추법을 실행하고 있는 것이다. 하나의 지시적 문장이 만들어질 때, 그 목적이 경험 세계의 상태를 말하기 위한 것이라고 결론짓는 것은 여전히 실행주의적$_{pragmatic}$ 관습의 문제이다.[11]

이러한 암호 해독의 가추법을 모두 해결한 자딕은 연결성 없는 몇 가지 놀라운 사실만을 알게 될 뿐이었다. 이는 다음과 같다.

- 말 x가 그곳을 지나갔다.
- (정체를 알 수 없는) y가 나뭇가지를 쳤다.
- (정체를 알 수 없는) k가 금붙이 같은 것을 돌에 문질렀다.
- (정체를 알 수 없는) j가 자갈에 은의 단서를 남겨 놓았다.
- (정체를 알 수 없는) z가 나무에 흙먼지를 일으켰다.

(3) 덜 규범화된 가추법

자딕이 본 각각의 사실들은 서로 관련성이 없는 별도의 사건들이 연속적으로 일어난 것일 수도 있고, 하나의 일관성 있는 사건들의 집합일 수도 있다. 어떤 경우든 그것은 하나의 텍스트인 셈이다. 어떤 일련의 사건들을 하나의 텍스트적 연속물로 파악한다는 것은, 서로 다르고 연결되지 않은 각각의 텍스트 자료들로부터 일관성 있는 관계를 정립시켜 주는 하나의 주제를, 즉 텍스트가 무엇에 관한 것인가를 찾아낸다는 뜻이다. 텍스트의 주제를 발견해 내는 것은 덜 규범화된 가추법적 시도라 할 수 있다.

이러한 과정에서 텍스트 해석자는 자신이 뽑아낸 주제가 '적절한' 것인지, 자신의 텍스트 해석 행위가 의미론적으로 서로 이질적이고 상충되는 결과를 가져올 것인지에 대해서 확신할 수 없는 경우가 흔히 있다. 이것은 모든 텍스트 해석은 결국 여러 가지 가능한 해석들 가운데에서 가추법을 통해 하나를 선택하는 것이라는 사실을 입증해 준다. 자딕의 경우 역시 마찬가지다.

일반적으로 규범화된 일련의 텍스트 사이의 관습이나 해석의 **틀**frame 이 설정됨에 따라 (a) 말은 보통 꼬리로 흙먼지를 일으키고, (b) 말에게는 금 재갈과 은 발굽이 있고, (c) 그다지 단단하지 않은malleable 금속 물질로 돌을 격렬하게 문지르면 금속 물질의 흔적이 돌에 남아 있다는 것 등의 사실을 가정할 수 있게 된다. 바로 이때 (이 밖에 다른 현상들에 의해서도 같은 결과가 나왔을 수도 있었겠지만) 자딕은 텍스트를 재구성해 낼 수 있었던 것이다.

그는 일관되고 평범한 하나의 그림을 그려 냈다. 여기에서는 여러 징후와 단서에 의해 **오직 하나의** 주체만을 언급하면서 구체적으로 묘사했다. 자딕은 완전히 다른 방식으로 이야기를 재구성할 수도 있었다. 예컨대 금으로 만든 갑옷과 은으로 된 창을 든 기사가 말에서 떨어져 가지를 부러뜨렸고 갑옷과 창이 돌에 부딪쳤다는 식의 이야기도 가능했을 것이다…. 자딕이 '정확한' 해석을 해낼 수 있었던 것은 신비스러운 '추측의 본능' 덕분이 아니다. 그의 해석에는 무엇보다도 경제적인 이유가 크게 작용했다. 말을 탄 기사보다는 말 한 마리가 더 쉽고도 간단한 해석 방법이다. 더욱이 그는 유추적인 텍스트 사이의 구조, 즉 비슷한 이야기의 틀(마구간에서 말이 도망쳤다는 전형적인 이야기)을 많이 알고 있었다. 따라서 가능한 여러 텍스트의 법칙 중에서 덜 규범화된 가추법을 이용하여 가장 그럴듯한 해석을 내릴 수 있었다.

하지만 자딕의 성공적인 추론을 설명하기에는 이것만으로는 충분하지 않다. 볼테르가 이에 대해서는 명료하게 설명하지 않았지만, 자딕이 머릿속으로 가능한 여러 가설들을 생각해 보다가 말을 찾는 궁정 사람들을 만난 후에야 비로소 최종 가설을 확실하게 결정했다고 가정해 보자. 바로 이 시점에 이르러서야 그는 최종적인 메타 가추법을 시도해 볼 수 있게 되는데, 이에 관해서는 곧 자세히 살펴보겠다. 지금까지 말에 대해 논의한 것은 모두 암캐의 경우에도 적용된다.

마지막으로 덧붙이자면, 자딕은 창조적인 가추법에 의지하지 않고서도 덜 규범화된 가추법을 이용하여 전체적인 이야기를 그려 낼 수 있었던 것 같다. 결국 그는 '평범한' 이야기를 생각해 냈을 뿐이다.

(4) 메타 가추법의 문턱에서

자딕은 그의 텍스트적 가설에 대해 그것이 **옳다**는 과학적 확실성을 지닐 수는 없다. 단지 **텍스트적으로 가장 그럴듯할** 뿐이다. 말하자면 그는 **목적론적인** 판단을 내렸던 것이다. 그는 자신이 모은 자료들 사이에 조화로운 상관관계가 있음을 미리 가정하고 해석한 것이다.

자딕은 말과 정체를 알 수 없는 네 행위자(2. (2)절에서 y, k, j, z 를 의미함—옮긴이)가 있었음을 **알았다**. 그는 다섯 행위자가 그가 경험하는 실제 세계의 개체들이라는 것도 **알았다**. 그리고 동시에 꼬리가 길고 키가 15핸드 정도이고 금 재갈과 은 발굽이 있는 말이 있다고 **믿는다**. 그러나 그런 말이 자딕의 경험 세계에 굳이 속할 필요는 없었다. 그것은 오히려 자딕이 만들어 낸 텍스트적으로 가능한 세계, 그가 강한 동기를 부여한 신념의 세계, 그의 명제화된 태도의 세계 등에 속하는 것이다. 덜 규범화된 가추법 —— 창조적인 가추법은 말할 필요도 없이 —— 은 새로운 세계를 만들어 내는 장치다. 자딕에게 이후에 일어났던 일들을 이해하기 위해서는 이처럼 자딕의 텍스트적 가추법의 양식이 어떤 것인지에 대해 정확히 인식하는 것이 중요하다.

경비대장이나 환관장은 기호학적 예민함을 지니고 있지 않았다. 그 둘은 이미 알고 있던 두 개체에만 관심이 있었고, '왕비의 개'나 '왕의 말' 같은 유사 정의적 묘사_pseudo-definite description(또는 '변질된 고유명사')를 사용하여 두 개체를 **지칭했다**. 그들은 특정한 두 개체를 찾고 있었기 때문에 "**그** 개, **그** 말"처럼 정관사를 알맞게 사용했다.

그들의 질문에 답하기 위해 자딕은 두 가지 선택지를 가지고 있었다. 첫째로, 그는 외연적 게임_extensional game 을 수용할 수도 있었다. 즉, 주어진 개체를 찾는 것에 관심을 가진 사람들을 다루기 위해 메타 가추법을 시도해 볼 수 있었다. 그는 **자신만의** 텍스트적 세계에 있는 말과 개가 모두 궁정 신하들이 알고 있는 말과 개와 동일하다는 '올바른 추측'을 해낼 수 있는 위치에 있었다. 일반적으로 이런 종류의 가추법을 해내는 것은 탐정들이다. "내가 상상력을 발휘하여 그려 낸, **나의 상상** 세계 속의 사람이 지금 찾고 있는 **실제 세계**의 인물과 동일한 사람이다." 특히 셜록 홈스가 이런 과정을 주로 수행해 낸다. 그러나 홈스와 같은 부류의 사람들은 자딕이 흥미를 느끼지 못한 것에 관심을 쏟았다. 즉, 다리 밑으로 물이 얼마나 흐르는지, 깨진 병에서 도자기를 어떻게 복원할지가 그들의 관심사였다.

자연이라는 책을 연구하는 데에만 전념했던 자딕은 다른 방법을 선택했어야만 했다. 그는 이렇게 답할 수도 있었던 것이다. "**내가** 가정한 세계 속에서, 나는 **어떤** 말과 **어떤** 개가 여기 있었다고 강력하게 **믿고 있습니다**. 하지만 **그** 개와 말이 **당신들이** 말하는 개와 말과 동일한지는 **알지** 못합니다."

자딕은 첫 번째 방식으로 이야기를 시작했다. 그는 마치 명탐정 셜록 홈스처럼 이렇게 장담한다. "**당신의** 개는 암캐이고 **당신의** 말은 마구간에서 제일 날쌘 말이지요…." 신하들은 마치 왓슨처럼 깜짝 놀란다. "과연 그렇소!"

자딕의 탐정 노릇은 성공적이었다. 그는 자랑스럽게 승리를 누릴 수도 있었을 것이다. 그가 당연히 개와 말을 알고 있을 것이라고 생각한 신하들은, 논리적으로 일관되게도, 그러면 그 개와 말이 어디에 있냐고 물어보았다. 그러자 그는 그 동물들을 본 적도, 들어 본 적도 없다고 대답했다. 그는 자신의 메타 가추법이 맞는다고 확신하는 바로 그 순간에 메타 가추법을 철회하고 말았다.

아마도 자딕은 텍스트적 세계를 만드는 스스로의 능력에 탄복한 나머지 유치한 외연적 게임에는 흥미가 없었는지도 모른다. 그는 가능의 세계를 만들어 내는 자신의 대단한 능력과 실제적인 성공 사이에서 자아 분열을 느끼고 있었다. 그는 경험적 진리의 소유자보다는 가추법의 거장으로서 칭송받기를 원했다. 즉 그는 과학적인 **발견**보다 가추법적 **이론**에 더 흥미가 있었다. 궁정 신하나 재판관들은 분명히 이처럼 흥미로운 인식론적 분열증을 이해할 수 없었으리라. 그래서 그들은 "〔의심할 여지없이〕 본 것을 보지 않았다고 주장한다"는 이유로 자딕에게 죄를 뒤집어씌웠다. 이는 훌륭한 내면적 세계를 가진 사람과 제한된 외연적 세계에 속한 사람들 사이의 대화를 멋지게 보여 주는 사례이다.

그러나 자딕은 같은 대상을 지시하는 데 정관사와 대명사를 사용하는 언어학적 게임을 받아들임으로써 적과의 게임을 시작해 버렸다는 사실은 깨닫지 못했다. 왕의 신하들과 이야기하면서 그는 줄곧 한정사를 사용하여 동물들을 지칭했다. "**그것**은 암캐지요…. **그것**은 귀가 아주 깁니다…. **그것**의 꼬리… **그** 말…." 이러한 지시사가 (자딕 본인에게는) 자신의 가능의 세계를 뜻하는 반면, 신하들에게는 '실제' 세계를 의미하게 된다. 자딕은 자신의 분열증에 사로잡힌 나머지 언어를 제대로 사용하지 못했다. 셜록 홈스로서의 운명을 받아들일 수 없었던 그에게 메타 가추법은 공포였다.

3. 구두 발등

(1) 창조적 가추법

셜록 홈스의 이른바 '연역법'이 사실은 창조적 가추법인 경우가 상당히 많다. 「소포」에서 홈스는 왓슨의 생각의 흐름을 읽어 냈다. 홈스는 왓슨의 표정, 특히 눈을 통해 왓슨의 생각이 읽어 냈다. 홈스가 상상해 낸 생각의 고리와 왓슨의 실제 생각이 완벽하게 일치한다는 사실에서 우리는 홈스가 이야기를 '잘' (또는 어떤 '당연한' 진로에 맞추어) 창안해 낸다invent는 것을 알 수 있다. 어쨌든 그는 이야기를 **창안해 냈다**.

어원론적으로 '창안invention'이란 이미 어딘가에 존재하는 것을 찾아낸다는 의미이다. 이미 돌 속에 존재하고 있지만 사람들이 볼 수 없는 조각상을 조각가가 꺼낼 뿐이라고 미켈란젤로가 말했던 바와 같이, 홈스도 이야기를 창안해 내었다.

왓슨은 신문을 읽다가 집어던지고 고든 장군의 초상화를 쳐다보았다. 이는 의심할 여지없이 **하나의 사실**이다. 왓슨이 (액자에 끼우지 않은) 또 다른 초상화를 쳐다보았다는 것 역시 **사실**이다. 그가 두 초상화 사이의 관계에 대해 생각해 볼 수도 있다는 것은 덜 규범화된 가추법의 사례로, 왓슨이 실내 장식에 얼마나 흥미를 가지고 있는지에 대해 홈스가 알고 있음을 전제로 한다. 한편, 왓슨이 비처가 겪은 사건에 대해 생각하고 있다고 추측하는 것은 여지없이 창조적 가추법이다. 왓슨은 미국 남북전쟁을 생각하다가 전쟁에서의 활약과 노예 제도의 공포를 비교할 수도 있었다. 왓슨은 아프가니스탄 전쟁의 공포에 대해 생각하다가, 자신이 부상을 당한 덕분에 결론적으로는 전쟁에서 살아남을 수 있었다고 깨닫고 미소 지을 수도 있었을 것이다.

이야기의 세계 속에서 — 작가와 극중 인물 사이의 은밀한 담합의 지배를 받는 세계 — 왓슨은 실제로 생각했던 것 이외에는 어떤 것도 생각할 수 없었다. 그렇기에 독자 역시 유일하게 가능했던 왓슨의 의식의 흐름을 홈스가 제대로 잡아냈다는 인상을 받게 된다. 만약 이야기의 세계가 '실제' 세계였다면 왓슨의 의식의 흐름은 여러 가지 다른 방향으로 흘러갈 수도 있었다. 홈스는 왓슨이 반드시 생각했을 방식을 쫓아가기 위해 노력한다(예술은 그 행위 속에서 자연을 모방한다!). 그러나 홈스는 왓슨이 생각할 수도 있는(왓슨이 동시에 모두 해냈을지도 모르는) 여러 정신적인 과정 중에서도, 보다 미학적인 일관성을 가지고 있거나 보다 '멋진 것'을 골라내야 했다. 홈스는 이야기를 창조해 냈으며, 우연히도 홈스가 만들어 낸 그럴싸한 이야기가 실제 이야기와 맞아떨어졌던 것이다.

이런 미학적 기준은 코페르니쿠스의 직관력에도 영향을 끼쳤다. 이 때문에 코페르니쿠스는 『천상의 순환 궤도De revolutionibus orbium coelestium』에서 태양중심설을 주장하게 되었다. 그는 프톨레마이오스의 체계가 멋이 없고 조화롭지도 않으며, 마치 화가가 통일성 없이 모든 부분을 재생산해 낸 것 같다고 느꼈다. 코페르니쿠스에게 태양은 우주의 중심에 **있어야만 했다**. 그래야만 창조된 세계의 놀라운 조화를 보일 수 있었기 때문이다. 그는 갈릴레오나 케플러처럼 행성의 위치를 관찰하지는 않았다. 그는 단지 '형태적으로gestaltically' 우아한, 구조가 잘 짜인 하나의 가능 세계를 생각했을 뿐이다.

왓슨이 전보를 보내기 위해 위그모어가의 우체국에 다녀왔다는 사실을 추론해 냈을 때, 홈스의 생각의 과정을 살펴보자(「서명」). 유일하게 놀라운 사실은 왓슨이 구두 발등에 불그스름한 흙을 약간 묻히고 왔다는 것뿐이다. 사실 모든 차도가 비포장도로였던 19세기 런던에서 이는 그다지 놀라운 것도 아니었을 것이다. 어쨌거나 홈스는 이미 마음속에 어떤 생각을 가지고 있었기 때문에 왓슨의 구두에 집중했다. 코넌 도일을 믿고 이 사실이 그 자체만으로도 충분히 놀랍다고 받아들이기로 하자.

홈스의 첫 번째 가추법은 지나치게 규범화되어 있다. 구두 발등에 흙이 묻은 사람들은 비포장도로를 걸어 다녔다 등등. 두 번째 가추법은 덜 규범화된 것이다. 왜 하필이면 위그모어가인가? 왜냐하면 그곳의 흙만이 이런 특별한 색을 띠고 있기 때문이다. 그렇다면 왜 왓슨이 택시를 타고 그보다 먼 곳을 갔다 왔을 것이라고는 생각하지 않는가? 가장 가까운 거리를 고르는 것이 이성적인 경제 원칙에 부합하기 때문이다. 모두 기본적이다. 그러나 (도일-홈스식 용어로는 그저 '관찰'일 뿐인) 이 두 가지 가추법만 가지고는 왓슨이 우체국에 다녀왔다고는 단정할 수 없다.

홈스는 세상에 관한 지식을 기반으로 왓슨이 우체국을 가는 것이 가장 그럴듯하다고 생각하기는 했다. 하지만 모든 증거는 이런 가정을 **거스르고** 있다. 그는 왓슨이 우표나 엽서를 필요로 하지 않았다는 사실을 알고 있었다. 그래서 마지막 가능성(전보)을 생각하기 위해 왓슨이 전보를 보낼 필요가 있음을 미리 결정해야 했다! 마치 범죄 발생 시간에 피고가 범죄 현장에 있지 않았다는 강력한 증거를 찾은 후, 피고가 같은 시간에 다른 곳에서 다른 범죄를 저질렀으리라는 결론을 내린 재판관과 비슷한 모습이다. 왓슨이 우체국에 갔음을 뒷받침하는 이유 중 93퍼센트는 없다고 본(그러므로 자신의 가설이 옳지 않다고 생각하는 대신에) 홈스는 왓슨이 나머지 7퍼센트의 이유 때문에 우체국에 갔으리라고 단정한 것이다. 정말 신기하고 어지러운 7퍼센트의 해결책이다. 홈스는 그렇게 개연성이 약한 경우를 믿기 위해 왓슨이 어찌 되었든 우체국에 정기적으로 다니는 사람이라고 가정해야만 했다. 이런 조건하에서만 우표와 엽서가 없다는 사실이 왓슨이 전보를 보냈다는 증거가 될 수 있다. 그러므로 홈스는 논리적인 여러 가능성 중에서 덜 규범화된 가추법을 대표할 하나의 사례를 골라낸 것이 아니다. 오히려 홈스는 자신의 승산을 모두 걸고 가장 멋진 경우만을 창안해 냈던 것이다.

(2) 메타 가추법

17, 18세기의 합리주의 전통을 이어받아 합리성을 추구하는 전형적인 인간이라면 창조적 가추법에서 메타 가추법으로 옮겨 가게 된다. 홈스처럼 추리하기 위해서는 이상적인 질서와 인과 관계는 현실적인 질서와 인과 관계와 동일하다는 것(Spinoza, *Ethica* II, 7)을 굳게 믿어야만 한다. 또한 어떤 복잡한 개념의 타당성은 그 개념을 단순한 부분들로 나누어 볼 수 있는지, 각 부분들이 이성적으로 **가능해** 보이는지에 달려 있다는 확신이 필요하다. 이는 개념을 자유롭게 파악해 내는 노동이며, 라이프니츠는 이를 '직관'이라 불렀다(『신인간오성론*Nouveaux essais sur l'entendement humain*』 IV, 1,1; Gerhardt 1875-1890: V, 347 참조). 라이프니츠는 인간의 정신과 자연을 모두 창조하신 창조주 하느님은 사람의 마음속에 자연 법칙을 따라 작동하는 사유 능력을 심어 주었기 때문에, 표현과 표현되는 대상은 각각의 구조 사이에서 유사성만 발견된다면 서로 비슷한 것이라고 생각했다(『관념이란 무엇인가*Quid sit idea*』, Gerhardt 1875-1890: VII,263). "실체적 정의는 모순을 포함하지 않으면서 확고하게 정의될 수 있는 것으로부터 나온다…. 우리가 사물의 가능성에 대해 숙고할 수 있는 한 우리는 사물의 이데아에 대해서도 사유할 수 있다"(『보편적 자연의 찬양할 만한 신비에 대한 창안자들의 모델*Specimen inventorum de admirandis naturae generalis arcanis*』, Gerhardt 1875-1890: VII,310).

홈스는 정신과 외부 세계 사이에 구축된 강력한 유대 관계를 통해 자신의 창조적 가추법을 정당화할 수 있다고 생각했고, 따라서 메타 가추법을 시도할 수 있었다. 홈스가 자신의 추리를 '연역법'이라고 주장하는 이유는 아마도 합리주의적 배경 때문일 것이다. 사물res extensa과 정신res cogitans 사이의 본유적인 병렬주의(또는 예정된 조화)의 지배를 받는 우주 안에서, 개별적인 실체에 대한 완전한 개념은 실체의 과거와 미래의 속성까지도 모두 포함하고 있다(Leibniz, 『첫 번째 진리Primae veritates』, Couturat 1903:518-523).

퍼스는 상징symbols이 불확정한 미래의 법칙 또는 규칙성이라고 보며(2.293), 모든 명제는 기본적 논증이라고 말했다(2.344). 퍼스는 정신과 자연 간의 유사성으로서의 "자연적 지식lume naturale"이 존재한다고 믿었고, 그에 대한 증거를 곳곳에서 드러냈다(1.630; 2.753 이하; 5.604; 5.591; 6.604). 그러나 그는 "일반적인 원칙들은 실제로 자연에서 작동한다"(5.501)라고 주장할 때조차 스코티즘의 입장에서(Scotist, 13세기 둔스 스코투스의 학설을 따르는 학파. 스코투스는 토마스 아퀴나스의 입장을 반대하여 사물의 일의성을 주장했으며, 수학적 엄밀성과 명증성을 학문의 이상으로 보았다. 윌리엄 오컴의 스승으로 알려져 있다 — 옮긴이) '실재론적realistic' 진술을 하고 있었으며, 라이프니츠의 합리주의에 상당히 비판적인 태도를 취하고 있다(예컨대 2.370을 참조할 것).

퍼스는 추측이 비록 희박하게 추정되는 결과를 예견하는 것에 불과하더라도, 그 이전의 관찰이 탄탄하다면 타당한 추론 형태가 될 수 있다고 주장했다. 그가 정신과 사건의 진행 사이의 동일성에 대해 가지고 있는 신념은 합리주의적이라기보다는 오히려 진화론적이라 할 수 있다(Fann 1970:2.3). 가추법은 확신certitude을 가져다주지만, 여타의 모든 과학 연구에서 그런 것처럼 항상 **오류 가능성**fallibilism을 지니고 있다

(1.9). "오류 가능성은 우리의 지식이 결코 절대적이지 않고, 계속되는 불확실성과 미결정성 속에서 둥둥 떠다니는 것이라는 원칙이기 때문이다"(1.171).

반면 홈스는 절대로 틀리지 않는다. 자딕과 달리 그는 자신이 만들어 낸 가능성의 세계가 '실제' 세계와 마찬가지임을 확신했다. 코넌 도일이 자기중심적인 필요에 맞도록 만들어 낸 세계에 산다는 특권을 누렸던 홈스에게는 통찰력을 직접적으로 입증할 기회가 넘쳐 났다. (서술자) 왓슨은 바로 홈스의 가설을 입증해 주기 위해 존재한다. "홈스, 이게 무엇인가? 이건 내가 도저히 상상할 수 없는 것이네!"(「소포」) "맞아! 그런데 자네가 어떻게 그런 결론에 도달했는지는 도저히 모르겠네…"(「서명」). 왓슨은 홈스의 가설이 도저히 반증될 수 없음을 확실하게 보장해 준다.

이런 점은 포퍼 Karl Popper가 누리지 못한 특권이다. 그러나 바로 이런 특권이 없었기 때문에 포퍼는 과학적 발견의 논리를 정교하게 만들 기회를 갖게 되었다. 범죄 이야기에서는 전능한 하느님이 언제나 가정을 증명해 주는 반면, '실제' 과학적인 연구에서(또한 실제 범죄, 의학, 문헌학적 탐구 과정에서) 메타 가추법은 상당히 위험한 것이다. 『자딕』은 탐정 이야기가 아니라 철학 이야기다. 왜냐하면 이 글의 심오한 주제는 바로 현기증 나는 메타 가추법이기 때문이다. 이런 현기증 나는 상황에서 벗어나기 위하여 퍼스는 가추법의 단계와 연역법의 단계를 확실하게 연결시켰다.

귀환법은 확실하지 않다. 따라서 항상 가설을 검증해 봐야 한다. 논리적으로 타당한 검증을 하기 위해서는 귀환법의 경우처럼 현상을 엄밀하게 조사하는 것부터 시작해서는 안 될 것이다. 그보다는 오히려 가설을 검증하고, 그 가설이 참이라면 수반될 수 있는 조건적이고 경험적인 모든 결과들을 다 끌어모아야 한다. 이것이 탐구의 두 번째 단계다(6.470).

이처럼 퍼스는 엄격한 과학적 탐구가 어떠해야 하는지를 명확하게 인식하고 있기는 했지만, 때때로 메타 가추법의 게임을 즐기기도 했다. 일상생활을 하다 보면 가추법이 필요한 경우가 생기는데, 그때마다 가추법을 검증하기는 힘들다. 차양을 쓰고 가는 사람을 생각해 보자.

한번은 터키의 항구에 내린 적이 있었다. 나는 방문할 집 쪽으로 걸어 가다가 말을 타고 가는 사람을 보게 되었다. 그 옆에서 네 명의 말 탄 사람들이 머리 위로 차양을 받쳐 주고 있었다. 그런 굉장한 영예를 누릴 수 있을 만한 사람은 지방 영주뿐이라고 생각했기 때문에, 나는 이 사람이 바로 영주일 것이라고 추론했다. 이것은 하나의 가설이다(2.265).

사실 퍼스는 여기에서 두 가지 추론을 하고 있다. 첫 번째 추론은 가설 또는 지나치게 규범화된 가추법이라고 할 수 있겠다. 그는 터키에서 머리 위로 차양을 받쳐 쓸 수 있는 사람은 권력자뿐이라는 일반적인 규칙을 알고 있었다. 그래서 퍼스는 방금 본 사람이 의심할 수 없는 규칙의 한 예라고 생각하게 되었다. 퍼스의 두 번째 추론은 덜 규범화된 가추법이다. 그 자리에 있을 수 있는 수많은 권력자 중에서(예컨대 이스탄불에서 온 장관일 수도 있었다) 지방 영주라는 직책이 가장 그럴싸해 보인다. 이때부터 퍼스는 두 번째 가추법이 방금 목격한 상황에 해당하는 것처럼 받아들이고 그에 따라 행동했던 것이다.

세벽과 우미커 세벽이 이 책(2장)에서 분석한 (도난당한 시계) 이야기에는 퍼스가 더 이상의 검증도 하지 않고 믿어 버리는 과감한 창조적 가추법들이 등장한다. 퍼스는 끝까지 이 가추법들이 사실인 것처럼 행동했다. 퍼스의 메타 가추법은 중간 검증을 기다리지 않고 최종 결과에 도박을 거는 것이 핵심이다.

사실에서 법칙으로 이동하는 가추법과 사실에서 사실로 이동하는 가추법 사이의 진정한 차이점은 아마도 메타 가추법적인 융통성에 있을 것이다. 다시 말해서, 지식을 지배하는 기본적인 오류 가능성에 대해 추가 검증을 하지 않은 채 도전해 보는 용기 여부에 그 차이가 있을 것이다. 바로 이 때문에 '실제' 생활에서 탐정이 과학자보다 더 많은 (아니면 눈에 더 잘 띄는) 실수를 저지른다. 탐정은 메타 가추법의 내기를 걸때 보여 주는 대담성 덕분에 사회적 보상을 받는다. 반면 과학자들은 가추법을 끈기 있게 검증하는 데에서 사회적 인정을 받는다. 과학자들 역시 검증을 위한 지적이고도 도덕적인 힘을 갖기 위하여, 또 새로운 검증을 요구하기 위하여, 그리고 또 확실히 검증되기 이전의 가추법을 고집스럽게 받아들이기 위하여 메타 가추법을 필요로 한다. 과학자들이 탐정과 다른 점은 자신의 신념을 하나의 도그마로 고집하지 않는다는 것과, 타당해 보이는 추측에 대해서는 결코 거부하지 않는다는 것이다. 브레히트Bertolt Brecht는 『갈릴레이의 생애 Leben des Galilei』에서 다른 모든 사람의 가추법에 역행하는 추측을 받아들이기가 얼마나 어려운지 (또한 그런 '옳지 않은' 추측을 포기하고 싶은 유혹이 얼마나 큰지) 묘사했다.

허구의 가능 세계에서는 보다 더 매끄럽게 일이 진행된다. 네로 울프(Nero Wolfe, 렉스 스타우트Rex Stout의 추리소설에 등장하는 탐정 — 옮긴이)는 도저히 해결할 수 없을 것 같은 상황을 멋지게 풀어내는 방법을 창안해 내고는 용의자들을 모두 방으로 불러 모았다. 그리고 **마치** 실제 사건**인 양** 가정하고 자신의 이야기를 풀어 나갔다. 스타우트는 친절하게도 '진짜' 범인이 이에 반응하여 자신의 죄를 고백하고 울프의 지적 우월성을 인정하도록 만들었다. 갈릴레오나 퍼스 모두 사회적으로 성공하지는 못했는데, 이런 불운은 분명히 인식론적 이유 때문이었다. 홈스의 구두 발등 이야기는 절대적으로 확실infallibility한 것이고, 자딕의 말발굽 이야기는 현기증 나는 절대 확실성에 직면했을 때의 불안에 대한 것인 반면에, 아리스토텔레스의 뿔과 퍼스의 콩 이야기는 여전히 오류를 범할 수 있는 인간에 대한 이야기라고 할 수 있다. 적어도 이 점에 있어서만큼은 퍼스와 코넌 도일(볼테르를 포함해서)은 같은 이야기를 하고 있는 것이 아니다.

셜록 홈스의 기호학과
과학적 발견의 논리로서의 가추법

이 책은 찰스 샌더스 퍼스Charles Sanders Peirce의 기호학의 핵심적인 개념을 셜록 홈스 등의 추리소설 이야기를 통해 쉽고도 재미있게 설명하고 있다. 추리소설을 읽느라 한두 번 밤을 지새워 본 경험이 있는 사람들은 그 추리소설 이상으로 이 책을 재미있게 읽게 될 것이다. 추리를 해낸다는 것의 본질적인 의미를 깨닫게 해 줄 것이기 때문이다. 그러한 깨달음은 추리 능력을 향상시켜 줄 것이다. 무엇보다도 이 책은 연역과 귀납이라는 고정된 생각의 틀을 넘어서 창의적이면서도 논리적인 사고를 원하는 모든 이에게 큰 도움이 될 것이다.

이 책은 홈스(추리소설)를 통한 퍼스(기호학과 과학철학)의 연구이면서 동시에 기호학을 통한 추리소설의 연구다. 언어학, 기호학, 논리학, 심리학, 과학철학 등 각 분야의 연구자들이 퍼스의 기호학과 홈스의 논리학을 비교 분석해 가면서, 각기 자기 학문 분야에서 새로운 돌파구를 찾으려는 시도의 결과물이다. 그러한 시도 속에 나타난 논의의 다양성과 통일성, 그리고 곳곳에서 볼 수 있는 번뜩이는 재치와 기지와 직관들은 읽는 이의 무릎을 탁 치게 하며, 때로는 뒤통수를, 심지어 옆통수마저 치게 한다.

흔히 여러 명이 집필하고 한두 사람이 편집하는 책은 미리 책의 주제가 정해지고 그에 맞는 원고를 공모하거나 청탁하여 이루어지는 것이 보통이다. 그러나 편저자인 움베르토 에코와 토머스 세벅이 머리말에서 밝히고 있듯이, 이 책은 미리 계획되지 않았다. 신기하게도 각 분야의 여러 학자들이 세계 곳곳에서 동시에 홈스의 추리와 퍼스 철학 간의 유사점에 대해 제각기 연구하고 있었던 것이다. 그 유사점이 바로 가추법abduction이라는 논증 형태다.

셜록 홈스가 단서를 통해 범인을 찾아내는 것, 과학자가 관찰을 통해 새로운 사실을 발견해 내는 것, 의사가 증상을 보고 병을 진단해 내는 것, 점쟁이가 관상을 보는 것, 고생물학자가 뼈 몇 조각으로 공룡의 모습을 재현해 내는 것, 낚시꾼이 찌로 물고기의 움직임을 알아차리는 것, 물리학자가 입자 가속기와 감광판을 이용해서 입자의 움직임과 성질을 알아내는 것, 고고학자가 유물을 통해 과거의 생활상에 대해 이야기하는 것, 기상청이 내일의 날씨에 대해 이야기하는 것, 방대한 데이터베이스 분석을 통해 데이터 수집의 원래 의도를 훨씬 넘어서는 새로운 사실들을 발견해 내는 빅데이터 분석 등등… 이러한 여러 가지 행위에는 하나의 본질적인 공통점이 있다. 그것은 여러 가지 현상을 기호로 파악하여 '읽어 냈다'는 점이다. 우리가 어떤 것을 지각perceive하여 기호화signify하고 그 의미를 해석interpret하는 한, 이 세상 모든 것은 다

기호다. 따라서 모든 자연 현상이나 사회적 현상은 일종의 기호 현상 semiosis이다. 이 때문에 퍼스는 "이 우주는 기호로 가득 차 있다perfused with signs"고 한 것이며, 기호학의 본질은 과학철학이다.

기호학은 모든 학문에 대한 학문이다. 각각의 과학들이 나름대로의 대상을 어떻게 '지각-기호화-해석'하는가를, 또 '지각-기호화-해석' 하는 것이 기호학이다. 따라서 기호학은 메타 과학이다. 물론 기호학 은 자연과학만을 다루지는 않는다. 기호학은 예술이나 문학이 대상을 기호 현상 속에 어떻게 편입시키는가를 바라본다. 여기서 '바라본다' 는 것도 물론 '지각-기호화-해석'한다는 뜻이다. 따라서 기호학은 메 타 예술이며 메타 문학이다.

셜록 홈스가 단서를 통해 범행의 전모를 밝혀내는 과정 역시 '지각-기호화-해석'의 과정을 거친다. 셜록 홈스는 자신을 찾아온 여자가 입 고 있는 옷의 소매가 닳아서 반들반들해진 것을 보고는(지각), 그 소매 가 어떠한 의미를 지녔을 것이라고 받아들여(기호화), 그 여자가 타이 피스트라고 추리해 낸다(해석). 이때 홈스는 "타자를 많이 치면 소매가 닳는다"라는 지식을 기호 해석을 위한 하나의 법칙(코드 체계)으로 받 아들여 그것의 의미를 해석해 내는 것이다. 물론 기호의 의미는 고정 된 것이 아니다. 우선 어떤 코드 체계를 이용하느냐에 따라 해석은 달 라진다. 예컨대 소매가 닳아 빠진 옷을 입은 여자는 옷을 살 여유가 없 을 정도로 가난한 여자를 나타낼 수도 있으며(경제적 관점), 소매를 어 디엔가 자꾸 문지르는 이상한 버릇의 소유자를 나타낼 수도 있고(심리 적 관점), 심지어는 소매가 닳아서 번들거리는 것을 일종의 멋으로 생 각해서 일부러 그랬을 수도 있는 것이다(문화적 관점).

관점에 따라 모든 것은 달라 보인다. 서로 다른 코드 체계를 가지고 있는 시인과 천체물리학자에게 은하수는 더 이상 같은 대상이 아니다. 값진 골동품도 역사 고고학자에게는 귀중한 학술적 가치이지만 도굴범에게는 그저 돈 덩어리인 것이다. 그렇다면 이러한 기호 현상, 즉 대상을 '지각-기호화-해석'하는 것은 퍼스 기호학의 핵심 개념인 가추법과는 어떤 관계가 있는 것일까?

다시 "닳아서 반들반들해진 소매"를 잠시 생각해 보기로 하자. 먼저 셜록 홈스는 "타자를 많이 치면 소매가 반들반들해진다"는 '규칙rule'을 이미 알고 있었고, "그 여자의 소매가 반들반들해졌다"는 '결과result'를 관찰했다. 이러한 규칙과 결과로부터 홈스는 "그 여자는 타자를 많이 쳤다"는 '사례case'를 추측해 냈다. 이를 도식화해 보면 다음과 같다.

규칙   타자를 많이 치면 소매가 반들반들해진다.

결과   그 여자의 소매가 반들반들해져 있다.

사례   그 여자는 타자를 많이 쳤다.

이처럼 규칙과 결과로부터 사례에 도달하는 것을 가설적 추론법hypothetical inference 또는 간단히 줄여서 가추법(假推法, abduction)이라 한다.[1] 퍼스는 가추법이 연역법, 귀납법과 함께 세 가지 기본적인 논증법이라고 보았다. 가추법이 규칙과 결과로부터 사례에 도달하는 반면, 연역법은 규칙과 사례로부터 결과에 도달한다. 우리에게 친숙한 예를 통해 연역법의 구조를 살펴보면 다음과 같다.

규칙   사람은 죽는다.

사례   소크라테스는 사람이다.

결과   소크라테스는 죽는다.

이러한 연역법을 앞의 예에 적용시켜 보면 다음과 같이 된다.

규칙   타자를 많이 치면 소매가 반들반들해진다.

사례   그 여자는 타자를 많이 쳤다.

결과   그 여자의 소매가 반들반들해졌다.

연역법의 특징은 그 결론("그 여자의 소매가 반들반들해졌다"는 것)이 두 전제(규칙과 사례)로부터 필연적으로 도출된다는 데 있다. 연역법은 틀릴 가능성이 없는 논리다. '규칙'이 옳다는 것을 받아들이고 또 그 '사례'를 관찰하게 된다면, 우리는 100퍼센트의 확신으로 그 결과에 대해 자신 있게 이야기할 수 있다. 즉 타자를 많이 치면 소매가 반들반들해진다는 것을 사실로서 받아들이고 구체적인 사례로 어떤 사람이 타자를 많이 쳤다는 것을 알게 된다면 '당연히' 그 사람의 소매는 반들반들하리라는 것을 보지 않아도 알게 된다는 것이다. 연역법은 이처럼 잘못된 결론에 도달할 가능성이 전혀 없는 논리 구조다.

그러나 연역법은 우리에게 아무런 새로운 정보나 지식을 제공해 주지 않는다. 우리의 지식의 '진보evolution'에 아무런 도움이 되지 않는다. 한편 귀납법은 사례와 결과로부터 규칙을 도출해 낸다.

사례   그 여자는 타자를 많이 쳤다.

결과   그 여자의 소매가 반들반들해졌다.

규칙   타자를 많이 치면 소매가 반들반들해진다.

귀납법은 근대 과학의 기본적인 논리 구조다. 객관적인 관찰을 통해 사례와 결과를 발견함으로써 진리로서의 법칙을 발견하고자 한다. 이런 점에서 귀납법은 어느 정도 새로운(하지만 상상력을 발휘할 여지는 많지 않다) 지식을 생산해 낼 수 있다. 그러나 아무리 많은 사례와 결과가 있어도 100퍼센트의 확신으로 규칙을 생산해 낼 수는 없다. 예컨대, 타자를 많이 친 A의 소매가 반들반들해졌고, B도 타자를 많이 치니 소매가 반들반들해졌고, 또 C도 그렇고, D 역시 그렇고⋯ N도 그렇다 해도, 그로부터 도출되는 규칙은 언제나 뒤집어질 가능성이 있는 것이다. 포퍼식으로 이야기하자면 반증 가능성falsifiability이 있다. 그렇기 때문에 귀납법은 연역법에 비해서 새로운 지식을 생산해 낼 가능성은 높지만, 결론의 확실성은 상대적으로 낮아진다.

한편 가추법은 결론의 확실성이라는 측면에서 보자면 가장 형편없고 불확실한 논증 방법이다. "타자를 많이 치면 소매가 반들반들해진다"는 '규칙'을 받아들이고, "그 여자의 소매가 반들반들해졌다"는 '결과'를 관찰했다 하더라도 우리는 "그 여자는 타자를 많이 쳤다"는 결론에 확실히 도달할 수는 없기 때문이다. 우리는 그저 추측할 수 있을 따름이다. 가추법의 정확성은 연역법은 말할 것도 없고 귀납법에도 전혀 미치지 못한다.

반면, 가추법의 장점은 생산성에 있다. 퍼스에 따르면 과학적 사유의 출발점이 바로 가추법이다. 우리는 관찰이나 연구를 하기 이전에 항상 가설을 먼저 세우기 마련인데, 이러한 가설 세우기에 필수적인 것이 바로 가추법이다. 그렇기에 퍼스는 가추법을 "가설적 추론hypothetical inference"이라고도 불렀다. 움베르토 에코가 지적하고 있듯이, 케플러가 행성이 타원을 그리면서 움직인다는 것을 발견한 것도 행성이 관찰된 여러 위치들을 부드럽고 아름답게 이을 수 있는 타원이라는 도형을 추측해 낸 결과이다. 실제로 관찰된 점들을 연결할 수 있는 도형의 수는 무한히 많았다. 마치 소매가 반들반들해진 이유가 무한히 많을 수 있었던 것처럼. 하지만 케플러는 놀랍게도 행성들이 타원의 궤도를 따라 움직일 것이라는 사실을 가추법적으로 추측해 냈다. 타원이라는 결론은 관찰에 따른 필연적인 결과라기보다는 상상력의 산물이다. 귀납, 연역과 가추의 차이에 대해 보다 친숙한 예를 통해 살펴보도록 하자.

연역법

규칙   아궁이에 불을 때면 굴뚝에 연기가 난다.

사례   아궁이에 불을 땠다.

결과   굴뚝에 연기가 난다.

귀납법

사례   아궁이에 불을 땠다.

결과   굴뚝에 연기가 난다.

규칙   아궁이에 불을 때면 굴뚝에 연기가 날 것이다.

가추법

규칙   아궁이에 불을 때면 굴뚝에 연기가 난다.

결과   굴뚝에 연기가 난다.

사례   아궁이에 불을 때는구나.

이러한 사례를 통해 알 수 있듯이 연역법, 귀납법, 가추법의 순서

대로 결론의 확실성은 감소하지만 새로운 지식의 생산 가능성은 증가한다.

기호 작용과 관련해서는 가추법에서의 '굴뚝 연기'와 '아궁이 불' 사이의 관계에 주목할 필요가 있다. 가추법이란 '연기'의 의미를 '불이 났음'으로 해석해 내는 논리에 다름 아닌 것이다. 이처럼 모든 기호의 해석 과정에는 가추법이 전제되어 있다. 기호의 의미는 가추법을 통해서 우리에게 전달된다.

가추법은 연역법이나 귀납법과는 달리 논리학자나 과학자의 전유물이 아니다. 우리가 일상생활에서 연역이나 귀납적 논증을 수행하는 경우란 거의 없을 것이다. 그러나 우리는 매일 가추를 하며 산다. 예컨대, 우리는 어느 식당 앞에 사람들이 많이 모여 있는 것을 보면 그 식당 음식이 맛있을 것이라고 생각하며, 아침에 일어나 땅이 젖은 것을 본다면 간밤에 비가 왔다고 생각한다. 즉, 젖은 땅을 비가 왔다는 사실을 가리키는 기호로, 식당 앞의 긴 줄은 음식이 맛있었다는 사실을 뜻하는 기호로 받아들이는 것이다. 다시 말해서 "비가 오면 땅이 젖는다"는 '규칙'과 "땅이 젖었다"는 '결과'로부터 "비가 왔을 것"이라는 '사례'를 가추해 낸다. 그러나 우리는 일상생활 속에서 "비가 오면 땅이 젖는다"는 '규칙'을 바탕으로 실제 비가 오는 날 과연 땅이 젖었는지를 확인해 보는 연역을 수행하지는 않는다. 비가 올 때마다 땅이 젖는다는 사실을 일일이 확인해 가면서 훗날 과연 "비가 오면 땅이 젖는다"는 규칙을 귀납적으로 도출하려는 사람도 드물 것이다. 그러나 식당 앞의 많은 사람들을 보고는 "아, 저 집 음식이 맛있나 보구나"라고 자연스레 가추를 수행한다.

퍼스에 따르면 가추법은 "우리의 미래를 이성적으로 다룰 수 있는 유일한 가능성을 제공해" 준다(Peirce, 1965, II:270). 잔뜩 찌푸린 하늘을 보고 자연스럽게 비가 오리라고 생각하는 것도 가추이지 연역이나 귀납이 아니다. 연역이나 귀납으로는 그러한 단순한 추측마저도 할 수 없다.

인공 지능에서의 핵심 역시 컴퓨터가 가추를 얼마만큼 해낼 수 있느냐에 달려 있다고 나는 믿는다. 연역이나 귀납을 수행하는 컴퓨터 로직은 상대적으로 쉽게 구성할 수 있겠으나 가추를 수행하도록 하는 것은 쉽지 않은 일이다. 그것은 단순히 확률의 문제도 아니고, 논리적 필연성도 찾기 어려운 직관과 통찰의 문제이기 때문이다. 그러나 방대한 데이터를 바탕으로 가설 설정과 검증을 빠른 속도로 반복해 간다면 인간이 수행하는 가추에 근접할 수도 있을 것이다. 빅데이터 분석의 핵심 역시 어떠한 가추를 얼마나 효율적으로 수행해 낼 수 있느냐의 문제다.

물론 가추에는 항상 오류의 가능성이 있다. 그것이 가추의 약점이자 매력이다. 음식점에 사람이 많은 것은 철거 반대 시위를 하는 사람이 모인 것일 수도 있고, 땅이 젖은 것은 살수차가 물을 뿌리고 간 것일 수도 있으며, 날이 흐리다고 꼭 비가 오는 것은 아니다. 그러나 대부분의 경우 우리는 올바른 결론에 도달한다.

퍼스에 따르면 우리 인간에게는 올바로 가추할 수 있는 천부적 능력이 있다. 그것은 마치 병아리가 알에서 깨어나자마자 모이를 쪼아 먹을 수 있는 능력이나 새가 하늘을 날 수 있는 것처럼 자연적 본능에 가까운 것이다. 그러나 우리는 오히려 연역과 귀납이라는 좁은 틀 속에 사로잡힌 교육에 의해 날기보다는 걷기를, 걷기보다는 기어가기를 강요받아 왔다. 셜록 홈스의 '놀라운' 추리력은 사실 그리 놀라운 것이 못 된다. 그것은 마치 새가 하늘을 나는 것처럼 자연스러운 일이기 때문이다. 우리는 누구나 일상생활 속에서 매일매일 셜록 홈스처럼 가추를 하며 살기 때문이다.

홈스는 자신의 추리 과정을 남들에게 되도록 숨기려 한다. 그가 어떻게 가추했는가를 알게 되면 누구라도 할 수 있다는 것이 뻔히 드러나기 때문이다. 거두절미하고 결과만 불쑥 이야기해야 '마술처럼 놀라운' 것으로 보이게 마련이다. 이것은 이 책에 나오는 『자딕』의 경우나 움베르토 에코의 소설 『장미의 이름』에 나오는 윌리엄 수도사의 경우도 모두 마찬가지다. 징후를 보고 병을 가추해 내는 의사도 마찬가지다. 만약 의사들이 우리를 진찰하면서 어떠한 가추를 하고 있는지를 우리가 다 알게 된다면 병원 가기가 두려워질 것이다. 참고로 말해 두자면, 셜록 홈스의 작가 코넌 도일Arthur Conan Doyle이 바로 의사였으며, 홈스의 친구 왓슨도 의사였고, 퍼스 역시 의사 이상으로 해박한 의학 지식의 소유자였다고 한다. 청진기를 통해 들리는 소리, 체온, 혈압, 조직 검사 결과 등의 다양한 증상(기호)의 의미를 해석해 내는 가추의 과정이 바로 의사의 진단이다. 의사 역시 늘 가추를 수행하는 기호학자인 셈이다. 기호학을 의미하는 semiotics의 또 다른 옛 명칭이 semeiotics인데, 이는 '징후학'이라는 의학의 한 분과다.

퍼스는 한 걸음 더 나아가 "가추법은 우리의 모든 지식, 그리고 심지어는 지각과 기억까지도 지배한다"(2.625)고까지 이야기하고 있다. 예컨대 우리가 장미꽃을 지각하는 과정에도 가추가 필요하다는 것이다. 장미꽃을 장미꽃이라 지각하기 위해서는 "장미꽃은 이러이러하게 생겼다"(규칙)라는 것을 알고 있어야 한다. 그리고 나서 실제로 "이러이러하게 생긴 것"(결과)을 보았을 때, "아, 이것이 장미꽃이구나"(사례)하고 가추하는 것이다. 그리고 그러한 규칙에 대한 지식은 축적된 경험에 의해서 주어진다. 만약 똑같은 것을 보고 서로 다른 것을 느끼거나 다른 의미로 받아들인다면, 주어진 '결과'에 경험에 따른 상이한 '규칙'을 적용하기 때문인 것이다. 이런 의미에서, 살아오면서 각자 서로 다른 경험을 겪었다는 사실이야말로 우리가 겪는 모든 오해의 근원이다.

기호

그렇다면 이제 도대체 기호란 무엇일까에 대해 잠시 생각해 보자. '개'라는 글자가 있다고 하자. '개'라는 글자(문자)는 기호다. 그것은 종이 위에 잉크로 인쇄되어 있을 수도 있고, 캔버스 위에 그림물감으로 그려져 있을 수도 있으며, 텔레비전 화면에 자막으로 처리되어 있을 수도 있다. 어떠한 물질적 기반을 갖든 이들은 모두 다 기호다.

종이 위에 잉크로 인쇄되어 있는 '개'라는 기호는 인쇄 매체를 기반으로 하고 있고, 텔레비전 화면에 자막으로 나타난 '개'라는 기호는 텔레비전이라는 전자 영상 매체를 기반으로 하고 있다. 이처럼 동일한 기호 '개'는 다양한 매체, 즉 물질적 기반 위에 존재할 수 있다.

기호는 두 가지 구성 요소로 이루어진다. 하나는 물질적 기반이며 다른 하나는 그것에 결부되어 있는 다양한 의미다. 기호의 물질적 기반을 우리는 기호물(記號物, sign-material)이라 부를 수 있다. '개'라는 글자의 기호물은 종이 위에 인쇄된 잉크일 수도 있고, 캔버스에 그려진 그림물감일 수도 있으며, 텔레비전 모니터에 자막으로 나타난 특정한 화소일 수도 있다.

기호는 물질적 기반을 반드시 필요로 한다. 기호는 지각되어야만 하기 때문이다. 우리 몸에 의해 지각될 수 없는 것은 기호가 될 수 없다. 순수한 아이디어나 의미 자체는 그것이 특정한 기호물에 의해 표현되지 않는 한 기호가 될 수 없다.

기호물은 우리 몸에 의해 지각될 수 있는 대상이며 특정한 기호물은 특정한 지각 편린을 생산해 낸다. 좀 더 정확하게 말하자면 기호물은 특정한 감각적 자료와 연관된다. 이러한 감각적 자료를 지각 편린(知覺片鱗, percept)으로 생산해 내는 것이 바로 지각의 과정이며 이는 우리 몸을 통해 일어난다. 그래서 메를로 퐁티는 몸을 지각의 장the field of perception이라 했다(Merleu-Ponty 1962).

영화를 볼 때 우리 눈이 받아들이는 감각적 자료sensory data는 일련의 정지 화면이다. 그러나 우리가 보는(지각하는) 것은 일련의 정지 화상이 아니라 하나의 움직이는 화면이다. 그러므로 영화라는 매체의 기호물은 스크린에 비춰지는 일련의 정지 화상이고 기호는 우리가 지각하는 동화상이라 할 수 있다.

매체와 기호 그리고 기호물의 개념을 다시 정리해 보면 다음과 같다. 매체는 일정한 종류의 기호물의 범주적 집합체다. '종이 위에 인쇄된 잉크'는 기호물이고, 그러한 기호물은 한글, 영문, 또는 사진과 같은 기호의 기반이 될 수 있다. 다시 말해서 기호물은 지각의 대상이며 기호는 지각된 것이다. 이러한 기호들을 운반하는 '종이 위에 인쇄된 잉크'라는 기호물은 일정한 형태로 모여 책이라는 매체를 이루기도 하며, 신문 또는 잡지라는 매체를 이루기도 한다. 이처럼 같은 종류의 기호물이 다양한 종류의 매체를 만들어 낸다. 또 하나의 매체는 다양한 종류의 기호물들로 이루어지는 것이 보통이다.

현대 기호학의 기반을 마련한 찰스 퍼스는 "기호는 인간의 정신에 대해 어떤 대상을 대신할 수 있는 것an object which stands for another to some mind"이라 정의한다(Peirce in Hoopes 1991:141). 퍼스에게 있어서 기호 현상은 항상 세 개의 항으로 이루어지는 삼자 관계다. 여기서 말하는 "인간의 정신"은 바로 퍼스의 독창적인 개념인 "해석체interpretant"에 해당한다. 에코 역시 퍼스의 기호에 대한 정의를 받아들여 "기호는 어떤 것을 의미 있게 대신할 수 있는 다른 모든 것ogni cosa che possa essere assunto come un sostituto significante di qualcosa d'altro"이라 정의하고 있다(Eco 1991:17).

한편, 소쉬르Ferdinand de Saussure는 기호를 기표(시니피앙)와 기의(시니피에)의 결합으로 정의한다. 소쉬르의 기호론의 핵심은 기표와 기의 사이의 관계가 자의적이라는 것이다. 소쉬르는 다음과 같이 주장하고 있다. "기표를 기의에 결합시키는 관계는 자의적이다"(1990:85)…, "개념과 소리의 연결 관계는 근본적으로 자의적이다"(1990:135)…, "문자 체계의 기호는 자의적이다. 예를 들어 문자 t와 이것이 지적하는 소리 사이에는 아무 관계도 없다"(1990:142).

소쉬르 이전까지만 해도 사람들은 하나의 단어(기표)와 그 단어가 의미하는 바(기의) 사이에는 자연적이고도 필연적인 관계가 있다고 믿었다. 다시 말해서 사람이 타고 다니는 네 발 달린 동물과 'cheval'이라는 단어 사이에 본질적인 관계가 있다고 본 것이다. 서양 사람들에게 기의와 기표 간의 필연적 관계에 대한 믿음이 널리 퍼지게 된 데에는, 태초에 '말씀logos'이 있었으며 그 말씀에 따라 만물이 창조되었다는 기독교적인 전통과도 무관하지 않을 것이다. 그러나 소쉬르는 네 발 달리고 털이 많으며 문화에 따라 애완용 혹은 식용으로 사육되는 동물이 chien 또는 dog, cane, perro, hund, 개, 犬, いぬ 등으로 불리는

것은 전적으로 관습에 따라 우연히 결정된 것에 불과하며 시간이 흐름에 따라 변해 간다고 주장했다.

퍼스와 소쉬르의 기호에 대한 정의를 종합해 본다면 다음과 같다. 기호는 다른 어떤 것을 의미 있게 대신할 수 있는 것이며, 기호와 그것이 대신하는 다른 어떤 것과의 '기호 관계'는 문화에 의해 자의적으로 결정된다. (기호와 의미의 관계가 문화에 의해 결정된다는 것은 일단 맞는 이야기이긴 하지만 일종의 동어 반복이라 할 수 있다. 왜냐하면 기호적 구성주의 관점에서 보자면 수많은 기호와 의미의 관계들의 총합 자체가 곧 문화이기 때문이다.) 그런데 간단해 보이는 이 정의는 사실 많은 어려운 질문을 내포하고 있다. 특히 "어떤 것이 다른 어떤 것을 의미 있게 대신한다"고 할 때 "대신한다stands for"는 것이란 과연 무슨 뜻인가 하는 것이다.

퍼스와 에코는 무엇이든 다른 어떤 것을 대신할 수 있다고 본다. 그러나 그 '무엇'은 아무 때나 아무 것이나 다 대신할 수 있는 것은 아니다. 어떤 것이 다른 어떤 것을 대신할 수 있으려면 그 둘은 반드시 일정한 기호 관계를 형성해야만 한다.

프로 야구 경기를 예로 들어 보자. 어떤 타자를 대신해서 투입되는 대타는 기능적 대치일 뿐 자의적 관계에 바탕을 둔 기호라 할 수 없다. 그러나 포수가 투수에게 보내는 사인은 기호다. '몸쪽 낮은 직구'라는 메시지를 '대신'하기 위해서 포수가 사용할 수 있는 '어떠한 것'에는 아무런 제한이 없다. 포수는 보통 손가락을 사용하지만(예컨대 엄지손가락을 왼쪽으로 펴기) 투수에게 전달될 수만 있다면, 또 둘 사이에 미리 약속만 되어 있다면 팔을 사용해도 좋고 발을 사용해도 좋다. 어떠한 몸 짓이나 물건도 기호로 사용될 수 있다. 다시 말해서 '몸쪽 낮은 직구'라는 메시지를 대신하기 위해 선택될 수 있는 사물의 가능성은 무궁무진하다. 여기서 '무궁무진하다'는 것은 곧 선택된 기호와 그 기호가 대신하는 의미 사이의 기호 관계는 자의적이라는 뜻이다. 이처럼 기호는 사람들이 일정한 관계 속에서 생산해 내는 공동 생산물이다.

모든 것은 기호가 될 수 있지만 언제나 기호인 것은 아니다. 모든 것은 자기 자신이 아닌 '다른 어떤 것'과 자의적 기호 관계를 맺어 기호가 될 수 있기 때문에 다르지 않은 것, 즉 자기 동일자와는 기호 관계를 형성할 수 없다. 자기 동일자와의 관계는 자의적이 아니라 필연적이기 때문이다. 다시 말해서 어떤 것 A는 동일한 자기 자신과는 '자의적인' 기의-기표 관계를 맺을 수 없고 따라서 A는 A의 기호가 될 수 없다. 즉 다른 어떤 것을 지시해야지 자기 자신을 지시하는 것은 기호가 아니다. 그렇기에 에코는 어떤 사물이 거울에 비쳤을 때, 그 거울에 비친 이미지는 그 사물의 기호가 아니라고 설득력 있게 주장하고 있다(Eco 1984: 202-226).

거울에 비친 모습과 본래의 모습은 아무런 매개 과정 없이 한 덩어리를 이루고 있는 그야말로 떼려야 뗄 수 없는 자기 동일적 관계이기 때문에 둘 사이에는 기호 관계가 맺어질 수 없다는 것이 에코의 입장이다. 비디오카메라를 통해 텔레비전 화면에 나타난 내 모습은 일종의 기호지만, 거울에 비친 내 모습은 기호가 아니라는 것이다. 이러한 논리를 따르자면, 우리가 안경이나 망원경을 통해 보는 세상의 모습 역시 기호라 할 수 없다. 안경을 통해 보는 세상과 맨눈으로 보는 세상의 모습 사이에는 자기 동일적인 관계가 있을 뿐 자의적인 관계란 없기 때문이다. 그래서 에코는 안경이나 망원경, 보청기 등과 마찬가지로 거울도 일종의 인공 보철물prosthesis이라 하고 있다(Eco 1984:208).

하지만 조금 더 생각해 보면 기호인 것과 기호 아닌 것 사이의 구별은 그렇게 간단한 문제가 아니다. 예컨대 분광 분석 등을 사용하는 고성능 천체 망원경에 비치는 은하계의 모습은 기호인가 아닌가? 컴퓨터 모니터를 통해 보는 전자 현미경에 나타난 영상은 또 어떤가? 이런 것들은 물론 기호라 해야 할 것이다. 전자 현미경이나 전자 망원경 등은 영상 정보를 전기 신호로 전환하고 다시 모니터 등을 통해 가시광선으로 재전환하는 과정을 거치기 때문이다. 따라서 잡음 감소 장치가 되어 있는 디지털 보청기를 통해서 들리는 소리 역시 기호라고 해야 할 것이다.

이와 관련해서 에코가 말하는 기호의 '거짓말의 가능성'을 다시 한 번 음미해 볼 만하다. 에코는 기호란 항상 거짓말의 가능성을 지니는 것이라 주장하며 기호학 자체를 "원칙적으로 거짓말을 하기 위해 사용될 수 있는 모든 것을 연구하는 학문"이라 정의할 것을 제안하고 있다 (Eco 1976a : 6-7).

거울에 나타난 이미지나 안경을 통해서 보이는 모습은 실제 이미지와 동일한 것이기 때문에 기호적 자의성이 끼어들 여지가 없다. 거울이나 안경은 '거짓말'을 할 수 없다. 그러나 전자 현미경이나 전자 망원경은 '거짓말' 할 가능성을 항상 지닌다. 모니터의 세팅을 조작해서 실제보다 더 파랗게 보이게 한다든지 모양을 왜곡시킨다든지 할 가능성이 얼마든지 있기 때문이다.

그러나 역시 몇 가지 의문은 남는다. 예컨대 자동차 백미러에 나타난 거울 속의 이미지는 기호가 아니지만 후방 카메라에 잡힌 비디오 이미지는 기호인가? 거울이 완벽하게 평평하지 않거나 색깔이 들어 있어 이미지의 형태나 색깔이 왜곡되어 나타난다면 어떠한가? 볼록 거울이나 오목 거울 등에 비친 '왜곡된' 모습은 어떠한가? 일정한 자의성을 가지므로 기호라고 해야 하는가 아니면 실제 모습과 일대일의 즉자적 대응성을 갖기 때문에 여전히 자기 동일성을 지니는 비기호인가? 또 선글라스를 통해 보이는 모습은 기호인가 아닌가? 3D 안경을 쓰고 보는 입체 영화의 이미지는 어떠한가? 이러한 의문들은 기호의 자의성의 문제와 '대신한다'는 것의 문제가 그리 간단한 것만은 아니라는 것을 보여 준다.

기호와 실체의 구성

이제 기호의 '대신하기'의 의미를 좀 더 자세히 살펴보자. 우선 〈주라기 공원〉과 같은 공룡 영화에 등장하는 생생한 공룡의 모습을 생각해 보자. 영사기에 의해 스크린에 비춰진 공룡의 이미지는 무엇인가를 대신하고 있는 기호다. 영화를 볼 때 우리는 공룡을 보지만 사물적 실체로서의 공룡은 영화관 안에 존재하지 않기 때문이다.

공룡은 영화 스크린 위의 이미지라는 기호를 통해 존재한다. 여기서 공룡의 이미지는 하이데거Martin Heidegger가 말하는 세 가지 재현 방식 중 하나인 그림 사물picture-thing이다. 하이데거는 재현의 세 가지 양식에는 실체적 현존bodily presence, 허상적 현존empty intending, 기호적 현존picture-thing 이 있다고 본다(Heidegger 1992). 실체적 현존은 사물 자체이고, 허상적 현존은 대화 속에 등장하는 강아지처럼 지금 당장 눈앞에 존재하는 것은 아니나 우리 머릿속에 존재하는 것이고, 기호적 현존은 그림엽서에 담긴 호수처럼 지금 눈앞에 존재하기는 하나 그림이나 기호라는 방식으로 존재하는 것을 말한다.

영화 스크린 위의 공룡 이미지는 우선 공룡이라는 대상(사물)을 대신하는 기호적 현존이다. 이는 마치 스크린 위의 영화배우의 이미지가 실제 영화배우의 몸을 대신하고 있는 것과 마찬가지다. 그런데 영화배우는 또 영화 속의 어떤 캐릭터를 대신하고 있는 기호다. 다시 말해서 스크린에 비춰진 영화배우 A의 이미지는 배우 A를 대신하고, 배우 A는 다시 자신이 연기하는 특정한 캐릭터, 예컨대 이순신 장군을 대신한다. 그리고 그 캐릭터는 영웅적 인간형을 대신하고 있다고 할 수도 있다. B는 A를 대신하고 다시 C는 B를 대신하고 있으며 또 D는 C를 대신하고… 하는 식으로 대신하는 기호 관계는 무한히 연속된다. 퍼스는 이러한 관계를 "무한 기호 현상unlimited semiosis"이라 개념화했다.

"B가 A를 대신하고 다시 C가 B를 대신한다"고 했을 때 우리는 얼른 일련의 2자 관계의 연속을 떠올리기 쉽다. 그러나 모든 기호 관계는 삼자 관계다. 우선 스크린에 비춰진 배우의 이미지와 그것이 대신하는 배우 A의 관계를 생각해 보자. 스크린 이미지가 배우를 대신하기 위해서는 그 둘을 묶어 주는 주체(보다 정확하게는 그 주체의 일정한 행위, 예컨대 영화 관객의 해석하기)가 필요하다. 스크린에 비춰진 시각적 감각 재료는 그것을 동영상으로 지각하고 특정한 배우 A로 인지하는 인간의 행위를 반드시 필요로 한다. B가 A를 대신하는 것은 항상 인간에 대해서이며 인간은 B를 A로 지각하고 기호화하고 해석함으로써 A와 B를 일정한 기호 관계로 편입시킨다.

이제 다시 스크린 위에 비춰진 공룡의 모습을 생각해 보자. 스크린에 비춰진 공룡이 대신하는 것은 물론 실제 공룡이 아니다. 그 이미지는 우선 진흙과 플라스틱 그리고 그 속에서 작동하는 정교한 기계로 만들어진 모조 공룡을 대신하고 있을 뿐이다. 컴퓨터 그래픽일 경우에는 실제로 대신하는 아무런 물질적 대상조차 없다.

물론 이 모조 공룡은 다시 실제 공룡을 대신하고 있는 일종의 기호라 할 수 있다. 그런데 여기서 심각한 문제가 생긴다. 모조 공룡이 대신하는 공룡은 실제로 어디에도 존재하지 않기 때문이다. 아무도 공룡을 직접 본 적은 없다. 우리에게 남아 있는 것은 단지 화석이 되어 버린 몇 개의 공룡 뼛조각뿐이다. 공룡은 이미 흔적과 기호로만 존재한다. 고생물학자들은 상상력과 추리력(즉 퍼스가 말하는 가추법) 그리고 그에 바탕을 둔 과학적 이론을 동원하여 흔적에 불과한 공룡 화석으로부터 실제 있었다고 믿어지는 공룡 모습을 추론해 낸 것에 불과하다. 모조 공룡이 대신하는 것은 실제 공룡이 아니라 상상력과 이론의 결과물로서의 기호인 셈이다. 공룡 영화 이후, 이제 많은 어린이들은 하마나 코뿔소가 어떻게 생겼는지보다도 더 자세히 공룡의 모습을(심지어 성난 표정까지 포함해서!) 알게 되었다.

공룡 영화는 지어낸 이야기다. 롤랑 바르트Roland Barthes의 표현을 빌리자면 '신화'인 셈이다. 영화가 없던 시절에 이야기 속에서만 존재하던 상상의 동물 유니콘이나 우리나라 옛날이야기에 나오는 뿔 달린 도깨비 역시 이야기 속에서만 존재하는 신화적 존재들이다. 우리는 아무도 본 적이 없는 도깨비가 어떻게 생겼는지 모두들 알고 있다. 우리는 도깨비가 보통 뿔이 났으며 상당히 심술궂고 때로는 멍청하며 울퉁불퉁한 도깨비 방망이를 휘두르고 다닌다는 것을 알고 있다. 이러한 도깨비의 모습은 우리가 이야기나 그림책 등을 통해 어려서부터 봐 온 것이다.

도깨비나 유니콘 그리고 공룡은 사회적으로 구성된 실체다. 도깨비는 어느 한 사람의 독자적인 상상이나 환상의 결과물이 아니라 오랜 시간을 두고 사회적으로 형성되어 온 실체다. 여기서 실체라는 것은 물적 토대를 지닌 실체라는 뜻은 아니다. 하지만 비록 물적 토대는 없어도 사회적 실체인 것임에는 분명하다. 우리가 도깨비 그림을 보고 도깨비라고 알 수 있는 것은 우리 문화가 도깨비라는 사회적 실체를 소유하고 있다는 증거다. 도깨비 그림이라는 기호가 지칭하는 대상은 사회적 실체로서의 도깨비다. 그것은 우리들의 '이야기'와 여러 가지 그림과 이미지를 통해 구성된 실체다. 도깨비가 사회적 실체이며 신화인 것은 공룡이 공룡 영화와 여러 가지 사진이나 이미지를 통해 구성된 실체이며 신화인 것과 마찬가지다. 그래서 어린아이들은 한 번도 실제로 본 적이 없는 도깨비나 공룡의 그림을 그릴 수 있는 것이다. 마치 한 번도 실제로 본 적도 없는 고래나 코뿔소의 그림을 그릴 수 있는 것처럼.

퍼스는 모든 기호 현상이 기호-대상-해석체의 삼자 관계로 이루어진다고 본다. 그런데 하나의 기호 현상에 있어서의 각각의 항은 다른 기호 현상에 편입하게 되면 또 다른 역할을 하게 된다. 예컨대 한 곳에서 기호였던 것이 다른 곳에서는 대상으로서의 역할을 하게 되며, 하나의 기호 현상에 의해 생산된 해석체는 다른 곳에서는 기호로서의 역할을 하게 된다.

만일 내가 '개'(대상)를 지칭하는 'cane'라는 단어(기호)를 보고 어릴 때 키우던 개의 모습(해석체)을 떠올린다면 여기에 하나의 기호 현상이 있게 된다. 계속해서 내가 키우던 개의 모습(대상)을 그림(기호)으로 그려 그것을 다른 사람에게 보여 주었을 때, 그는 개에 관련된 자신의 경험을 바탕으로 하여 그 기호를 어떤 형태(해석체)로든 나름대로 지각하고 해석하게 된다. 이와 같이 우리가 어떤 기호를 생산하고 해석할 때 우리는 항상 경험한 것을 바탕으로 한다. 위의 예에서 'cane'라는 단어를 보고 내가 생산해 내는 해석체는 나의 경험과 어떤 형태로든 관련을 맺게 마련이다. 경험은 곧 지각을 의미한다. 지각은 우리의 몸이 이 세상과 마주침으로써 생겨난다. 지각은 곧 몸을 통한 경험이며, 이것이야말로 모든 기호 현상과 의미 생성의 기본이다(Johnson 1987:13).

우리는 기호를 간단히 '물질화한 의미materialized meanings', 또는 '의미를 지닌 물질'이라 정의할 수 있다. 물질적 기반을 갖지 않는 기호는 기호가 아니다. 왜냐하면 물질적 기반이 없는 것은 사람 몸에 의해 지각될 수 없으며, 따라서 모든 기호의 필요조건이 되는 지각된 것percept이 생산될 수 없기 때문이다.

여기서 우리가 주목해야 할 점은 기호가 직접적으로 지칭하는 것이 물질적 대상이 아니라 지각된 것이라는 사실이다. 따라서 기호-대상-해석체라는 퍼스의 기본 모델에서 대상은 객관주의적 의미에서의 물질적 실체만을 가리키는 것은 아니라고 해야 한다.

고래 그림과 용 그림을 생각해 보자. 분명 둘 다 모두 기호다. 그런데 그 대상은 각각 무엇인가? 고래 그림은 실체로서의 대상인 고래를 가리킨다고 하자. 그렇다면 용 그림은 무엇을 가리키는가? 이 질문을 바꿔 던져 보자. 고래와 고래 그림의 관계는 용과 용 그림의 관계와 같다고 할 수 있는가? 즉, 고래:고래 그림＝용:용 그림이라는 등식이 성립하는가? 나는 그렇다고 생각한다. 고래 그림이나 용 그림 모두 우리의 기호적 경험의 축적(좀 더 정확히 말하자면 지각 편린)을 그 대상으로 삼고 있기 때문이다.

옮긴이의 이 같은 견해에 대해 움베르토 에코는 동의하지 않았다. 그는 예컨대 유니콘과 말[馬]이 지칭하는 궁극적인 대상이 전혀 다른 종류의 것이라고 믿는다. 다시 말해서 유니콘이라는 단어나 그림과 유니콘이라는 대상과의 관계는 말이라는 단어나 그림과 대상으로서의 말의 관계와 서로 다르다는 것이다. (객담이지만 에코 교수는 거의 매주 세미나가 끝나면 박사 과정 학생들과 함께 카페로 몰려가서 와인을 마시곤 했는데 이 자리에선 늘 수업 시간 이상의 열띤 토론이 벌어지곤 했다.)

하지만 우리 중 얼마나 많은 사람들이 고래를 직접 보았는가? 우리가 갖고 있는 고래의 이미지는 우리가 지금까지 보아 온 그림, 사진, 책, 영화 등을 통해 형성된 것이 아닌가? 우리가 어떤 그림(기호)을 보고 그것을 고래라고 해석할 수 있는 것은 고래 그 자체에 대한 직접적인 경험 때문이라기보다는 우리에게 축적된 기호적 경험에 기반하고 있는 것 아닌가? 우리가 어떤 그림을 보고 용이라고 해석할 수 있게 되는 것도 바로 이러한 축적된 기호적 경험(예컨대 그림책이나 만화 영화, 중국 음식점 벽화 등)을 통해서다.

아무도 본 적이 없고 그 누구도 영원히 볼 수 없을 쿼크quark와 용의 차이점은 과연 무엇이겠는가? 가시광선의 파장 길이보다 그 크기가 훨씬 작은 쿼크는 우리가 영원히 볼 수 없는 것이다. 마치 우리가 영원히 용을 못 보게 되듯이. 쿼크는 따라서 흔적만으로 존재한다. 마치 용이 기호만으로 존재하듯이. 흔적이 쿼크의 존재 양식이듯이 기호는 용의 존재 양식이다. 마찬가지로 고래의 일차적인 존재 양식 또한 기호다.

영화배우나 가수나 운동선수 등의 대중문화 스타들의 존재 양식도 기호다. 정치적 실체인 대통령도 마찬가지다. 우리가 경험하는 정치적 실체, 즉 대상으로서의 대통령은 항상 미디어를 통해 나타나는 기호로서의 대통령이다. 설령 길거리나 청와대에서 대중문화 스타나 대통령을 직접 마주치게 되는 경우가 있더라도 "흠, 텔레비전에서 본 것과 똑같군"이라는 생각을 하게 될 뿐이다. 다시 말해서 직접적인 경험이 기호로 매개된 경험을 부가적으로 확인해 줄 뿐이다.

사실 영화배우, 가수, 운동선수, 정치인 등의 실체는 대중 매체를 통해서만 존재할 수 있는 사회적으로 구성된 실체인 것이다. 대중 매체는 이미 존재하는 가수의 노래를 단순히 전달해 주는 기능만을 담당한 다기보다는 스타로서의 가수를 생산해 내고 만들어 낸다. 현대 정치도 마찬가지다. 대중 매체는 어디선가 이루어지는 정치적 행위를 단순히 전달하는 데 그치는 것이 아니다. 오히려 대부분의 정치적 행위들은 대중 매체라는 마당을 전제로 해서, 대중 매체 안에서, 대중 매체를 상대로 하여 이루어진다. 기자가 없으면 정치인들은 어떠한 공식적인 행위도 하지 않고 기자가 올 때까지 기다린다. 대중 매체는 정치가 이루어지는 마당이고 존재의 집이다.

대중문화나 정치뿐만 아니라 경제의 기본 단위인 상품도 마찬가지다. 대중 매체를 통해서 광고되는 상품은 대중 매체가 부여하는 이미지와 사회적 의미에 의해 그 사용 가치가 결정되는 사회적 실체다. 예컨대 '롤스로이스'라는 차에 대한 광고는 이미 존재하는 어떤 실체에 대한 진술을 담고 있는 것에 불과한 것이 아니다. 오히려 그것은 롤스로이스라는 차를 단순한 교통수단에서 '당신의 사회적 지위를 높여 주는 수단'으로 그 사용 가치를 변화시키려는 목적을 지닌다. 그리고 그러한 목적이 달성되었을 때에만 그 광고는 성공적인 것이 된다.

한 사회에 공통으로 축적된 기호적 경험을 우리는 문화라고 부른다. 어떠한 실체든지 그것은 문화를 바탕으로 하여 사회적으로 구성된다. 이러한 실체야말로 대상이자 기호이며 또한 해석체이다. 실체는 기호 현상의 기반이며 동시에 결과물이다. 우리는 기호 현상을 통하여 실체를 생산=소비하며 결국 실체 그 자체를 구성해 낸다. 경제적 실체, 문화적 실체, 정치적 실체뿐만 아니라 과학적 실체, 종교적 실체, 자연적 실체 등이 모두 기호 작용을 통해 구성된다. 이러한 관점을 우리는 '실체의 기호적 구성semiotic construction of reality, SCR'의 관점이라 부를 수 있을 것이다.

실체의 기호적 구성의 관점에서 보자면 실체와 기호의 관계는 단순하지 않다. 예컨대 산길을 걷다가 새소리가 들리면 "아 이 근처 어딘가에 새가 있구나" 하고 우리는 생각한다. 우리는 새 소리를 통해서 새의 존재를 '알게' 되는 것이다. 퍼스나 에코의 정의를 따르자면 새 소리는 새를 '대신'하는 기호이며, 이때 우리는 가추법을 수행하고 있는 것이다.

퍼스나 에코의 정의를 받아들여 새소리를 새의 기호라 하자. 그렇다면 새의 그림자는 어떨까? 새의 모습이 햇빛에 비추인 그림자를 보았을 때 새의 그림자는 새라는 실체의 기호임이 분명하다. 여기서 한걸음 더 나아가 보자. 자, 그렇다면 만약 우리가 새의 모습을 직접 눈으로 봤을 때는 어떨까? 이 경우 에코는 기호 현상은 없다고 한다. 그러나 내가 보기에 퍼스라면 여전히 기호 현상이 있다고 했을 것이다.

나무에 앉아 있는 새를 직접 본다 하더라도 우리는 그 새의 지극히 일부분만을 보는 것이다. 메를로 퐁티가 강조하듯이 우리는 사물의 모든 면을 동시에 볼 수는 없으며, 관점에 따라 한 번에 제한된 면만을 볼 뿐이다(Merleau-Ponty 1962; 1967). 우린 아마도 새의 머리나 꼬리 부분, 아니면 기껏해야 새의 왼쪽이나 오른쪽 한 면만을 볼 수 있을 뿐이다. 우리가 사물이나 대상을 지각할 때, 항상 사물 자체와 우리가 지각한 것 사이에는 일정한 차이가 있게 마련인데, 지각이라는 것은 사물과 우리 몸 사이의 역동적인 관계 속에서 생산되는 것이기 때문이다. 다시 말해서 우리는 새라는 실체를 구성하는 여러 요소(울음소리, 그림자, 머리 모습, 꼬리 모습, 옆모습 등) 중의 일부만을 보고는 새라는 실체를 지각해 내는 것이다. 이렇게 본다면 한 사물을 바라보고 지각하는 과정에도 기호 현상이 있다고 해야 할 것이다. 이것은 장미꽃을 보고 장미꽃이라 지각하는 데도 가추법을 행하고 있는 것이라는 퍼스의 주장과 일맥상통한다.

기호학

지금까지 우리는 기호 현상과 기호에 대해 살펴보았다. 이러한 기호 현상을 연구하는 학문이 기호학이다. 기호학에 대한 흔한 오해 중의 하나는 기호학이 최근에 생긴 젊은 학문이라는 것이다. 그러나 기호학은 소쉬르가 『일반언어학 강의』에서 지나가면서 한마디 던진(여기저기서 흔히 인용되고 있는) 저 '위대한 예언'으로부터 시작된 것은 아니며, 그에 의해 '창시'된 것은 더더구나 아니다.

기호와 기호 현상에 대한 논의는 아리스토텔레스 이전의 고대 그리스 철학과 의학 이래로 끊이지 않고 계속되어 왔으며, 중세 신학의 핵심 문제는 한마디로 인간이 어떻게 하느님의 기호를 해석하고 이해할 수 있느냐로 요약될 수 있다.

예컨대 성 아우구스티누스는 '순수한 기호학적 관점'을 수립한 최초의 인물이다. "아우구스티누스는 『기독교 교리 De Doctrina Christiana』의 1권 첫머리에서 사물과 기호를 구분함으로써 그의 논의를 시작한다.… 그는 모든 사물을 '기호화하기 기능'이라는 관점에서 다룬다.… 자연적 기호와 관습적 기호를 대비하기도 하며, 인간에 있어서의 기호 작용과 동물에 있어서의 기호 작용을 비교하기도 한다.… 그의 관점은 언어학 이전, 언어학, 언어학 이후의 모든 기호 현상을 망라하고 있다"(Deely 1982:17). 비록 중세 이후 사람이긴 하지만, 라틴어로『기호에 대한 고찰Tractatus de Signis』을 쓴 포인소(Poinsot 1985[1635]) 역시 중세 기호학의 전통 위에 서 있으며, 그것의 완성자라 할 수 있다.

기호학semiotics이란 말이 처음 사용된 것도 우리가 잘 아는 로크John Locke의『인간오성론』(1690)에서다. 딜리(Deely 1982:63)에 의하면, 로크는『인간오성론』에서 인간의 지식을 사변적인 것speculative과 실행적인 것practical 둘로 나눈다. 사변적 지식은 자연적 사물에 대한 것이고, 실행적 지식은 인간의 행위나 사유에 그 존재 기반을 두는 사물에 대한 것이다. 로크는 이 두 가지 종류의 지식 모두를 획득하고 발전시키고 공유하는 '수단'이 바로 기호학이라 하고 있다. 백과사전 학파의 논의에서부터 실행주의pragmatism, 현상학, 실존주의, 구조주의, 정신분석학에 이르기까지 기호학적 논의는 근대 철학 전반에 걸쳐 핵심적 위치를 차지하고 있다.

이런 점에서 볼 때, 우리는 기호학의 발전(변화) 단계를 크게 세 단계로 구분해 볼 수 있다. 즉, 고대 기호학은 사물과 사물의 관계에, 중세 기호학은 신과 사물의 관계에, 그리고 근대 기호학은 인간과 사물의 관계를 통한 인간과 인간의 관계에 각각 초점이 맞추어져 있다고 볼 수 있는 것이다.

우리나라에서의 기호학 논의는 어찌된 일인지 일부 프랑스의 기호론semiologie에 편중되어 있는 듯한 느낌을 지울 수가 없다. 아이러니컬하게도 소쉬르의 전통을 이어받은 프랑스 기호론은 소쉬르의 그 유명한 예언에도 불구하고, 아니 오히려 그와는 정반대로, 기호론을 언어학의 일부로 취급해 버리고 만다. 롤랑 바르트는 『기호론의 요소』에서 다음과 같이 이야기하고 있다. "사실 우리는 소쉬르의 선언을 거꾸로 뒤집을 수 있다는 가능성에 직면해야만 한다. 언어학은 기호에 대한 일반적 학문의 한 분야가 아니다. 오히려 기호론이 언어학의 한 분야인 것이다"(Barthes 1968:11).

우리는 편의상 기호론semiologie과 기호학semiotics을 일단 구분해 볼 수 있을 것이다. 기호론은 소쉬르가 예견한, 아직 존재하지 않거나 덜 발달된 기호 체계에 대한 학문이다. 기호론은 주로 프랑스 학자들에 의해서 문예 비평의 한 수단으로서 극히 최근에 발달해 왔다. 바르트 역시 이렇게 이야기하고 있다. "기호론은 아직 덜 정립된 학문tentative science으로 남아 있다"(Barthes 1967:9). 이러한 기호론이 추구하는 바는 한마디로 언어학 이론과 문예 비평의 방법론을 사회 문화 현상 일반에 확대 적용해 보는 것이라 하겠다.

한편, 기호학은 고대 그리스 의학에서부터 시작하여 최근까지, 철학과 과학이 있었던 곳이면 항상 있어 온 '제일의 학문'이라 할 수 있다. 기호론을 '유럽 기호학', 기호학을 '영미 기호학'이라 부르는 경향도 있는 듯하나 이는 정확한 구분이 아니다. 왜냐하면 성 아우구스티누스를 거쳐 고대 그리스 철학에까지 뿌리를 두고 있는 근대 이전의 기호학을 '영미' 것이라 부르기는 곤란하기 때문이다.

옮긴이가 이 책을 번역하기로 마음먹은 가장 큰 이유는 무엇보다도 이 책이 퍼스 철학의 입문서 역할을 훌륭히 해낼 수 있으리라 생각했기 때문이다. 누구나 동의하겠지만, 어느 철학자든 그 사람의 사상을 가장 정확히, 그리고 가장 빨리 이해할 수 있는 길은 그 사람이 쓴 글을 직접 읽는 것이다. 그러나 퍼스의 경우에는 이러한 '규칙'이 잘 통하지 않는다. 가장 큰 이유는 그가 방대한 저술을 남겼음에도 불구하고 '대표작'이라고 할 만한 체계적인 저술을 남기지 않았기 때문이다. 그의 대부분의 글은 그가 살아 있을 때 여기저기 발표한 75편의 논문과 수많은 미발표 논문들이다. 이런 글들을 통해서 퍼스의 핵심 사상에 접근하기는 용이하지 않다. 난삽한 문장과 끊임없이 쏟아지는 신조어, 그리고 한없이 계속되는 듯한 분류 때문에.

하지만 독자 여러분은 이 책을 통해서 퍼스 철학의 핵심 개념인 가추법에 대해 셜록 홈스 소설을 읽듯이 재미있게 다가갈 수 있으리라 믿는다. 그리고 적어도 다음과 같은 질문에 대해 대답할 수 있게 될 것이다. 왜 기호학이 모든 철학과 과학의 기본이 되는가? 과학적 발견의 논리와 기호학이 어떤 관계를 갖는가? 왜 기호학자는 동시에 훌륭한 의사이면서 뛰어난 탐정이고, 정신분석학자이면서 미술 비평가이고, 과학자이면서 사냥꾼이 될 수 있는가? 연역법, 귀납법과 함께 3대 기본 논증 형태의 하나인 가추법은 어떤 논리 형태이며 연역, 귀납과는 어떤 관계에 있는가? 홈스는 왜 그렇게 추리를 잘하는가? 도대체 홈스의 추리와 기호학이 무슨 관계에 있는가?

퍼스에 관심 있는 분들을 위해서 1차 자료와 2차 자료의 도서 목록을 이 글 말미에 첨부했다. 모쪼록 이 책이 기호학과 과학철학에 관심 있는 분들께 자그마한 즐거움이 되기를 기원한다. 끝으로 이 해제는 옮긴이의 졸저 『디지털 미디어의 이해』(생각의나무, 2008)의 1장 「미디어와 기호」의 내용을 바탕으로 쓰였음을 밝혀 둔다.

끝으로 개인적인 소회를 하나 덧붙여 두고자 한다. 이 책은 옮긴이들이 미국 펜실베이니아 대학 유학 시절인 1992년에 번역을 시작해서

1994년 가을에 『논리와 추리의 기호학』이란 제목으로 출간했다. 다시 들여다볼 때마다 여기저기 눈에 띄는 오역과 치졸한 표현 때문에 20여 년 이상 부끄러웠다. 1994년 당시만 하더라도 우리나라에는 놀랍게도 코넌 도일의 셜록 홈스 소설이 제대로 번역조차 되지 않았던 시절이었다. 서점에 가서 만날 수 있는 셜록 홈스 시리즈라고는 아동용 만화책이나 동화책뿐이었다. 당연히 셜록 홈스 소설의 제목조차 보편적으로 통용되는 것이 없었다. 「바스커빌가의 사냥개」로 번역해야 하는지 「바스커빌 저택의 사냥개」가 적절한지 등의 고민이 끝없이 이어졌다.

초판 1쇄로 오래전에 절판되었던 이 책이 이제 정식으로 저작권 계약도 맺고 새로운 모습으로 다시 세상에 빛을 보게 되니 감회가 새롭다. 처음에는 오역 정도만 고치면 될 줄 알았던 번역 작업이 모든 문장, 모든 문구를 일일이 다 확인하고 완전히 다시 번역하는 방대한 일이 되고 말았다.

이 과정에서 특히 수많은 오역을 바로잡고 어색한 표현을 고치는 데 많은 도움을 준 이는 이 책이 출간되던 해에 태어난 딸 선유다. 이 책이 처음 번역되던 당시 엄마 뱃속에서 홈스와 퍼스의 텍스트가 번역되는 과정을 태교 삼아 바라보았을 아이가 어느덧 세상에 나와 바로 그 책의 교정 작업을 도와주는 모습을 바라보고 있노라니, 만감이 교차한다는 표현은 이럴 때 쓰는 것이구나 하는 생각이 들었다. 이 책과 함께 태어나서 이 책의 수정 번역 작업에 많은 도움을 준 선유에게 깊은 고마움을 전한다.

2015년 초겨울에

김주환·한은경

옮긴이 해제 참고문헌

기호학연대 (2002), 『기호학으로 세상읽기』(소명출판).

김성도 (1998), 『현대 기호학 강의』(민음사).

김주환 (2008), 『디지털 미디어의 이해』(생각의나무).

김치수·김성도·박인철·박일우 (1998), 『현대기호학의 발전』(서울대학교출판부).

움베르토 에코 (1987), 『기호학과 언어철학』, 서우석·전지호 옮김(청하).

────── (1990), 『기호학 이론』, 서우석 옮김(문학과지성사).

────── (1995), 『해석의 한계』, 김광현 옮김(열린책들).

위르겐 하버마스 (1988), 『인식과 관심』, 강영계 옮김(고려원).

페르디낭 드 소쉬르 (1990), 『일반언어학 강의』, 최승언 옮김(민음사).

Barthes, R. (1967), *Elements of semiology*, trans. by A. Lavers and C. Smith (New York: Hill and Wang).

Deely, J. (1982), *Introducing semiotics: Its history and doctrine* (Bloomington: Indiana University Press).

Eco, U. (1976a), *A theory of semiotics* (Bloomington, IN: Indiana University Press).

────── (1976b), "Peirce's notion of interpretant," *Modern Language Notes* 91, 1457-1472.

────── (1984), *Semiotics and the philosophy of language* (London: The Macmillan Press).

────── (1991), *Trattato di semiotica genenrale* (Milano: Bompiani).

Greenlee, D. (1973), *Peirce's concept of sign* (The Hague: Mouton).

Heidegger, M. (1992), *History of the concept of time*, trans. by Theodore Kisiel (Bloomington, IN: Indiana University Press).

Hoopes, J. (ed) (1991), *Peirce on signs: Writings on semiotics by Charles Sanders Peirce* (Chapel Hill: University of North Carolina Press).

Johnson, M. (1987), *The body in the mind: The bodily basis of meaning, imagination, and reason* (University of Chicago Press).

Kim, J. (2000), "From commodity production to sign production: A triple triangle model for Marx's semiotics and Peirce's economics," *Semiotica* 132(1-2), 75-100.

Locke, J. (1690), *An essay concerning human understanding* (Eliz. Holt).

Merleau-Ponty, M. (1962), *Phenomenology of perception* (London: Routledge & Kegan Paul).

────── (1967), *The structure of behavior*, trans. by A. Fisher (Boston: Beacon Press).

Peirce, C. S., CP: *Collected Papers* (8 Vols), Vol. I-VI, (eds.) Hartshorn, C. & Weiss, P. (Cambridge, MA: Harvard University Press, 1931~1935); Vol. VII-VIII. (ed.) Burks, A.W. (Cambridge, MA: Harvard University Press, 1958).

Poinsot, J. (1985 [1635]), *Tractatus de signis* (Berkeley: University of California Press).

찰스 퍼스 도서 목록

1. 퍼스가 쓴 글

Peirce, C. S., *Collected papers of Charles Sanders Peirce* (Cambridge, MA: Harvard University Press, 1965).

Houser, N., Kloesel, C. (Ed.), *The essential Peirce: selected philosophical writings*, Volume 1 (1867~1893) (Bloomington: Indiana University Press, 1992).

Hoopes, J. (Ed.), *Peirce on Signs : Writings on semiotic by Charles Sanders Peirce* (Chapel Hill: The Univ. of North Carolina Press, 1991).

Buchler, J. (Ed.), *Philosophical writings of Peirce* (New York: Dover Publications, 1955).

Kenter, K. L. (Ed.), *Reasoning and the logic of things: The Cambridge conferences lectures of 1898—Charles Sanders Peirce* (Cambridge, MA: Harvard University Press, 1992).

2. 퍼스에 대한 글

Brent, J., *Charles Sanders Peirce: A life* (Bloomington: Indiana University Press, 1993).

Deledalle, G., *Charles S. Peirce: An intellectual biography*, trans. by S. Petrilli (Amsterdam: John Benjamins Publishing Co., 1990).

Eco, U., "Peirce's notion of interpretant," *MLN* (1976), Vol. 91, pp. 1457~1472.

Apel, K. -O., *Charles S. Peirce: From pragmatism to pragmaticism* (Amherst: University of Massachusetts Press, 1981).

Spinks, C. W., *Peirce and triadomania: A walk in the semiotic wilderness* (New York: Mouton de Gruyter, 1991).

Fann, K. T., *Peirce's theory of abduction* (The Hague: Martinus Nijhoff, 1970).

Greenlee, D., *Peirce's concept of sign* (The Hague: Mouton, 1973).

Hookway, C., *Peirce* (London: Routledge & Kegan Paul, 1985).

Freeman, E., *The categories of Charles Peirce* (Ph. D. dissertation, The University of Chicago, 1937).

Rosensohn, W. L., *The Phenomenology of Charles S. Peirce: From the doctrine of categories to phaneroscopy* (Amsterdam: B. R. Gruner, 1974).

Reilly, F. E., *Charles Peirce's theory of scientific method* (New York: Fordham University Press, 1970).

Delaney, C. F., *Science, Knowledge, and Mind: A study in the philosophy of C. S. Peirce* (Notre Dame: University of Notre Dame Press, 1993).

Hausman, C. R., *Charles S. Peirce's: Evolutionary philosophy* (Cambridge: Cambridge University Press, 1993).

Moore, E. C. (Ed.), *Charles S. Peirce and the philosophy of science: Papers from the Harvard sesquicentennial congress* (Tuscaloosa: The University of Alabama Press, 1993).

Almeder, R., *The philosophy of Charles S. Peirce: A critical introduction* (Totowa, NJ: Rowman & Littlefield, 1980).

Rescher, N., *Peirce's philosophy of science: Critical studies in his theory of induction and scientific method* (Notre Dame: University of Notre Dame Press, 1978).

주

편저자 서문

1. (옮긴이) 크립키는 소설 등 허구적인 이야기에 등장하는 이름이 과연 무엇을 지칭하는가 하는 지칭의 문제를 집중적으로 다룬 학자다. 허구에 등장하는 인물 이름은 실제의 지칭 대상을 갖지 않으므로 텅 빈 이름이다.

2. (옮긴이) 퍼스는 모든 것을 셋으로 나누는 삼분법적 집착이 있으므로 이 책 제목에서도 '셋'을 강조하고 싶었다는 뜻.

1장

1. (옮긴이) 나머지 다른 하나의 목적은 물론 확실성 또는 진리에 도달하는 것이다. 논리학에서는 보통 이 두 번째 목적만을 중요시 여겨 왔으나, 퍼스는 새로운 지식의 획득 또한 논리학의 중요한 목적이라고 주장한다. 그런데 새로운 지식은 연역이나 귀납에 의해서가 아니라 가설과 추측, 즉 가추에 의해서 얻어진다. 가추에는 비록 연역이나 귀납에서와 같은 확실성은 결여되어 있지만, 대신 희망적인 풍성함이 있다. 연역법과 귀납법만으로는 그 어떤 새로운 지식이나 정보도 얻지 못한다.

2. (옮긴이) 프로크루스테스는 그리스 신화에 나오는 노상강도로, 나그네를 침대에 눕히고 키가 침대보다 짧으면 다리를 잡아 늘이고, 키가 침대보다 크면 그만큼 잘라 버렸다. 프로크루스테스의 침대는 자신의 주장에 맞게 억지로 남의 생각을 고치려고 하는 행위 등을 의미한다.

3. (옮긴이) 퍼스의 핵심적이고도 독특한 용어인 'Interpretant'를 어떻게 번역할 것인가를 두고 많은 고민을 했다. 보통 영어 사전에는 '해석자'로 번역되어 있다. 그러나 에코가 분명히 지적한 바와 같이, "'interpretant'는 해석자interpreter가 아니다"(Eco 1976:68). 이를 '해석소' 또는 '해석 내용'이라 번역하는 경우도 있으나 모두 '인간이 해석해 낸 어떤 것' 또는 '해석 행위 자체'라는 뉘앙스를 살리지 못하는 듯하다. 여기서는 '해석체'라는 번역을 따르기로 했는데, 이것이 'interpretant'를 퍼스 자신의 논의대로 "해석된 것과 해석하는 것의 복합체" 정도의 의미를 지닐 수 있으리라 믿기 때문이다. 예컨대 퍼스는 다음과 같이 말하고 있다. "A sign stands for something to the idea which it produces, or modifies... That for which it stands is called its object: that which it conveys, its meaning: and the idea to which it gives rise, its interpretant" (I:339). 그러나 옮긴이의 생각으로는, 'interpretant'를 '해석하기' 또는 '(인간이) 해석해 낸 것' 정도로 이해해야 하리라 믿는다. 삼중 삼각형 모델을 논하면서 밝힌 바 있지만, 우리는 대상을 물질적인 것으로, 해석체는 인간의 마음에 나타난 아이디어나 개념, 즉 인간 행위의 일종으로, 그

리고 기호는 대상으로부터 해석체를 통해 생산된 것으로, 즉 외적인 대상과 내적인 인간의 정신을 결합시키는 것으로 이해해야 한다. 기호 현상semiosis은, 퍼스의 주장대로, 결국 물질, 인간의 행위, 그리고 그에 의해 생산된 것이라는 '세 가지' 기본 요소의 역동적 관계로 이루어져 있기 때문이다.

물론 이러한 '해석체에 대한 해석'에 대해, 다음과 같은 퍼스의 구절을 중요하게 생각하는 사람은 쉽게 동의하지 않을 것이다. "Anything which determines something else (its interpretant) to refer to an object to which itself refers (its object) in the same way, the interpretant becoming in turn a sign, and so on ad infinitum"(Peirce 1991:239). 이에 따르면 'interpretant' 자체가 일종의 기호이다. 하지만 기호의 물질성을 인정하는 입장에 선다면(기호는 물질화된 의미, 또는 의미 있는 물질이다), 물질적 요소가 없는 'interpretant' 자체는 결코 기호가 될 수 없다. 기호가 반드시 물질성을 가져야 한다는 것은, 그것이 반드시 지각perception의 대상이 되어야 함을 뜻한다. 물질성이 없는 것은 지각의 대상이 될 수 없고, 따라서 '지각된 것'으로 생산될 수 없으며, 그러므로 '기호화signification'의 대상이 될 수 없고, 기호로 생산될 수 없다. 그러므로 표현되지 않은 인간의 관념idea 자체는 결코 기호가 될 수 없다.

퍼스는 'interpretant'를 "기호에 의해서 생산된 관념the idea produced by the sign" 또는 "뒤따라 일어나는 하나의 사유a subsequent thought"라 설명하기도 하지만(Peirce on Signs: Writing on Semiotics by Charles Sanders Peirce, ed. J. Hoopes (Chapel Hill: Univ. of North Carolina Press, 1991:7)], 또 다른 곳에서는 "'해석하기'가 해석체를 대체한다interpretation replaces interpretant"고 말한다[D. Greenlee, Peirce's Concept of Sign (The Hague: Mouton, 1973:100)]. 한 가지 확실한 것은, 'interpretant'는 대상과 그 기호 사이에서 그 둘을 묶어 주는 것이라는 사실, 그리고 그 '묶어 주기'를 할 수 있는 것은 바로 인간의 행위뿐이라는 것이다. 우리는 'interpretant'를 추상화되고 교환될 수 있을 정도로 동질화된 인간의 '해석 행위'로 이해해야 할 것이다. 옮긴이는 기호의 'interpretant'(추상적 동등 해석)와 인간의 구체적(개별적) 해석 행위의 관계는 마치 하나의 상품의 가치(추상적 동등 노동)와 인간의 구체적(개별적) 노동의 관계와 같다고 믿는다.

한편, 퍼스의 해석체의 개념을 다룬 체계적이고도 독특한 논의로는 에코의 다음과 같은 논문이 있다. Umberto Eco, "Peirce's notion of interpretant," MLN 91 (1976): 1457~1472. 그리고 이 에코 논문에 대한 비판적 고찰은 다음 졸고에 실려 있다. Kim Joohan, "From commodity production to sign production: A triple triangle model for Marx's semiotics and Peirce's economics," Semiotica 132 (2000): 75~100.

4. (옮긴이) 이는 가모브Gamow의 발음이 그리스 알파벳의 세 번째 글자인 Γ, γ

(gamma)와 비슷한 것에 착안한 일종의 농담이다. 즉 알퍼, 베테, 가모브는 알파, 베타, 감마에 해당한다. 가모브는 저명한 핵물리학자로 미국 콜로라도 대학 교수였다. 이 논문은 원래 가모브의 박사 과정 학생인 알퍼가 주로 쓴 것이어서 알퍼와 가모브의 공동 저술로 발표하려던 것인데, 논문이 다 완성된 후에야, 저자 이름에서 알파-베타-감마를 연상할 수 있도록 하기 위해 가모브가 자신의 친구인 베테 교수를 공동 저자로 포함시켰다. 후에 알퍼는 가모브의 이러한 처사에 대해 분노를 표시했던 것으로 알려졌다.

『하나 둘 셋 하면… 무한대』는 비전문가를 위해 저자가 직접 그린 재미있는 그림들과 함께 과학의 여러 분야에 대해 알기 쉽게 설명해 놓은 책이다. 그러나 몇몇 부분, 특히 분자생물학의 기본 개념을 설명해 놓은 부분은 시대에 뒤떨어진 느낌을 준다.

5. (옮긴이) 퍼스는 삼단 논법 자체를 하나의 기호 작용으로 파악한다. 전통적인 의미에서 '전제'에 해당하는 것이 디슨트 상징 혹은 디시 기호$_{dicisign}$다. 퍼스의 기호 분류 체계는 대단히 복잡하며 시기에 따라 '기호$_{sign}$' 의미 자체가 점차 변화해 간다. 이는 퍼스가 기호에 대한 정의와 분류 작업을 스스로 계속 발전시켜 나간 결과다. 퍼스의 기호 분류 체계는 다음 표와 같이 정리해 볼 수 있다(『퍼스 전집』 2권에 나타난 내용을 중심으로 한 분류). 이 분류 체계에서 9번째 종류의 기호가 바로 디슨트 상징이다.

Peirce's Ten Classes of Sign (CP 2.254-263, EP 2:294-296, from MS 540 of 1903)

	Sign classed by own phenome-nological category	Relative to object	Relative to inter-pretant	Specificational redundancies in parentheses	Some examples
(I)	Qualisign	Icon	Rheme	(Rhematic Iconic) Qualisign	A feeling of "red"
(II)	Sinsign	Icon	Rheme	(Rhematic) Iconic Sinsign	An individual diagram
(III)		Index	Rheme	Rhematic Indexical Sinsign	A spontaneous cry
(IV)			Dicisign	Dicent (Indexical) Sinsign	A weathercock or photograph

(V)	Legisign	Icon	Rheme	(Rhematic) Iconic Legisign	A diagram, apart from its factual individuality
(VI)		Index	Rheme	Rhematic Indexical Legisign	A demonstrative pronoun
(VII)			Dicisign	Dicent I ndexical Legisign	A street cry(identifying the individual by tone, theme)
(VIII)		Symbol	Rheme	Rhematic Symbol (-ic Legisign)	A common noun
(IX)			Dicisign	Dicent Symbol (-ic Legisign)	A proposition (in the conventional sense)
(X)			Argument	Argument(-ative Symbolic Legisign)	A syllogism

퍼스의 독특한 고유 용어에 관한 설명은 Digital Companion to C.S. Peirce를 참조할 것.
http://www. commens.org/dictionary/term/dicisign

2장

1. (옮긴이) 이 에세이는 국제 기호학 학술지인 『기호학 _Semiotica_』(1979, 26:203-50)에 실렸던 것이다. 이것은 또한 같은 제목의 단행본으로 출판되기도 했으며 (Bloomington, Indiana: Gaslight Publications, 1980), 이미 일본어, 독일어, 이탈리아어, 포르투갈어 등 세계 각국의 언어로 번역 출판되었다. 자세한 것은 세벅의 에세이 모음집인 『삼매경의 놀이 _The Play of Musement_』(Indiana University Press, 1981: 17)를 참조할 것.

2. 필자들은 본고의 초고를 읽고 기꺼이 조언을 준 가드너 Martin Gardner, 클뢰젤 Christian Kloesel, 무어 Edward C. Moore, 란델 Joseph Ransdell, 사반 David Savan, 쇼 John Bennett Shaw에게 감사를 표한다. 특히 뛰어난 탐정 피슈 Max H. Fisch에게 감사한다. 그의 관대하고도 귀중한 도움에 힘입어 본고의 주제와 관련이 있는 퍼스의 미발표 편지와 원고 구절들을 찾을 수 있었다. 그는 또한 퍼스와 관련된 수많은 다양하고 매혹적인 정보를 우리에게 주었다. 이에 대한 피슈의 상세한 논평은 세벅(1981:17-21)의 글에 포함되어 있다.

3. 『퍼스 전집 _Collected Papers of Charles Sanders Peirce_』(Peirce 1965-66 참조)을 인용한 경우는 기존 용례에 따라 권수와 단락으로 단축해 놓았다. 퍼스의 원고를 인용한 경우에는 로빈(Robin, 1967)의 장서 목록 번호를 함께 기재했다.

4. 1907년에 쓰인 퍼스의 탐정 이야기는 1929년이 되어서야 『사냥개와 뿔피리 _The Hound and Horn_』로 출판되었다. 퍼스는 제임스 William James의 충고를 받아 시계를

도난당한 이야기를 같은 해 6월 『애틀랜틱 먼슬리Atlantic Monthly』에 기고했다. 이는 1907년 7월 16일 퍼스가 제임스에게 보낸 편지에서 확인할 수 있다[이 원고와 관련해서 퍼스가 다른 사람들과 교환한 편지에 대해서는 피슈(1964:31, 각주 28 참조). 하지만 이 잡지의 편집자인 페리Bliss Perry는 퍼스의 이야기에 퇴짜를 놓았다. 결국 퍼스는 도난 사건을 주석에서만 간략하게 기록했는데, 이 요약본은 7.36-48에서 찾아볼 수 있다.

5. (옮긴이) 자문 탐정consulting detective은 사실 셜록 홈스의 별칭이다. 이는 셜록 홈스 본인이 (사실은 코넌 도일이) 만들어 낸 표현일 것이다. 셜록 홈스는 「주홍색」에서 왓슨과 처음 알게 되었을 무렵 자신을 "자문 탐정"이라고 소개했다. 「서명」에서는 스스로가 "세상에 하나뿐인 자문 탐정"이라고 자신 있게 말하기도 한다.

6. 퍼스가 해안조사단의 패터슨C.P. Patterson 경찰 본부장에게 6월 24일에 보낸 편지를 보면 매력적인 글귀 속에 숨겨진 퍼스의 놀라운 침착성을 볼 수 있다. "나는 지난 토요일에 이곳에 도착했습니다. 조사단이 현재 보관하고 있는 시계는 내가 도착하자마자 도난당한 것임을 보고하는 바입니다…. 나는 즉시 시계를 되찾기 위한 작업에 착수했으며, 기쁘게도 오늘 오후 성공적으로 시계를 찾았습니다. 나는 내일 아침 7시 이전까지 도둑을 잡을 수 있기를 몹시 바라고 있습니다…."

7. 연관된 법적 절차에서 자신의 역할에 대해 논의하면서 퍼스는 이렇게 말했다. "나는 지방 검사에게 말을 전했고 그가 죄수들을 가능한 오래 붙들어 두기를 희망했다. 후에 더 이상 지속할 필요가 없다는 것을 알게 되었지만 예정되었던 파리 여행을 포기할 수밖에 없었다." 1902년 퍼스는 범죄와 처벌에 관해 훨씬 더 강한 의견을 제시했다. "만약 가능하다면, 성인에 대한 거의 모든 처벌을 폐지하고 법정 내의 관리에 대한 것 이외에는 모든 승인이나 불승인까지도 폐지하고 싶다는 생각으로 나의 가슴은 타오르고 있다. 여론으로 하여금 승인이나 불승인을 이끌도록 해서 종국적으로 여론을 성숙시키자. 공권력은 사회 복지에 꼭 필요한 것에만 영향력을 발휘하는 정도로 제한시키자. 엄한 처벌이나 야만스러운 독방 등 죽음보다도 무한정 잔인한 모든 처벌은 대중에게나 개인적인 복지에나 조금도 도움이 되지 않는다. 경제학에 기반을 둔 몇몇 괴물 같은 자들이 제안하는 야만스러운 방법으로는 범죄자 부류의 뿌리를 뽑을 수 없을 것이다. 그보다는 범죄자들을 상대적으로 안락한 곳에 모아 두고 그들에게 뭔가 유용한 일을 시키고 다시는 죄를 짓지 못하게 하고 싶다. 사람들에게 영원히 해만 끼치고 막대한 돈을 쓰게 만드는 범죄자들을 교화시켜서 자급자족하는 하나의 단체로 만들기는 쉬울 것이다. 우리가 희생해야 하는 것은 단 하나, 범죄자들에 대한 복수심뿐이다. 어쩌다 범죄를 저지른 사람들이나 공금 횡령자, 살인자들에 대해서는 그들을 한 섬으로 유배해서 자치 기구를 만들어 스스로 해결하도록 만들고 싶다. 질서를 사소하게 위반하는 경우에는 그에 부응할 만한 작은 처벌을 가하면 충분할 것이다"(2.164).

8. 그는 다른 데에서 "가추법은 결국 추측에 불과할 뿐이다"라고 말했다(7.219, 원고 692 참고). 촘스키Noam Chomsky가 "[내 생각에] 나와 가장 가까운 철학자"에 관해 쓰면서 가추법에 대한 설명(1979:71)을 했던 다음 내용과 비교해 보도록 하자. "퍼스는 지식의 성장을 설명하기 위해서는 '인간의 정신에는 천부적으로 어떤 종류의 올바른 이론을 상상할 수 있는 경향이 있다'라는 가정이 필요하다고 주장했다. 이는 '용인될 만한 가정을 제한하는 가추법'이라는 원칙인데, 진화 과정에서 발달된 일종의 '본능'이라 할 수 있다. 퍼스가 가추법에 대해 가지고 있는 개념은 상당히 애매모호한 편이다. 과학적 가정을 선택할 때, 생물학적으로 이미 주어진 구조가 기본적인 역할을 담당한다는 퍼스의 주장은 설득력이 거의 없다고 여겨진다. 내가 아는 바로는 퍼스와 비슷한 개념이 독자적으로 발전한 사례가 여럿 있기는 하나, 그 생각을 더 이상 발전시키려고 시도해 본 사람은 거의 하나도 없었던 것 같다. 퍼스의 영향력이 아주 대단하긴 하지만, 이런 이유 때문은 아니다." 간략하지만 철저하게 작성된 팬(Fann, 1970, 1963에 쓰임)의 논문을 보면 퍼스가 비록 잘 알려지지는 않았지만 과학철학에 어떻게 기여했는가를 알 수 있다. 이 논문이 셜록 홈스를 인용한다는 것은 주목할 만하다. 팬은 "과학적 방법과 탐정의 방법 사이에는 공통점이 많다는 것을 보여 주기 위해" 그런 예를 들었다고 밝혔다(같은 책 58). Walsh 1972도 참조.

9. 퍼스는 어딘가에서 다음과 같이 말했다. 알에서 막 깨어난 병아리가 모이를 집어 먹는 것은 "의도해서 해낸 것이 아니기 때문에 추론 과정도 없다. 그러나 모이를 쪼면서 어떤 모이를 쪼을 것인지 고르고, 원하는 것을 먹는다." 병아리의 이런 능력은 "모든 면에서 보아… 가추법적 추리에 해당한다." 퍼스는 한층 더 나아가서 자연과학과 사회과학은 각각 먹이를 구하는 것과 생식에 대한 동물의 본능에 뿌리를 두고 있다고 말했다(원고 692). 인간에게 귀환법이란 울새의 이주나 벌이 벌집을 만드는 것처럼 본능적인 행동이다. 퍼스는 하등 동물의 똑똑해 보이는 행동을 "자연적 지식il lume naturale"이라고 불렀으며 귀환법에 꼭 필요한 요소라고 보았다("자연스러운 지식"의 개념에 대해서는 Ayim 1974:43, 주 4 참조). 퍼스는 사람의 이성적 본능, 동물의 본능, 식물의 본능을 다루었다. 모든 본능적인 행동에는 "어떤 종species의 개체들을 주위 환경에 잘 적응하게 함으로써 종 전체가 생존하고 번성하도록 한다는 공통점이 있다"라는 아임Maryann Ayim의 견해(같은 책 36)에 동의한다. 이는 과학자로서의 인간에게도 적용되는 이야기이다. 핸슨Norwood Russell Hanson은 흥미로운 사실을 발견했다(Bernstein 1965:59 참조). "홈스는 '여보게 왓슨, 그저 단순한 연역이라네'라고 자주 말했다. 이는 홈스 자신의 추리가 이미 알고 있던 사실로부터 출발해서 결과 쪽으로 한 걸음 전진한 것임을 의미하는 것이다. 그러나 종종 수학자와 과학자는 밑바닥에서부터 그 이상으로 논쟁하게 될 것이다." 이것이 퍼스가 '귀환법'이라고 부르는 것의 일종이다. 이는 기대하지 않았던 비정상적인 상태에서 시작해서 전제premiss 집단으로 발전하는데, 전제의 대부분은 이미 받아들여진 것들이다. 굳이 지적할 필요

는 없겠지만, 사실 핸슨의 생각과는 달리 홈스는 위의 말을 한 적이 없다. 홈스는 "여보게 왓슨, 이 정도는 기본이라네"라는 말도 한 적이 없다.

10. (옮긴이) 케플러는 행성의 움직임을 관찰하여 케플러의 법칙을 '발견'해 내긴 했지만, 그가 관찰한 것으로부터 케플러의 법칙이 필연적으로 도출되지는 않는다. 케플러는 관찰한 데이터로부터 법칙을 끌어내는 '귀납'을 했던 것이 아니다. 그가 관찰한 행성 움직임 데이터는 불완전한 것이었고, 그가 '만들어 낸' 케플러의 법칙 이외에도 전혀 다른 수많은 '법칙'들의 근거가 될 수도 있었다. 결국 케플러는 자신이 관찰한 데이터를 바탕으로 하여 일종의 과감한 '추측'을 했던 것이다. 케플러의 법칙은 가추의 산물이다.

11. 퍼스와 재스트로Joseph Jastrow는 인지심리학에 대해 실험적인 연구를 했고, 퍼스는 실험 결과를 자신의 추측 이론을 지지하는 증거로 채택했다. 상세한 내용은 Peirce 1929; 7.21-48 참고.

12. 퍼스는 과학적 방법에서 가추법은 "단지 예비 단계"(7.218)일 뿐이라고 말한다. 과학에서 "근본적으로 다른 종류의 추리"는 연역법과 귀납법(1.65-68, 2.96-97, 5.145, 7.97, 7.202-07의 논의를 참조할 것)이다. 가추법은 놀라운 사실을 예견할 수도 있는 명제나 가정을 수용하는 단계라고 할 수 있다(7.202). 연역법은 가정으로부터 이끌어진 필연적이고 가능성 높은 경험적 결과를 추적하는 것이다(7.203). 퍼스는 가정을 실험적으로 시험해 보는 것을 귀납법이라고 부른다(7.206).

13. 퍼스는 가추법을 "독창적 논의"라고도 부르는데, 세 가지 추론 과정 중에서 오로지 가추법만이 새로운 생각을 가져오기 때문이다(2.96). "어쨌든 사물을 이해하려면 이 방법밖에 없다"(5.145). 비슷한 맥락에서 "연역법이나 귀납법 둘 다 인식의 자료에 아무리 작은 사항이라도 덧붙일 수 있는 능력을 가지고 있지 않다. 그리고… 그저 지각된 것percept은 실용적이거나 이론적인 것에 사용될 만한 지식이 되지 못한다. 지식을 적용하도록 하는 것은 가추법뿐이다"(원고 692).

14. (옮긴이) 여기서는 표현이 너무 복잡해지는 것을 피하기 위해 act of thinking을 생각하는 것 혹은 생각하기로 번역했지만 원문을 직역한 '생각하는 행위'라는 의미를 음미해 볼 필요가 있다. 의미 작용에 있어서 행위 또는 행위적 맥락을 강조하는 퍼스의 프래그머티즘pragmatism적인 태도를 엿볼 수 있는 대목이다. 퍼스는 윌리엄 제임스의 프래그머티즘과 자신의 철학을 구분하기 위해서 자신의 입장을 프래그머티시즘pragmaticism이라 명명하기도 했다. 프래그머티즘은 통상 '실용주의'라고 번역되고 있는데, 이보다는 '실행주의'라 번역하는 것이 훨씬 더 적절하지 않을까 생각한다.

15. (옮긴이) 인간의 감정이 본능적인 추측의 산물이라는 퍼스의 주장은 엄청난 통찰력을 보여 준다. 인간은 분노나 공포 등의 감정을 느낄 때, 특정한 외부적 대상을 지각한 후 바로 그러한 감정을 느끼는 것이 아니다. 현대 뇌과학이 발견한 바에 따르

면, 인간의 감정 인식 과정에는 신체의 반응이 필수적으로 개입된다. 예컨대 갑자기 나타난 뱀을 보고 놀랄 때, 우리는 시각 중추를 통해서 뱀을 인식한다. 그러한 인식은 즉각적으로 편도체 등의 변연계를 활성화시키고 이는 다시 우리 몸에 다양한 변화를 일으킨다. 심장박동이 빨라지고, 혈압이 오르고, 땀이 나고, 근육이 수축하는 등등. 이러한 신체적 반응의 표지를 통해 우리의 대뇌는 내가 '두려워하고 있다'는 감정을 뒤늦게 인식하게 된다. 즉 우리가 의식 작용의 차원에서 감정을 인식하는 것은 우리 몸의 다양한 변화들을 통해 역으로 나의 감정 상태를 '추론'해 내는 과정을 거친다. 몸이 먼저 세상에 반응하며, 의식은 그 몸이 던져 주는 기호들을 해석할 뿐이다. 다마지오Antonio Damasio는 이를 감정 인식 과정의 "신체 표지 가설somatic marker hypothesis"이라고 불렀다(Descartes' Error: Emotion, Reason and the Human Brain (Random House, 2008)]. 퍼스의 감정에 관한 가추법적 설명이 100년 뒤에 뇌과학자들에 의해 입증된 셈이다.

한편 인간의 의식 작용과 관련하여 '지각의 과정'에 관심을 집중하는 퍼스는 자연스레 지각이 일어나는 인간의 몸에 관해서도 관심을 갖는다. 그러나 인간의 의식과 몸의 관련성에 대해 집중적인 분석을 하지는 않았다. 이러한 분석을 시도한 것은 메를로 퐁티Maurice Merleau-Ponty다. 퍼스로부터 50여 년이 흐른 후에, 메를로 퐁티는 몸은 지각의 장이며, 인간의 몸이야말로 인간의 본성이라는 점을 아름답게 논증했다. 이로부터 다시 50여 년이 더 흐른 후에야 뇌과학자들은 인간의 의식의 바탕에는 '몸'이 있다는 사실을 깨닫고 체화된 인식embodied consciousness이라는 개념을 통해 몸과 마음이 결국 한 덩어리임을 논의하기 시작했다(Gün R. Semin and Eliot R. Smith, *Embodied Grounding: Social, Cognitive, Affective, and Neuroscientific Approaches*(Cambridge University Press, 2008)].

16. (옮긴이) 자문 기호학자consulting semiotician은 셜록 홈스의 직업인 자문 탐정consulting detective을 살짝 바꾼 것으로, 탐정과 기호학자 사이의 유사성을 드러내고자 하는 것이다. 퍼스가 홈스만큼 탐정이듯이, 홈스는 퍼스만큼이나 기호학자다.

17. 우리가 아는 바로는 퍼스가 홈스 이야기를 읽었다거나 코넌 도일 경을 만났다는 증거는 없다. 그러나 퍼스가 홈스의 초기 이야기에 대해서는 들어 본 적이 있는 것은 확실한 듯하다. 미국에서는 「주홍색」이 1888년 Ward, Lock, & Co. 출판사에서 처음으로 출간되었으며, 1890년에는 「서명」이 『리핀코트 매거진*Lippincott's Magazine*』에 게재된다. 이는 퍼스가 읽는(주 4 참조) 『애틀랜틱 먼슬리』의 경쟁 잡지였다. 더욱이 1894년 도일은 미국에서 이미 인기 작가가 되었으며 미국에서 두 달가량 머물며 강연도 하고 미국의 작가들을 만나기도 했다(Nordon 1966:39-40). 퍼스는 과학자뿐만 아니라 소설가와 예술가도 많이 알고 있었다. 퍼스는 1908년 1월 31일 웰비Victoria Welby 여사에게 보낸 편지에서 다음과 같이 적었다. "우리 아버지는 사교 범위가 넓어서 문학가들과도 친하게 지냈습니다. 조각가인 스토리William Story나 롱

펠로Henry Wadsworth Longfellow, 로웰James Lowell, 노턴Charles Norton, 홈스Wendell Holmes, 때때로 에머슨Ralph Waldo Emerson을 어릴 때 만난 적이 있습니다"(Hardwick 1977:113). 퍼스는 성인이 된 후 당대의 문학에 관심을 갖고 있었다. 퍼스는 『국가The Nation』에 기고한 평론에서 당시 유럽과 미국의 작가에 대해 자주 언급했다(Ketner and Cook 1975). 더욱이 퍼스는 에드거 앨런 포를 아주 좋아해서 1.251, 6.460, 원고 689, 1539 등에서 포를 다루었다. 퍼스가 포의 소설 「모르그가의 살인 사건」에 대해 언급한 것을 보면 탐정소설에 취미가 있었음이 분명하다. 포의 뒤팽Chevalier Dupin을 참고해서 셜록 홈스가 만들어졌다는 것은 물론 널리 알려진 이야기이다(Messac 1929:596-602, Nordon 1966:212 이하, Hall 1978:76; 아래를 더 참조할 것). 히칭스J. L. Hitchings는 논리학자로서 홈스를 다룬 논문에서 다음과 같이 지적했다(1946:117). "수학자와 시인의 창작품이라 할 수 있는 뒤팽과 달리 셜록 홈스는 가장 이론적인 순간조차도 의사의 두뇌의 소산이며 언제나 이에 기반을 두고 있다." 그러나 히칭스는 "원인을 보고 결과를 추리하는 것보다는 결과에서 원인을 추리하는 것이 훨씬 드물고 더 어렵다"라는 홈스의 말을 인용하면서 "홈스의 추리 대부분은 인과적이다"(같은 책 115-16)라고 말하는 오류를 저지른다.

18. (옮긴이) 「서명」을 포함해서 셜록 홈스 시리즈에는 연역 혹은 "연역의 과학science of deduction"이라는 표현이 종종 나온다. 그런데 코넌 도일이 말하는 연역은 사실은 연역이 아니라 가추다. 코넌 도일은 아직 새로운 삼단 논법인 가추에 대해 들어보지 못했을 것이다. "연역의 과학을 수행하고 있다"라고 홈스가 왓슨에게 우쭐대면서 설명하는 자신의 추리 과정이 사실은 가추의 과정을 멋지게 잘 설명하고 있는 것이다. 동시대를 살면서도 퍼스가 홈스를 몰랐던 것과 마찬가지로 홈스(도일)도 퍼스를 몰랐던 것 같다.

19. 왓슨이 말하길, 홈스가 "저속하고 자극적인 글에 대해 가지고 있는 지식은 광범위하다"(「주홍색」). 홈스는 세계 곳곳에서 벌어지는 이상하고도 흥미로운 사건 이야기를 수집했으며, 이전의 사건에 유추해 새로운 사건을 해결하곤 했다(「정체」,「독신」). 홈스는 왓슨에게 다음과 같이 이야기한 바 있다. "나는 수천 가지의 다른 비슷한 사건들을 기억하면서 지표로 삼을 수가 있다네"(「연맹」). 퍼스는 유추가 가추법과 귀납법을 조화시킨 것이라고 말했다(1.65, 7.98 참고).

20. "불가능한 것을 제외하고 나면 아무리 이상해 보여도 남아 있는 것이 진실이다. 이는 나의 오랜 금언일세"라고 홈스가 말한 바 있다(「녹주색」,「서명」,「병사」,「설계도」 참조). 참고로, 다음은 퍼스의 금언이다. "어떤 사실도 그 자체보다 더 기이한 가정으로 설명될 수는 없다. 여러 가정 중에서 가장 평범해 보이는 것을 채택해야 한다"(원고 696). 가드너(Gardner 1976:125)는 이 과정을 다음과 같이 기술했다. "자연의 신비를 풀려는 과학자처럼, 홈스는 우선 사건과 관련이 있는 모든 증거를 수집한다. 때때로 그는 새로운 자료를 얻기 위해 실험을 하기도 한다. 그 후 홈스는 자신의

광범위한 범죄 지식이나 범죄에 관련된 과학을 총동원하여 자료들을 모두 살펴보고 가장 그럴듯한 가정에 도달한다. 그 가정에서부터 연역이 시작된다. 홈스는 새로운 증거에 대해 이론을 시험해 보고 필요할 경우 고쳐 나간다. 결국에는 거의 확실한 가능성을 가진 진실이 떠오르게 된다."

21. 세벅(1979, 5장)은 추측에 대한 퍼스의 고찰을 아이들의 놀이와 무대 환영 장치stage illusions의 차원에서 각기 다루었다. '스무고개 놀이'는 '뜨거운 것과 찬 것 놀이'(주제에서 가까우면 뜨겁다고, 멀어지면 차갑다고 답변하면서 주제를 찾는 놀이—옮긴이)에 말을 완전히 덧붙인 것과 마찬가지인데 여기에서는 말의 사용이 최소화되었으며 디킨스(Dickens 1843, 셋째 마당)의 '예 아니오 놀이'와도 유사하다. 무심결에 표출되는 비언어적인 단서를 통해 놀이를 하는 사람은 말의 신호가 모두 배제된 일종의 마술 연기를 하면서 찾는 물건 쪽으로 가게 된다. 이처럼 비언어적인 커뮤니케이션은 점괘판이 움직이거나 탁자가 흔들리는 것, 자동 기술(automatic writing, 자신이 글을 쓰고 있다는 것을 모르면서 쓰는 일—옮긴이) 등 '오컬트(주술)' 현상을 설명해 주며, 마술계에서 '근육 읽기muscle reading'나 '독심술' 등으로 알려진 몇몇 심령학적 행위의 기본이 된다. 그는 이런 행위를 두고 다음과 같이 말했다. "구경꾼은 마술사가 자신을 이끌어 간다고 생각하지만 실은 구경꾼의 근육이 무의식적으로 긴장하는 것을 본 마술사가 스스로 이끌려 가는 것에 불과하다"(Gardner 1957:109; 같은 저자 1978:392-96에 주요 참고 목록이 나와 있으니 참고). 최고의 독심술사라면 손 하나 까딱하지 않고 구경꾼의 반응만 보면서 원하는 것을 얻을 수 있다. 세벅(같은 책)에 언급된 디아코니스Persi Diaconis나 크레스킨Kreskin이 대표적이다. 이들은 퍼스의 이야기(1929)와 기이할 정도로 비슷하다. 현대의 가장 뛰어난 마술가라 할 수 있는 디아코니스는 추측과 도박을 통계학적으로 훌륭하게 분석할 뿐만 아니라 초심리학parapsychology에 새로운 기술을 적용시키는 데에도 탁월했다(그러나 지금까지의 결과는 모두 부정적이었음. Diaconis 1978:136 참조). 홈스의 논리적인 추론이 점점 "범죄자를 압박해 나가다 마침내 커튼의 한 자락을 들출 때"(여기서 아이들의 놀이인 '뜨거운 것과 찬 것 놀이'에서 사냥 범위가 점차 줄어들 때 점점 뜨거워지는 경우와 똑같은 효과를 볼 수 있다) 독자는 긴장감이 고조되고 흥분하게 된다는 셰글로프(Scheglov 1976:63)의 주장도 같은 맥락이다. 근육 읽기는 미국에서 최고의 인기를 누렸고, '마음대로 하기willing'라는 실내 게임으로도 큰 인기를 얻었다.

22. 핑커턴 국립 탐정 사무소 출신의 탐정이 홈스 이야기 두 편에 등장한다. 「붉은 원」에서는 젊은 탐정 레버턴Leverton이 단역으로 등장했다. 「공포」 끝 무렵에서는 맥머도John Jack McMurdo 또는 더글러스John Jack Douglas라는 가명을 쓴 에드워즈Birdy Edwards가 모리어티Moriarty 일당에 의해 선상에서 헬레나 섬 근처 바다로 던져졌을 것이다.

23. 이 부분에 대한 카스타네다(Castañeda 1978:205)의 다음과 같은 논평을 살펴

볼 것. "셜록 홈스가 그의 여러 모험을 통해서 공식화하고 설명해 놓은 몇 가지 방법론적 원칙이 철학자들에게 도움이 될 것이다…."

24. 볼테르의 『자딕Zadig』(3장)도 이와 유사한 재미있는 예다. 『자딕』은 단서를 명민하게 해독해 낸 바람에 오히려 붙잡혀서 재판을 받고 벌금까지 물게 된다.

25. 퍼스도 "금세기 이전에 출판된 [나의] 거의 모든 글에서… 가정과 귀납법의 개념을 혼동해 사용했다"(8.227)라고 인정했다. 논리학자들이 "(전제에서부터 이미 필연적인 판단을 내리도록 요구하는) 너무나 편협하고 형식적인 논증의 개념을 가지고 있기 때문에"(2.228) 일어났던 이러한 개념 혼동에 대해서는 5.590-604와 원고 475, 1146 참고.

26. 다음과 같은 홈스의 말을 참고할 것. "평범한 것은 방해를 하기보다는 오히려 길잡이 노릇을 한다고 자네에게 이미 말한 적이 있지 않나"(「주홍색」), "독특한 것은 거의 언제나 단서가 된다네"(「보스콤」), "하나의 사건이 기이하고 괴상할수록 사건을 더 면밀하게 조사해 볼 필요가 있지. 어떤 사건을 복잡하게 만드는 부분을 과학적으로 다루고 심사숙고해 보면 바로 그 덕분에 실마리를 찾을 수 있다네"(「바스커빌」), "특징도 특별한 일도 없는 사건에는 정말 희망이 안 보이지"(「쇼스콤」).

27. 코넌 도일은 전공인 의학뿐만 아니라 당대 영국을 휩쓴 과학적 열정에 사로잡혀 있었다. 19세기 중반 무렵 거의 모든 영국인의 사고 체계에서 과학이 확고한 위치를 차지했으며, "실증주의적 합리성이 지배적인 목소리"가 되었다(Messac 1929:612; Nordon 1966:244 참조). 코넌 도일도 "헉슬리Thomas Huxley, 틴들John Tyndall, 다윈Charles Darwin, 스펜서Herbert Spencer, 밀John Stuart Mill이 우리 시대의 중요한 철학자들이다. 거리 위의 보통 사람조차 이런 시대적 조류에 휩쓸렸다…"라고 기록했다(1924:26). 히칭스(Hitchings 1946:115)는 홈스의 논리와 밀의 논리를 명료하게 비교했다. "홈스는 밀의 잉여법(Method of Residues, 밀의 논리학 체계의 다섯 가지 방법 중 하나인데, 어떠한 현상들의 알려진 원인과 결과를 하나하나 제거해 가면 결국 남게 되는 원인과 결과가 서로 인과 관계를 갖는다고 보는 논리다―옮긴이)을 확장 해석하여 이런 어려운 문제들을 해결해 내고 있다."

28. 굴드Stephen Jay Gould는 "분명하고 확실한 발견애 대해서만 지위와 권력을 부여하는 전문직(과학자들)에 있어서 무의식적으로 또는 어렴풋이 알고 있으면서도, 자료를 적당히 변조하고 필요에 맞게 고치는 일은 비일비재하고 만연해 있을 뿐만 아니라 불가피하다"(Gould 1978:504)라고 확인한 바 있다. 간단히 말하자면 그러한 자료 조작이 과학의 규범일 수도 있다는 것이다(Gardner 1981:130 참조).

29. 홈스 이야기에 나오는 많은 의학적 진단(특히 심장병과 열대병)에 대해 심장 전문의 캠벨Maurice Campbell은 "왓슨은 이 방면에 지식이 풍부했던 것 같다"라고 말했다. 왓슨이 신체의 질병에 대해서는 논리적인 진단을 잘 내리지만, 그 논리적인 방법을 범죄 수사에는 제대로 적용시키지 못했다는 것은 재미있는 일이다. 그는 로지카

도첸스logica docens를 불완전하게 알고 있는 사람의 대표적인 예라 할 수 있다(주 30의 벨 박사 이야기 참조).

30. 메사크는 의학의 기술적 측면적 관점에서 코넌 도일이 벨 박사의 방식을 좇아 환자의 성격과 전 생애까지 파악하며 진단을 내렸다고 지적했다. 그의 진단은 "완벽하게 엄정한 적은 결코 없었고 오히려 우유부단하게 보이거나 틀린 적도 있었다." 의학과 마찬가지로 범죄 수사도 일종의 '유사 과학pseudo-science'(1929:617)이라 할 수 있겠다. 토머스Lewis Thomas는 1937년이 "의학이 순수 과학에 기반을 둔 기술로 변화해 가는"(Thomas 1983:32) 해였다고 말한다.

31. 퍼스와 마찬가지로 홈스는 자신의 방법이 적용되는 특정 주제보다 방법 그 자체에 훨씬 더 관심이 많았다. 예컨대 홈스와 왓슨이 토론을 할 때 왓슨이 홈스에게 어떤 사건에 대해 말하면 홈스는 이렇게 비판하곤 했다. "자네는 말 한마디 한마디에 색깔과 생기를 불어넣으려고 애쓰다가 실수를 하는 모양일세. 그보다는 사건에서 진짜로 주목할 점을 찾아서 그 인과 관계를 추리하는 데 정신을 집중해야 한다네." 홈스의 비판은 자기중심주의에 기초한 것이라고 왓슨이 은근히 말하면 홈스는 이렇게 답한다. "이건 이기주의나 독단이 아니네…. 내가 만약 내 기술이 옳다고 주장한다면, 개인의 감정이 섞이지 않아서 그러는 것이라네. 내가 어떻게 할 수 있는 일이 아니네. 범죄는 흔하지만 논리는 드물지. 그러니까 자네는 범죄보다는 논리에 더 유의해야 한다네. 자네는 일련의 강의가 될 수도 있는 것을 이야기 시리즈 정도로 깎아내려 버리고 말았군"(「너도밤나무」).

32. (옮긴이) 징후의 집합체, 즉 기호의 집합체를 하나의 구체적인 사물로 파악하는 이러한 관점이 바로 '실체의 기호적 구성주의'의 입장이라 할 수 있다. 아무리 구체적이고도 단순한 실체라 하더라도 그것은 수많은 기호로 구성되어 있게 마련이며, 아무리 복잡하고 추상적인 현상이라 할지라도 그것을 하나의 기호로 표현할 수 있는 한 그것은 기호의 지칭 대상이 되는 실체다.

33. 홈스가 가진 여러 분야의 다양한 지식을 기술할 때, 왓슨은 홈스가 오직 하나—화학—에 대한 지식만이 "심오하다"고 설명했다(「주홍색」). "실패한 화학자"로서의 홈스에 관해서는 Cooper 1976를 참조할 것.

34. 퍼스 가문은 여러 세기 동안 연극과 오페라에 관심을 가져 왔고 배우들을 집으로 초대하기도 했다. 퍼스는 소년 시절부터 웅변가 기질이 있었다고 한다. 그는 포의 「갈가마귀The Raven」 같은 작품을 훌륭하게 낭송했을 뿐만 아니라 고등학생 때는 토론회 활동도 했다(퍼슈와의 사적 편지). 그는 하버드 대학을 다닐 때에도 웅변이나 수사학, 연극 공연에 관심을 쏟았다. 그는 학부 3학년 때 W.T.K.(文章館, 문학 훈련의 전당)라는 토론, 연설, 모의재판을 하고 수필, 시, 희곡을 읽는 모임에 가입했다. 1858년 4학년이 된 퍼스는 하버드 대학교 O.K. 학회 창립 회원이 된다. 이는 문학 작품과 관련해서 낭독과 웅변 기술을 다루는 학회였다(클뢰젤과의 사적 편지. 퍼스와

O.K. 학회에 관해서는 Kloesel 1979 참고). 성인이 된 후에도 퍼스는 캠브리지에 있는 형 '젬Jem'의 집에서 친구들에게 셰익스피어의 『리어 왕』을 읽어 주곤 했다. 그는 또한 뉴욕에서 센추리 클럽Century Club 회원들에게도 강독을 해 주었다. 퍼스는 파리에 머무르는 동안에도 연극과 오페라를 관람했다. 그의 두 번째 부인 줄리엣은 배우 출신이었다. 퍼스와 줄리엣은 매카이 부부Steele & Mary MacKaye 등 연극계 친구들과 교류를 계속했다. 퍼스는 레구제Regougé의 〈메데아Medea〉라는 아마추어 연극 무대에 서기도 했다. 이는 퍼스가 영어로 번역한 작품이었다(피슈와의 사적 편지).

35. 새벽(1979, 5장과 10장)을 보면, 플라시보 효과(placebo effect, 위약 투여에 의해 발생하는 심리적인 효과로 병세가 실제로 나아지는 일―옮긴이)를 얻기 위해서는 진료 시에 의식을 교묘하게 이용하는 것이 필수적이라는 사실을 알 수 있다. 플라시보 효과는 환자 스스로가 효과가 있을 것이라고 믿기 때문에 발생한다. 의사와 다른 주위 의료인이 장단을 잘 맞춰 주고 분위기 조성도 잘하면 환자의 믿음은 더욱 강해진다. '치료사healers'에 의한 플라시보 효과와 최면을 포함한 암시의 힘에 대해서 의사가 직접 쓴 대중적이고 깊이 있는 글을 읽고 싶으면 Nolen 1974을 참고하기 바란다. 샤이베(Karl E. Scheibe 1978:872-75) 같은 심리학자들은 "정확한 분석력에 뛰어난 기술이 더해진" 홈스의 예견을 '통찰력acumen'이라 불렀다(Scheibe 1978:872-75). 샤이베는 이렇게 말했다. "탐정의 형편없긴 해도 잘 통제된 관찰력과 추리력에 맞서는 데 자신이 불리하다고 믿는 사람이 있다면,… 그는 실제로 자신의 권위를 저버리는 셈이 되고 더 이상 사건을 다룰 희망도 없게 되는 것이다…. 일반적인 사람들이 탐정에게 특별히 사물을 꿰뚫어 보는 능력이 있다고 생각한다면, 탐정의 통찰력은 실제로 그만큼 향상될 것이다. 또한 게임에서 상대방의 순진성이나 쉽게 잘 믿는 속성을 이용할 능력이 있다면 상대방을 조정할 수도 있게 된다. 이것은 신용 사기의 기초다." Scheibe 1979를 더 참조하라.

36. 홈스의 화학 실험은 "왓슨을 혼동시키는 데에도 일조했다"라고 홀(Hall 1978:38)은 말했다(Nordon 1966:222 참조).

37. 물론 탐정소설 작가와 독자 사이에도 이와 비슷한 사기 게임이 빈번하게 벌어진다. 코넌 도일은 간접적으로는 셜록 홈스를 통해서, 직접적으로는 자서전에서 이를 인정했다. 홈스는 왓슨에게 이런 말을 했다. "바로 이런 경우에 추리를 하는 사람이 옆에 있는 사람을 놀라게 하는 효과를 연출할 수 있다네. 옆에 있는 사람이 연역의 기초가 되는 하나의 중요 사항을 놓쳤기 때문에 가능한 거지. 자네의 그럴싸해 보이는 작은 스케치에도 이와 같은 말을 할 수가 있지. 이때 효과를 보려면 몇몇 요소를 자네가 다른 사람에게 결코 알려 주지 않아야 한다네"(「등이 굽은」). 코넌 도일은 자서전(1921:101)에서 탐정소설의 구성에 대해 다음과 같이 서술했다. "우선 아이디어가 있어야 한다. 아이디어의 열쇠를 얻고 나서는 이를 숨기고, 다른 설명을 할 수 있는 그 밖의 것들을 강조해야 한다." 홈스 자신도 의미는 알려 주지 않고 단서만

지적하면서 경찰과 형사들에게 장난치는 것을 즐기곤 했다(「보스콤」, 「소포」, 「서명」, 「실버」).

38. (옮긴이) '셜록 홈스의 보스웰'은 존슨Samuel Johnson의 전기를 쓴 보스웰James Boswell에 왓슨을 빗대어 지칭하는 말이다.

3장

1. 이 논문은 트루치(Truzzi 1973:93-126)에 수록된 것이다.

2. 홈스 이야기를 제외한 도일의 다른 주요 작품은 『'북극성'의 선장The Captain of the "Polestar"』(1887), 『클룸버의 미스터리The Mystery of the Cloomber』(1888), 『미카 클라크Micah Clark』(1889), 『백색 회사The White Company』(1891), 『로드니 스톤Rodney Stone』(1896), 『니젤 경Sir Nigel』(1906), 『잊혀진 세계The Lost World』(1912), 『유럽에서의 영국의 군사 행동The British Campaigns in Europe』(1928), 『보어 대전The Great Boer War』(1900), 『심령론의 역사History of Spiritualism』(1926) 등이 있다. 옐런(Sherman Yellen 1965)은 심령학자로서의 도일에 대해 공감적인 글을 썼다.

3. 과학적 방법론에 관한 홈스의 보다 일반적인 견해는 Kejci-Graf 1967에 잘 나와 있다.

4. 4편의 장편소설과 56개의 단편소설이 홈스의 전설적인 이야기로 인정받고 있다. 작품에는 여러 판이 존재하지만, 베링 굴드William S. Baring-Gould가 훌륭하게 편집하고 서문을 쓴 2권짜리 『주석 달린 셜록 홈스The Annotated Sherlock Holmes』(1967)가 최신 권위작으로 꼽힌다.

이 작품들(셜록 홈스 학자들이 '홈스 이야기' 또는 '신성한 이야기'라고 명명함) 외에도 홈스는 코넌 도일 경의 다른 두 작품(「시계를 가진 남자The Man With the Watches」와 「실종된 특별 열차The Lost Special」)의 주인공으로 알려져 있다. 이 작품들은 『셜로키언 도일The Sherlockian Doyle』(1968)에 실렸다. 「수배자 사건The Case of the Man Who Was Wanted」은 도일 경 사후에 출판된 것으로 처음에는 도일 경의 글로 간주되었다. 그러나 이 글이 휘태커Arthur Whittaker라는 사람이 1913년 도일에게 판 글이라고 널리 알려지기 시작하면서 진위가 의심스러워졌다. 이에 대해서는 브라운(Brown 1969)에 자세히 나온다.

홈스 이야기를 구성하는 60개의 글 중 55개 이상의 경우를 이미 많은 사람들이 언급하고 다룬 바 있다(Starrett 1971:90-92에서 그 목록을 찾아볼 수 있다). 그 결과 소수의 셜록 홈스 학자들은 홈스 이야기에 도일 경의 아들이자 공식 전기 작가인 에이드리언 코넌 도일Adrian Conan Doyle과 카(John Dickson Carr 1954)의 다른 글 12편도 포함시키려는 경향을 보이고 있다.

본 이야기(경전)와 아직도 완전히 인정받지 못한 이야기(외경), 그리고 도일이 홈스에 관해 쓴 몇몇 부수적 참고 문헌(대부분이 홈스 이야기에 기반을 둔 희곡임) 외에도, 홈스 이야기에 직접 기초를 둔 수많은 글이 있는데, 여기에 21편의 연극, 1편의 브

로드웨이 뮤지컬, 수백 편의 라디오와 텔레비전 작품과 적어도 123편의 영화가 포함된다.

이외에도 셜록 홈스에 관한 수백 편의 책과 논문, 또는 홈스 이야기에 대한 수백 편의 모방, 풍자 작품이 있는데, 퀸(Ellery Queen 1944)이 그중 가장 훌륭한 글들을 모아서 정리했다.

5. 셜록 홈스 학자들에 따르면, 도일은 홈스 이야기의 지은이가 아닐 뿐만 아니라 홈스의 친구인 의사 왓슨의 친지일 뿐이며, 왓슨이 홈스 이야기 60편 중 56편을 썼고 (이야기했다고) 한다. 「병사」, 「사자」는 홈스가 직접 쓴 것이 분명하고, 「마자랭」, 「인사」는 작자 미상이다. 셜록 홈스 학자들은 이 두 글의 저자에 관해서 왓슨 부인Mary Watson이나 탐정 레스트레이드Lestrade, 홈스의 먼 친척인 의사 버너Verner에서부터 왓슨이 3인칭으로 기술했다는 의견까지 다양한 주장을 펴고 있다. 위대한 셜록 홈스 학자인 스미스Edgar W. Smith가 처음으로 이 두 글의 저자가 왓슨의 친구인 코넌 도일이라는 극단적인 주장을 하기도 했다. 이 논쟁은 베링 굴드(1967, II:748-750)에 상세히 기록되어 있다.

코넌 도일 경에 대한 전기는 Carr 1949; Nordon 1967; Pearson 1943; Lamond 1931; M. and M. Hardwick 1964를 참조하면 된다. 도일의 자서전(1924)도 있다. 도일의 작품에 관해서는 H. Locke 1928; Nordon 1967:347-351; Carr 1949:285-295를 보면 된다.

6. 많은 셜록 홈스 학자들이 모험 이야기의 순서를 각자 다르게 정해 왔는데, 베링 굴드(1967)는 1874년부터 1914년 사이에 일어난 이야기라고 보고 있다. 베링 굴드 (1962)는 홈스의 전기에서 홈스가 1854년 출생하고 1957년에 사망했다고 기술하여 큰 논란이 되었다. 연대기에 관해 더 알아보고 싶으면 Bell 1932; Blackeney 1932; Christ 1947; Brend 1951; Zeisler 1953; Baring-Gould 1955; Folsom 1964를 참조할 것.

7. Baring-Gould 1967와 Brend 1951가 그 예다. 의사 왓슨의 전기에 관해서는 Roberts 1931 참고.

8. Park 1962와 M. and M. Hardwick 1962 등이 있다. 홈스 이야기에 대한 다른 참고 문헌으로 Harrison 1958; Christ 1947; Bigelow 1959; Petersen 1956; Smith 1940; Wolff 1952, 1955 등이 있다.

9. 셜록 홈스에 관한 훌륭한 글이나 선집을 꼽을 때에는 Bell 1944; Starrett 1940, 1971; Smith 1944; Holroyd 1967가 꼭 포함되어야 한다. 이런 다양한 연구 결과는 수많은 셜록 홈스 관련 잡지에 수록되어 있다. 뉴욕에서 간행되는 『베이커가 저널 The Baker Street Journal』과 런던에서 발행되는 『셜록 홈스 저널 The Sherlock Holmes Journal』이 가장 유명하다. 그 외에도 미국 내 셜록 홈스 학자들이 펴내는 회보나 개인적 간행물도 많다. 『버미사 헤럴드 The Vermissa Herald』, 『데번 주 신문 The Devon County Chronicle』,

『셜록의 그림자Shades of Sherlock』와 연간 간행물인『폰타인 서류Pontine Dossier』등. 광범위한 비평적 참고 목록을 보고 싶으면 Baring-Gould 1967, II:807-824 참고.

10. 미국에서 가장 잘 알려진 단체로는 '베이커가의 비정규병들The Baker Street Irregulars'이 있는데, 이는『토요 문학 평론Saturday Review of Literature』에서 몰리 Christopher Morley가 담당하는 칼럼『볼링 그린Bowling Green』을 통해 1933년에 결성되었다. 이 단체의 간단한 역사는 Starrett 1960:128-136에 소개되어 있으며, 사이언 협회Scion Societies라는 이름으로 아시아를 포함한 세계 각처에 지부를 설치해 놓고 있다. 셜록 홈스에 관한 단체에 대해 알아보고 싶으면 Baring-Gould 1967, I:37-42; Starrett 1960:128-136을 참고할 것.

11. 이런 운동이 지금까지는 실패로 끝났으나, 피카딜리가, 성 바솔로뮤 병원, 스위스 마이링겐Meiringen의 로슬라이 여인숙Rosslei Inn, 심지어 라이헨바흐Reichenbach 폭포에 있는 기념판들은 홈스의 수많은 기념물의 예이다. Baring-Gould 1967, I:43-46에 좀 더 상세한 정보가 나와 있다.

12. Anderson 1903은 범죄학자로서 홈스를 비판적인 시각으로 보고 있다.

13. Nordon 1967:214은 도일이 벨 박사를 묘사한 것이 "너무나 홈스와 흡사해서 사실이 아닌 것 같다"라고 말하고, 홈스의 모델은 과학적인 사람의 이미지에 적절하도록 도일이 귀납적으로 '발명'해 낸 것이라 주장한다. Pearson 1943은 도일이 플리머스에서 잠깐 같이 일했던 기이한 의사 동료 조지 버드George Budd를 본떠 홈스를 만들었을 것이라고 했다. 최근에는 홈스가 사립 전문 탐정인 셰어Wendel Shere를 기본적으로 본떴다는 의견이 신빙성 있게 받아들여지고 있다(Harrison 1971).

14. 『스펙테이터The Spectator』는 이렇게 평했다. "왜곡된 정의의 피해자를 위한 그의 투쟁은 볼테르가 칼라Jean Calas를 이긴 것이나 졸라Émile Zola가 드레퓌스Alfred Dreyfus를 위해 오래 투쟁한 것에 맞먹을 만하다"(익명의 글에서 인용 1959:67).

15. 신문을 내려놓으면서 홈스는 침울하게 말한다. "여보게 왓슨, 도대체 그 의미가 무엇이란 말인가? 이런 비참함과 폭력, 공포의 순환은 어떤 목적을 위한 것인가? 우리의 우주는 어떤 목적을 향해 가는 것이냐 아니면 우연에 의해 결정되는 것일 텐데, 후자는 생각할 수도 없는 일이지. 그러면 도대체 어떤 목적이란 말인가? 사람의 이성으로는 지금까지 답할 수 없었던 크고도 영구한 문제가 존재함에 틀림없다네"(「소포」).

16. "우리는 꽃을 통해 신의 선한 섭리에 대해 확신할 수 있게 되네. 다른 모든 사물들, 우리의 권력, 욕망이나 음식물은 우리가 존재하기 위해 실제로 필요하지. 그러나 이 장미는 그렇지 않다네. 꽃의 향기나 색은 인생의 필요조건이 아니라 그저 장식물일 뿐일세. 이처럼 필요하지 않은 별개의 것은 선함에서 비롯되는 것이네. 그러니 우리는 꽃을 보면서 많은 것을 희망할 수 있다네"(「해군」).

17. 이 글에서 홈스는 자신이 리드Winwood Reade의『인간의 순교The Martyrdom of

*Man*에 동의한다고 밝혔는데, 이는 잘못 인용된 것이다. Crocker 1964를 참조할 것.

18. 비슷한 맥락에서 홈스는 다음과 같이 언급하기도 한다. "어떤 문제를 일단 설명하고 나면 모두 유치해 보이게 되지"(「춤추는」). "이유는 빼고 결과만 말하면 훨씬 더 강한 인상을 줄 수 있다네"(「직원」).

19. 홈스는 왓슨에게 다음처럼 말하면서 이 문제에 관해 강한 입장을 보여 준다. "범죄는 흔하지만 논리는 드물지. 그러므로 자네는 범죄보다는 논리에 더 유의해야 한다네. 자네는 일련의 강의가 될 수도 있는 것을 연속적인 이야기로 깎아내리고 말았군"(「너도밤나무」).

20. 홈스가 다른 여러 이야기들에서 이 분야에 관해 언급한 것을 보면, 홈스가 놀랄 정도로 이 분야에 무지하다는 왓슨의 판단은 명백히 잘못되었다. 대부분의 셜록 홈스 학자들은 홈스가 태양계에 관한 코페르니쿠스의 기본적인 이론을 모른다고 농담했던 것을 왓슨이 못 알아들은 것이라고 생각한다. Baring-Gould 1967, I:154-157, 각주 30-44를 참조할 것.

21. (옮긴이) 「사자」는 홈스가 1인칭으로 서술한 이야기로, 왓슨은 등장하지 않는다.

22. 홈스의 관찰 방법과 현대 범죄 수사학에서 함축된 의미에 관해서는 Hogan and Schwarts 1964를 보라.

23. (옮긴이) 「병사」는 홈스가 1인칭으로 서술한 이야기로, 왓슨은 등장하지 않는다.

24. 홈스는 동일한 환경에 처해야 이러한 과정을 더 잘 용이하게 수행할 수 있다고 믿었다. "나는 그 방에 들어가 앉아서 그 분위기가 나에게 어떤 영감을 주는지 볼 생각이네. 나는 수호신genius loci이 있다고 믿거든"(「공포」).

25. 「서명」과 「녹주색」을 참고하라.

26. 고대 그리스 철학자인 파르메니데스Parmenides의 글에 나오기도 하는 가정-연역 방법은 전혀 새로운 것이 아니다. 이런 방법으로 지식에 접근하는 것에 관한 현대적이고 뛰어난 서술은 Popper 1968:215-250를 보라.

27. (옮긴이) 「병사」는 홈스가 1인칭으로 서술한 이야기로, 왓슨은 등장하지 않는다.

28. 또 다른 부분에서 홈스는 타키투스Tacitus의 다음과 같은 라틴어 격언을 인용한다. "알려지지 않은 것은 모두 훌륭하다고 여겨진다"(「연맹」).

29. Ball 1958은 「라이게이트」에서 홈스가 종이 한 조각을 보고 23가지의 연역을 해내는 것이야말로 이 능력의 결정체라고 주장한다.

30. 퍼스의 가추법을 더 잘 이해하고 싶으면 Cohen 1949:131-153; Feibleman 1946:116-132; Goudge 1950:195-199; Buchler 1955:150-156를 보는 것이 가장 좋다. Black 1967은 귀납법에 관한 일반적인 문제를 간단하게 잘 개관하고 있다.

31. 한 셜록 홈스 학자는 홈스의 추론에 논리적으로 불일치가 있다는 데 주목하고 그가 영적인 초감각적 감지력을 가지고 있기 때문에 결론에서 성공할 수 있는지도 모른다고 논평한 바 있다(Reed 1970). 홈스는 「소포」에서 실제로 왓슨의 생각을

거의 완벽하게 맞히기도 한다.

32. 다음과 같은 예도 포함된다. "남편이 죽은 다음에도 그의 말을 신봉할 정도로 남편을 존경하는 여자는 없다네"(「공포」), "요즘 수취인 지불의 편지를 보내는 여자는 지금까지 없었을 걸세. 그러느니 차라리 직접 오겠지"(「등나무」), "어떤 여자가 자기 집에 불이 났다는 생각을 하게 되면, 본능적으로 가장 소중하다고 여기는 것으로 달려갈 것이네…. 결혼한 여자는 아기를 붙잡을 테고, 결혼을 하지 않은 여자라면 보석 상자를 움켜쥐겠지"(「보헤미아」).

33. 최근 사회심리학자들이 이와 유사한 접근 방법에 관심을 보이고 있는데, Levinson 1966 등이 있다.

34. Winch 1955가 이 개념을 현대적으로 재조명하고 있다.

35. 홈스는 하인들, 특히 그가 조사하는 인물의 이전 고용인들에게서 많은 정보를 얻는다. 그에 의하면, 정보를 구하는 데 있어 "해고당한 점에 앙심을 품고 있는 하인들만큼이나 좋은 수단은 없기" 때문이다(「등나무」).

36. 「설계도」에서 홈스는 신문의 신상 상담란에 거짓 광고를 게재해 악당이 스스로 정체를 밝히도록 만드는 계획을 세운다.

37. 홈스도 여느 백인들처럼 흑인에게 특별한 체취가 난다는 편견이 있었다. 홈스는 흑인 권투 선수인 딕시Steve Dixie에게 "나는 자네의 냄새가 싫네"라고 말하기도 하고, 거짓으로 자신의 향수병을 찾기도 한다(「박공집」). 빚진 의뢰인에 관해 "그 사람은 이제 유대인의 손아귀 안에 잡혀 있다"라고 말하는 것을 보면 홈스가 또한 반유대적 편견도 가지고 있음을 알 수 있다(「쇼스콤」).

38. (옮긴이) 베르티용식 인체 측정법은 프랑스 인류학자 알퐁스 베르티용(Alphonse Betillon, 1853-1914)이 고안한 것으로, 신체적 특징 등으로 범죄자를 식별하는 법이다. 자세한 내용은 이 책의 4장을 참조하라.

4장

1. 이 글의 이탈리아어 원본은 가르가니A. Gargani가 편집한 『이성의 위기Crisi della ragione』(Torino: Einaudi, 1979)의 59쪽부터 106쪽까지이다. 저자는 가까운 미래에 개정 증보판을 출판하기를 희망하고 있다.

2. '패러다임'의 의미에 대해서는 Kuhn 1962을 참조할 것. 쿤이 최근에 제안한 설명과 구분은 그의 이전 주장과 다르다("Postscript" 1969, Kuhn 1974:174 이하에 실림).

3. 모렐리에 관해서는 우선 윈드(Wind 1963:32-51)와 윈드가 인용한 원저를 볼 것. 모렐리의 생애에 대해서는 Ginoulhiac 1940을 참고. 모렐리의 방법을 재검토한 것에 대해서는 Wollheim 1973; Zerner 1978; Previtali 1978를 찾아볼 것. 안타깝게도 모렐리에 대한 일반적인 연구 자료는 없다. 모렐리의 미술사에 대한 글 이외에도 어려서 받은 과학 교육이나 독일 지성인들과의 교류, 위대한 이탈리아의 문학 비평

가 드 상티스Francesco De Sanctis와의 우정, 정치 참여를 분석해 보는 것도 도움이 될 것이다. (모렐리는 취리히에서 드 상티스를 이탈리아 문학의 의장으로 뽑자고 제안한 적도 있다. De Sanctis 1938 참조). 모렐리의 정치 참여에 대해서는 Spini 1956가 얼핏 언급하고 있다. 모렐리의 작업에 대한 유럽의 반응에 대해서는 1882년 6월 22일 바젤에서 밍게티Marco Minghetti에게 쓴 그의 편지를 보자. "부르크하르트Jacob Burkhardt 노인을 어제 저녁 늦게 방문했었는데, 아주 친절히 대해 주었고, 저녁을 같이 보내자고 우겼다네. 그는 행동이나 생각 모두 매우 독창적인 사람이지. 자네와 라우라Donna Laura 둘 다 그를 좋아할 걸세. 그는 레르몰리에프의 책에 대해 암기하듯 이야기했고 나에게도 많은 질문을 했는데 아주 즐거웠다네. 오늘 아침에도 그를 만나러 갈 생각이네…" (Biblioteca Comunale di Bologna, Archiginnasio, Carteggio Minghetti, XXIII, 54).

4. Longhi 1967:234에 의하면 모렐리는 카발카젤레Cavalcaselle보다는 "덜 위대하긴 하지만 중요"했다. 롱기는 모렐리의 "유물론적 암시" 때문에 "그의 방법이 미적 관점에서 천박하고 쓸데없어 보인다"라고 지적했다. (이런 종류의 비평에 대해서는 Contini 1972:117를 참조할 것). 예컨대 파지올로M. Fagiolo도 Argan & Fagiolo 1974:97, 101에서 모렐리를 비판하며 카발카젤레와 비교하고 있다.

5. Croce 1946:15는 모렐리가 "세부적인 것을 원 맥락에서 끌어내 감각적으로 감정한다"라고 비평한다.

6. Longhi 1967:321 참조. "모렐리에게 질적 감정이 대단히 결여되어 있거나, 또는 그가 감정사의 충동에서 그런 감정을 억제했을 것이다…" 롱기는 심지어 모렐리가 "비천하고 동정받아 마땅"하다고 단언한다.

7. Arnold Hauser 1959는 프로이트의 "탐정적" 방법과 모렐리의 방법에 대해 보다 일반적인 비교를 해 보였다.

8. 「소포」는 『스트랜드 매거진』 5호(1893 1-6월)에 처음 실렸다. Baring-Gould 1967:208에 따르면, 몇 달 후 같은 잡지에 인간의 귀의 다양성에 대한 익명의 글이 게재되었다고 한다(「귀에 관한 장Ears: a chapeter on」, 『스트랜드 매거진』 6호, 1893년 7~12월). 베링 굴드는 글의 저자가 코넌 도일이고, 귀에 대한 홈스의 인류학적 논문을 출간한 것이라 생각했다. 그런데 이 논문은 손을 다룬 이전 논문의 후속편으로 보인다. 그 저자는 윌슨Beckles Wilson이며(『스트랜드 매거진』 5호, 1893년 1-7월), 귀에 대한 논문도 동일 작가의 글로 추정된다. 어쨌든 귀의 여러 형태에 대해 묘사하는 부분은 모렐리의 글에 나오는 삽화를 연상시킨다. 적어도 이 시대에 이런 개념이 널리 받아들여졌다는 것은 확인할 수 있다.

9. 이 유사점이 우연의 일치 이상일 수도 있다. 화가 겸 예술 비평가였던 코넌 도일의 삼촌 헨리 도일Henry Doyle은 1869년 더블린 화랑 관장이 됐다(Nordon 1964). 1887년 모렐리는 헨리 도일을 만나고 라야드 경Sir Henry Layard에게 편지를 쓴다. "경이 더블린 화랑에 대해 말하는 것 모두에 관심이 갑니다. 런던에서 지내며 나는 운

좋게 도일 씨를 만났습니다. 나는 도일 씨에게 최고로 좋은 인상을 받았습니다…. 도일 가문이 아니면 누구에게 유럽의 화랑을 맡길 수 있겠습니까?"(British Musem, Add. Ms. 38965, Layard Papers, vol. XXXV c. 120v) 헨리 도일이 모렐리의 방법을 알고 있었다는 것은 입증되었다(미술사가라면 그렇다고 추정할 수도 있었을 것이다). 헨리 도일은 1890년『아일랜드 국립 박물관 소장 작품 목록 *Catalogue of the Works of Art in the National Gallery of Ireland*』을 편집하며 1887년 모렐리의 인도 아래 라야드가 전면적으로 재작업한 쿠글러Kugler의 안내서를 사용했다. 모렐리의 영문 번역판은 1883년 처음 출판된다(Richter 1960의 도서 목록표를 참조할 것). 첫 번째 홈스 이야기(『주홍색』)는 1887년 출간되었다. 따라서 코넌 도일이 자신의 삼촌을 통해 모렐리의 방법을 알게 되었을지도 모른다고 추측할 수도 있다. 그러나 모렐리의 글만이 이런 생각을 나타내지는 않았기 때문에 굳이 필요한 가정은 아니다.

10. 스펙터J. J. Spector의 훌륭한 글이 유일한 예외가 된다. 스펙터는 모렐리와 프로이트의 방법이 서로 연관되어 있다는 가능성을 배제하고 있다(1969:82-83).

11.『꿈의 해석』에서 프로이트는 자신과 린케우스Lynkeus의 관계에 대해 쓴 두 편의 글을 언급했다.

12. Gombrich 1966 참조. 프로이트가 모렐리에 대해 쓴 글을 곰브리치가 언급하지 않았다는 점이 눈에 띈다.

13. 프로이트가 베르길리우스의 시구를 자신의 좌우명으로 삼은 것은 여러 가지로 해석할 수 있다. Schoenau 1968:61-73 참조. 사이먼E. Simon이 가장 납득할 만한 해석을 하고 있는데, 현실에서 숨겨져 있고 눈에 보이지 않는 부분이 보이는 부분만큼이나 중요하다는 해석이다. 라살Lassale이 이미 사용한 베르길리우스의 시구에 담긴 정치적 의미에 대해서는 Schorske 1980:181-207, 특히 200-203의 훌륭한 글을 참조할 것.

14. 리히터가 쓴 모렐리의 부고를 보자(Morelli 1897:18). "거장이 습관적으로 또는 거의 무의식적으로 뿌리고 다닌… [모렐리가 발견한] 특정한 단서들…."

15. 마이어N. Meyer의 소설『7퍼센트의 해결책 *The Seven Percent Solution*』의 참고 문헌 목록을 볼 것. 이 소설은 홈스와 프로이트를 주인공으로 내세우면서 당치않은 성공을 거두었다.

16. 증상symptoms, 기호signs, 단서clues에 대한 구분은 Segre 1975:33와 Sebeok 1976을 참조할 것.

17. (옮긴이) 앞 장에 등장했던 벨 박사를 말하는 것이다.

18. Baring-Gould 1967:7("두 명의 의사와 한 명의 탐정: 코넌 도일 경, 의사 존 왓슨과 베이커가의 셜록 홈스")와 홈스를 창조할 때 영감을 준 벨 박사에 대한 글을 볼 것. Doyle 1924:25-26, 74-75도 참조할 것.

19. Étiemble 1973은 인간은 읽기를 배운 다음에 쓰기를 배운다는, 모순적이지

만 설득력 있는 주장을 했다. 이 주제에 대한 보다 일반적인 글은 Benjamin 1955, 특히 모방 능력에 대한 장을 보라.

20. 중국에서 글과 점의 관계에 대해서는 Grenet 1963, 특히 33-38을 참조할 것.

21. 퍼스가 단순한 귀납법과 구분하여 추정적 또는 '가추적'이라고 정의한 추론 형태에 관한 것이다. 한편 보테로I. Bottéro는 메소포타미아 지방의 예언에서 연역적 요소를 강조하고 있다(Bottéro1974:89). 이런 정의는 보테로 스스로 잘 재구성해 놓은 복잡한 탄도trajectory를 (왜곡할 정도로) 지나치게 단순화하고 있다. 이런 단순화는 '과학'에 대한 편협하고 일방적인 정의로부터 유래한다. 이는 점술이나 연역적 성격이 거의 없는 의학에 대한 의미심장한 보테로의 유추와 어긋난다. 이 글에서 제안하는 메소포타미아 지방 예언의 두 가지 경향과 설형문자의 혼합된 특성 간의 대비는 보테로의 글에서 일부 따온 것이다.

22. Diller 1932:14-42, 특히 20 이하를 참조할 것. 유추적 접근 방법과 기호학적 접근 방법에 대한 그의 반대가 옳은 것만은 아니다. 딜러는 후자가 유추를 "경험론적으로 이용"한다고 해석했다. Melandri 1968:25 이하 참조. Vernant 1974:19에 의하면 정치적, 역사적, 의학적, 철학적, 과학적 진보는 예언에 기초한 태도에서 벗어난다는 것을 함축하고 있다. 베르낭은 예언과 영감에 의한 예언을 동일시하는 듯하다. 그리스에서조차 영감에 의한 예언과 분석적 예언의 공존에 대해 설명하기가 힘들었다는 것에 관해서는 11쪽을 참조할 것. 24쪽에서는 히포크라테스의 징후학에 대해 은근한 평가 절하를 하고 있다(Melandri 1968:251, 특히 Détienne and Vernant 1978도 참조할 것).

23. Vegetti 1965:22-23를 볼 것. Timpanaro Cardini 1958, 1:146 이하가 알크메온의 미완성 유고를 편집했다.

24. 이에 대해 Détienne and Vernant 1978이 방대한 연구를 수행했다. 프랑스어 원본에서는 메티스의 예언적인 특성을 다루었다(104쪽 이하). 여기에서 명시한 다양한 종류의 지식과 예언 사이의 연관 관계에 대해서는 145-149쪽(선원들)과 270쪽 이하를 참조하면 된다. 의학에 관해서는 297쪽부터 볼 것. 히포크라테스와 투키디데스의 추종자들의 관계에 대해서는 Vegetti and Diller, 1932:22-23를 볼 것. 의학과 사료 편찬학의 유대 관계는 다른 식으로도 알아볼 수 있는데, Momigliano 1975:54가 기록해 놓은 '부검'에 관한 연구 등이다. 메티스의 영역에서 여성이 등장하는 것은 Détienne and Vernant 1978, 프랑스어판 20, 267에서 논의되고 있으며 이 글의 최종판에도 게재될 것이다.

25. 코니엑터coniector는 예언자 신관이며 점쟁이였다. 내가 비록 Timpanaro 1976를 여기저기 끌어들이긴 했지만 실은 팀파나로의 글을 뒤집은 셈이 되었다. 팀파나로는 정신분석학이 너무나 마술에 가깝기 때문에 수용될 수 없다고 생각하고 있었다. 반면 나는 정신분석학뿐만 아니라 인문, 사회과학의 대다수가 지식을 만들어 나

가는 데 있어 예견적 접근 방식에 기초하고 있다고 제안하는 것이다(이 논문의 마지막 부분을 볼 것). 팀파나로는 『프로이트의 실수 The Freudian Slip』에서 마술의 개별화 경향과 의학과 문헌학이라는 두 가지 과학의 개별적 특징에 대해 지적했다.

26. Bloch 1953에는 역사 지식의 "그럴 수도 있는(즉, 확실치 않은)" 특성에 대한 주목할 만한 글이 실려 있다. Pomian 1975:935-952은 지식이 흔적이나 단서에 의존한다는 간접적인 특성을 강조한다. 포미안을 보면 베네딕트 교단의 생모르St. Maure 학파(엄밀한 원문의 대조·교정을 거쳐 교부들의 저작집을 출판한 것으로 유명하다— 옮긴이)가 발전시킨 비평적 방법이 중요하다고 주장했던 블로크가 은연중에 떠오른다. 직관으로 가득 찬 포미안의 글은 역사와 과학의 차이에 대한 간단한 논의로 끝을 맺는데, 차이점 중에 지식에 대한 다소 개별화된 접근 방법은 포함되어 있지 않다(1975:951-952). 의학과 역사 지식의 관계에 대해서는 Foucault 1977를 참조하면 된다. 다른 관점에 대해 알고 싶으면 Granger 1967:206 이하를 보기 바란다. 역사 지식과 감정 이입을 동일시한다든지 또는 역사와 예술을 등가물로 취급한다든지 하는 경우가 워낙 흔하기 때문에, 내가 역사 지식의 개별화적 특성을 강조하는 것을 보고 오해를 할 수도 있겠다. 물론 이 글은 전혀 다른 취지에서 쓰였다.

27. 문자 발명의 영향에 관해서는 Goody & Watt 1962-63, 1977, 또한 Havelock 1973을 읽어 볼 것. 인쇄기 발명 이후의 텍스트 비평사에 대해서는 Kenney 1974를 보면 된다.

28. 크로체Benedetto Croce가 제안한 표현espressione과 표시estrinsecazione의 구분은 비록 신비한 용어를 쓰기는 하지만, 텍스트의 개념이 탈물질화되어 가는 역사적 과정을 잘 포착하고 있다. 이 글에서는 이를 개관하고자 했다. (크로체의 관점에서는 분명하게) 이런 구분을 예술(Art, A를 대문자로 쓴 것에 유의하라)로까지 확장시키는 것은 이치에 합당하지 않은 것 같다.

29. Timpanaro 1963:1는 "과학이라기보다는 예술"에 가까운 19세기 이전의 학문은 주로 추측conjectures, emendatio에 바탕을 두고 있었으며 후에 관찰recensio로 옮겨 가면서 과학적이 되어 간다고 주장한다.

30. (옮긴이) 여기서 텍스트가 추상적인 존재라는 것은 텍스트가 구체적이고도 특정한 지칭 대상과 분리될 수 있다는 뜻이다. '강아지'라는 단어를 쓰는 순간, 그 '강아지'라는 텍스트는 내가 키우는 특정한 개로부터 분리된다. 내가 쓴 '강아지'라는 텍스트를 보고 다른 사람이 그대로 옮겨 쓸 수 있는 것은 '강아지'라는 텍스트의 추상화된 측면뿐이다. 즉 어떤 대상이든 그것을 텍스트화하는 순간, 그 텍스트는 대상의 개별적이고도 구체적인 '질적인 측면'을 철저하게 배제한다.

31. Timpanaro 1976에 인용된 비데Bidez의 금언을 참조할 것.

32. Garin 1961:451-464은 갈릴레오의 이 글과 다른 글들을 필자와 유사한 관점에서 해석했다.

33. 체시와 참폴리에 관해서는 아래를 참조하고, 파베르에 대해서는 Galilei 1935,13:207을 볼 것.

34. 로시와 마찬가지로 나우데Naude도 만치니를 "철저한 무신론자"라고 불렀다 (Pintard 1943, 1:261-262).

35. Mancini 1956-1957. Mahon 1947:279 이하는 '미술 감정가'로서 만치니의 중요성에 대해 강조하고 있다. Hess 1968도 많은 언급을 하고 있으나 지나치게 짧은 결론을 내리고 있다.

36. 82쪽에서 만치니는 자신이 내렸던 진단(환자는 교황 우르바노 8세였고, 진단 내용은 곧 정확한 것으로 판명되었다)이 어떻게 천리안이나 예언이라고 불리게 되었는지에 대해 설명했다.

37. 판화와 회화는 분명히 구분된다. 오늘날의 일반적인 경향 중의 하나는 독특하며 유일무이한 예술 형태에서 탈피하는 것('대량 복제 되는 미술품multiples'이 명백한 사례다)이라고 할 수 있겠다. 그러나 '신체 예술'이나 '대지 예술'(land art, 지형이나 경관을 소재로 하는 공간 예술－옮긴이)처럼 반복 불가능성을 강조하는 경향 또한 공존하고 있다.

38. (옮긴이) 『광란의 오를란도』는 이탈리아의 시인 루도비코 아리오스토 (Ludovico Ariosto, 1474-1533)가 지은 르네상스 시대의 서사시이다.

39. 모두 Benjamin 1969에 의존하는 것인데, 벤야민Walter Benjamin은 조형미술에 대해서만 논의했다. Gilson 1958:93, 특히 95-96은 특히 회화의 독특함과 유일무이함이 문학 텍스트의 재생산성과 반대된다고 했다. (나는 투르치Renato Turci의 도움을 받았다.) 질송Étienne Gilson은 나와 달리 역사적 차이가 아닌, 본질적인 차이로 파악하고 있다. 하지만 예컨대 화가 데 키리코Giorgio De Chirico가 자신의 작품을 가짜로 흉내내는 경우를 생각해 보자. 이러한 사례는 예술 작품의 절대적인 독특함과 유일무이성에 대한 오늘날의 믿음 때문에, 예술가가 자신의 생물학적 독특성(이것은 시간이 지남에 따라 변할 수도 있는 것이다－옮긴이)이 등한시될 수도 있음을 보여 준다.

40. 인용 부분 말미에서 'pittura'와 'scrittura'를 맥락에 맞게 'painted'와 'written'으로 대체했다.

41. 만치니가 말한 사람이 알라치Leone Allacci로 추정되는 이유이다. 인용된 예처럼 알라치는 다른 글에서도 그리스어와 라틴어로 된 고대 원고의 시대를 추정해 낼 수 있는 '바티칸의 사서'에 대해 언급하고 있다(1956-57, 1:106). 이 글은 『그림에 대한 논문Discorso sulla pittura』이라 알려진 짧은 책에 나오지는 않는다. 만치니는 이 책을 1619년 11월 13일 이전에 끝냈다(같은 책 30; 논문의 텍스트 291 이하, 그림 '감정'에 대해서는 327-330을 볼 것). 알라치는 1619년 중반 바티칸의 '서기'로 임명된다(Odier 1973:129, 알라치에 대한 최근 연구는 128-131에 명시되어 있음). 만치니가 말했듯이, 당시 로마에 알라치만큼 그리스어와 라틴어 원고에 능통한 사람은 없었다. Casamassima

1964:532는 고문서학에서 알라치의 중요성에 대해서뿐만 아니라 알라치와 마비용 Jean Mabillon의 관계에 대해서도 다루었다. 그런데 카사마시마Emanuele Casamassima는 후편에서 자세히 이야기하겠다고 약속하고 후편을 내지 않았다. 바티칸 도서관의 알라치 편지 모음집에는 그가 만치니와 교류한 것에 대한 언급이 없지만, 둘 다 로시 G. V. Rossi와 교분이 있었던 것을 보면 같은 지적 모임에 속해 있었음이 분명하다 (Pintard 1943 참조). 알라치와 교황(우르바노 8세, 알라치는 이후 그의 사서가 된다)이 되기 전의 바르베리니Maffeo Barberini의 우정에 관해서는 Mercati 1952:26, 주1을 보면 된다. 이미 말했지만, 알라치는 우르바노의 주치의였다.

42. 관상술physiognomy과 점술에 대해 몇 편의 논문을 썼던 발디Camillo Baldi에 대해서는 Tronti 1963를 참조하라. 트론티M. Tronti는 모레리Moréri의 경멸적인 논평을 인정하면서 글을 마쳤다. "하찮은 주제에 대한 글이다." 만치니는 1619년 11월 13일 이전에 쓴 『그림에 대한 논문』(주 38 참고)에서 다음과 같이 적었다. "어떤 고귀한 사람이 육필의 개인적 특성에 대해 논의했다. 현재 널리 알려진 소책자에서 이 고귀한 사람은 특징의 이유를 분석하고 명시하려고 시도했다. 그는 글 쓰는 방법을 글쓴이의 습관이나 양상과 연결시키려 했으나, 소책자는 너무나 짧았다"(1956-57:306-307). 나는 여기에서 "추상적astratta"이라는 용어를 "짧다astretta"로 대체했는데, 이는 볼로냐 대학 도서관 원고 1698(60), c.34 r.에 기초한 것이다. 이 글의 저자가 발디라고 확신하기에는 두 가지 문제가 있다. (1) 발디의 『논고Trattato』 첫 인쇄본은 1622년 카프리에서 나온다(그렇기 때문에 1619년 정도에 이미 "널리 알려질" 수 없었을 것이다), (2) 만치니는 『그림에 대한 논문』에서 "고귀한 사람"에 대해 다루고, 『고찰 Considerazioni』에서 "기지가 있는 재사"에 관해 말하고 있다. 그러나 발디의 『논고』 초판본에 나오는 인쇄인의 경고를 읽고 나면 두 가지 문제는 해결된다. "저자는 이 소논문을 출판하고 싶어 하지 않았다. 그렇지만 비서 한 명이 다양한 작가의 필적과 편지를 포함한 이 논문을 자신의 이름으로 인쇄했기 때문에, 나는 이제 진실을 밝히고 진짜 저자의 이름을 제대로 밝혀내는 것이 마땅히 해야 하는 일이라고 생각하게 되었다." 그러니까 만치니는 우선 '비서'가 인쇄한 '소책자'를 보았던 것이다(비서의 신원은 확인할 수 없었다). 그 후 만치니는 어쨌든 원고본으로 유통되던 발디의 『논고』를 읽었을 텐데, 인쇄본과는 약간 차이가 있었다(발디의 다른 글도 수록하고 있는 라벤나 클라센세 도서관Biblioteca Classense, Ravenna의 원고 142를 참조할 것).

43. 25-28쪽을 대체로 참조할 것. 이 글은 Schlosser 1926, 2.4의 "모렐리 방법"의 전조로 알려져 있다.

44. Scalzini 1585:77-78를 예로 들어 보자. "이런 식으로 글 쓰는 데 익숙해진 사람은 곧 자신의 손의 천부적인 대담함이나 속도를 잃어버리고 만다…"; Cresci 1622:84 "…붓의 한 획이나 붓놀림만으로도 작자를 알아낼 수 있다는 주장을 믿어서는 안 된다…" 등등.

45. Scalzini 1585:77-78 참조. "만약 장식과 허세를 동원하면서 조용히 글씨를 쓰는 사람들이 왕이나 군주를 위해 일을 하게 된다면 4시간 동안 40~50장의 긴 편지를 써야 할 터인데 과연 시간을 얼마나 달라고 하겠는가?"(이 논쟁적 글은 표적을 익명의 "거만한 선생들"로 삼고 있다. 이들은 느리고 힘이 많이 가는 필법을 교육한다고 비난을 받았다.)

46. "자연이 모든 이에게 펼쳐 놓은 위대한 책은 이마뿐만 아니라 두뇌에도 눈이 달렸다"(Raimondi 1974:23-24가 인용하고 논함).

47. Bottéro 1974:101를 참조할 것. 그러나 보테로는 보다 단순하게 인간 중심적 접근 방법 때문이라기보다는 "공식적 빈곤" 때문에 점술에서 광물이나 식물 또는 어느 정도까지 동물을 덜 이용한다고 보고 있다.

48. 이 페이지는 파베르가 쓴 글의 일부인데, 속표지로 확인하기는 분명치가 않다. Raimondi 1974:25 이하가 이 책의 중요성을 강조하면서 훌륭하게 논했다.

49. Mancini 1956-1957, 1:107는 뒤러Albrecht Dürer의 천궁도에 대한 준티노Francesco Giuntino의 글을 인용한다. (『고찰』 2:60, 주 483의 편집자는 저자를 확인하고 있지 않지만 Giuntino 1573:269v를 참고할 것.)

50. 교황 우르바노는 삽화가 딸린 이 글을 출판해야 한다고 주장했다(Lynceo 1651:599). 풍경화에 담긴 사람들의 모습에 관심이 있으면 Cavina 1976:139-144를 볼 것.

51. Raimondi 1974의 흥미로운 에세이를 볼 것. 화이트헤드Alfred North Whitehead를 따라 라이몬디 역시 추상적-수학적인 것과 구체적-묘사적인 것이라는 두 패러다임의 대비를 과소평가하는 경향이 있기는 했다. 베이컨Francis Bacon의 과학과 고전적 과학의 대조에 관해서는 Kuhn 1975을 참조할 것.

52. 이 글에서 거의 다루지 않은 이 주제에 대해 관심이 있으면 Hacking 1975의 자세한 책을 보면 된다. Ferriani 1978도 꽤 도움이 될 것이다.

53. 나는 여기에서 약간 다른 의미이기는 하나 Foucault 1977b:167-169의 고찰을 받아들이고 있다.

54. Winckelmann 1954, 2:316(1763년 3월 30일 로마에서 비안코니G.L. Bianconi에게 쓴 편지)와 498에 대한 주를 참조하라. "작은 통찰력"은 Winckelmann 1952, 1:341에 언급되어 있다.

55. 청년 시절과 발전에 대한 소설에도 적용된다(교양소설Bildungsromanen). 이 관점에서 보면 소설은 우화의 진정한 계승자이다. Propp 1946 참조.

56. 세르캄비Giovanni Sercambi에 대해서는 374쪽 이하를 참조할 것. 『세렌디포 왕의 세 아들의 여행담』의 기원과 확산에 관한 체룰리E. Cerulli의 논문에는 이 이야기의 동양적 기원과 후에 간접적으로(『자딕』을 거쳐) 탐정소설에 미친 영향도 통합할 필요가 있다.

57. 체룰리는 독일어와 프랑스어, (프랑스어에서) 영어, (독일어에서) 덴마크어의 번역본에 대해 말하고 있다. 이 목록은 내가 보지 못한 책(Remer 1965)에 점검, 확장되어 수록된 듯하다. 이 책은 184~190쪽에 개정판과 번역본 목록을 싣고 있다 (Heckscher 1974:131, 주46 참조).

58. Heckscher 1967:245, 주 11을 발전시킨 것이다. 헤크셔의 두 논문은 인용이 풍부하고 다양한 생각이 담겨 있다. 그리고 나와 비슷한 시각에서 바르부르크Aby Warburg 방법의 기원을 점검해 보고 있다. 나는 후의 개정판에서 헤크셔가 제안한 라이프니츠의 길을 좇아 볼 계획이다.

59. Messac 1929를 일반적으로 참조하라(뛰어나기는 하나 이제 다소 구식이 되었다). 『세렌디포 왕의 세 아들의 여행담』과 『자딕』의 관계에 대해서는 17쪽 이하와 211-212쪽을 볼 것.

60. Huxley 1881:128-148 참조. (이 글은 실은 전년도에 행해진 강의였다. 나는 이 글이 Messac 1929에 인용된 것을 보고 관심을 갖게 되었다.) 132쪽에서 헉슬리는 이렇게 설명하고 있다. "'점술'의 한정된 의미 내에서도 예언적 기능의 본질은 분명 시간의 과정과 역행 또는 선행 관계보다는 보는 이의 자연적인 감각으로는 보이지 않는 것을 본다는 것이 직접적인 지식의 영역 밖에 있음을 아는 데 있다." Gombrich 1969:35 이하 참조.

61. 25쪽에서 청년 르코크의 "젊은 이론"은 노탐정 제브롤Gévrol의 "노련한 실전 경험"과 대비되고 있다. 제브롤은 "실증주의자 경찰 챔피언"(20쪽)이고 자신이 볼 수 있는 것 앞에서 갑자기 멈추기 때문에 아무것도 못 볼 위험이 있다.

62. 영국에서 (공인된 과학이 이를 경멸하던 때에) 골상학이 오랫동안 대중적 지지를 얻은 점에 관해서는 Giustino 1975를 참조할 것.

63. "내 연구는 이제 결론에 도달했다…. 시민 사회는 정치경제학으로 해부되어야만 한다는 것이다"[Marx, *A Contribution to the Critique of Political Economy* 서문 (1859)].

64. Zerner 1978는 이 글의 기초를 모렐리가 세 단계로 구분했다고 주장한다. (1) 화단의 일반적인 특징, (2) 손이나 귀 등에서 드러나는 화가의 세부적인 특성, (3) 무의식적으로 도입된 독특한 버릇. 티치아노의 그림에서 반복되는 "남자의 과장된 엄지손가락"은 모방자라면 피할 "실수"라는 모렐리의 지적을 보면 (2)와 (3)은 하나로 합칠 수도 있을 것이다(1897:174).

65. 여기에서 논의되는 만치니의 글은 Baldinucci 1681:7-8를 거쳐 모렐리와 란치의 이탈리아 미술사(Lanzi 1968)에 영향을 주었을지도 모른다. 내가 아는 바로는 모렐리가 만치니의 『고찰』을 언급한 적은 한 번도 없었다.

66. 1885년 발데크-루소Waldeck-Rousseau 법에 따라 전과 기록이 많은 범법자들은 투옥되고 구제 불가능하다고 여겨지는 범법자들은 추방되었다. Perrot 1975:68

참조.

67. 1832년 프랑스에서 죄수에게 낙인찍는 것이 금지되었다. 『몬테크리스토 백작』, 『삼총사』는 1844년 작품이며(둘 다 뒤마의 작품), 위고의 『레미제라블』은 1869년에 출간되었다. 이 시대의 문학 작품에 나오는 죄수 목록은 프랑스나(보트랭Vautrin 외) 영국 소설, 특히 디킨스Charles Dickens로도 확장될 수 있다.

68. 앙시앵레짐Ancien Régime은 '구체제'라는 뜻으로, 프랑스 혁명 이전의 절대왕정 체제를 뜻한다. 다수의 국민이 소수의 특권 계층에게 억압받는 엄격한 계급 사회를 일컫는다.

69. Bertillon 1893b:xlviii. "신원 확인을 하는 데 귀가 가장 분명한 효과를 보여 주는 예는 법정에서 특정 낡은 사진이 '의심할 여지없이 우리 앞에 있는 사람을 나타냄'을 확인시켜 주는 경우이다⋯. 똑같은 귀가 두 개 있을 수는 없다⋯. 만약 귀가 같은 것이라면, 쌍둥이인 경우를 제외하고는 그것만으로도 같은 인물이라는 필요충분조건이 된다." 또 Bertillon 1893a, 삽화 60b 참조하라. 베르티용이 셜록 홈스를 칭송하는 것에 관해서는 Lacassin 1974, 1:93을 볼 것(방금 귀에 대해 이야기한 부분을 주 8에서 인용하고 있음).

70. 필적 전문가로서의 기술 때문에 베르티용은 드레퓌스Dreyfus 사건에 불려가 유명한 각서의 진위 여부에 대한 입장을 밝혀야만 했다. 베르티용의 평결이 확실히 드레퓌스에 불리했기 때문에 그는 경력상의 고생을 경험하게 된다(라고 전기에서 주장하고 있다)(Lacassagne 1914:4).

71. 4쪽 저자의 감사의 글을 볼 것. 26~27쪽에서 그는 현실화되지 못한 전례에 대해 말하고 있다. 샌프란시스코의 한 사진사가 지문으로 중국인 사회의 신원 확인을 간단히 하자고 제안한 적이 있다고 한다.

72. 여기서는 Traube 1965를 언급하며, 이 문제는 Campana 1967:1028가 제기했다. Warburg 1932는 고대 이교도의 문예 부흥에 관해 논한다(첫 논문은 1893년에 쓰였다). Spitzer 1910; Blcoh 1973(1924년 처음 출간됨). 비슷한 예들이 늘어날 수도 있는데, Agamben 1975:15를 참조하기 바란다(10쪽에서 바르부르크와 스피처를 인용하고 트라우베를 언급하고 있음).

73. 캄파넬라Tommaso Campanella의 정치 금언집은 원래 라틴어로 쓰인 『레알리스 필로소피아Realis Philosobia』의 한 부분(「정치 금언 요약집De politica in aphorismos digesta」) 이었다. 이외에도 Canini, 1625 참고(Bozza 1949:141-43, 151-52 참조). 『문학 사전 Dictionnaire Littré』에서 '금언Aphorisme' 부분도 참조할 것.

74. 이 용어는 원래 법에서 사용된 것이었다. 이것의 간략한 역사에 관해서는 Koselleck 1969 참조.

75. 이에 대해서는 이 글의 최종판에서 더 발전시킬 예정이다.

76. 스탕달Stendhal 편, 『개인주의의 회상Souvenirs d'égotisme』 1948:51-52과 비교해

보라. "빅토르(자크몽)는 아주 특이한 사람으로 보였다. 그는 아직 잘 서지도 못하는 4개월 된 망아지를 보고 훌륭한 말이 될 기질을 찾아낼 수 있는 감정가connoisseur와 같은 사람이었다." [스탕달은 프랑스어 connoisseur를 영어적 의미로 사용하는 것에 관해 변명하고 있다. Zemer 1978:215, 주 4는 심지어 오늘날에도 영어의 감정업connoisseurship에 해당하는 단어가 프랑스어에는 없는 것에 대해 언급했다.]

77. 무라드Youssef Mourad의 통찰력 있고 자세한 책을 참조할 것(1939:1-2).

78. 보르헤스Jorge Luis Borges 이야기처럼 보이는 알 샤피Al-Shafi'i의 특이한 모험담 (기독교 달력으로 9세기)에 대해서는 Mourad 1939:60-61를 참조할 것. Messac 1929은 피라사firasa와 세렌디포 왕의 관계를 잘 지적하고 있다.

79. Mourad 1939:29는 자데(Tashkopru Zadeh 1560)의 논문에 따라 관상학의 분야를 다음처럼 구분하고 있다. (1) 검은 점과 홈에 관한 민간전승, (2) 수상술(手相術, chiromancy)- 손금 보기, (3) 견갑골술(肩胛骨術, scapulomancy)- 견갑골을 이용한 점술, (4) 흔적을 보고 점치기, (5) 사지와 피부를 검사해 보는 계통적 민간전승, (6) 사막에서 길을 찾는 기술, (7) 점술로 수맥 찾기, (8) 지하 광맥을 찾는 기술, (9) 비를 예견하는 기술, (10) 과거와 현재의 사건을 이용한 예언, (11) 신체의 무의식적인 움직임을 보고 예견하기. 무라드는 15쪽 이하에서 근간 저서에서 관상학에 대한 아랍의 연구 결과와 형태심리학자들의 개별성의 인식에 대한 학술 결과를 비교할 것이라고 말하고 있다.

5장

1. (옮긴이) 원문에는 'Stargeson'으로 표기되어 있는데, 「주홍색」에는 'Stangerson'으로 되어 있다. 여기서는 「주홍색」을 따른다.

2. (옮긴이) normal science는 흔히 '정상 과학'이라고 번역된다.

3. 이 글의 참고 문헌은 다음과 같다. Copi 1953; Eco 1976, 1980; Feibleman 1946; Hammett 1930, 1934; Haycraft 1941, 1946; Hoffman 1973; Millar 1969; Peirce Mss. 475, 682, 689, 690, 1146, 1539; Poe 1927; Robin 1967; Scheglov 1975; Stout 1938; 이 책의 2, 3, 10장.

6장

1. (옮긴이) 「탐정」에서 홈스는 병에 걸려 죽기 직전인 것처럼 가장한 뒤, 자신이 걸린 병의 최고 권위자인 컬버턴 스미스를 불러 달라고 왓슨에게 부탁한다. 왓슨의 요청으로 홈스의 집에 도착한 컬버턴 스미스는 홈스가 거의 죽기 직전이라고 생각하고 자신의 범죄를 자랑스럽게 떠벌린다. 그러자 홈스는 가장을 중단하고, 컬버턴 스미스는 아연실색하다가 체포된다. 왓슨 역시 홈스에게 완전히 속아서 홈스가 가장하고 있음을 전혀 알아차리지 못했다.

2. (옮긴이) 「사자」는 홈스가 1인칭으로 서술한 이야기로, 왓슨은 등장하지 않는다.

3. (옮긴이) 해파리의 한 종류로, '사자갈기 해파리lion's mane jellyfish'라고도 불린다. 맹독을 가진 거대한 해파리로, 마치 사자갈기처럼 생겼다. 「사자」에서 맥퍼슨은 이 해파리의 독에 죽는다. 홈스는 맥퍼슨이 죽어 가면서 남긴 '사자의 갈기'라는 말을 통해서 범인을 찾아냈다.

4. (옮긴이) 바로 남장한 아이린 애들러였다. 그는 홈스가 목사로 변장해서 자신의 집에 방문했다는 사실을 알아내고, 남장을 한 뒤 홈스를 뒤쫓아 인사를 건넨다. 그리고 짐을 챙겨서 집을 떠나 버렸다. 홈스는 바로 다음 날 아이린 애들러의 집으로 들이닥칠 계획이었으므로, 홈스의 완전한 패배였다.

5. (옮긴이) 이 사건의 의뢰인인 보헤미아 국왕은 가면을 쓰고 홈스의 집에 방문했고, 홈스는 단번에 그의 정체를 밝혀냈다.

6. (옮긴이) 아직 정체를 밝히지 않은 보헤미아의 국왕을 말한다. 그는 폰 크람 백작이라는 가명을 사용했다.

7. (옮긴이) 홈스가 죽을병에 걸린 척하여 왓슨이 의사로서 몸 상태를 봐 주려 하자 거부하면서 한 말이다. 홈스는 자신의 병을 봐 달라는 핑계로 살인범 컬버턴 스미스를 불러들일 생각이었다.

8. (옮긴이) 왓슨은 결혼하면서 더 이상 홈스와 같은 집에서 살지 않게 된다.

8장

1. 예컨대 게임 이론은 갈등에 대한 이론임을 암시한다. 그러나 게임 이론에서는 갈등의 전략뿐만 아니라 협동의 전략도 다룬다.

9장

1. 에코는 이 책의 10장에서 단서에 드러나는 유형을 구별하고 가추법의 역할을 다루며 『자딕』을 기호학적으로 분석했다.

2. (옮긴이) 화자는 바다에서 물이 빙빙 돌면서 아래로 빨려 들어가는 소용돌이에 휘말렸지만 끝까지 빨려 들어가지 않고 살아남는다.

3. (옮긴이) 원문에서는 분석, 분석학 모두 analysis라는 단어를 사용했다. 의미상 정확한 용어는 '분석학'이 아닌 '해석학'이지만, 매끄러운 내용 전달을 위해 '분석학'이라고 번역했다. 수학의 해석학analysis은 미적분학을 포함하여 극한, 급수, 연속성 등 함수의 성질을 연구한다. 철학의 해석학hermeneutics과는 전혀 다른 것이다.

4. (옮긴이) 몰리에르의 희극 『서민 귀족』(1670)의 주인공 주르댕Jourdain은 중산 계급의 부자로 귀족이 되고 싶어 안달이 나 있으며, 억지로 교양 있는 척하는 모습이 희극적이다. "음악을 더 잘 들을 수 있도록 실내복을 가져오라 했던 것" 역시 억지로 귀족의 모습을 갖추고자 하는 우스꽝스러운 장면이다.

5. 코넌 도일이 창조해 낸 셜록 홈스 역시 한 사건을 숙고할 때면 이와 유사한 몽상에 빠져든다는 것에 주목하라. 이 책의 2장 참조.

10장

1. (옮긴이) 예컨대, '이성을 갖췄으며 언젠가는 죽는 동물'(M)로 정의되는 인간(S)은 보다 상위의 포유류(P)에 속하므로, P의 특성(새끼를 낳아 젖을 먹임) 역시 갖는다. 따라서 인간 S에게 특성 M 외에도 특성 P가 존재한다는 것은 우연에 의한 것이 아니라 일정한 원칙에 의한 것이다.

2. (옮긴이) 이러한 관점에 따르면 인간(S)에게 '이성을 갖췄으며 언젠가는 죽는 동물'(M)이라는 특성 외에도 '웃을 수 있는 능력'(P)이라는 특성이 있는 것은 어떤 원칙에 의한 것이 아니라, M과 P라는 특성들이 하나의 종 S에 우연히 모여 있는 것이 된다.

3. (옮긴이) 아리스토텔레스의 분류, 정의 그리고 포르피리우스의 나무가 제기하는 여러 가지 문제점에 대한 보다 자세한 논의는 Umberto Eco, *Semiotics and the Philosophy of Language*(London: Macmillan, 1984), 2장을 참조할 것.

4. (옮긴이) Balme 1975가 어떤 문헌인지는 이 책 어디에도 나와 있지 않다. 책 뒤에 실린 참고문헌 목록에서 누락되어 있으니 오류임이 분명하다. 옮긴이의 검색으로는 다음 논문인 듯하다. Balme, David M. "Aristotle's use of differentiae in zoology," *Articles on Aristotle* 1 (1975): 183-193. 상당한 정도의 확신으로 이 논문일 것 같다는 '추론'을 해 보는 것은 물론 자연스런 가추법에 따른 결론일 것이다. 그러나 우리가 이 글의 저자가 아닌 이상 '확증'할 수는 없는 노릇이고 확고한 결론에 도달할 수도 없다. 원저에는 누락된 이 논문을 '추론'에 입각해서 인용해 두는 것은 성실한 번역자의 자세일까, 아니면 번역의 경계를 넘나드는 주제넘은 짓일까?

5. (옮긴이) 우리가 모든 S에 대해 서술하는지 아니면 단지 몇 개의 S에 대해서만 서술하는지에 따라서, 그리고 'P이다'라는 긍정 서술을 하는지 아면 'P가 아니다'라는 부정 서술을 하는지에 따라 우리는 네 가지 종류의 명제를 만들 수 있다.

(1) 보편 긍정형 (A형) : 모든 S는 P다.
(2) 특수 긍정형 (I형) : 어떤 S는 P다.
(3) 보편 부정형 (E형) : 모든 S는 P가 아니다.
(4) 특수 부정형 (O형) : 어떤 S는 P가 아니다.

전통적으로 이러한 네 가지 형태의 명제들을 각각 A, I, E, O 라 칭했는데, 이는 라틴어의 나는 긍정한다Affirmo와 나는 부정한다nEgO라는 단어에서 나온 것이다. 아리스토텔레스는 이렇게 표현될 수 있는 다양한 형태의 명제들 한 쌍으로부터 하나의 결론이 도출될 수 있음을 보였다. 이처럼 두 개의 전제로부터 하나의 결론을 이끌어내는 것이 '삼단 논법syllogism'이다. 가장 잘 알려진 삼단 논법은 명제가 모두 A형으로 구성된 AAA형이다.

모든 인간은 죽는다.　　　　　　(모든 M은 P이다.)
모든 그리스 사람은 인간이다.　　(모든 S는 M이다.)
모든 그리스 사람은 죽는다.　　　(모든 S는 P이다.)

　AAA 형식은 흔히 바바라, 즉 bArbArA 삼단 논법이라고 불린다. 여기에서 '바바라'는 여자 이름이라기보다는 AAA 세 글자가 자연스레 들어가는 이름일 뿐이다. 이는 또한 라틴어로 '야만인barbarian'을 뜻하는 단어다. 야만인조차 AAA식으로 놓인 간단한 삼단 논법을 만들 수 있다는 뜻에서 이러한 이름이 주어졌다는 이야기도 있다. 이처럼 사용된 세 개의 명제 모두가 보편 긍정형인 AAA 뿐만아니라 EAE, EIO 등 여러 가지 형태가 있을 수 있다. 따라서 가능한 모든 형태는 4×4×4=64개다.
　6. (옮긴이) 이와 관련한 한자 숙어가 있다. 뿔이 있는 짐승은 이가 없다는 각자무치(角者無齒)가 바로 그것인데, 한 사람이 여러 가지 재주나 복을 다 가질 수 없다는 뜻이다.
　7. (옮긴이) 여기서 '속genus'은 현대의 생물 분류 체계(계-문-강-목-과-속-종)의 '속'보다는 넓은 의미일 것이다.
　8. (옮긴이) 첫 번째 항, 중간 항, 마지막 항은 각각 삼단 논법의 대전제, 소전제, 결론을 의미한다.
　9. (옮긴이) 18세기 초까지 과학자들은 플로지스톤이 가연물 속에 존재하는 어떤 것이라 가정했으며, 연소 현상이란 플로지스톤이 빠져나가는 것이라고 믿었다.
　10. (옮긴이) 19세기 프랑스 소설 등에서 여러 번 등장한 문장으로, 사건의 배후에는 여자가 얽혀 있는 경우가 많다는 편견을 담은 표현이다. "사건이 발생하면 여자를 찾아라" 등으로 쓰인다.
　11. (옮긴이) pragmatism은 흔히 '실용주의'라 번역되어 왔으나, 이는 오해의 소지가 많은 번역이다. 우선 우리말에서 '실용'은 'utility'를 주로 의미하기 때문이다. 프래그머티즘의 어원인 pragma 혹은 praxis는 모두 '행동'이나 '실천'의 뜻을 지닌다. 이론이나 지식을 행동의 한 유형으로 파악하거나, 행동을 위한 도구로 파악하는 것이 프래그머티즘이다. 즉 행동이나 실천에 우선성을 두는 관점이다. 따라서 프래그머티즘은 실행주의나 실천주의로 번역하는 것이, 적어도 '실용주의'로 번역하는 것보다는 더 정확한 번역이라 할 수 있다.

옮긴이 해제

1. (옮긴이) 퍼스 철학의 중요한 개념이자 이 책의 핵심 내용인 'abduction'을 어떻게 번역할 것인가에 대해 많은 고민을 했다. 1994년 당시만 하더라도 퍼스 철학은 국내에 잘 알려지지 않았고, 통일된 번역어가 존재하지 않았다.

퍼스 기호학의 중요 개념 중의 하나인 abduction은 적절하게 번역하기 어려운 단어이다. 종전에는 "발상법"(하버마스 1988, 119 이하), "추리법"(에코 1990, 148 이하; 에코 1987, 67 이하), "삼단 논법"(에코 1995, 307 이하) 등으로 다양하게 번역되고 있었다. 나는 1994년 당시 이를 가설적 추론법, 즉 "가추법"이라 번역했다. 이에 많은 학자들이 동조하여 이제는 "가추법"이라는 번역어가 abduction의 표준적 번역어로 자리 잡은 것처럼 보인다(김치수·김성도·박인철·박일우 1998, 38; 기호학연대 2002, 321 이하; 김성도 1998, 137 이하).

참고로 abduction의 의미는 사전에 따라 다양하게 설명되고 있다. 그 대표적인 것 몇 개를 골라 소개해 보면 다음과 같다. (1) 가설 설정(형성); 불가해한 사상(事象)을 결론으로 하여 설명할 수 있을 만한 가설; 귀납, 연역과 함께 논증의 삼분법 중의 하나라고 퍼스가 명명(Random House English Japanese Dictionary, 2nd edition, Shogakukan: New York, 1994). (2) 퍼스의 용어로서, 어떤 현상을 설명하는 가설의 수를 사전에 미리 줄여 가는 추론상의 조작(Dictionnaire Français-Japonais Royal, Obunsha: Tokyo, 1985). (3) 아파고게; 삼단 논법에서, 그 대전제는 확실하나 소전제가 개연적probable인 것(『영한 대사전』, 시사영어사/랜덤하우스, 1991). (4) 1. 아파고게apagoge(간접 환원법; 대전제가 진이며 소전제가 개연적으로 진인 삼단 논법에 대한 아리스토텔레스의 명명) 2. 가설 설정(발상). 퍼스가 연역, 귀납과 함께 과학적 탐구의 3개의 발전 단계의 하나로 생각하여 명명한 것(『금성판 영한 대사전』, 금성출판사, 1992).

참고문헌

Agamben, G.

1975 "Aby Warburg e la scienza senza nome." *Prospettive Settanta* (July-September).

Alpher, Ralph A., Hans Bethe, and George Gamow

1948 "The Origin of Chemical Elements." *Physical Review* 73(7): 803-804.

Anderson, Sir Robert

1903 "Sherlock Holmes, Detective, as Seen by Scotland Yard." *T. P.'s Weekly* 2 (October 2): 557-558.

Anonymous

1959 *Sir Arthur Conan Doyle Centenary 1859-1959.* London: John Murray.

Argan, Giulio C., and Maurizio Fagiolo

1974 *Guida alla storia dell'arte.* Florence: Sansoni.

Aristotle

1938 *Categories, On Interpretation, Prior Analytics,* trans. by H. P. Cooke and Hugh Tredennick. Cambridge, Mass.: Harvard University Press.

1960 *Posterior Analytics,* trans. by Hugh Tredennick. Cambridge, Mass.: Harvard University Press.

Ashton-Wolfe, H.

1932 "The Debt of the Police to Detective Fiction." *The Illustrated London News,* February 27: 320-328.

Averlino, A. (pseud. Filarete)

1972 *Trattato di architettura,* ed. by A. M. Finoli and L. Grassi. Vol. I. Milan.

Ayim, Maryann

1974 "Retroduction: The Rational Instinct." *Transactions of the Charles S. Peirce Society* 10: 34-43.

Baldi, Camillo

1625 *Trattato.* Milan: G. B. Bidelli.

Baldinucci, Filippo

1681 *Lettera ⋯ nella quale risponde ad alcuni quesiti in materie di pittura.* Rome: Tinassi.

Ball, John

1958 "The Twenty-Three Deductions." *The Baker Street Journal,* n. s., 8 (October): 234-237.

Baring-Gould, William S.

1955 *The Chronological Holmes.* New York: Privately printed.

1962 *Sherlock Holmes of Baker Street: A Life of the World's First Consulting Detective.*

New York: Clarkson N. Potter.

1967 (ed.) *The Annotated Sherlock Holmes.* 2 vols. New York: Clarkson N. Potter.

Bell, Harold W.

1932 *Sherlock Holmes and Dr. Watson: The Chronology of Their Adventures.* London: Constable.

1934 *Baker Street Studies.* London: Constable.

Bell, Joseph

1893 "Mr. Sherlock Holmes." Introduction to the Fourth Edition of *A Study in Scarlet.* London: Ward, Lock & Bowden. (Previously published in the *Bookman* [London].)

Bell, Whitfield J., Jr.

1947 "Holmes and History." *The Baker Street Journal,* o. s., 2 (October): 447-456.

Benjamin, Walter

1955 *Angelus novus: ausgewählte Schriften,* 2. Frankfurt: Suhrkamp, 1966.

1969 "The Work of Art in the Age of Mechanical Reproduction." In *Illuminations.* New York: Schocken Books.

Berg, Stanton O.

1970 "Sherlock Holmes: Father of Scientific Crime Detection." *Journal of Criminal Law, Criminology, and Police Science* 61: 446-452.

Bernoulli, Jacques

1713 *Art Conjectandi.* Basil: Impensis Thurnisiorum.

Bernstein, Richard J.

1964 (ed.) *Perspectives on Peirce.* New Haven, Conn.: Yale University Press.

Bertillon, Alphonse

1883 *L'identité des récidivistes et la loi de relégation.* Paris: G. Masson.

1893a *Album.* Melun.

1893b *Identification anthropométrique; instructions signalétique.* Melun.

Beth, E. W.

1955 "Semantic Entailment and Formal Derivability." *Mededilingen van de Koninklijke Nederlandse Akademie van Wetenschappen, Afd. Letterkunde,* N. R., 18(13): 309-342.

Bigelow, S. Tupper

1959 *An Irregular Anglo-American Glossary of More or Less Familiar Words, Terms and Phrases in the Sherlock Holmes Saga.* Toronto: Castalotte and Zamba.

Bignami-Odier, Jeanne

1973 *La Bibliothèque vaticane de Sixte IV à Pie XI.* Vatican: Biblioteca Apostolica Vaticana.

Black, Max

1967 "Introduction." In *The Encyclopedia of Philosophy,* ed. by Paul Edwards et al., 4: 169-181. New York: Macmillan and Free Press.

Blakeney, Thomas S.

    1932 *Sherlock Holmes: Fact or Fiction?* London: John Murray.

Block, Marc L. B.

    1953 *The Historian's Craft.* New York: Knopf.

    1973 *The Royal Touch: Sacred Monarchy and Scrofula in England and France.* London: Routledge & Kegan Paul.

Bonfantini, Massimo A., and Marco Macciò

    1977 *La neutralità impossibile.* Milan: Mazzotta.

Bottéro, I.

    1974 "Symptômes, signes, écritures." In *Divination et Rationalité,* ed. by J. P, Vernant et al. Paris: Seuil.

Bozza, Tommaso

    1949 *Scrittori politici italiani dal 1550 al 1650.* Rome.

Bremer, R.

    1976 "Freud and Michelangelo's Moses." *American Image* 33.

Brend, Gavin

    1951 *My Dear Holmes, A Study in Sherlock.* London: Allen and Unwin.

Brown, Francis C.

    1969 "The Case of the Man Who Was Wanted." *The Vermissa Herald: A Journal of Sherlockian Affairs* 3 (April): 12. (Published by the Scowrers, San Francisco, Calif.)

Buchler, Justus

    1955 (ed.) *Philosophical Writing of Peirce.* New York: Dover. (First published in 1940 as *The Philosophy of Peirce: Selected Writings.*)

Butler, Christopher

    1970 *Number Symbolism.* New York: Barnes & Noble.

Cabanis, Pierre Jean Georges

    1823 *Oeuvres Complètes.* Paris: Thurot. *An Essay on the Certainty of Medicine,* trans. by R. LaRoche. Philadelphia: R. Desilver. (Original title: *Du degré de certitude en médicine.*)

Caldera, A.

    1924 *L'indicazione dei connotati nei documenti papiracei dell'Egitto greco-romano.* Milan.

Campana, A.

    1967 "Paleografia oggi. Rapporti, problemi e prospettive de una'coraggiosa disciplina." In *Studi urbinati* 41, n. s. B, Studi in onore de Arturo Massolo. Vol. II.

Campbell, Maurice

    1935 *Sherlock Holmes and Dr. Watson: A Medical Digression.* London: Ash.

Canini, G.

    1625 *Aforismi politici cavati dall'Historia d' Italia di Francesco Guicciardini.* Venice.

Carr, John Dickson

    1949 *The Life of Sir Arthur Conan Doyle*. New York: Harper & Bros.

Casamassima, Emanuele

    1964 "Per una storia delle dottrine paleografiche dall'Umanesimo a Jean Mabillon." In *Studi medievali* s. III, no. 9.

Castañeda Calderón, Héctor Neri

    1978 "Philosophical Method and Theory of Predication and Identity." *Nous* 12: 189-210.

Castelnuovo, Enrico

    1968 "Attribution." In *Encyclopaedia Universalis* II.

Cavina, A. Ottani

    1976 "On the theme of landscape II: Elsheimer and Galileo." *The Burlington Magazine*.

Cawelti, John G.

    1976 *Adventure, Mystery, and Romance: Formula Stories as Art and Popular Culture*. Chicago, Ill.: University of Chicago Press.

Cazade, E., and Ch. Thomas

    1977 "Alfabeto." In *Encyclopedia* I. Turin; Einaudi.

Cerulli, E.

    1975 "Una raccolta persiana di novelle tradotte a Venezia nel 1557." In *Atti dell'Academia Nazionale dei Lincei* 372. Memorie della classe di scienze morali ···, s. VIII, Vol. XVIII, no. 4.

Chomsky, Noam

    1979 *Language and Responsibility*. New York: Pantheon Books.

Christ, Jay Finley

    1947a *An Irregular Chronology of Sherlock Holmes of Baker Street*. Ann Arbor, Mich.: Fanlight House.

    1947b *An Irregular Guide to Sherlock Holmes of Baker Street*. New York: The Pamphlet House and Argus Books.

Christie, Winifred M.

    1955 "Sherlock Holmes and Graphology." *The Sherlock Holmes Journal* 2: 28-31.

Cohen, Morris R.

    1949 (ed.) *Chance, Love and Logic* by Charles Sanders Peirce. Magnolia, Mass.: Peter Smith. (First Published in 1923.)

Contini, Gianfranco

    1972 "Longhi prosatore." In *Altri esercizi (1942-1971)*. Turin: Einaudi.

Cooper, Peter

    1976 "Holmesian Chemistry." In *Beyond Baker Street: A Sherlockian Anthology*, ed. by Michael Harrison, 67-73. Indianapolis, Ind.: Bobbs-Merrill.

Copi, Irving M.

    1953 *Introduction to Logic*. New York: Macmillan.

Couturat, Louis

1903 *Opuscules et fragments inédits de Leibniz.* Paris: Alcan.

Craig, William

1957 "Linear Reasoning: A New Form of the Herbrand-Gentzen Theorem." *Journal of Symbolic Logic* 22: 250-285.

Cresci, G. F.

1622 *L'Idea,* Milan: Naua.

Croce, Benedetto

1946 *La critica e la storia delle arti figurative; question di metodo.* Bari: Laterza.

Crocker, Stephen F.

1964 "Sherlock Holmes Recommends Winwood Reade." *The Baker Street Journal,* n. s., 14 (September): 142-144.

Damisch, Hubert

1970 "La partie et le tout." *Revue d'esthétique* 2.

1977 "Le gardien de l'interprétation." *Tel Quel* 44 (Winter).

De Giustino, David

1975 *Conquest of Mind: Phrenology and Victorian Social Thought.* London: Croom Helm.

Derrida, Jacques

1975 "Le facteur de la vérité." *Poétique* 21: 96-147.

De Sanctis, Francesco

1938 *Lettere dall'estilio 1853-1869,* ed. by Benedetto Croce. Bari: Laterza.

Détienne, Marcel, and Jean Pierre Vernant

1978 *Cunning Intelligence in Greek Culture and Society,* trans. by J. Lloyd. Atlantic Highlands, N. J.: Humanities Press. (Original title: *Les ruses de l'intelligence. La mètis des grecs.* Paris, 1974.)

Diaconis, Persi

1978 "Statistical Problems in ESP Research." *Science* 201: 131-136.

Dickens, Charles

1843 *A Christmas Carol.* London: Chapman & Hall.

Diller, H.

1932 *Hermes* 67: 14-42.

Doyle, Adrian M. Conan

1945 *The True Conan Doyle.* London: John Murray.

Doyle, Adrian M. Conan, and John Dickson Carr

1954 *The Exploits of Sherlock Holmes.* New York: Random House.

Doyle, Sir Arthur Conan

1924 *Memories and Adventures.* Boston: Little, Brown. (Doubleday, Doran, Crowborough edition, 1930.)

    1948 "The Case of the Man Who Was Wanted." *Cosmopolitan* 125 (August): 48-51, 92-99.

    1952 *The Complete Sherlock Holmes.* I-vol. edition (2-vol. edition, 1953.) Garden City, N. Y.: Doubleday.

    1968 *The Sherlockian Doyle.* Culver City, Calif.: Luther Norris.

Dubos, Jean Baptiste

    1733 *Reflexions critiques sur la poésie et sur le peinture.* Vol. II. Paris: Mariette.

Eco, Umberto

    1976 *A Theory of Semiotics.* Bloomington: Indiana University Press.

    1979 *The Role of the Reader.* Bloomington: Indiana University Press.

    1980 "Il cane e il cavallo: un testo visivo e alcuni equivoci verbali." *Versus* 25.

Eisele, Carolyn

    1976 (ed.) *The New Elements of Mathematics by Charles S. Peirce.* 4 vols. The Hague: Mouton.

Eritreo, J. N. (Gian Vittorio Rossi)

    1692 *Pinacotheca imaginum illustrium.* Vol. II. Lipsiae: Gleditschi.

Esposito, Joseph L.

    1980 *Evolutionary Metaphysics.* Athens, Ohio: Ohio University Press.

Étiemble, René

    1973 *L'écriture.* Paris: Gallimard.

Fann, K. T.

    1970 *Peirce's Theory of Abduction.* The Hague: Martinus Nijhoff.

Feibleman, James

    1946 *An Introduction to Peirce's Philosophy, Interpreted as a System.* New York: Harper & Bros.

Ferriani, M.

    1978 "Storia e 'priestoria' del concetto di probabilita nell'età moderna." *Rivista di filosofia* 10 (February).

Feyerabend, Paul K.

    1971 *I problemi dell'empirismo.* Milan.

    1975 *Against Method.* London: NLB.

Fisch, Max H.

    1964 "Was There a Metaphysical Club in Cambridge?" In *Studies in the Philosophy of Charles Sanders Peirce,* 2nd series, ed. by Edward C. Moore and Richard S. Robin, 3-32. Amherst: University of Massachusetts Press.

    1982 "The Range of Peirce's Relevance." *The Monist* 65(2): 124-141.

Folsom, Henry T.

1964 *Through the Years at Baker Street: A Chronology of Sherlock Holmes.* Washington, N. J.: Privately printed.

Foucault, Michel

1973 *Birth of the Clinic.* New York: Pantheon.

1977a *Discipline and Punish: The Birth of the Prison.* New York: Pantheon.

1977b *Microfisica del potere. Interventi politici.* Turin: Einaudi.

Freud, Sigmund

1961 [1923] *The Ego and the Id.* Vol. 19. *The Standard Edition of the Complete Psychological Works of Sigmund Freud.* London: Hogarth Press and The Institute of Psycho-Analysis, 1953-1974.

1965 [1914] "The Moses of Michelangelo," in *Totem and Taboo and Other Works.* Vol. 13. *The Standard Edition of the Complete Psychological Works of Sigmund Freud.*

1953 *The Interpretation of Dreams.* Vols. 4, 5. *The Standard Edition of the Complete Psychological Works of Sigmund Freud.*

Gaboriau, Émile

1869 *Monsieur Lecoq.* Vol. I, *L'Enquête.* Paris: Fayard.

Galilei, Galileo

1935 *Opere.* Vol. XIII. Florence.

1965 *Il Saggiatore,* edited by Libero Sosio. Milan: Feltrinelli.

Galton, Sir Francis

1892 *Finger Prints.* London and New York: Macmillan.

Gamow, George

1947 *One, Two, Three ··· Infinity: Facts & Speculation of Science.* New York: The New American Library.

Gardiner, Muriel

1971 (ed.) *The Wolf-Man.* New York: Basic Books.

Gardner, Martin

1957 *Fads and Fallacies in the Name of Science.* New York: Dover. (Original title: *In the Name of Science.*)

1976 "The Irrelevance of Conan Doyle." In *Beyond Baker Street: A Sherlockian Anthology,* ed. by Michael Harrison, 123-135. Indianapolis, Ind.: Bobbs-Merrill.

1978 *Encyclopedia of Impromptu Magic.* Chicago, Ill.: Magic, Inc.

1981 *Science: Good, Bad, and Bogus.* Buffalo, N. Y.: Prometheus Books.

Garin, Eugenio

1961 "La nuova scienze e il simbolismo del 'libro'." In *La Cultura filosofica del Rinascimento italiano: richerche e documenti.* Florence: Sansoni.

Gerhardt, Karl Immanuel

1875-1890 *Die philosophischen Schriften von G. W. Leibniz.* 7 vols. Berlin.

Gilson, Étienne

1958 *Peinture et réalité.* Paris: Vrin.

Ginoulhiac, M.

1940 "Giovanni Morelli. La Vita." *Bergomum* 34.

Ginzburg, Carlo

1979 "Spie. Radici di un paradigma indiziario." In *Crisi della ragione,* ed. by Aldo Gargani, 57-106. Turin: Einaudi.

1980a *The Cheese and the Worms.* Baltimore, Md.: Johns Hopkins University Press. (Original title: *Il formaggio e i vermi.* Turin: Einaudi, 1976.)

1980b "Morelli, Freud and Sherlock Holmes: Clues and Scientific Method." *History Workshop* 9: 7-36.

Giuntini, Francesco

1573 *Speculum astrologiae.* Lugduni: Tinghi.

Gombrich, E. H.

1966 "Freud's Aesthetics." *Encounter* 26.

1969 "The Evidence of Images." In *Interpretation: Theory and Practice,* ed. by Charles S. Singleton. Baltimore, Md.: Johns Hopkins University Press.

Goody, Jack

1977 *The Domestication of the Savage Mind.* Cambridge: Cambridge University Press.

Goody, J., and I. Watt

1962-1963 "The Consequences of Literacy." In *Comparative Studies in Society and History* 5.

Goudge, Thomas A.

1950 *The Thought of C. S. Peirce.* Toronto: University of Toronto Press.

Gould, Stephen Jay

1978 "Morton's Ranking of Races by Cranial Capacity." *Science* 200: 503-509.

Granger, Gilles G.

1960 *Pensée formelle et sciences de l'homme.* Paris: Montaigne.

Grenet, Jacques

1963 "La Chine: aspects et fonctions psychologiques de l'écriture." In *L'Écriture et la psychologie des peuples.* Paris.

1974 "Petits écarts et grands écarts." In *Divination et Rationalité,* edited by J. P. Vernant et al. Paris: Seuil.

Hacking, Ian

1975 *The Emergence of Probability: A Philosophical Study of Early Ideas about Pro-bability, Induction and Statistical Inference.* London and New York: Cambridge University Press.

Hall, Trevor H.

    1978 *Sherlock Holmes and His Creator.* London: Duckworth.

Hammett, Dashiell

    1930 *The Maltese Falcon.* New York: Knopf.

    1934 *The Thin Man.* New York: Knopf.

Hardwick, Charles S.

    1977 (ed.) *Semiotic and Significs: The Correspondence between Charles S. Peirce and Victoria Lady Welby.* Bloomington: Indiana University Press.

Hardwick, Michael, and Mollie Hardwick

    1962 *The Sherlock Holmes Companion.* London: John Murray.

    1964 *The Man Who Was Sherlock Holmes.* London: John Murray.

Harrison, Michael

    1958 *In the Footstops of Sherlock Holmes.* London: Cassell.

    1971 "A Study in Surmise." *Ellery Queen's Mystery Magazine* 57 (February): 60-79.

Hart, Archibald

    1948 "The Effects of Trades Upon Hands." *The Baker Street Journal*, o. s., 3 (October): 418-420.

Haskell, Francis

    1963 *Patrons and Painters: A Study in the Relations between Italian Art and Society in the Age of the Baroque.* New York: Knopf.

Hauser, Arnold

    1959 *The Philosophy of Art History.* New York: Knopf.

Havelock, Eric A.

    1973 *Cultura orale e civiltà della scrittura. Da Omera a Platone.* Bari: Laterza.

Haycraft, Howard

    1941 *Murder for Pleasure: The Life and Times of the Detective Story.* New York: D. Appleton-Century.

    1946 (ed.) *The Art of the Mystery Story: A Collection of Critical Essays.* New York: Simon and Schuster.

Heckscher, William S.

    1967 "Genesis of Iconology." In *Stil und Ueberlieferung.* Vol. III. Berlin.

    1974 "Petites Perceptions: An Account of Sortes Warburgianae." *The Journal of Medieval and Renaissance Studies* 4.

Hess, J.

    1968 "Note Manciniane." In *Münchener Jahrbuch der bildenden Kunst,* 3rd series. Vol. XIX.

Hilton, George W.

1968 *The Night Boat*. Berkeley, Calif.: Howell-North Books.

Hintikka, Jaakko

1976 "The Semantics of Questions and the Questions of Semantics." *Acta Philosophica Fennica*. Vol. 28(4). Amsterdam: North-Holland.

1979 "Information-Seeking Dialogue: Some of Their Logical Preperties." *Studia Logica* 32: 355-363.

Forthcoming. "Sherlock Holmes Meets Modern Logic: Toward a Theory of Information-Seeking through Questioning." In *Proceedings of the 1978 Groningen Colloquium*.

Hitchings, J. L.

1946 "Sherlock Holmes the Logician." *The Baker Street Journal*, o. s., 1(2): 113-117.

Hoffman, Daniel

1972 *Poe Poe Poe Poe Poe Poe Poe*. New York: Doubleday.

Hogan, John C., and Mortimer D. Schwartz

1964 "The Manly Art of Observation and Deduction." *Journal of Criminal Law, Criminology and Police Science* 55: 157-164.

Holroyd, James Edward

1967 *Seventeen Steps to 221B*. London: George Allen and Unwin.

Horan, James D.

1967 *The Pinkertons: The Detective Dynasty that Made History*. New York: Crown.

How, Harry

1892 "A Day with Dr. Conan Doyle." Strand Magazine (August).

Huxley, Thomas

1881 "On the Method of Zadig: Retrospective Prophecy as a Function of Science." In *Science and Culture*. London: Macmillan.

Ingram, David

1978 "Typology and Universals of Personal Pronouns." In *Universals of Human Language*, ed. by Joseph H. Greenberg, 3: 213-247. Stanford, Calif.: Stanford University Press.

Jakobson, Roman, and Morris Halle

1956 *Fundamentals of Language*. The Hague: Mouton.

Jakobson, Roman, and Linda R. Waugh

1979 *The Sound Shape of Language*. Bloomington: Indiana University Press.

James, William

1907 *Pragmatism*. New York: Longmans, Green.

Johnson, Barbara

1980 *The Critical Difference: Essays in the Contemporary Rhetoric of Reading*. Baltimore, Md.: The Johns Hopkins University Press.

Jones, Ernest

1953-1960 *The Life and Work of Sigmund Freud.* New York: Basic Books.

Kejci-Graf, Karl

1967 "Sherlock Holmes, Scientist, Including Some Unpopular Opinions." *The Sherlock Holmes Journal* 8(3): 72-78.

Kenney, E. J.

1974 *The Classical Text: Aspects of Editing in the Age of Printed Books.* Berkeley: University of California Press.

Ketner, Kenneth L., and James E. Cook

1975 (eds.) *Charles Sanders Peirce: Contributions to the Nation. Part One: 1869-1893.* (Graduate Studies, Texas Tech University, No. 10.) Lubbock: Texas Tech Press.

Kloesel, Christian J. W.

1979 "Charles Peirce and the Secret of the Harvard O. K." *The New England Quarterly* 52(1).

Kofman, Sarah

1975 *L'enfance de l'art. Une interpretation de l'esthétique freudienne.* Paris: Payot.

Koselleck, Reinhart

1969 *Kritik und Krise; ein Beitrag zur Pathogenese der bürgerlichen Welt.* Freiberg: K. Alber.

Kuhn, Thomas S.

1962 *The Structure of Scientific Revolutions.* Chicago, Ill.: University of Chicago Press.

1974 "Postscript 1969." In *The Structure of Scientific Revolutions.* (2nd enlarged edition.) Chicago, Ill.: University of Chicago Press.

1975 "Tradition mathématique et tradition expérimentale dans le dévéloppement de la physique." *Annales ESC* 30: 975-998.

Lacan, Jacques

1966 *Écrits.* Paris: Seuil.

Lacassagne, Alexandre

1914 *Alphonse Bertillon: L'homme, le savant, la pensee philosophique.* Lyon: A. Rey.

Lacassin, Francis

1974 *Mythologie du roman policier.* Vol. I. Paris: Union Générale d'éditions.

Lamond, John

1931 *Arthur Conan Doyle: A Memoir.* London: John Murray.

Lanzi, Luigi A.

1968 *Storia pittorica dell'Italia*, ed. by Martino Capucci. Vol. I. Florence: Sansoni.

Larsen, Svend Erik

1980 "La structure productrice du mot d'ésprit et de la semiosis. Essai sur Freud et Peirce." *Degrés* 8(21): d1-18.

Leavitt, R. K.

1940 "Nummi in Arca or The Fiscal Holmes." In *221B Studies in Sherlock Holmes*, ed. by Vincent Starrett, 16-36. New York: Macmillan.

Lermolieff, Ivan (pseud. of Giovanni Morelli)

1880 *Die Werke italienischer Meister in den Galerien von München, Dresden und Berlin, Ein kritischer Versuch.* Leipzig: Seemann.

Levinson, Boris M.

1966 "Some Observations on the Use of Pets in Psychodiagnosis." *Pediatrics Digest* 8:81-85.

Lévi-Strauss, Claude, et al.

1977 *L'Identité, Seminaire interdisciplinaire dirigé par Claude Lévi-Strauss.* Paris.

Locard, Edmond

1909 *L'identification des recidivistes.* Paris: A. Maloine.

1914 "L'Oeuvre." *Alphonse Bertillon.* Lyon: A. Rey.

Locke, Harold

1928 *A Bibliographical Catalogue of the Writigns of Sir Arthur Conan Doyle, M. D., LL. D., 1879-1928.* Tunbridge Wells: D. Webster.

Locke, John

1975 *An Essay Concerning Human Understanding,* ed. by Peter H. Nidditch. Oxford: Clarendon Press.

Longhi, Roberto

1967 *Saggi e ricerche: 1925-1928.* Florence: Sansoni.

Lotz, János

1976 "A személy, szám, viszonyítás és tárgyhatározottság kategóriái a magyarban." In *Szonettkoszorú a nyelvről.* Budapest: Gondolat.

Lotz, John

1962 "Thoughts on Phonology as Applied to the Turkish Vowels." In *American Studies on Atlantic Linguistics,* ed. by Nocholas Poppe, 13: 343-351. Bloomington: Indiana University.

Lynceo, Ioanne Terrentio (Francisco Hernandez)

1651 *Rerum medicarum Novae Hispaniae Thesaurus.* Rome: Vitalis Mascardi.

Mackenzie, J. B.

1956 "Sherlock Holmes' Plots and Strategies." In *Baker Street Journal Christmas Annual,* 56-61.

Mahon, Denis

1947 *Studies in Seicento Art and Theory.* London: London University-Warburg Institute.

Mancini, Giulio

1956-1957 *Considerazioni sulla pittura,* ed. by A. Marucchi. 2 vols. Rome: Accademia

Nazionale dei Lincei.

Marcus, Steven

    1976 "Introduction." *The Adventures of Sherlock Holmes.* New York: Schocken Books.

Martinez, J. A.

    1974 "Galileo on Primary and Secondary Qualities." *Journal of the History of Behavioral Sciences* 10: 160-169.

Marx, Karl

    1872 *Das Kapital: Kritik der politischen oekonomie.* Hamburg: O. Meisner.

May, Luke S.

    1936 *Crime's Nemesis.* New York: Macmillan.

Melandri, Enzo

    1968 *La linea e il circolo. Studio logico-filosofico sull'analogia.* Bologna: Mulino.

Mercati, Giovanni, Cardinal

    1952 *Note per la storia di alcune biblioteche romane nei secoli.* xvi-xix. Vatican.

Merton, Robert K.

    1957 *Social Theory and Social Structure.* Glencoe, Ill.: Free Press. (First published in 1949.)

Messac, Régis

    1929 *La "Détective Novel" et l'influence de la pensée scientifique.* Paris: Librairie Ancienne Honoré Champion.

Meyer, Nicholas

    1974 *The Seven Percent Solution: Being a Reprint from the Reminiscences of John Watson, M. D.* New York: Dutton.

Millar, Kenneth (pseud. Ross MacDonald)

    1969 *The Goodbye Look.* New York: Knopf.

Momigliano, Arnaldo

    1975 "Storiographica greca." *Revista storica italiana* 87.

Morelli, Giovanni

    1897 *Della pittura italiana: Studii storico critici—Le gallerie Borghese e Doria Pamphili in Rome.* Milan: Treves.

Morris, Charles W.

    1971 *Writings on the General Theory of Signs.* The Hague: Mouton.

Mourad, Youssef

    1939 (ed. and trans.) *La physionomie arabe et le Kitāb alf-Firāsa de Fakhral-Din al-Rāzī.* Paris: P. Geuthner.

Murch, Alma Elizabeth

    1958 *The Development of the Detective Novel.* London: Peter Owen.

Nelson, Benjamin N.

1958 (ed.) *Freud and the Twentieth Century*. Gloucester, Mass.: Peter Smith.

Nolen, William A.

1974 *Healing: A Doctor in Search of a Miracle*. New York: Random House. (Greenwich, Conn.: Fawcett, 1975.)

Nordon, Pierre

1966 *Conan Doyle*. London: John Murray.

1967 *Conan Doyle: A Biography*, trans. by Frances Partridge. New York: Holt, Rinehart and Winston.

Pagels, Heinz R.

1982 *The Cosmic Code: Quantum Physics as the Language of Nature*. New York: Simon and Schuster.

Park, Orlando

1962 *Sherlock Holmes, Esq., and John H. Watson, M. D.: An Encyclopedia of Their Affairs*. Evanston, Ill.: Northwestern Univeristy Press.

Pearson, Hesketh

1943 *Conan Doyle, His Life and Art*. London: Methuen.

Peirce, Charles Sanders

1923 *Chance, Love, and Logic*. New York: Harcourt, Brace.

1929 "Guessing." *The Hound and Horn* 2: 267-282.

1955 "Abduction and Introduction." In *Philosophical Writings of Peirce*, ed. by Justus Buchler. New York: Dover.

1956 "Deduction, Introduction, and Hypothesis." In *Chance, Love, and Logic*. New York: Braziller.

1935-1966 *Collected Papers of Charles Sanders Peirce*, ed. by Charles Hartshorne, Paul Weiss, and Arthur W. Burks. 8 vols. Cambridge, Mass.: Harvard University Press.

1982 *Writings of Charles S. Peirce: A Chronological Edition. Vol. I: 1857-1866*, ed. by Max H. Fisch, et al. Bloomington: Indiana University Press.

Pelc, Jerzy

1977 "On the Prospects of Research in the History of Semiotics." *Semiotic Scene* I(3): 1-12.

Perrot, M.

1975 "Délinquance et systéme pénitentiare en France au XIXe siècle." *Annales ESC* 30: 67-91.

Peterson, Svend

1956 *A Sherlock Holmes Almanac*. Washington, D. C.: Privately printed.

Pintard, René

1943 *Le libertinage-érudit dans la premiere moitié du XVIIe siècle*. Vol. I. Paris: Boivin.

Poe, Edgar Allan

1927 "A Descent into a Maelstrom." In *Collected Works*. New York: Walter J. Black.

Pomian, Krzysztof

1975 "L'historie des sciences et l'histoire de l'histoire." *Annales ESC* 30: 935-952.

Popper, Karl R.

1962 *Conjectures and Refutations: The Growth of Scientific Knowledge*. New York: Basic Books.

1979 *Objective Knowledge: An Evolutionary Approach*. Oxford: Clarendon Press.

Potter, Vincent G.

1967 *Charles S. Peirce on Norms & Ideals*. Amherst: University of Massachusetts Press.

Pratt, Fletcher

1955 "Very Little Murder." *The Baker Street Journal*, n. s., 2 (April): 69-76.

Previtali, Giovanni

1978 "À propos de Morelli." *Revue de l'Art* 42.

Propp, Vladimir I.

1946 *Istorič eskie Korni Volš ebnoi Skazki*. Leningrad: State University.

Purkyné, Jan E.

1948 *Opera Selecta*. Prague: Spolek Českých Lékařu.

Queen, Ellery

1944 (ed.) *Misadventures of Sherlock Holmes*. Boston, Mass.: Little, Brown.

Raimondi, E.

1974 *Il romanzo senza idillio. Saggio sui Promessi Sposi*. Turin: Einaudi.

Ransdell, Joseph

1977 "Some Leading Ideas of Peirce's Semiotic." *Semiotica* 19: 157-158.

Reed, John Shelton

1970 "The Other Side." Unpublished ms., Department of Sociology, Univeristy of North Carolina at Chaple Hill.

Reik, Theodor

1931 *Ritual; Psychoanalytic Studies*. London: Hogarth Press.

Remer, Theodore G.

1965 (ed.) *Serendipity and the Three Princes: From the Peregrinaggio of 1577*. Norman: University of Oklahoma Press.

Revzin, Isaak I.

1964 "K semioticiskomu analizu detektivov (na primere romanov Agaty Kristi)." *Programma i tezisy dokladov v letnejškole po vtoričnym modelirujuščim sisteman*. 16-26 avg., 38-40. Tartu.

Richter, Jean Paul

1960 *Italienische Malerei der Renaissance in Briefwechsel von Giovanni Morelli und Jean*

Paul Richter—1876-1891. Baden-Baden: Grimm.

Robert, Marthe

1966 *The Psychoanalytic Revolution: Sigmund Freud's Life and Achievement.* New York: Harcourt, Brace & World.

Roberts, Sir Sydney S.

1967 *Annotated Catalogue of the Papers of Charles S. Peirce.* Amherst: University of Massachusetts Press.

Rossi, Paolo

1977 *Immagini della scienza.* Rome: Editori riuniti.

Scalzini, Marcello

1585 *Il secretario.* Venice: D. Nicolini.

Scheglov, Yuri K.

1975 [1968] "Toward a Description of Detective Story Structure." *Russian Poetics in Translation* I: 51-77.

Scheibe, Karl E.

1978 "The Psychologist's Advantage and Its Nullification: Limits of Human Predictability." *American Psychologist* 33: 869-881.

1979 *Mirros, Masks, Lies, and Secrets: The Limits of Human Predictability.* New York: Praeger.

Schenck, Remsen Ten Eyck

1948 *Occupation Marks.* New York: Grune and Stratton.

1953 "The Effect of Trades upon the Body." *The Baker Street Journal,* n. s., 3 (January): 31-36.

Schlosser Magnino, Julius

1924 *Die Kunstliteratur.* Wien: Schroll.

Schoenau, Walter

1968 *Sigmund Freuds Prosa. Literarische Elemente seines Stils.* Stuttgart: Metzler.

Schorske, Carl E.

1980 "Politics and Parricides in Freud's Interpretation of Dreams." In *Finde-Sièle Vienna: Politics and Culture.* New York: Knopf.

Sebeok, Thomas A.

1951 "Aymara 'Little Riding Hood' with Morphological Analysis." *Archivum Linguisticum* 3: 53-69.

1976 *Contributions to the Doctrine of Signs.* Lisse: Peter de Ridder Press.

1977 (ed.) *A Perfusion of Signs.* Bloomington: Indiana University Press.

1979 *The Sign & Its Masters.* Austin: University of Texas Press.

1981 *The Play of Musement.* Bloomington: Indiana University Press.

1984 "The Role of the Observer." In *I Think I Am A Verb*, Ch. 10. New York: Plenum.
Forthcoming. "Symptom." *Zeitschrift für Semiotik* 5(Semiotik und Medizin).

Sebeok, Thomas A., and Jean Umiker-Sebeok

1979 "You Know My Method: A Juxtaposition of Charles S. Peirce and Sherlock Holmes."
Semiotica 26(2/3): 203-250.

Segre, E.

1975 "La gerarchia dei segni." In *Psicanalisi e semiotica*, ed. by A. Verdiglione. Milan:
Feltrinelli.

Seppilli, Anita

1971 *Poesia e magia.* Turin: Einaudi.

Shklovskii, Viktor B.

1925 *O Teorii prozy.* Moskva: Federacija.

Smith, Edgar W.

1940 *Baker Street and Beyond: A Sherlockian Gazeteer.* New York: Pamphlet House.

1944 *Profile by Gaslight: An Irregular Reader about the Private Life of Sherlock Holmes.*
New York: Simon and Schuster.

Spector, J. J.

1969 "Les méthodes de la critique de l'art et la psychanalyse freudienne." *Diogenes* 66.

Spini, Giorgio

1956 *Risorgimento e protestanti.* Naples: Edizioni Scientifiche Ialiane.

Spinoza, Benedictus de [Baruch]

1924-1925 "Ethica ordine geometrico demonstrata." In *Opera*, ed. by C. Gebhardt. 4 vols.
Auftrag der Heidelberger Akademie der Wissenschaften. Heidelberg: Universitätsbuch-
handlung.

Spitzer, Leo

1910 *Die Wortbildung als stilistisches Mittel exemplifiziert an Rabelais.* Halle: Neimeyer.

Starrett, Vincent

1940 *221B: Studies in Sherlock Holmes.* New York: Macmillan.

1971 [1934] *The Private Life of Sherlock Holmes.* New York: Haskell House.

Stendhal

1948 *Souvenirs d'égotisme,* ed. by H. Martineau. Paris.

Steward-Gordon, James

1961 "Real-Life Sherlock Holmes." *Reader's Digest* 79 (November): 281-288.

Stone, Gregory P., and Harvey A. Farberman

1970 (eds.) *Social Psychology through Symbolic Interaction.* Waltham, Mass.: Ginn-
Blaisdell.

Stout, Rex

1938 *Too Many Cooks.* London: Collins.

Swanson, Marin J.

1962 "Graphologists in the Cannon." *The Baker Street Journal,* n. s., 12 (June): 73-80.

Symons, Julian

1972 *Bloody Murder; From the Detective Story to the Crime Novel: A History.* London: Faber & Faber.

1978 *The Tell-Tale Heart: The Life and Works of Edgar Allan Poe.* New York: Harper & Row.

Thagard, Paul R.

1978 "Semiosis and Hypotheic Ieference in Ch. S. Peirce." *Versus* 19-20.

Thom, René

1972 *Stabilité structurelle et morphogénèse.* Reading, Mass.: W. A. Benjamin. (*Structure Stability and Morphogenesis: An Outline of a General Theory of Models.* Reading: W. A. Benjamin, 1975.)

1980 *Modèles mathématiques de la morphogenèse.* Paris: Christian Bourgois.

Thomas, Lewis

1983 *The Youngest Science: Notes of a Medicine-Watcher.* New York: The Viking Press.

Thompson, E. P.

1975 *Whigs and Hunters: The Origin of the Black Act.* London: Allen Lane.

Timpanaro, Sebastiano

1963 *La genesi del metodo del Lachmann.* Florence: F. Le Monnier.

1976 *The Freudian Slip.* London: NLB.

Timpanaro Cardini, Maria

1958 (ed.) *Pitagorici: Testimonianze e frammenti.* Vol. I. Florence: "La Nuova Italia."

Tracy, Jack

1977 (ed.) *The Encyclopedia Sherlockiana, or A Universal Dictionary of the State of Knowledge of Sherlock Holmes and His Biographer, John H. Watson, M. D.* Garden City, N. Y.: Doubleday.

Traube, L.

1965 "Geschichte der Palaeographie." In *Zur Palaeographie und Handschriftenkunde,* ed. by P. Lehmann. Munich.

Tronti, M.

1963 "Baldi." In *Dizionario biografico degli italiani,* Vol. 5, 465-467. Rome.

Truzzi, Marcello

1973 "Sherlock Holmes: Applied Social Psychologist." In *The Humanities as Sociology, An Introductory Reader,* ed. by Marcello Truzzi, 93-126. Columbus, Ohio: Charles E. Merrill.

Vandermeersch, L.

1974 "De la tortue à l'Achilée." *Divination et Rationalité*, ed. by J. P. Vernant et al. Paris: Seuil.

Vegetti, Mario

1965 (ed.) "Introduction." *Opere di Ippocrate*. Turin: U. T. E. T.

1978 *Il coltello e lo stilo*. Milan: Il Saggiatore.

Vernant, Jean Pierre

1974 "Paroles et signes muets." In *Divination et Rationalité*, ed. by J. P. Vernant et al. Paris: Seuil.

Vesselofsky, A.

1886 "Eine Märchengruppe." In *Archiv für slavische Philologie* 9.

Victorius, K.

1956 "Der 'Moses des Michelangelo' von Sigmund Freud." In *Entfaltung der Psycho-analyse*, ed. by Alexander Mitscherlich. Stuttgart: E. Klett.

Voltaire

1926 *Zadig and Other Romances*, trans. by H. I. Woolf and W. S. Jackson. New York: Dodd, Mead.

1961 "Zadig ou la destinée." In *Contes et Romans*, ed. by R. Pomeau. Florence: Sansoni.

Walsh, F. Michael

1972 "Review of Fann(1970)." *Philosophy* 47: 377-379.

Warburg, Aby

1932 *Gesammelte Schriften*. Leipzig: Teubner.

Webb, Eugene J.

1966 (et al.) *Unobtrusive Measures: Non-Reactive Research in the Social Science*. Chicago: Rand McNally.

Winch, R. F.

1955 "The Theory of Complementary Needs in Mate Selection: Final Results on the Test of the General Hypothesis." *American Sociological Review* 20: 552-555.

Winckelmann, J. J.

1952-1954 *Briefe*, ed. by H. Diepolder and W. Rehm. 2 vols. Berlin: W. de Gruyter.

Wind, Edgar

1964 *Art and Anarchy*. New York: Knopf.

Wolff, Julian

1952 *The Sherlockian Atlas*. New York: Privately printed.

1955 *Practical Handbook of Sherlockian Heraldry*. New York: Privately printed.

Wollheim, Richard

1973 "Freud and the Understanding of Art." In *On Art and the Mind*. London: Allen Lane.

Yellen, Sherman

1965 "Sir Arthus Conan Doyle: Sherlock Holmes in Spiritland." *International Journal of Parapsychology* 7: 33-57.

Zeisler, Ernest B.

1953 *Baker Street Chronology: Commentaries on the Sacred Writings of Dr. John H. Watson.* Chicago, Ill.: Alexander J. Isaacs.

Zerner, H.

1978 "Giovanni Morelli et la science de l'art." *Revue de l'Art*, 40-41.

셜록 홈스, 기호학자를 만나다
논리와 추리의 기호학

초판 1쇄 발행 2016년 1월 5일
초판 3쇄 발행 2016년 4월 15일

엮은이 움베르토 에코·토머스 A. 세벅
옮긴이 김주환·한은경

펴낸이 연준혁
편집인 정보배
편집 엄정원

펴낸곳 이마
출판등록 2014년 12월 8일 제2014-000225호
주소 (410-380) 경기도 고양시 일산동구 정발산로 43-20 센트럴프라자 6층
전화 (031)936-4000 **팩스** (031)903-3891
홈페이지 www.yima.co.kr **전자우편** yima2015@naver.com
페이스북 www.facebook.com/yima2015 **트위터** twitter.com/yima2015

값 17,000원
ISBN 979-11-86940-03-7 03100

이 도서의 국립중앙도서관 출판예정도서목록(CIP)은 서지정보유통지원시스템 홈페이지(http://seoji.nl.go.kr)와 국가자료공동목록시스템(http://www.nl.go.kr/kolisnet)에서 이용하실 수 있습니다(CIP제어번호: CIP2015034719).